企业知识产权
管理基础

国家知识产权运营公共服务平台◎组织编写

主　编：李　钟　于立彪
副主编：徐海龙　马天旗

知识产权出版社
全国百佳图书出版单位
—北京—

图书在版编目（CIP）数据

企业知识产权管理基础/国家知识产权运营公共服务平台组织编写；李钟，于立彪主编. —北京：知识产权出版社，2020.4（2024.6重印）

ISBN 978-7-5130-6836-9

Ⅰ.①企… Ⅱ.①国… ②李… ③于… Ⅲ.①企业—知识产权—管理—中国 Ⅳ.①D923.4

中国版本图书馆 CIP 数据核字（2020）第 044861 号

内容提要

企业知识产权管理工作涉及面广，既需要知识产权专业技能，又要掌握企业管理科学中的部门设置、人员构成、战略思想等知识。本书通过知识理论结合实践案例，为企业知识产权管理从业人员提供一套快速掌握以上要点的入门工具。全书以企业不同类型知识产权管理操作实务为框架，以常见知识产权法律风险及防范措施为核心，对企业知识产权战略管理体系建设以及专利、商标、著作权、商业秘密、域名管理等不同类型的知识产权专题进行讲解，系统梳理了企业知识产权管理和风险防范方面的理论依据、工作思路和工作方法，并且就企业知识产权管理工作中常见的法律纠纷点进行剖析，给企业以参考和借鉴。

项目责编：黄清明 　　**责任校对**：王　岩
本书责编：张利萍　程足芬 　　**责任印制**：刘译文

企业知识产权管理基础

国家知识产权运营公共服务平台　组织编写
主　编　李　钟　于立彪
副主编　徐海龙　马天旗

出版发行	知识产权出版社 有限责任公司	网　址	http://www.ipph.cn
社　址	北京市海淀区气象路 50 号院	邮　编	100081
责编电话	010-82000860 转 8117	责编邮箱	hqm@cnipr.com
发行电话	010-82000860 转 8101/8102	发行传真	010-82000893/82005070/82000270
印　刷	北京九州迅驰传媒文化有限公司	经　销	新华书店、各大网上书店及相关专业书店
开　本	720mm×1000mm　1/16	印　张	22.75
版　次	2020 年 4 月第 1 版	印　次	2024 年 6 月第 3 次印刷
字　数	460 千字	定　价	96.00 元

ISBN 978-7-5130-6836-9

出版权专有　侵权必究
如有印装质量问题，本社负责调换。

本书编委会

主　编　◇　李　钟　于立彪
副主编　◇　徐海龙　马天旗
编　委　◇　胡　伟　王奕洁　陈　伟　张　檬
　　　　　　顾思雅　于晓晨　胡丽平　闫　静
　　　　　　张　玥　吴　霜　吴军芳　刘　欢
　　　　　　程　铖　孟庆遂　张　吉

作者简介
ABOUT THE AUTHORS

胡　伟　现就职于国家知识产权运营公共服务平台，负责财务及知识产权金融工作，专注于知识产权与金融领域的融合应用；同时担任电子信息领域知识产权培育运营专项股权代持工作组执行负责人，带领团队完成多项重大股权投资工作。

王奕洁　副研究员，国家知识产权运营公共服务平台总经理助理兼市场部部长，多次参与技术标准创新基地建设方案制定、战略性新兴产业专利统计分析、地方IP运营平台规划咨询、高价值专利培育评价、专利导航、管理咨询等项目。

陈　伟　原国家知识产权局专利局专利审查协作北京中心审查员，现任职于国家知识产权运营公共服务平台，借调在国家知识产权局运用促进司。曾负责多项国家知识产权局课题研究以及企业专利分析和知识产权战略规划咨询项目。

张　檬　北京市知识产权局政策法规处公职律师，2009年起从事知识产权工作，曾长期负责产业及企业知识产权促进与管理及知识产权运营相关工作。

顾思雅　毕业于北京大学，现就职于华智众创（北京）投资管理有限责任公司，负责股权投资、知识产权质押融资、知识产权证券化等金融类业务。对知识产权法及知识产权运营有着较深入的了解。

于晓晨　助理研究员，理学硕士，毕业于英国贝尔法斯特女王大学。知识产权从业经验6年，曾借调至国家知识产权局专利管理司，擅长知识产权管理及运用相关政策研究，多次参与国家知识产权局相关项目及软课题研究。

胡丽平　中国人民大学管理学硕士，现就职于华智众创（北京）投资管理有限责任公司。曾参与研究制定《关于强化知识产权保护的意见》，参与编制《2018年中国知识产权保护状况》白皮书，在知识产权领域具有丰富的工作经验。

闫　静　知识产权顾问、标准化专家。曾在石油行业大型央企负责标准化工作多年，现任中规（北京）认证有限公司知识产权研究员，参与多个重大项目的专利分析、专利导航、专利预警以及企业知识产权管理标准化等研究工作。

张 玥　助理研究员，曾就职于国家知识产权局专利检索咨询中心。从事专利、非专利的数据加工，专利对外联系及培训的工作。致力于知识产权运营、品牌活动组织、知识产权培训等。擅长专利挖掘、专利布局、专利检索、专利导航项目策划及组织等。

吴 霜　2011年毕业于中国农业大学金融学系，法学双学位。2011—2018年在国家知识产权局专利局专利审查协作北京中心工作，2018年入职华智众创（北京）投资管理有限责任公司，参与国家知识产权运营公共服务平台相关建设工作，中级经济师职称。

吴军芳　国家知识产权局专利局专利审查协作河南中心审查业务部副主任，副研究员，国家知识产权局等专家库专家、河南大学职业导师、郑州大学研究生导师，专利局审查员培训局级师资，参与开发多门专利相关课程，并多次为机构、企业、高校等培训授课。

刘 欢　国家知识产权局电学发明审查部审查员，从事专利审查工作13年，涉及人工智能、信息安全、特定计算机应用等领域，发表的文章有《利用专利引证信息评价专利质量的改进研究》《如何构建权利要求的保护层级》《知识产权让"苹果"红了，也让"苹果"绿了》等。

程 铖　2018年毕业于北京第二外国语学院会计专业，研究生学历。现工作于华智众创（北京）投资管理有限责任公司。

孟庆遂　IPMP D级项目经理，管理学硕士，毕业于北京航空航天大学。在国家知识产权局下属单位工作10余年，擅长知识产权管理、知识产权运营及相关政策研究，参与多项国家知识产权局及地方知识产权局相关项目及软课题研究。

张 吉　知识产权师，对外经济贸易大学经济学学士，从事法律工作近10年，代理诉讼案件过百，在企业知识产权运营合同领域发表相关独著论文。

序 言
PREFACE

当今世界，国际竞争日趋激烈，知识产权在经济、科技和国际贸易中的重要性也日益凸显，知识产权的创造、保护和运用也越来越成为激励一个国家和地区经济发展的重要因素。同时，企业又是社会经济发展的重要支柱，知识产权是制定企业发展战略的重要参考因素，有关知识产权的"激励创造、依法保护、有效运用"水平也是当代企业提升管理、增强竞争的有力抓手。

习近平总书记在党的十九大报告中指出，要"倡导创新文化，强化知识产权创造、保护、运用"，他同时强调要积极营造激励创新、尊重知识价值的营商环境。2013年，我国颁布了首部企业知识产权管理国家标准《企业知识产权管理规范》，推动企业规范化开展知识产权管理工作。2015年，国家知识产权局联合八部门发布了《关于全面推行〈企业知识产权管理规范〉国家标准的指导意见》，从国家层面强调企业应建立知识产权管理体系，并指导企业开展知识产权管理工作。在尊重知识产权的大环境背景下，企业知识产权管理工作拥有了肥沃的成长土壤。

北京市知识产权局历来重视企业人才培养工作，每年在全市举办多场次知识产权相关的培训班。为进一步提升知识产权试点示范企业的知识产权管理水平，市局委托国家知识产权运营公共服务平台编写企业知识产权从业人员技能提升教材。本书作为该系列丛书的基础篇，不仅包含专利、商标、版权、商业秘密等细分领域的具体知识，还涉及知识产权部门设置、人才管理、风险管理、融资管理等方面内容，教材通过引入大量真实案例，层层深入剖析，对于从事企业知识产权管理的人员来讲，既是一本入门手册，也是一本实操指南。

希望本书能成为一本学有所得、学有所用的实用教材，能够帮助广大企业知识产权管理者提升管理能力和水平。

前 言
INTRODUCTION

知识产权是个人或集体对其在科学、技术、文学艺术领域里创造的精神财富依法享有的专有权，是一种无形的财产权。随着知识经济时代的到来，企业间的实力对比不仅包括有形资产，知识产权也已成为重要考量因素。对于这一重要财产的生产、传播和利用，企业应建立一种有效的知识产权管理制度来保证新的创意、设计、研发成果得以创造、保护和运用，以帮助企业在激烈的市场竞争中处于有利地位，推动企业持续创新发展。

经济社会的发展不仅以知识为基础，而且也以科学技术的不断创新为其持续发展的动力源泉。知识产权制度作为激励持续创新的有效制度，同时也是智慧成果得以推广应用的基本保障。随着经济社会的发展，知识产权管理已经成为现代企业管理中必不可少的重要组成部分。

北京市知识产权局高度重视优势企业的培育和知识产权人才的培养，本书作为相关工作的培训教材之一，通过理论与实践结合的方式，旨在为知识产权管理的从业人员提供一套可参考的实践工具。全书主要内容以企业不同类型知识产权管理操作实务为框架，以常见知识产权法律风险及防范措施为核心，对企业知识产权战略管理体系建设以及专利、商标、著作权、商业秘密、域名管理等不同类型的知识产权专题进行讲解，系统梳理了企业知识产权管理和风险防范方面的理论依据、工作思路和工作方法，并且就企业知识产权管理工作中常见的法律纠纷点进行剖析，给企业以参考和借鉴。

全书共包括三篇十四章。第一至第三章为管理基础篇。第一章概述了知识产权管理基础知识，知识产权管理基本框架内容及核心价值；第二章介绍了企业知识产权战略，深入解读从战略制定、实施到评价控制的各个环节；第三章从企业知识产权管理机构、管理人员及管理制度三个方面展开企业知识产权管理架构的内容。第四至第八章为专业技能篇。第四章以专利为主题，从特点、组织方式、具体方法和内容等角度，介绍企业专利的管理；第五章以商标为主题，从特点、模式、主要内容、风险及方法措施等角度介绍企业商标管理实务；第六章以著作权为主题，从管理方式及运营许可方式等角度，介绍著作权管理实务；第七章以商业秘密为主题，从归属问题、内外部的保护措施及法律维权保护等角度，介绍企业商业秘密的管理实务；第八章聚焦域名专题，包括域名注册、使用、管理及争议保护等内容。第九至第十四章为管理提高篇。其中第九至第十一章，从企业的核心专利权管理入手，从专利研发阶段、专利申请阶段到专利授权后的专利生命周期分析阐述如何进行专利质量管理；第十二章针对企业知识产权资产管理，指导企业估值及融资实操；第十三章综述企业知识产权管理过程中的风险防范及规避；第十四章从法律角度介绍如何进行知识产权保护及诉讼。

本书撰稿人分工如下：于晓晨执笔第一章；胡丽平执笔第二章；王奕洁执笔第三章；陈伟执笔第四章；闫静执笔第五章；张玥执笔第六章；顾思雅执笔第七章，并参与全书其他各章节的修订工作；胡伟执笔第八章，并参与全书其他各章节的修订工作；吴霜执笔第九章；吴军芳执笔第十章；刘欢执笔第十一章；程铖执笔第十二章；孟庆遂执笔第十三章；张吉执笔第十四章。

本书的编撰过程得到了诸多领导、业界专家和同事的指导，在此一并致谢。感谢中国铁建股份有限公司科技部副总经理张育红、联想集团专利中心高级经理陈嫒青、出门问问信息科技有限公司知识产权总监何永春、乐知新创（北京）咨询服务有限公司首席法律顾问赵礼杰等提供的专业指导和建议，特别感谢知识产权出版社黄清明、张利萍和程足芬编辑为本书付出的心力。

"纸上得来终觉浅，绝知此事要躬行"，企业知识产权管理是需要与实践紧密结合的综合性工作，建议读者结合本书专业知识与企业自身实践灵活运用，不断完善企业的知识产权管理工作。

为确保图书质量，使读者开卷有益，各位作者用尽心血，多方查找资料、调研企业，力求完美，但百密一疏，最终成书难免有疏漏和差错，在此望广大读者批评指正，以期进一步完善。

目录 CONTENTS

管理基础篇

■ **第一章　企业知识产权管理概论** …………………………………… 003
　　　　　第一节　知识产权管理基础 / 003
　　　　　第二节　企业知识产权管理 / 010

■ **第二章　企业知识产权战略** …………………………………………… 025
　　　　　第一节　企业知识产权战略概述 / 025
　　　　　第二节　企业知识产权战略制定及实施 / 032
　　　　　第三节　企业知识产权战略评价与控制 / 041

■ **第三章　企业知识产权管理架构** ……………………………………… 048
　　　　　第一节　企业知识产权管理机构 / 048
　　　　　第二节　企业知识产权管理人员 / 055
　　　　　第三节　企业知识产权管理制度 / 064

专业技能篇

■ **第四章　企业专利管理** ………………………………………………… 077
　　　　　第一节　专利管理的特点 / 077
　　　　　第二节　专利管理的组织 / 080
　　　　　第三节　企业专利管理的方法和内容 / 083

第五章　企业商标管理 ………………………………………………… 102
第一节　概述 / 102
第二节　企业商标管理的主要内容 / 105
第三节　常见法律风险和防范措施 / 117

第六章　企业著作权管理 ……………………………………………… 122
第一节　著作权 / 122
第二节　计算机软件著作权 / 137
第三节　信息网络传播权与互联网著作权 / 142
第四节　著作权许可与转让 / 147

第七章　企业商业秘密管理 …………………………………………… 151
第一节　企业商业秘密管理概述 / 151
第二节　企业内部商业秘密保护 / 153
第三节　商事交易中的商业秘密保护 / 165
第四节　商业秘密的法律保护 / 169

第八章　企业域名管理 ………………………………………………… 175
第一节　域名概述 / 175
第二节　企业域名注册 / 179
第三节　域名的使用与管理 / 182
第四节　域名争议的解决方式 / 190

管理提高篇

第九章　专利研发阶段的质量管理 …………………………………… 203
第一节　项目立项阶段的质量管理 / 203
第二节　项目实施阶段的质量管理 / 218
第三节　技术交底书的撰写 / 223

第十章　专利申请阶段的质量管理 …………………………………… 230
第一节　专利申请事务概述 / 230
第二节　专利申请文件的撰写 / 236
第三节　专利审查过程的质量管理 / 242

第十一章　专利授权后的质量管理 …… 246
第一节　专利权效力的管理 / 247
第二节　专利权的运用和维护 / 248
第三节　专利信息数据库的构建 / 252

第十二章　企业知识产权资产管理 …… 255
第一节　知识产权会计基本理论 / 255
第二节　知识产权的估值 / 262
第三节　知识产权资产融资管理 / 278
第四节　知识产权资产股权投资管理 / 281

第十三章　企业知识产权风险管理 …… 283
第一节　知识产权风险的管理规范 / 283
第二节　专利风险管理 / 290
第三节　其他知识产权的风险管理 / 306

第十四章　企业知识产权保护及诉讼 …… 308
第一节　企业知识产权民事保护概述 / 308
第二节　企业知识产权刑事保护概述 / 322
第三节　企业知识产权行政保护概述 / 331
第四节　企业知识产权诉讼 / 336

参考文献 …… 345

管理基础篇

第一章　企业知识产权管理概论
第二章　企业知识产权战略
第三章　企业知识产权管理架构

第一章 CHAPTER 1
企业知识产权管理概论

2013年3月1日,《企业知识产权管理规范》由国家知识产权局起草制定,原国家质量监督检验检疫总局、国家标准化管理委员会批准颁布,这是我国首部企业知识产权管理国家标准,企业知识产权管理工作由此开始向规范化发展。2015年6月30日,国家知识产权局等八部委发布了《关于全面推行〈企业知识产权管理规范〉国家标准的指导意见》,从国家层面强调企业应建立知识产权管理体系,并指导企业开展知识产权管理工作,逐步推行通过第三方认证考核验证企业的知识产权管理水平。何谓企业知识产权管理?本章将从基本概念入手,逐步引申出企业知识产权管理的相关内容,为深入学习后续章节做铺垫。

第一节 知识产权管理基础

【知识点】

企业的定义、企业的特性、知识产权的定义、知识产权的分类、知识产权的特性、知识产权管理的定义、知识产权管理的内涵、知识产权管理的类型、知识产权管理的意义。

【概念解释】

企业一般是指以营利为目的,运用各种生产要素(土地、劳动力、资本、技术和企业家才能等),向市场提供商品或服务,自主经营、自负盈亏、独立核算的法人或其他社会经济组织。

企业的特性有组织性、经济性、商品性、营利性、独立性。

知识产权也称为"知识所属权",是指"权利人对其智力劳动所创作的成果和经营活动中的标记、信誉所依法享有的专有权利"。

知识产权是指发明、文学与艺术作品，标记、名称、图像与商业上使用的设计的思想创造物。

知识产权的分类：一类是工业产权，包括发明（专利）、商标、工业设计和地理标志；另一类是著作权，包括文学和艺术作品。

知识产权的特性有无形性、专有性、地域性和时间性。

知识产权管理从广义上讲，是指国家有关部门为保证知识产权法律制度的贯彻实施，维护知识产权人的合法权益而进行的行政及司法活动，以及知识产权人为使其智力成果发挥最大的经济效益和社会效益而制定各项规章制度、采取相应措施和策略的经营活动。从狭义上讲，是指组织制定和实施知识产权战略的必要工具或手段，目的通常是更好地规范组织知识产权工作，有效发挥内部管理制度的作用，激励组织内部研发人员加强自主创新从而产生具有对组织发展和保护有利的知识产权。

知识产权管理的意义：知识产权管理是创新驱动发展战略的基本保障、知识产权强国建设的必然要求、企业高质量可持续发展的必由之路、抵御国际贸易竞争的重要前提。

【知识内容】

一、企业及其特性

1. 企业的定义

企业，一般是指以营利为目的，运用各种生产要素（土地、劳动力、资本、技术和企业家才能等），向市场提供商品或服务，自主经营、自负盈亏、独立核算的法人或其他社会经济组织。企业的特征在于具有五大特性，也是区分企业与非企业的最重要的特征。❶

2. 企业的特性❷

（1）组织性。企业不同于个人和家庭，它是一种具有名称、组织机构、规章制度且在一定范围内被承认的组织形态；企业也不同于靠血缘、亲缘、地缘或神缘组成的家族宗法组织、同乡组织或宗教组织，而是由企业所有者和员工主要通过契约关系，在形式上自由地组合而成的一种开放性的社会组织。

（2）经济性。企业作为一种社会组织，区别于行政、军事、政党、社团组织以及教育、科研学术、文化体育、医疗卫生、慈善事业等组织，它本质上是以经济活动为中心，实行全面经济核算的经济组织，企业应当追求并致力于不断提高经济效益。而且，企业还不同于政府和国际组织对宏观经济活动进行调控和监管的机构，它是直接

---

❶ 郑东升. 浅谈企业文化与企业文化建设［J］. 大众科技，2005（12）：294-295.
❷ 郑胜华，王益宝. 论企业特性对人力资源外包的影响［J］. 经营与管理，2003（8）：11-12.

从事经济活动的实体，与消费者同属微观经济单位。

（3）商品性。企业作为一种经济组织，区别于自给自足的自然经济组织，它是商品经济组织、商品生产者或经营者、市场主体，企业的经济活动是面向并围绕市场进行的。企业的产出（如产品、服务）以及投入（如资源、要素）也是商品，所以说企业是"以商品生产商品"。同时，企业自身的有形或无形资产也可以看作商品，企业产权可以有偿转让，所以还可以说企业是"生产商品的商品"。

（4）营利性。企业作为一种商品经济组织，却不同于以城乡个体户为典型的小商品经济组织，企业是发达商品经济，即市场经济的基本单位，重要的"细胞"。企业是单独的职能资本的运作实体：以营利为最直接、最基本目标，利用生产、经营等手段，通过资本运营，追求资本增值和利润最大化。

（5）独立性。企业还是一种在法律和经济上都具有独立性的组织，在社会上完全独立，依法独立享有民事权利，独立承担民事义务及民事责任。它与其他自然人、法人在法律地位上完全平等，没有行政级别、行政隶属关系。企业区别于民事法律上非独立的非法人单位，也不同于财务上无法完全独立的其他社会组织，它拥有独立且边界清晰的产权，具有完全的经济行为能力和独立的经济利益，实行独立的经济核算，能够实行自我约束、自我激励、自我发展。

二、知识产权及其特性

1. 知识产权的定义

知识产权，也称为"知识所属权"，指"权利人对其智力劳动所创作的成果和经营活动中的标记、信誉所依法享有的专有权利"。在我国，"知识产权"作为正式的法律用语，最早出现在1986年4月颁布的《中华人民共和国民法通则》（简称《民法通则》）中，根据《民法通则》的规定，知识产权是民事权利，通常也是财产权利。发明、外观设计、文学和艺术作品等智力创造，以及具有商业属性的标志、名称、图像，都可被认为是知识产权的外在体现❶。

2. 知识产权的分类

国际上对知识产权的分类无明确定论，有些专家认为知识产权涉及的领域既多样又分散，而目前被确认的知识产权类型铺展开来并不复杂，但又难以依据一个共同的特性准确进行分类，因此建议针对知识产权类型实行"清单式"列举总结。

世界知识产权组织（WIPO）认为，知识产权是指发明、文学与艺术作品，标记、名称、图像与商业上使用的设计的思想创造物❷。因此，知识产权可以分为两类，一类是工业产权，包括发明（专利）、商标、工业设计和地理标志；另一类是著作权，包括

---

❶ 张玉敏. 知识产权的概念和法律特征 [J]. 现代法学, 2001 (5)：101-108.
❷ 世界知识产权组织：关于知识产权 [EB/OL]. (不详) [2019-11-01]. https://www.wipo.int/about-ip/zh/#.

文学和艺术作品。依据上述两类再进一步细分则要考虑更多的因素，如各国知识产权制度的差异等，较难完整、统一地展开。我们就以专利权为例，如表1-1所示，全球较多国家或地区分为发明专利、实用新型专利和外观设计专利；一些国家或地区将实用新型专利归结到发明专利中，因此只有发明和外观设计两类；还有一些国家或地区依据自身的知识产权制度、国际合作情况对专利有自己特殊的划分。

表1-1 专利分类[1]

国家或地区	专利分类
中国、中国台湾、法国、德国、葡萄牙、意大利、西班牙、希腊、日本、韩国、斯洛伐克、埃及、越南	发明
	实用新型
	外观设计
英国、新西兰、瑞典、新加坡、欧盟、瑞士	发明
	外观设计
荷兰、比利时、卢森堡	发明
	外观设计
中国香港、爱尔兰	短期专利
	标准专利
	外观设计
中国澳门	实用专利
	发明专利
	设计及新型
美国	发明（大实体、小实体、微实体）
	外观设计
	植物专利
加拿大	发明（大实体、小实体）
	外观设计
澳大利亚	标准专利
	创新专利
	外观设计
印度	发明（自然人、小实体、非小实体）
	外观设计（自然人、小实体、非小实体）

注：表中分类来源于IPR Daily。

---

[1] 各个国家及地区的专利名称和专利类型［EB/OL］.（2018-06-06）［2019-10-31］. http://www.iprdaily.cn/article_19120.html.

部分专家学者依据世界知识产权组织明确的类型，结合我国的具体情况，针对目前能列举出的知识产权类型，提出将知识产权归结为：创造类知识产权、标识类知识产权和反不正当竞争权。

①创造类知识产权，指能够具象出具体的形态或实物的一类知识产权，例如，专利权、植物新品种权、著作权（文学、艺术、科学）、集成电路布图设计专有权、科学发现权、传统（本土）知识与民间文学专有权以及表演艺术、语言、广播表演权。

②标识类知识产权，指需要通过有形的图标或数字代表的一类知识产权，例如，商标权、服务标记专有权、名号形象权、地理标志专有权。

③反不正当竞争权，包括：技术秘密专有权、反误导权、反诋毁竞争者权等。

以上分类方法也可为我们日常的工作提供参考。❶

3. 知识产权的特性

每一类知识产权的特性均不相同，如《中华人民共和国著作权法》第10条提及的所有类型的著作权，每一项都具有其本质特性；再如《中华人民共和国专利法》第22条所提及的新颖性、创造性和实用性更是作为授予专利权的条件。那么，在这里我们谈论的知识产权特性是宏观的、概括的，是从所有知识产权本质属性归纳出来的，能概括所有类型的知识产权。一般而言，知识产权具有无形性、专有性、地域性和时间性。❷

（1）无形性。知识产权的无形性，是指知识产权的对象无具体形态、无法通过五官及触觉去接触和认识、不占据任何的地理空间，却能够以特殊的形式为人们所感知。尽管用于申请知识产权的事物，如技术方案等，以及知识产权的外化形象，如商标图案等，可能是有形的，但它们都不是知识产权本身，知识产权始终是一种智力创造的客观成果，是一种抽象的财富。

（2）专有性。知识产权的专有性，是指除权利人同意或法律规定外，除权利人以外的任何人不得享有或使用该项权利。除非通过"强制许可""合理使用"或者"征用"等法律程序，否则权利人独占或垄断的专有权利将受到法律的严格保护，不容他人侵犯。

（3）地域性。知识产权的地域性，是指所有人对其智力成果享有的知识产权在空间上的效力受到地域的限制。引申而言，知识产权的地域性是指知识产权只在授予其权利的国家或确认其权利的国家产生，并且只能在该国范围内受法律保护，其他国家对其则没有必须给予法律保护的义务。地域性是知识产权与有形财产权的本质区别。

（4）时间性。知识产权的时间性，是指知识产权仅在法律规定的期限内受到保护，

---

❶ 宋河发. 科研机构知识产权管理［M］. 北京：知识产权出版社，2015.
❷ 裴圣慧. 知识产权的特征新论［J］. 湖南医科大学学报（社会科学版），2003（3）：45-47.

一旦超过法律规定的有效期限,且并未针对权利的获得进行进一步处理,这一权利就自行丧失,由相关知识产权产生的有形事物,如产品、标志或文字,即成为整个社会的共同财富,为全人类所共同使用。在中国,发明专利的有效期限是 20 年,实用新型和外观设计的有效期限是 10 年,商标权的续展期同样也是 10 年。

三、知识产权管理

1. 知识产权管理的定义

广义上讲,知识产权管理是指国家有关部门为保证知识产权法律制度的贯彻实施,维护知识产权人的合法权益而进行的行政及司法活动,以及知识产权人为使其智力成果发挥最大的经济效益和社会效益而制定各项规章制度、采取相应措施和策略的经营活动。❶

狭义上讲,知识产权管理是指组织制定和实施知识产权战略的必要工具或手段,目的通常是更好地规范组织知识产权工作,有效发挥内部管理制度的作用,激励组织内部研发人员加强自主创新从而产生对组织发展和保护有利的知识产权。❷

2. 知识产权管理的内涵

知识产权管理集中体现为有效实施国家知识产权战略,要深入贯彻落实科学发展观,按照激励创造、有效运用、依法保护的方针,科学管理知识产权。进一步引申为,知识产权管理是为积极营造良好的知识产权法治环境、市场环境、文化环境,大幅提升我国知识产权创造、运用、保护能力,为建设创新型国家和全面建设小康社会提供强有力的支撑。

国家知识产权管理部门依据国家知识产权战略制定一系列知识产权管理政策,组织则结合自身情况和内外部环境制定知识产权方针目标及知识产权管理制度。组织内部,领导层自上而下推动核心技术研发,进而加强知识产权的创造、运用、保护;调动专职知识产权管理人员利用法律、技术等方式,实施规划、组织、协调、利用等一系列活动。

3. 知识产权管理的类型

仅通过宏观和微观两个层面是无法直观感知具象化的知识产权管理的,进一步而言,我们可依据知识产权主体、知识产权管理层次以及知识产权客体对知识产权管理进行划分。

(1) 按知识产权主体划分。按照知识产权主体划分,知识产权管理可分为以下 6 类:①政府行政部门的知识产权管理,即知识产权行政管理部门依据相关法律的授权

---

❶ 冯晓青. 知识产权管理:企业管理中不可缺少的重要内容 [J]. 长沙理工大学学报(社会科学版),2005 (1):19-24.

❷ 何敏,袁明. 企业知识产权管理战略 [M]. 北京:法律出版社,2006.

对知识产权的接受申请、审查、授权、登记等管理活动；②企业知识产权管理，即企业根据自身条件和市场变化情况对其知识产权事务进行管理的相关活动；③事业单位知识产权管理，即高等院校、科研院所等事业单位根据自身特点和法律法规，参考市场需求对其知识产权进行相关管理的活动；④行业知识产权管理，即行业协会或组织依据自己的权力范围对知识产权进行相关管理的活动；⑤中介机构知识产权管理，即知识产权中介机构或服务机构依法对其从事的知识产权相关事务或服务的管理活动；⑥个人知识产权管理，即个人对自己拥有的知识产权或者相关权利的管理，如作者对其精神权利的管理活动。[1]

(2) 按知识产权管理层次划分。按照知识产权管理层次划分，知识产权管理可分为国家层面的知识产权管理、地方层面的知识产权管理及组织层面的知识产权管理。[2]进一步根据各管理层次的工作内容，知识产权的管理工作还可以分为知识产权战略的制定、知识产权制度的建立与执行、知识产权管理人员的配置、生产经营中的知识产权策略指导、知识产权的获得与维护、知识产权的交易、知识产权的信息的利用、知识产权纠纷的预防及处理等。[3]

(3) 按知识产权客体划分。按照知识产权客体划分，知识产权管理可分为专利管理、商标管理、版权管理和其他知识产权管理。其中，其他知识产权管理包括：集成电路布图设计权的管理、植物新品种权的管理、地理标志权的管理、商业秘密权的管理、商号权的管理等。同时，知识产权管理还包括知识产权成果的创造管理、知识产权权利的取得管理、知识产权成果的转化与利用管理、知识产权保护与维权管理、知识产权行政管理等。[4]

4. 知识产权管理的意义

(1) 创新驱动发展战略的基本保障。创新是引领发展的第一动力，实施创新驱动发展战略需要从体制改革、资源投入等方面加大保障力度。深入实施创新驱动发展战略，有赖于知识产权管理制度的完善，知识产权管理制度是开发和利用知识资源的基础，也是激励创新创造的前提，更是强化知识产权保障作用的有效策略。

(2) 知识产权强国建设的必然要求。国家知识产权强国战略实施以来，我国知识产权申请量、授权水平大幅提高，社会知识产权意识普遍增强，知识产权工作取得了长足进步，随着知识产权综合水平的提升，国家知识产权制度及重大政策亟须完善。通过强化宏观层面知识产权管理，推动基础法律等制度建设，进一步优化知识产权确权依据，为知识产权领域改革提供坚实的制度保障，加快推进知识产权强

---

[1] 朱雪忠. 知识产权管理 [M]. 北京：高等教育出版社，2010.
[2] 马海群，文丽，周丽霞. 现代知识产权管理 [M]. 北京：科学出版社，2009.
[3] 马静. 基于知识转移的知识产权管理机制研究 [D]. 长春：吉林大学，2010.
[4] 罗国轩. 知识产权管理概论 [M]. 北京：知识产权出版社，2007.

（3）企业高质量可持续发展的必由之路。企业在最初发展过程中经常面临有效融资不足、高端要素支持不够、服务体系不健全、内部管理制度不健全、抵御风险能力差等问题，这些问题直接掣肘企业高质量发展。这些问题集中体现在研发能力不足、缺乏知识产权管理经验等方面。企业通过引导职工树立良好的知识产权意识，优化内部知识产权管理结构，建立知识产权风险预警制度等，可有效解决上述问题，为企业的高质量可持续发展打下坚实的基础。

（4）抵御国际贸易竞争的重要前提。加入世界贸易组织（WTO）以及经济全球化的进一步发展，为我国对外贸易提供了广阔的发展空间。随着知识密集型产品及服务贸易的不断增加，国际贸易逐渐趋于知识化方向发展，货物贸易领域重心也由传统的制造业向高新技术、高技术服务业转移。随之而来的是企业外部知识产权问题频发，逐渐成为国际贸易摩擦重要的诱因之一。同时，企业缺乏对海外纠纷应对措施和维权手段的充分认识和了解，进一步导致问题发酵，严重影响跨境贸易，给企业带来致命的经济损失和难以修补的信誉危机。究其原因，还是企业知识产权管理制度的缺失，使得企业不能为之计长远，无法做到精准预测和及早防范。

综上所述，国家要想强大，需要完备的知识产权管理制度全力支撑；企业要想做强，需要严谨的知识产权管理工作充分保障。

第二节　企业知识产权管理

【知识点】

企业组织结构、企业知识产权管理部门组织结构、企业知识产权管理部门与其他部门的关系；企业知识产权流程管理、员工与激励管理、转移转化管理、保护管理、资产管理；企业知识产权管理的制度价值、经济价值、文化价值。

【概念解释】

企业组织结构类型：直属于决策层、隶属于研发部、隶属于法务部。

企业知识产权管理部门组织结构类型：集中管理制、分散管理制、分类管理制。

企业知识产权流程管理是将每一单元的知识产权工作分解成具有逻辑顺序的各个环节，每个环节形成固定工作程式，再将各个环节串联的体系化、流程化管理模式。

企业员工与激励管理是指企业对内部员工和其与知识产权有关的行为进行奖励的管理行为，分为员工行为管理和员工激励管理。

企业知识产权转移转化是指企业作为知识产权的出让主体，根据相关法律法规及签订的有关合同，将自身的知识产权权利转移给受让方，从而实现商业目的等的法律行为。

企业知识产权转移转化管理是指在转移转化过程中采取模式探索、流程管理、价值管理、风险管理等一系列措施。

企业知识产权保护是指企业按照现行法律，对侵犯知识产权的行为进行遏制及打击的所有行为。

企业知识产权保护管理是指企业通过优化人员知识产权意识、建立知识产权保护制度、树立侵权预警及应对机制等，保护企业自身的知识产权。

内部保护管理是指与内部员工签订知识产权协议或保密协议，或者在员工劳动合同中具体列明知识产权保护条款；制定企业内部知识产权保护相关制度；开展职工知识产权保护教育等。

外部保护管理是指企业与知识产权司法行政执法机关合作，保护企业知识产权利益；采取必要的技术性防御措施和管理手段，及时遏制市场中的不正当竞争，正当抵御知识产权恶意攻击。

知识资产是知识经济时代企业赖以生存和发展的显性知识和隐性知识的价值总和，是知识经济时代组织赖以生存和发展的根本动力。

企业知识资产的分类：人力资产、客户资产、知识产权资产和基础结构资产。

企业知识产权管理的价值：制度价值、经济价值、文化价值。

【知识内容】

一、企业知识产权组织结构

企业知识产权管理的各项工作通常依托于企业各个部门合作开展。具有科学完备且与企业现阶段发展相适应的组织结构、建立畅通的组织沟通机制是企业有效开展知识产权管理工作的重要前提。因此，我们在讨论企业知识产权管理的内容之前，首先需要了解知识产权管理部门在企业中的组织形态，知识产权管理部门内部组织结构以及知识产权管理部门与企业其他部门的关系。[1]

1. 企业组织结构

"管理是企业发展之本"，特别是我国加入WTO以来，有越来越多的机会参与国际竞争。与此同时，一些前卫的企业也开始重视参考和借鉴国外的先进管理经验，特别

---

[1] 企业知识产权管理到底在"管理"什么？[EB/OL].（2016-10-22）[2019-10-31］. https://bbs.mysipo.com/article-7740-1.html.

是知识产权管理经验。然而，我国企业仍普遍停留在重视有形资产管理，忽视无形资产管理的阶段。对于知识产权这样关乎企业生存的无形资产，始终缺乏科学的管理制度加以规范。成熟的外国企业一般设有专门的知识产权管理部门，通称为知识产权部。知识产权部、技术部、经营部共同组成企业的核心，并与法务部、财务部共同组建成企业高层组织管理机构。企业知识产权管理的外部组织结构基本模式主要有3种。

（1）直属于决策层。该模式将知识产权管理部门定位于由总经理直管，并且与法务部门平级设置。通常在企业中，知识产权管理部门负责人直接向总经理汇报，直接参与公司高层决策并能够对高层决策产生较大影响。在该种模式下，知识产权管理部门作为公司的核心部门之一，通常能有效传达高层领导的指示，快速开展相关工作，在遭遇外部威胁时能掌握先机。但是，由于缺少部门间平行的沟通，知识产权管理部门可能无法及时掌握研发部门的信息，并且与其他部门沟通成本较高。因此，该模式适用于企业规模较大、知识产权管理独立且复杂的跨国企业。

（2）隶属于研发部。该模式将知识产权部门定位于产品技术研发部门下设的部门，在企业的内部编制中级别可能低于法务部。这种模式有利于增进知识产权管理人员与研发人员及时沟通，充分做到决策与开发同步，有效节约开发成本，避免不必要的侵权风险；有利于知识产权管理人员清楚了解技术创新和产品开发的重点，及时制定出准确、适用的知识产权战略。但是，由于知识产权管理部门编制低于研发部门，无法直接参与企业决策、无法及时了解企业整体目标，难以从宏观层面给予企业决策层管理建议。因此，该模式适用于以专利技术为战略主导、业务范围主要在国内的高科技企业。

（3）隶属于法务部。该模式将知识产权管理部门定位于法务部门下设的部门，知识产权管理人员与法务人员同属于法务部门，知识产权管理人员时常会分担法务人员的相关工作，如知识产权相关诉讼等。这种模式有利于知识产权相关合同的订立和进行诉讼等反侵权措施。但是，与其他部门沟通频率较低，无法及时掌握研发部门的信息，难以做到制定技术含量较高的知识产权战略，无法保证知识产权管理所需的运作经费和人员配置。因此，该模式适用于专利技术较少、法律要求较高、知识产权纠纷较多的新兴技术企业。

2. 企业知识产权管理部门的组织结构

企业知识产权管理部门的内部组织结构是开展知识产权管理的基础，我们可以将企业内部组织结构视为"骨架"，每一个核心部门都可以视为重要的"关节"，有骨架和关节的支撑及联通，知识产权才能在企业内部充分流转，发挥其应有的作用。企业的内部组织结构多样，比较典型的有3种，分别是以美国IBM公司（国际商业机器公司）为代表的集中管理制、以日本东芝公司为代表的分散管理制和以日本佳能公司为代表的分类管理制。

（1）集中管理制。集中管理制，是指总部知识产权管理部门负责分支机构的一切知识产权事务的部门内部组织形态。集中管理体制通常具有以下 3 个特点：①统一运作：总部知识产权管理部门按照统一的知识产权政策进行运作，最大限度地保护总部的整体利益在开发、制造、买卖产品的活动中能够工作顺畅；②总部负责制：专利权与授权后的一切事宜全部由总部知识产权管理部门统筹负责；③总部统筹制：总部知识产权管理部门与分支机构（分公司、子公司）知识产权管理部门签有"技术协助协议"，总部将研究开发费用预付给分支机构，而分支机构创造的知识产权由总部知识产权管理部门统筹管理。

【案例 1-1】IBM 公司

美国 IBM 知识产权管理部门组织结构设置为：设有知识产权管理总部，负责处理所有与公司业务有关的知识产权事务；知识产权管理总部下设两个部门，分别是法务部和专利部。法务部负责知识产权相关法律事务；专利部负责与集团有关的所有专利事务，同时，专利部下设 5 个技术领域，每个领域任命一名专利律师担任专利项目经理。

（2）分散管理制。分散管理制，是指总部知识产权管理部门将管理职能充分下放到分支机构知识产权管理部门的一种组织形态，分散管理制通常具有以下 3 个特点：①充分放权，主要体现在在总部知识产权管理部门统一管理下，各事业部及研究所可充分管理自身的知识产权；②分散管理，主要体现在各事业部及研究所知识产权管理部门可根据产品特性限制专利申请件数从而决定知识产权的预算；③统一收管，主要体现在各事业部及研究所一旦取得专利权，后续的一切事务，如知识产权运营、知识产权诉讼、对外谈判和提出异议等均由总部知识产权管理部门统一管理。

【案例 1-2】东芝公司

东芝公司知识产权管理部门组织体制设置为：总部设置知识产权管理本部、4 个研究所和 11 个事业本部，同时，在各研究所和各事业本部分别设置专利部、科、组。

（3）分类管理制。分类管理制，是指总部知识产权管理部门按照技术类别、事业类别管理知识产权。按技术类别管理专利的最大优势在于，可以有效避免分支机构重复开发技术，并且可以充分配合各事业部的产品策略对专利进行管理。在企业中，事业类知识产权法务部集中管理授权后的所有事宜，包括权利的运用、谈判、诉讼等。事业类法务部通过派本部门人员参加技术类知识产权法务部相关业务研讨会或根据各项问题组成的集中会议了解技术、产品的相关情况，使法务体制贯穿于产品开发直至产品销售的各个阶段，有效利用知识产权法规提高解决问题的能力。

【案例 1-3】佳能公司

佳能公司的知识产权法务部是总部知识产权管理的归口部门，分为事业类及技术类。事业类知识产权法务部设有 4 个部门：知识产权法务策划部、知识产权法务管理部、专利业务部、专利信息部；技术类知识产权法务部设有 7 个专利事务部门，按照技术分类分别管理专利事务。

3. 企业知识产权管理部门与其他部门的关系

科学的企业组织管理绝不仅仅是简单的罗列，不仅要把企业整体的组织结构完整地、有逻辑地展现出来，还必须明确已经构建出的部门和与之平级的部门间的关系。企业决策者应重视知识产权管理部门与其他部门之间关系的维持，特别是应充分降低沟通成本，这样才既有利于知识产权管理部门发挥其本身的作用，又能对其他部门提供足够的支持和帮助。

(1) 知识产权部门与研发部门的关系。研发部门是企业知识产权的中枢部门，是知识产权部门的重要"上游"合作伙伴。在企业中，两部门级别不同可能会造成部门间协调效率降低，双方既要注意领导与被领导的关系，又要注重协调和辅助的关系。遇到上述情况，首先应明确的是，无论是何级别，谁领导谁，知识产权部门都必须给予研发部门战略上的指导作用，研发部门应当提供知识产权部门重要的情报信息。研发人员由于专注于技术，对技术上的发展趋势有一定的敏感度，能够及时发现具有战略意义的技术发展方向。知识产权部门应集中企业资源，对研发部门的技术开发过程进行有效协助。

(2) 知识产权部门与法务部门的关系。首先，法务部门是企业知识产权保护的重要部门，既要保护本企业的知识产权，对其他企业的侵权提起诉讼，又要应对其他企业针对本企业提出的侵权诉讼，保护企业的合法利益。同样，无论知识产权部门与法务部门之间领导与被领导关系如何，知识产权部门首先都是沟通研发部门与法务部门的桥梁。其次，法务部门可以在某些方面查漏补缺。如在处理企业诉讼中，可能会发现本企业的一些潜在的有价值的技术还未申请法律保护，或者在研究其他企业的侵权案卷时发现一些知识产权信息，如其他企业可能在设法绕过本企业专利时，发现了一些技术上的进步，但未申请专利。此外，知识产权部门还必须指导法务部门开展知识产权保护工作。

(3) 知识产权部门与人事部门的关系。人事部门是企业任何人员进入本企业首先接触的部门，人事部门甄选企业需要的人才，对人才进行培训、绩效考核、离职解聘等。人事部门既是知识产权管理的重要协助部门，也是知识产权管理的执行部门。首先，知识产权部门要与人事部门联合，制定企业的高级知识产权人才引进战略。若企业知识产权部门地位较低且低于人事部门，那么，两个部门应当密切协作，知识产权部门通过人事部门了解高层的意向和向高层传达企业知识产权管理相关动态。其次，知识产权部门要指导人事部门开展人才管理工作。从知识产权的角度，在人才引进、人才培训、人才管理制度方面指导人事部门。同时，知识产权部门还要联合法务部门对人事部门的人才管理法律文件进行解读和指导，一方面以合同的方式明确企业知识产权的归属，使企业免受员工的"反噬"，另一方面明确员工的权利范围，有利于员工的创造发挥。

（4）知识产权部门与采购部门、销售部门的关系。采购和销售部门是联系企业与市场的纽带。采购部门负责从市场购入企业所需原材料，销售部门负责把企业产品推销到市场。知识产权部门应利用自身熟识企业知识产权优势的特点，指导、配合采购部门和销售部门开展工作。知识产权部门可以协助采购部门、销售部门处理知识产权相关调查、审核、宣传等事宜。同时，采购部门和销售部门也可以向知识产权部门反馈与知识产权相关的市场信息和侵权信息等。

（5）知识产权部门与企划部门的关系。企划部门是将企业推向市场、扩大企业市场影响力的重要部门。知识产权部门能够有效协助企划部门正确定位，制定实施商标品牌策略。此外，在风险防范层面，知识产权部门还可以联合法务部门对企划部门的对外宣传所使用的相关文件进行著作权审查，防止企业侵犯他人著作权。在业务拓展层面，知识产权部门可以联合销售部门向企划人员提供市场信息，以便企划部门能够精准把握企业优势，策划出成功的企划案。

（6）知识产权部门与财务部门的关系。财务部门是结算统筹企业资金、材料，规划管理企业有形、无形财产的重要部门。知识产权开发必然需要投入大量的人力和物力，因此知识产权部门必须得到财务部门的鼎力支持。知识产权部门可以给财务部门提供专业的知识产权信息，协助财务部门的工作。主要体现在，知识产权部门可以向财务管理人员提供与知识产权有关的税费征免规定，减少公司知识产权费用支出；知识产权部门还可以联合研发部门、市场部门，提供企业知识产权的相关资料，协助财务部门对企业知识产权的价值进行评估。

二、企业知识产权管理的内容

通过了解第一节中所提及的知识产权分类以及知识产权管理的分类，我们不难发现，企业知识产权管理涉及很多方面，而每一方面都可以作为一个独立的单元进行论述。本章中我们仅介绍笔者认为企业知识产权管理较重要的5部分内容，分别是：企业知识产权流程管理、企业员工与激励管理、企业知识产权转移转化管理、企业知识产权保护管理、企业知识产权资产管理。

1. 企业知识产权流程管理

企业知识产权流程管理是将每一单元的知识产权工作分解成具有逻辑顺序的各个环节，每个环节形成固定工作程式，再将各个环节串联的体系化、流程化管理模式。企业知识产权流程管理是各项知识产权管理的重要前序工作。一般企业知识产权流程管理及内容如图 1-1 所示，按照知识产权的生命周期，将企业流程管理分为知识产权取得管理、知识产权开发管理、知识产权运营管理、知识产权维护管理、知识产权组织管理 5 个方面。❶ 其中，知识产权取得管理包括知识产权产生、申请、授权过程及授权后的管理，是企业最重要的流程管理工作，特别是企业专利的申请及授权管理，涉及环节较多、流程复杂，企业应当足够重视。除此之外，企业还可围绕知识产权战略决策、协同研发、价值评估、风险预警等涉及多环节、多主体分工的具体业务环节进行"微流程"管理。

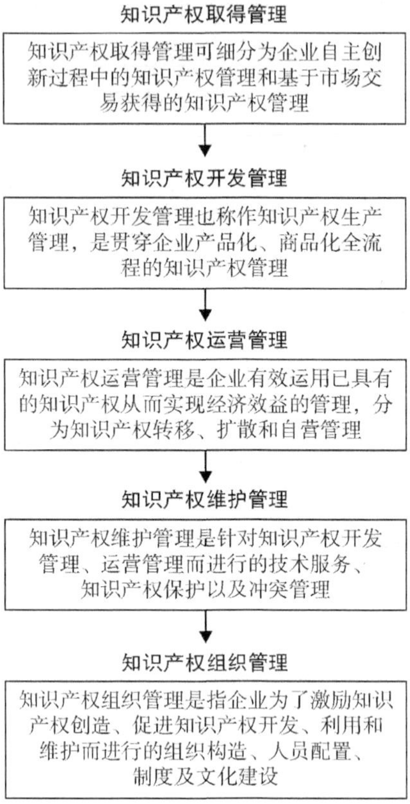

知识产权取得管理
知识产权取得管理可细分为企业自主创新过程中的知识产权管理和基于市场交易获得的知识产权管理

知识产权开发管理
知识产权开发管理也称作知识产权生产管理，是贯穿企业产品化、商品化全流程的知识产权管理

知识产权运营管理
知识产权运营管理是企业有效运用已具有的知识产权从而实现经济效益的管理，分为知识产权转移、扩散和自营管理

知识产权维护管理
知识产权维护管理是针对知识产权开发管理、运营管理而进行的技术服务、知识产权保护以及冲突管理

知识产权组织管理
知识产权组织管理是指企业为了激励知识产权创造、促进知识产权开发、利用和维护而进行的组织构造、人员配置、制度及文化建设

图 1-1 一般企业知识产权流程管理及内容❷

2. 企业员工与激励管理

企业员工与激励管理指企业对内部员工和其与知识产权有关的行为进行奖励的管理行为，分为员工行为管理和员工激励管理。在企业内部，管理层和员工通常习惯性地将知识产权管理工作视为专职部门的职责，而与其无关。事实上，企业有必要建立一支经过系统的知识产权培训、能够明确自身在知识产权活动中的职责及相关技能的

---

❶ 王琛，赵连勇. 基于价值链的知识产权管理研究 [J]. 现代经济信息，2011 (19): 310-311.
❷ 汪琦鹰，杨岩. 企业知识产权管理实务 [M]. 北京: 知识产权出版社，2009.

团队，如表 1-2 所示，管理层应具备足够前卫的知识产权意识，各类型员工应建立责任意识并积极学习知识产权技能。❶

表 1-2 企业各类型员工应掌握的最基本的知识产权技能

企业各类型员工	应具备的基础知识产权技能
发明人	具备检索商用数据库的能力，能够探寻已公开的第三方专利信息来源，能够明确目前本领域竞争对手的相关活动
项目经理	明确了解项目承担的关键活动，从而获取、保护、维持和共享知识产权信息，进而增强企业的竞争水平
营销人员	明确企业专利组合的覆盖范围、专利的法律状态，准确把握竞争对手的情报，从而有效监控竞争对手的活动，带来准确的外部情报
一般人员	树立最基本的知识产权保护意识，了解竞争对手套取知识产权情报的一般方法，了解并能够描述出个人在保护企业专有技术秘密方面的作用

【案例 1-4】规范人力资源管理，保护企业商业秘密❷

2016 年 5 月，"老干妈"工作人员发现本地另一家食品加工企业生产的一款产品与"老干妈"品牌同款产品相似度极高。经查，涉嫌窃取此类技术的企业从未涉足该领域，绝无此研发能力，"老干妈"公司也从未向任何一家企业或个人转让该类产品的制造技术。由此可以断定，有人非法披露并使用了"老干妈"公司的商业机密。报案后警方随即立案调查，并将侦查重点放在"老干妈"公司离职员工贾某身上。据悉，贾某曾任"老干妈"公司质量部技术员、工程师等职，由于工作需要，他掌握了"老干妈"公司专有技术、生产工艺等核心机密信息。经过专业的核算，包括因商业秘密泄露致使相似产品的上市，对"老干妈"同款产品销量和去年同期的销量对比等，此次泄密事件导致"老干妈"损失估计超过 1000 多万元，后续损失更是难以预估。公司的商业秘密只有通过完善的知识产权制度管理体系进行保护，才能实现风险的控制，避免企业的知识产权随企业员工的离职而受到侵害。

知识产权奖励与激励管理是促进企业知识产权创造运用的重要手段，不仅包括对企业各部门的奖励，更包括对职务发明人、设计人、知识产权管理人才的奖励或激励。其中，职务发明奖励是知识产权奖励与激励的核心，《中华人民共和国专利法》第 16 条规定："被授予专利权的单位应当对职务发明创造的发明人或者设计人给予奖励；发

---

❶ 斯蒂芬·曼顿. 知识资产整合管理：知识资产发掘和保护指南 [M]. 张建宇，任莉，等译. 北京：知识产权出版社，2014.

❷ 老干妈秘方遭窃取 餐饮企业该如何保护商业机密？[EB/OL]. (2017-05-09) [2019-10-31]. https://www.sohu.com/a/139345680_630138.

明创造专利实施后,根据其推广应用的范围和取得的经济效益,对发明人或者设计人给予合理的报酬。"[1] 近年来,由于职务发明界定不清晰引发的劳资纠纷逐渐增多,都是由于企业职务发明激励管理制度不明确、管理不当造成的。企业不重视员工的激励管理,造成员工创新意识减退,甚至导致巨额损失。在这一点上,我们可以辩证地借鉴西方国家的经验,将这些成熟的做法运用到企业知识产权管理中。

【案例 1-5】 德国的职务发明报告制度[2]

在雇员发明的权属上,德国开创了一种全新的模式,其《雇员发明法》第4条规定:如果发明是雇员在雇佣期间做出的,源于私人企业或者公共机构雇员的工作任务,或者在本质上基于企业或者政府机构的经验或活动,就属于职务发明,雇员的其他发明为非职务发明。对于职务发明创造,发明完成后,职务发明人负有立即书面向雇主汇报的义务。雇主可以对职务发明提出无限制的权利主张或者有限制的权利主张。如果雇主提出无限制的权利主张,职务发明人就必须将职务发明的所有权利转让给雇主。如果提出的是有限制的权利主张,则雇主享有非独占许可使用权,专利申请权和专利权依然归职务发明人所有。

在对雇员的报酬和奖励上,德国《雇员发明法》比较详细地规定了对发明人的报酬计算方式及数额。该法规定,在雇主做出职务发明权利主张之后,雇员有权取得合理的报酬,在无限制权利主张下确定报酬额时,应考虑这项发明的商业适用性、雇员在公司中的职责和所处的位置、企业为发明做出的贡献等因素。在有限制权利主张下计算报酬的方式参照无限制权利主张的规定,并在此基础上做必要的修改。计算报酬的具体方法和数额在雇主做出要求之后的合理时间内由雇员和雇主之间的协议决定。

3. 企业知识产权转移转化管理

企业知识产权转移转化是知识产权管理的另一项重要内容。知识产权管理应当平衡各个利益主体之间的关系,而市场利益属性是企业知识产权管理的重要特征。因此,企业技术转移的策略、技术转移的对象和技术转移的目标等都要把市场经济效益放在首要位置。在模式上,无论是我国还是西方国家,都尝试过采用"校企合作"的方式,充分发挥企业的资金和市场优势以及高等院校的研发实力,双方共同投入合作研发具有潜在市场需求的新技术,以新技术背后的知识产权为依托,进一步推动技术产业化,实现市场规模效益;同时,企业也可以与高校签订专利技术独占许可协议,直接享有专利技术。

---

[1] 全国人大常委会法制工作委员会经济法室.《中华人民共和国专利法》释解及实用指南 [M]. 北京:中国民主法制出版社,2009.

[2] 刘鑫. 试析职务发明报告制度的废与立——德国《雇员发明法》与我国《职务发明条例》之比较 [J]. 中国发明与专利,2017(5):23-27.

【案例 1-6】毕某某和他的"四亿"专利技术❶

2017年，山东理工大学毕某某和他的团队创造了一项中国高校专利转让纪录。他们与补天新材料技术有限公司签订了关于无氯氟聚氨酯化学发泡剂专利技术（CN201310095799.2 聚氨酯化学发泡剂及其制备方法、CN201310559390.1 聚氨酯硬泡阻燃聚醚多元醇及其制备方法）独占许可协议，价值5.2亿元，毕某某团队分得4亿元。2017年12月14日，山东理工大学毕某某拿到了他梦寐以求的发明专利证书。

4. 企业知识产权保护管理

企业是知识产权的主要创造者和使用者，也是知识产权保护的主要力量，推动社会创新进步是每一个企业的责任和义务。在企业发展的同时，知识产权也应做好计划性的提前保护。企业日常运营会有很多独创性的成果产生，企业应当尽快确立自己对这些成果的知识产权权利，对内规范及防范，对外保护及防御。因此，企业知识产权保护管理包括内部保护管理和外部保护管理两部分。

内部保护管理指的是与内部员工签订知识产权协议或保密协议，或者在员工劳动合同中具体列明知识产权保护条款；制定企业内部知识产权保护相关制度；开展职工知识产权保护教育等。企业与员工签订的协议包括：①职务成果归属协议，主要用于把员工在企业就职期间因为履行职务创造出的内容确定权属归企业所有；②保密协议，主要对员工保守商业秘密进行规范，应在员工入职期间就已签署；③竞业限制协议，即企业有权在支付竞业限制补偿金的前提下，要求离职员工在一定期限内不得从事与本企业竞争相关的工作。❷

外部保护管理指的是企业与知识产权司法行政执法机关合作，保护企业知识产权利益；采取必要的技术性防御措施和管理手段，及时遏制市场中的不正当竞争，正当抵御知识产权恶意攻击。无论是发明专利还是实用新型专利、外观设计专利，都是企业研发人员的心血与智慧，通过专利申请可以建立竞争壁垒，面对同行仿冒技术，可以利用专利诉讼对竞争对手进行回击。❸ 同样，商标权的建立对品牌推广也具有重要意义。品牌能使企业及其产品在消费者中形成鲜明的印象，提升辨识度，商标则是对品牌最直接、最有效的保护。通过商标，消费者对企业的产品和服务与其他企业产品建立区分，同时避免他人冒充、仿制。软件著作权同样也是研发型企业不能忽视的环节，根据《中华人民共和国著作权法》有关规定，著作权自创作之日起就获得保护，但必

---

❶ 肖华. 加强体制机制改革 激起科技创新"一池春皱"——访山东理工大学党委书记吕传毅[J]. 中国科技产业, 2017（5）: 74-75.
❷ 金哲. 企业知识产权运作与保护管理研究[D]. 武汉: 华中科技大学, 2007.
❸ 李丽娟. 知识产权保护对在华跨国公司知识产权管理的影响[J]. 科技创业月刊, 2005, 18（7）: 121-122.

要的登记行为能让著作权人更好地证明权利归属。❶

【案例 1-7】提高知识产权保护意识，强化产品竞争力❷

2016 年 6 月初，游戏厂商柠檬微趣将旗下手游"糖果萌萌消"正式更名为"宾果消消乐"，由此却引发了一场起名纠纷。因产品名称相似，另一款知名手游"开心消消乐"的开发商乐元素认为柠檬微趣涉嫌侵害了自己的商标权以及存在不正当竞争行为，遂起诉柠檬微趣并索赔 1000 万元。此后不久，柠檬微趣又起诉乐元素不正当竞争，并索赔 915 万元。虽然这两场诉讼都已在 2017 年 2 月经法院裁定准予和解，但是，2017 年 1 月柠檬微趣将"宾果消消乐"更名为"宾果消消消"。然而，"宾果消消消"的商标问题并没有因此结束。2017 年上半年，柠檬微趣招股说明书显示，公司取得的注册商标有"萌萌消""柠檬微趣""糖果萌萌消""Microfun"以及"糖果消消消"等，但其中并不包括其支柱产品"宾果消消消"。事实上，柠檬微趣在 2017 年 9 月 14 日才取得占其收入 90% 的支柱性产品"宾果消消消"的商标专用权。而柠檬微趣得不到注册商标的垄断权也成为阻挡柠檬微趣 IPO 脚步的重要因素。

【案例 1-8】保护产品和新技术，占领行业市场❸

安徽万燕公司曾因推出"中国第一台 VCD 机"而辉煌一时。当时已经开创出一个市场，并形成一整套成熟技术的万燕公司，本应拥有占据 VCD 全部市场而独霸天下的绝对优势。然而"申请不申请专利似乎意义不大，关键是要让产品占领市场"这一念之差，致使万燕把 VCD 生产销售的大好河山拱手送给了别人，以致形成了日后 VCD 市场诸侯纷争的形势。正是因为没有专利保护，万燕推出的第一批 1000 台 VCD 机几乎被国内外各家电厂商全部买去作为样机，成为被其解剖的对象和日后争夺 VCD 市场的"依靠"。万燕公司面对自己千辛万苦研制的新产品在为他人作嫁衣，却只得无可奈何。没有专利保护，使得推出中国第一台 VCD 机的安徽万燕公司丢掉了市场，失去了商机。可见，知识产权的保护对于一项新产品、新技术是至关重要的，申请专利在产品研发过程中就进行考虑，如此才能在产品推向市场时就有相应的法律保护，而不至于为他人作嫁衣。

5. 企业知识产权资产管理

企业的知识产权（Intellectual Property）也被称为企业知识资产（Intellectual Assets）。知识资产是知识经济时代企业赖以生存和发展的显性知识和隐性知识的价值总和，是

---

❶ 李建国.《中华人民共和国著作权法》条文释义［M］. 北京：人民法院出版社，2001.
❷ 权大师. 没有商标的埋头创业，走到 IPO 门口还是得回来！［EB/OL］.（2017-09-27）［2019-10-31］. http://www.ctoutiao.com/305726.html.
❸ 顾朝瑞. "万燕"的启示［J］. 农经，1998（1）：47.

知识经济时代组织赖以生存和发展的根本动力。根据知识的内在特性，可以将知识资产划分为显性知识和隐性知识两大类。显性知识，通常是指可以通过正常的语言方式传播的知识，像以专利、科学发明和特殊技术等形式存在的知识，蕴含于具体事物中的知识。隐性知识，通常是指个人或组织经过长期积累而拥有的知识，不易用言语表达，也难以传播。❶

对于企业而言，知识资产包括：人力资产、顾客资产、知识产权资产和基础结构资产。人力资产指的是企业员工所具有的技能、创造力、解决问题的能力、领导能力、企业管理能力等一切才能；顾客资产指的是企业与顾客间的关系，包括品牌忠诚度、信誉度、顾客的消费习惯、顾客资料等；知识产权资产指的是技能、商业秘密、商标、版权、专利；基础结构资产指的是使企业得以运行的技术、工作方式和程序，包括企业文化、评估风险的方式、管理方法、财政结构、市场或客户数据库等。❷

很显然，本书所谈及的资产管理是指知识产权资产管理。如表 1-3 所示，企业在进行知识产权资产管理前，应梳理企业知识产权资产相关信息，从而直观、快速地审视企业知识产权资产的现状。

表 1-3　企业知识产权资产信息（样例）❸

项目	专利	注册的设计方案	商标	版权	设计权	保密义务
保护对象	保护流程、产品、合成物	保护装置的设计而非其功能	保护用来表示产品与服务来源的文字或符号	保护创意的展示方式，如：报告、音乐、图案、绘画	保护设计而非功能	保护秘密获得的信息
获权过程	权利授予需经过一个复杂、长期、昂贵的申请注册过程	权利授予需要经过一个简单、相对廉价的注册过程	部分自动产生，部分通过注册获得	权利自动产生	权利自动产生	必定存在引申出的契约性保密义务
侵权发生	不用复制，侵权也可发生	不用复制，侵权也可发生	在同一市场使用商标销售产品和服务导致侵权	只有在复制发生时才会产生侵权	只有在复制发生时才会产生侵权	只能在得到明确同意后才可使用信息

---

❶ 于磊. 技术型知识产权资产评估方法研究 [M]. 北京：经济科学出版社，2012.
❷ 裴学敏，陈金贤. 知识资产对合作创新过程的影响分析 [J]. 科研管理，1999（1）：26-30.
❸ 斯蒂芬·曼顿. 知识资产整合管理：知识资产发掘和保护指南 [M]. 张建宇，任莉，等译. 北京：知识产权出版社，2014.

续表

项目	专利	注册的设计方案	商标	版权	设计权	保密义务
新颖性	必须具备新颖性，申请前未被公开	通常必须具备新颖性，申请注册前未被公开	不得在同一种类中被其他组织注册或使用	作品进入公共领域发行，保护依然存在	作品进入公共领域发行，保护依然存在	保护仅限于文件，本质上讲是机密文件
保护期限	保护期限为20年，必须缴纳年费	保护期限为25年	持续使用并按时缴纳年费，保护无期限	保护期限为作者离世后70年	保护期限为首次面市后的15年或开始生产后的10年	除非明确同意使用，否则无时效限制
其他要求	很多国家实行先申请原则，美国实行先发明原则		名字不可作为商标或服务描述进行注册			

三、企业知识产权管理的价值

1. 企业知识产权管理的制度价值

知识产权制度决定了知识产权能够成为企业的核心竞争力。制度是在漫长的人类发展历程中形成的行为规范，这种规范的要求就是人人均须遵守。知识产权制度可以看作是市场经济中的一种必要规则，这种规则旨在调整利益关系、保护智力成果、鼓励发明创造。我们以专利为例，专利制度是一种在国际上通行的利用法律和经济手段认定技术发明人对其发明所享有专有权的基础制度，通过专利制度可以有效地保护和促进技术发明。尽管真正由政府出面建立的具有法律保护效力的专利制度是工业革命前后的英国建立的，但我们始终认为专利制度是起源于15世纪的威尼斯。1474年3月19日，威尼斯共和国颁布了世界上第一部专利法，正式名称为《发明人法规》，依法颁发了世界上的第一号专利。此后，专利制度在世界各国得到了广泛的应用。为了促进国际交流合作和技术贸易，各国先后签订了一系列有关保护工业产权的国际公约。1883年，由法国等11个国家缔结的《保护工业产权巴黎公约》产生，这是第一个也是至今为止较重要的国际专利公约之一，截至2018年已有177个国家缔约。中国建立专利制度较晚，但发展迅速。1980年，中国正式成立了专利局；1984年颁布了《中华人民共和国专利法》；随后中国不断加入世界知识产权组织管理的条约，如表1-4所示，中国于1985年加入了《保护工业产权巴黎公约》，1994年加入了《专利合作条约》等。❶

---

❶ 李学荣，尹永强，刘畅. 企业知识产权管理 [M]. 沈阳：东北大学出版社，2014.

表 1-4　中国加入或申请加入的由世界知识产权组织（WIPO）管理的条约[1]

条约类型	条约名称	知识产权类型	缔约方数量	中国加入时间
知识产权保护	《视听表演北京条约》	著作权	31	2020.04
	《伯尔尼公约》	著作权	178	1992.10
	《马拉喀什视障者条约》	著作权	65	暂未生效
	《巴黎公约》	工业产权	177	1985.03
	《保护录音制品制作者禁止未经许可复制其录音制品公约》	著作权	80	1993.04
	《商标法新加坡条约》	商标权	50	暂未生效
	《关于集成电路知识产权的华盛顿条约》	集成电路布图设计权	暂无	暂未生效
	《世界知识产权组织版权条约》（WCT）	著作权	104	2007.06
	《世界知识产权组织表演和录音制品条约》（WPPT）	著作权	104	2007.06
全球保护体系	《国际承认用于专利程序的微生物保存布达佩斯条约》	专利权	82	1995.07
	《马德里协定》	商标权	55	1989.10
	《马德里议定书》	商标权	106	1995.12
	《专利合作条约》（PCT）	专利权	153	1994.01
分类	《洛迦诺协定》	专利权（外观）	57	1996.09
	《尼斯协定》	商标权	88	1994.08
	《斯特拉斯堡协定》	专利权	62	1997.06

来源：世界知识产权组织，统计日期截至 2020 年 5 月 7 日。

企业知识产权管理，归根结底就是企业通过运用知识产权制度所确立的适合自身发展的规则，从而能够在市场竞争中立于不败之地。以专利为例，活用专利制度，能够迸发出许多专利管理中常用的技巧，或者更确切地说是"新玩法"，例如，专利攻击、专利无效、防御性公开、交叉许可等。一套完善的企业知识产权管理规则，从制定到实施，无不充分体现着知识产权制度的价值。

2. 企业知识产权管理的经济价值

知识产权作为一种无形资产，本身具有不容小觑的经济价值，同样，知识产权管理的经济价值也显而易见。企业可以通过各种有效途径实现知识产权的经济价值

---

[1] 世界知识产权组织. WIPO 管理的条约 [EB/OL]. (不详) [2019-11-01]. https://www.wipo.int/treaties/zh/.

甚至放大知识产权经济价值。例如，近年来经常提及的知识产权运营，其本质就是通过知识产权融资、知识产权投资、知识产权交易等有效手段实现知识产权的经济价值。

企业作为知识产权管理的主体，需要做足功课，提前进行战略部署，通过市场调查等方法获取知识产权信息，综合运用知识产权信息开展竞争对手分析并进行合理的知识产权布局，从而提高知识产权价值实现的能力。世界知识产权组织的有关统计资料曾通过数据明确知识产权信息的价值：科研工作中经常查阅专利文献，不仅可以提高科研项目的研究起点和水平，而且还可以节约60%左右的研究时间和40%左右的研发经费。企业技术研发、知识产权申请、维持以及维权都必然要遵循经济利益导向。知识产权运营则是加速知识产权经济价值最大化的商业运作模式。因此，从某种意义上来讲，企业知识产权管理就是企业实现经济价值的总体谋划和综合管理。

3. 企业知识产权管理的文化价值

近年来，知识产权越来越被社会和企业所关注，在某些国家还形成了一种知识产权文化。所谓知识产权文化，指的是有利于实施知识产权制度的各种精神现象，主要指与知识产权相适应的社会氛围。这种文化通常要求企业在知识产权管理中能够体现鼓励创新精神、树立竞争意识、彰显诚信道德、培育法制观念、倡导以人为本等先进的发展观念。

鼓励创新精神，是指企业既要有足够的信心去开拓探索，又要有足够的勇气面对失败。树立竞争意识，体现了知识产权制度的本质特征之一，即激励竞争、保护垄断。一些专家学者将知识产权制度的本质特征理解为鼓励创新，实际不然，知识产权制度的确具有鼓励创新的作用，但是这种作用恰恰是由于激励竞争、保护垄断的本质特征所折射出的，因此，我们不能片面理解。彰显诚信道德在企业生产经营中显得格外重要，知识产权侵权的现象频发，从文化角度讲就是企业诚信的缺失。我们常说的培育法制观念，目的就是要把诚信道德和法制管理相结合，为企业自主创新和知识产权保护营造一个良好的社会氛围。倡导以人为本则更不必多说，企业只有做到事事为员工考虑，才能充分调动和发挥企业员工的积极性，尤其是研发人员的发明创造热情。

如果说企业文化是企业发展的软实力，那么知识产权文化则应当被称为"软硬兼施"。企业将知识产权文化纳入企业文化中，将会有助于企业发展。同样，企业的知识产权管理中如果能把知识产权文化建设纳入企业中长期发展目标，对于提高企业的技术创新水平、经济竞争能力、社会信誉度乃至凝聚力，都将产生不小的影响。[1]

---

[1] 杨勇，马维野. 企业知识产权战略制定与规划 [M]. 北京：化学工业出版社，2016.

第二章 企业知识产权战略

第一节 企业知识产权战略概述

【知识点】

企业知识产权战略内涵、特征、组成要素、类型划分。

【概念解释】

企业知识产权战略的内涵没有统一定论，本书认为其来源于企业战略理论，企业知识产权战略是指企业根据外部环境及企业内部资源和能力状况，特别是知识产权的外部环境和企业内部知识产权资源及能力的状况，利用知识产权制度给予的空间，为求得企业生存与长期稳定的发展，不断获得新的竞争力，对企业知识产权的发展目标、实现目标的途径和措施的总体谋划。

企业知识产权战略管理是企业在对其内部条件的优势和劣势、外部环境的机会和威胁进行充分分析的基础上，制定有效的知识产权战略，以实现企业的知识产权目标的过程。

【知识内容】

随着科学技术的迅猛发展，知识产权制度不断建立和健全，知识产权作为一种重要的无形资产，具有客观的经济价值和巨大的商业竞争价值，是经济主体强有力的竞争武器，是企业间十分重要的竞争资源，是支撑企业参与市场经济竞争、求得生存与发展的排头兵和坚实保障，能够激发市场经济活力和创造力，调动各类市场主体创新创业的积极性，推动市场经济快速高质量发展。知识产权在企业乃至社会经济、科技发展中的战略地位也越来越重要。企业站在战略高度重视知识产权战略管理，通过有效实施知识产权战略管理以开拓市场、占领市场并取得市场竞争优势，则成为新时代社会主义市场经济发展的必然要求。

一、企业知识产权战略的内涵

1. 企业知识产权战略

关于企业知识产权战略的内涵，国内外学者从不同角度进行了大量研究，但尚无统一定论，具有代表性的观点有：

丹尼·赛门萨恩（Danny Samson）认为，知识产权的真正价值是企业利用它作为战略——资产增值、研究开发和企业发展整体营销战略的一部分，而专利等形式的知识产权则是企业经营战略的一个基础组成部分。[1]

Wagman 和 Scofield 认为知识产权的目标是授权给发明者市场交易权或享有创新成果从而推动实现这种类型的企业战略。[2]

Robert H. Pitkethly 认为，企业知识产权战略通常指依据知识产权法和企业战略的有关规定，通过知识产权的单独使用或将知识产权与企业的其他资源组合使用，来达到企业的战略目标。[3]

从国外学者的观点可以看出，战略既涉及企业知识产权的外部交易活动，又有利于对企业内部资源的开发、增值和相互组合。

吴汉东等认为，所谓"知识产权战略"是指运用知识产权及其制度去寻求企业在市场竞争中如何处于有利地位的战略。[4]

冯晓青认为，企业知识产权战略是企业为获取与保持市场竞争优势并遏制竞争对手，运用知识产权保护手段谋取最佳经济效益的总体性谋划。[5]

唐珺认为，企业知识产权战略是为获取与保持市场竞争优势，在相应的知识产权法律制度下，通过知识产权的获得、管理、运用和保护机制，使知识产权资源能够得到有效的利用和价值流转，谋取最佳经济效益的策略和手段。[6]

综合国内外学者的观点，笔者认为企业知识产权战略的概念来源于企业战略理论，企业知识产权战略是指企业根据外部环境及企业内部资源和能力状况，特别是知识产

---

[1] Danny Samson. Intellectual Property Strategy and Business Strategy: Connections through Innovation Strategy [J]. Intellectual Property Research Institute of Australia Working Paper, 2005（June）.

[2] Wagman, Scofield. The Competitive, Vol. 3, Advantage of Intellectual Property Right [J]. SAM Advance Management Journal, 1999（3）: 4-10.

[3] Robert H Pitkethly. Intellectual Property Strategy in Japanese and UK companies: Patent licensing decisions and learning opportunities [J]. Research Policy, 2001（30）.

[4] 吴汉东, 肖志远. 入世后的知识产权应对——以专利战略为重点考察对象 [J]. 国防技术基础, 2002（4）.

[5] 冯晓青. 企业知识产权管理 [M]. 4 版. 北京: 知识产权出版社, 2015: 5.

[6] 唐珺. 企业知识产权战略管理 [M]. 北京: 知识产权出版社, 2012: 58.

权的外部环境和企业内部知识产权资源及能力的状况，利用知识产权制度给予的空间，为求得企业生存与长期稳定的发展，不断获得新的竞争力，对企业知识产权的发展目标、实现目标的途径和措施的总体谋划。❶

2. 企业知识产权战略管理

企业知识产权战略和企业知识产权战略管理既密切联系又相互区别。企业知识产权战略是企业知识产权战略管理的基础内容，而企业知识产权战略管理是对企业知识产权战略进行管理的动态过程，保障企业知识产权战略落实。

从管理学来看，企业知识产权战略管理是企业在对其内部条件的优势和劣势、外部环境的机会和威胁进行充分分析的基础上，制定有效的知识产权战略，以实现企业的知识产权目标的过程。企业知识产权战略管理可以从管理对象、管理主体和管理手段等方面进一步认识：从管理对象来看，管理的是知识产权以及相关的活动，即用战略手段管理企业知识产权；从管理主体来看，是企业；从管理手段来看，则是以战略的形式实现。

企业知识产权战略管理是一个系统，包括相互联系的不同方面。它首先需要根据企业的经营发展战略，对企业自身条件和面临的外部环境进行分析评估，以便制定出与企业经营发展战略相吻合的知识产权战略规划。接着，企业需要再对知识产权战略规划进行选择、评估，制订出具体的知识产权战略规划实施计划并予以落实，涉及企业的研究开发、技术创新、品牌建设、制度规范、组织体系、经费保障、人力资源配备、信息网络建设等多方面内容。在知识产权战略规划实施过程中，则存在动态的监控和评估、反馈，以使知识产权战略规划的实施沿着既定的目标前进。实际上，企业知识产权战略本身就是一个前后相继、相互联系的运行过程，包括企业知识产权战略环境分析、企业知识产权战略制定、企业知识产权战略实施和企业知识产权战略评估与控制。

二、企业知识产权战略的特征

企业知识产权战略具有以下特征：

（1）全局性。企业知识产权战略作为企业战略的一部分，是企业关于知识产权及其相关活动的总体性方针、政策和行动指南，涵盖企业知识产权的创造、运用、保护、管理等环节，关乎企业知识产权的质量和数量、核心竞争力、技术创新能力、市场占有率等。知识产权战略的实施，有助于企业获得竞争优势和最大效益，将对企业发展全局产生深远影响。

（2）法律性。企业知识产权战略是依托于知识产权法律制度的。这包括两个方面：一是它具有依法确认的特点。企业知识产权战略的每一步利用都必须置于法律规范特别是知识产权法律规范的制约下，法律规范是制定企业知识产权战略的行为规则。二

---

❶ 黄淑和. 企业知识产权战略与工作实务［M］. 北京：经济科学出版社，2007：37.

是法律规范特别是知识产权法律规范对实现企业知识产权战略目标又具有可靠的保障作用。企业知识产权资源的开发利用与优化配置，是有效的知识产权法律保护和知识产权战略性运用的共同结果，两者缺一不可。

（3）保密性。企业知识产权战略与企业经营战略直接相关，实际上也是企业整体发展战略的组成部分。企业知识产权战略的实施涉及企业经济和科技情报分析、市场预测、新产品动向，以及经营者在某一阶段的经营战略意图，如果被企业竞争对手掌握，将对自己造成极为不利的影响。因此，企业知识产权战略这些涉及商业秘密性质的内容宜加以保密，企业知识产权战略因之具有保密性的特点。

（4）时间性和地域性。这一特点是由知识产权的时间性、地域性特点所决定的。以时间性而论，与某一知识产权战略相应的知识产权期限届满或因故提前终止，相关的知识产权战略就应及时调整。就地域性而论，企业在制定、实施知识产权战略时应考虑到知识产权的权利产生地。这一点对于企业实施国际知识产权战略，开拓国际市场是极为重要的。

（5）整体上的非独立性。企业知识产权战略属于企业经营发展战略的一部分，其目标的实施与企业其他战略往往是相互包含、相互交错的，单纯地运用难以收到满意的效果。以企业知识产权战略中的商标战略为例，它与企业市场营销战略、广告宣传战略、市场竞争战略、企业形象战略紧密相关。不过，整体上的非独立性并不排斥企业知识产权战略的相对独立性。企业知识产权战略有其自身的发展规律。

三、企业知识产权战略的组成要素

战略泛指对全局性、高层次重大问题的整体性谋划与策略，具有全局性、宏观性和长远性的特点。一个完整的战略应当包括战略思想、战略目标、战略任务、战略措施等要素。企业知识产权战略作为企业一种具有全局性和长远性的谋划，不仅涉及如何有效运作企业拥有的知识产权，还关系到企业经营管理的其他方面，知识产权战略也应具有一定的体系结构和内容构成。

战略思想是企业制定和实施知识产权战略的指导方针和理念，关系到企业知识产权战略的全局。[1]

战略目标是企业想通过实施知识产权战略而实现的目的，这个目的往往是占领市场或保持市场竞争力。

战略任务是在一定时间内，企业想达到的目标。战略任务是战略目标的分解，战略任务是详细的、具体的，战略目标要通过战略任务的完成才能实现。战略任务可以分解成若干具体的子任务和更细致的任务。

战略措施是指企业为实现知识产权战略目标而采用的方法和手段，包括战略方针、

---

[1] 安雪梅. 企业知识产权战略管理 [M]. 北京：人民出版社，2010：55.

战略步骤、战略部署等。

企业知识产权战略各要素之间是相互联系和相互影响的，这一特点决定了企业知识产权战略的实施要注重系统性，不能顾此失彼。

四、企业知识产权战略的类型划分

虽然国内外学者对知识产权战略的研究著作颇丰，但对企业知识产权战略的类型划分并没有统一的标准，一般的分类方式如图 2-1 所示。

```
                              ┌─ 知识产权创造战略
                  ┌─ 按照运营过程划分 ─┼─ 知识产权应用战略
                  │                ├─ 知识产权管理战略
                  │                └─ 知识产权保护战略
                  │
                  │                ┌─ 企业专利战略
企业知识产权战略 ──┼─ 按照权利类型划分 ─┼─ 企业商标战略
                  │                ├─ 企业版权战略
                  │                └─ 企业商业秘密战略
                  │
                  │                ┌─ 进攻型战略
                  └─ 按照实施方式划分 ─┼─ 防御型战略
                                   ├─ 赶超型战略
                                   └─ 跟随型战略
```

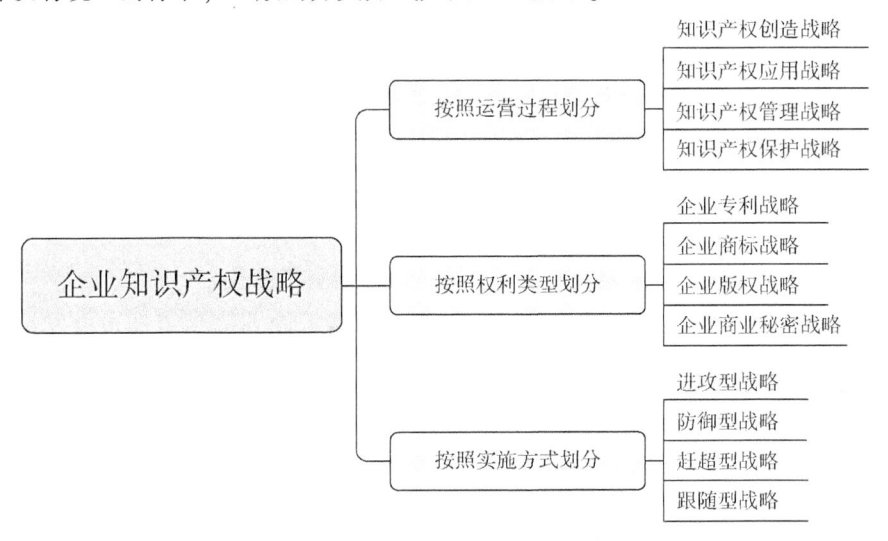

图 2-1　企业知识产权战略分类

1. 按照运营过程划分

按照企业知识产权运营过程划分，企业知识产权战略可分为知识产权创造战略、知识产权应用战略、知识产权管理战略、知识产权保护战略。

企业知识产权创造战略即企业根据知识产权战略规划，依托技术创新，通过科研和开发、收购等方式，形成知识产权体系，满足企业发展需要。

企业知识产权应用战略是指企业为满足自身发展，在市场经济竞争中占据主导地位，而将企业所有知识产权进行综合运用和价值转化，企业常用的应用战略有技术标准、联合许可、综合利用、质押融资、证券化等。

企业知识产权管理战略是企业为实现特定的战略目标，通过建立企业知识产权管理制度即知识产权专项管理制度、合同管理制度、人员培训制度、奖励制度等，采取措施对企业知识产权创造、应用、保护等环节进行综合管理的谋划。

企业知识产权保护战略是企业为实现知识产权战略目标，防范知识产权侵权等事项发生，通过知识产权诉讼、知识产权维权、知识产权预警、反滥用和反垄断等措施保护企业知识产权。

2. 按照权利类型划分[1]

按照知识产权权利类型划分，企业知识产权战略可以分为企业专利战略、企业商标战略、企业版权战略、企业商业秘密战略等。专利战略和商标战略是企业知识产权战略中的两大支柱。

企业专利战略是指企业为取得专利竞争优势，研究分析竞争对手状况，推进专利技术开发，控制独占市场；在获得专利后充分运用专利使其转化为经济利益或用于防御；并且利用专利制度提供的法律保护及其种种方便条件有效地保护自己，充分利用专利情报信息，为求得长期生存和不断发展而进行总体性谋划。企业专利战略对企业的生存和发展有着重要的影响，有利于强化企业自主知识产权的创新活动，提高可持续发展的创新能力，培育核心技术竞争能力。

企业商标战略是指企业为获得与保持市场竞争优势，运用商标制度提供的各种手段，达到树立企业形象，促成产品或服务占领市场的总体规划。企业商标战略是一个集经济、法律、管理、文化等多学科为一体的综合性系统工程。

企业版权战略即结合具体的宏观环境和行业环境，企业应当依据自身发展规划对版权资产进行合理开发和配置，要经营企业本身处于优质状态的版权资产，充分挖掘和盘活企业处于低效运用或闲置状态的版权资产，企业版权战略体系主要由版权创造和获取、版权保护与版权经营管理三部分组成。

企业商业秘密作为知识产权的一种特殊形式，与一般的知识产权相比有着自身的特殊要求，因此商业秘密战略管理以技术和管理保护为主，以法律保护为辅。

3. 按照实施方式划分

按照战略实施方式划分，企业知识产权战略可分为进攻型战略、防御型战略、赶超型战略、跟随型战略。

进攻型战略是指为使企业在现有战略基础上向更高一级目标发展，企业积极主动地将开发出来的新技术、新产品提出申请并获得知识产权，利用知识产权保护手段抢占市场，达到在市场上取得竞争优势的目的。

防御型战略是指在市场竞争中，当企业受到来自竞争对手的打击或威胁时，企业采取一系列防止竞争对手侵权、保护自身利益、改善竞争被动地位的策略。

赶超型战略是指企业为打破现有竞争局势，综合采用知识产权策略，快速提升创新能力，掌握核心竞争力，在市场竞争中占据领先地位。

跟随型战略即利用前者的知识产权投入来为自己做前期的市场推广，待其将市场培育起来后，为适应市场发展需求来布局和发展自己的知识产权和技术，从而赢得自己的利润空间。

---

[1] 唐珺. 企业知识产权战略管理［M］. 北京：知识产权出版社，2012.

此外，根据企业的经营规模不同，还可以将知识产权战略划分为中小企业的知识产权战略、大型企业的知识产权战略和跨国公司的知识产权战略等。

五、实施企业知识产权战略管理体系需要注意的问题[1]

1. 设立独立的知识产权管理部门

企业知识产权的管理工作涉及知识产权的设计、投资、产生、使用、转让、形成收益等，每个环节都关系到企业内部和外部的诸多因素，而战略性管理体系要求将知识产权的战略规划贯穿于整个管理过程。因此，管理工作的强度要求必须建立一个独立的知识产权管理机构，配备专门的管理人员进行全面管理。企业知识产权管理部门的主要职责是：对所有知识产权的开发、引进、投资和应用进行控制；围绕知识产权对生产组织的客观要求来协调内部有关职能部门之间的关系；维护知识产权的安全与完整；考核知识产权管理的投入产出情况与经济效益。

2. 强化企业知识产权管理的意识

对企业知识产权进行战略性管理，不但要强化每位员工的知识产权管理意识，更要加深其对知识产权管理战略的理解和认识，使其认识到知识产权管理的战略性地位，这一点对于企业知识产权管理者尤为重要。具体可以采取培训或讲座的形式，定期进行知识产权管理相关信息的宣传，要求知识产权管理专业人员在年度内必须达到知识产权培训的相关标准等。从而有计划、有重点地在企业内部强化知识产权管理意识，为实现企业知识产权的战略性管理奠定基础。

3. 从战略的高度实现对企业知识产权的全面管理

知识产权战略性管理体系的基点是知识产权战略，因此，全面而完善的知识产权战略规划是有效实施战略性管理体系的根本。在战略的制定上，要充分考虑企业自身的特点和实际，把创造知识产权、保护知识产权、有效利用和管理知识产权，特别是知识产权价值的最大化作为整体战略考虑。知识产权管理战略要同企业的整体发展战略相匹配，并且随着知识产权管理意识的不断强化贯穿于整个管理体系中，使各个管理层次的管理者和员工对战略的理解和认识保持一致，从而实现对知识产权全面有效的管理。

4. 注重和加强激励机制的运用

在我国除部分上市公司、高科技股份有限公司外，很多企业没有建立知识产权激励机制，而很多国外企业都制订了有关知识产权的奖励制度并严格遵照执行。企业员工的职务发明激励机制通常采取物质激励与精神激励相结合的方法，鼓励和调动职工参与知识产权管理的积极性，从而有效提高知识产权管理的绩效水平。[2]

---

[1] 徐建中，任嘉嵩. 企业知识产权战略性管理体系研究 [J]. 科技进步与对策，2008，25（9）.

[2] 徐建中，任嘉嵩. 企业知识产权管理战略性绩效评价模型研究 [J]. 商业研究，2008（9）：47-50.

第二节　企业知识产权战略制定及实施

【知识点】

SWOT 分析模型、外部环境分析、内部环境分析；战略制定原则、方法、注意问题；战略实施的内容。

【概念解释】

SWOT 分析：基于内外部竞争环境和竞争条件下的态势分析，就是将与研究对象密切相关的各种主要内部优势、劣势和外部的机会和威胁等，通过调查列举出来，并依照矩阵形式排列，然后用系统分析的思想，把各种因素相互匹配起来加以分析，从中得出一系列相应的结论，而结论通常带有一定的决策性。

企业外部环境是指存在于企业外部的、对企业知识产权活动及其发展具有各种影响的客观因素。

企业内部环境是和外部环境相对而言的，是企业内部资金、劳动力、技术实力、人力资源等生产要素的总和，简单来说就是企业内部人、财、物等因素的集合，包括企业内容的组织、资源、技术、专门技能、企业文化和企业管理状况等。

企业知识产权战略实施是企业知识产权战略管理过程的第三阶段活动，是把战略制定阶段所确定的意图性战略转化为具体的组织行动和战略决策，保障实现预定的企业知识产权战略目标。

【知识内容】

一、环境分析

1. SWOT 模型

SWOT 分析法即态势分析法，是 20 世纪 80 年代初由美国旧金山大学的管理学教授韦里克提出，经常被用于企业战略制定、竞争对手分析等场合。SWOT 分析代表分析企业优势（Strengths）、劣势（Weakness）、机会（Opportunity）和威胁（Threats）。SWOT 分析，即基于内外部竞争环境和竞争条件下的态势分析，就是将与研究对象密切相关的各种主要内部优势、劣势和外部的机会和威胁等，通过调查列举出来，并依照矩阵形式排列，然后用系统分析的思想，把各种因素相互匹配起来加以分析，从中得出一系列相应的结论,而结论通常带有一定的决策性。运用这种方法,可以对企业所处的情景进行全面、系统、准确的研究,从而根据研究结果制定相应的知识产权发展战略、计划以及对策等。

(1) SWOT内容。运用各种调查研究方法,分析出企业所处的各种环境因素,即外部环境因素和内部环境因素。外部环境因素包括机会因素和威胁因素,它们是外部环境对公司的知识产权发展有直接影响的有利和不利因素,属于客观因素,是企业在自身经营和发展过程中不可控的因素。内部环境因素包括优势因素和劣势因素,它们是公司在其知识产权发展中自身存在的积极和消极因素,属于主观因素,在调查分析这些因素时,不仅要考虑到历史与现状,而且更要考虑未来发展问题。

S(优势),是企业的内部因素,具体包括:有利的竞争态势;充足的财政来源;良好的企业形象;技术力量;规模经济;产品质量;市场份额;成本优势;广告攻势等。

W(劣势),也是企业的内部因素,具体包括:设备老化;管理混乱;缺少关键技术;研究开发落后;资金短缺;经营不善;产品积压;竞争力差等。

O(机会),是组织机构的外部因素,具体包括:新产品;新市场;新需求;外国市场壁垒解除;竞争对手失误等。

T(威胁),也是组织机构的外部因素,具体包括:新的竞争对手;替代产品增多;市场紧缩;行业政策变化;经济衰退;客户偏好改变;突发事件等。

SWOT方法的优点在于考虑问题全面,是一种系统思维,而且可以把对问题的"诊断"和"开处方"紧密结合在一起,条理清楚,便于检验。

(2) 类型组合。如图2-2所示,SWOT分析有4种不同类型的组合:优势—机会(S—O)组合、劣势—机会(W—O)组合、优势—威胁(S—T)组合和劣势—威胁(W—T)组合。

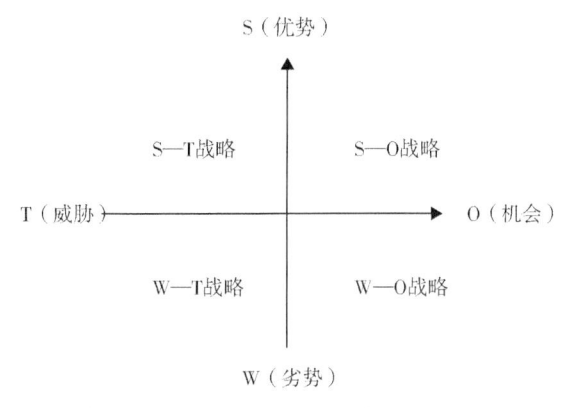

图2-2 SWOT分析的类型组合

优势—机会(S—O)战略是一种发展企业内部优势与利用外部机会的战略,是一种理想的战略模式。当企业具有特定方面的优势，而外部环境又为发挥这种优势提供有利机会时，可以采取该战略。例如，良好的产品市场前景、供应商规模扩大和竞争对手有财务危机等外部条件，配以企业市场份额提高等内在优势可成为企业收购竞争对手、扩大生产规模的有利条件。例如，中国电信利用其客户资源多、网络基础设置完善、人才储备丰富、服务质量日趋完善等优势，抓住我国国民经济快速发展以及加入WTO的机会，迅速调整其发展战略，跻身成为我国信息通信三大巨头之一。

劣势—机会（W—O）战略是利用外部机会来弥补内部弱点，使企业改劣势而获取优势的战略。存在外部机会，但由于企业存在一些内部弱点而妨碍其利用机会，可采取措施先克服这些弱点。例如，若企业弱点是原材料供应不足和生产能力不够，从成本角度看，前者会导致开工不足、生产能力闲置、单位成本上升，而加班加点会导致一些附加费用。在产品市场前景看好的前提下，企业可利用供应商扩大规模、新技术设备降价、竞争对手财务危机等机会，实现纵向整合战略，重构企业价值链，以保证原材料供应，同时可考虑购置生产线来克服生产能力不足及设备老化等缺点。通过克服这些弱点，企业可能进一步利用各种外部机会，降低成本，取得成本优势，最终赢得竞争优势。

优势—威胁（S—T）战略是指企业利用自身优势，回避或减轻外部威胁所造成的影响。如竞争对手利用新技术大幅度降低成本，给企业很大成本压力；同时材料供应紧张，其价格可能上涨；消费者要求大幅度提高产品质量；企业还要支付高额环保成本；等等。这些都会导致企业成本状况进一步恶化，使之在竞争中处于非常不利的地位。但若企业拥有充足的现金、熟练的技术工人和较强的产品开发能力，便可利用这些优势开发新工艺，简化生产工艺过程，提高原材料利用率，从而降低材料消耗和生产成本。另外，开发新技术产品也是企业可选择的战略。新技术、新材料和新工艺的开发与应用是最具潜力的成本降低措施，同时它可提高产品质量，从而回避外部威胁影响。

劣势—威胁（W—T）战略是一种旨在减少内部弱点、回避外部环境威胁的防御性技术。当企业存在内忧外患时，往往面临生存危机，降低成本也许成为改变劣势的主要措施。当企业成本状况恶化，原材料供应不足，生产能力不够，无法实现规模效益，且设备老化，使企业在成本方面难以有大作为，这时将迫使企业采取目标聚集战略或差异化战略，以回避成本方面的劣势，并回避成本原因带来的威胁。当企业的内部劣势与企业的外部威胁相遇时，企业就会面临严峻的挑战，如果处理不当，则可能最终走向灭亡，这个时候企业就不得不为了生存而采取相应的战略，如被并购、压缩经营规模、宣告破产等。例如，诺基亚手机曾红极一时，2003年，诺基亚1100全球累计销售突破2亿台，2010年第二季度，诺基亚移动终端市场份额占35%，远远领先其他手机品牌。但由于以苹果和安卓为代表的新一代智能手机的冲击，诺基亚多次转型失败，开始在智能手机市场节节败退。因此，诺基亚不得不调整战略，诺基亚手机业务于2013年9月3日被微软以71.7亿美元收购，至此，诺基亚逐渐远离人们的视线。

2. 外部环境分析[1]

根据 SWOT 理论，企业知识产权战略外部环境分析的目的是明确企业面临的威胁与挑战，以及面临的发展机遇，从而确定企业应当采取的对策与措施。所谓外部环境，是存在于企业外部的、对企业知识产权活动及其发展具有各种影响的客观因素。外部环境对企业知识产权战略管理具有较大的不确定性，并且不受特定企业的控制和影响。不同性质的企业知识产权战略受到外部环境的影响也是不同的。

影响企业知识产权战略的外部环境，可以从宏观环境与微观环境两个层次进行分析。

（1）宏观环境分析。宏观环境是对企业及其微观环境的因素具有重大影响的一系列宏观因素的总和。具体来说，包括政治法律环境、经济环境、技术环境和社会文化环境等，由于知识产权与法律、经济、技术、文化等都具有十分密切的联系，这些宏观环境势必对企业知识产权战略的制定与实施产生重要影响。对经济因素进行分析主要明确企业所处的整体经济发展方向和状态。经济因素一般包括国际经济发展形势、经济发展周期、汇率水平、人口因素、消费和储蓄资产等内容。对政治因素进行分析主要明确企业所在国家的政治制度、政策等。政治因素会广泛影响企业的经营和发展。文化因素分析主要是了解企业所在社会的意识形态、风俗特色、宗教信仰等。社会文化因素以潜移默化的方式影响着企业员工的思想和行为。法律因素分析主要明确与企业经营有关的法律法规，法律法规通常对企业的经营和发展具有约束作用，但同时也是企业经营和发展的保护伞。与企业相关的法律法规有企业法、税法、知识产权法等。

由于知识产权特别是专利权与技术发展、技术水平、科技创新政策以及新产品开发能力等具有密切联系，技术环境对企业知识产权战略制定具有直接影响，并且也是制定与实施企业知识产权战略必须考虑的关键因素。

（2）微观环境分析。企业知识产权战略外部环境中的微观环境，主要涉及企业所在的行业状况、行业竞争形势等因素。其中，企业所在行业状况，涉及所在行业结构、行业性质、行业变动趋向、行业经营特征等方面的内容。行业竞争形势也是企业知识产权战略外部环境分析的重要因素。行业竞争形势分析需要明确企业所在行业竞争者的地位和分布、竞争者所采取的竞争战略，旨在明确企业自身的竞争优势与劣势，为企业进行知识产权战略决策提供充分的依据。从企业知识产权战略作为一种竞争战略的角度，可以更加清晰地认识到行业竞争形势分析对企业知识产权战略制定与实施的战略目的。

3. 内部环境分析

企业内部环境是和外部环境相对而言的，是企业内部资金、劳动力、技术实力、人力资源等生产要素的总和，简单来说是企业内部人、财、物等因素的集合，包括企业内容的组织、资源、技术、专门技能、企业文化和企业管理状况等。企业内部环境

---

[1] 冯晓青. 企业知识产权管理 [M]. 4 版. 北京：知识产权出版社，2015：29.

对企业生存和发展至关重要。企业知识产权战略的制定与实施，也建立在其对内部条件的充分研究和把握的基础上。为此，企业需要了解自身条件的优势和劣势，以便有针对性地制定知识产权战略。企业内部环境分析的目的是要基于企业外部环境的变化趋势，了解企业内部所具有的关键优势和劣势，并分析这些优势和劣势对企业战略制定以及战略实施的影响。

（1）资源分析。企业的内部资源可分为：人力资源、财物力资源、信息资源、技术资源、管理资源、可控市场资源、内部环境资源等。按其是否容易辨识和评估来划分，可以分为有形资源和无形资源，详见表2-1。有形资源是指那些看得见的、可以量化的资源，包括生产设施、组织架构、规章制度等。无形资源是指难以量化的资源，例如企业文化、知识产权等，无形资源具有独特性，难以被竞争对手了解、分析和模仿，也是企业在市场经济发展中维持竞争力的关键因素。

表 2-1　资源分类

有 形 资 源	无 形 资 源
财务资源：资产负债情况、内部资金现状 组织资源：组织结构、管理机制等 实物资源：设施及设备等 人力资源：人员数量、素质等	知识产权资源：专利、版权、商标、商业秘密等 关系资源：企业与政府、行业协会、顾客等的关系 品牌资源：企业品牌价值等

（2）能力分析❶。企业能力分析是指对企业的关键性能力进行识别并进行有效性、强度特别是竞争性表现上的分析，详见表2-2。企业能力分析的目的是帮助企业决策者确定企业战略；如果企业战略已经落实，再进行企业能力分析的目的是重新衡量战略的落实可能性，并判断是否需要进行修订，或用以决策是否企业需要通过能力改进手段进行能力完善。

企业在进行环境分析的基础上，应认真做好能力分析，预知企业现有能力与将来环境的适应程度，明确企业在知识产权发展方面的优势和劣势，做到"知己知彼"，从而使企业的知识产权发展战略和新业务计划建立在切实可靠的基础上。否则企业会丧失竞争能力，而使新业务的开展也归失败。因此，企业能力分析是制定新业务发展战略的重要前提之一。

表 2-2　企业能力分类❷

管 理 能 力	经 营 能 力
计划能力、组织能力、领导能力、控制能力等	营销能力、财务管理能力、采购能力、生产能力、研发能力、投融资能力等

---

❶ 徐君，李冰，李莉，等．企业战略管理［M］．北京：清华大学出版社，2008．
❷ 唐珺．企业知识产权战略管理［M］．北京：知识产权出版社，2012：24．

二、战略制定

企业知识产权战略制定，是企业知识产权战略管理的基础性环节，也是关键性环节。作为企业知识产权战略的重要组成部分，应纳入企业知识产权发展战略中，并与研发、市场开拓等有机结合，形成战略—战术—基础业务三位一体的企业知识产权战略。

1. 战略制定原则[1]

制定企业知识产权战略应遵循以下几个原则。

（1）立足于企业自身的原则。企业知识产权战略具有一些共性的规律。但是，对不同的企业来说，它又有着丰富的"个性"内容，企业只有紧密结合自身的特点，如科技实力、企业类型和规模、产品优势、经营风格、经营实力等制定知识产权战略，才能使制定出来的战略落到实处。

（2）将企业知识产权战略纳入企业经营发展总战略中。企业知识产权战略属于企业战略的子战略，从逻辑上分析，子战略应服从于总战略。因此，企业知识产权战略目标的确定不能离开企业经营战略目标，要受到企业经营战略目标的制约和指导。

（3）企业知识产权战略的制定要讲究时限。企业应对不同阶段的市场竞争形势制定出相应的知识产权战略，不能一劳永逸。

（4）制定知识产权战略应从技术、经济和法律三个方面考虑。知识产权往往集技术、经济、法律于一体，相应地，企业知识产权战略的制定也要从这三个方面结合企业自身情况加以考虑。

2. 战略制定方法

企业知识产权战略制定遵循三个方法，即专家问答法、统计法和市场调研法。

（1）专家问答法。专家问答法是知识产权战略制定常用的方法，其大致流程是根据企业知识产权战略制定的实际需要，就企业知识产权战略问题设计一系列问卷，请相关领域的专家就相关问题征得专家的意见，之后进行整理、归纳、统计，再匿名反馈给各专家，再次征求意见，统计的最终结果作为知识产权战略制定的重要参考依据。对专家的选择应包含管理、技术、法律、经济等领域的专家。

（2）统计法。统计法是根据研究客体的需要，把与企业相关的知识产权文献全部遴选出来并进行统计，从而得出未来研发动向，最后根据企业可能采取的研发趋势制定专利战略的方法。在采用统计法时，需要建立一定的模型，将分散在各个知识产权文献中的技术和权利要求所保护的范围做出数量上的统计分析，进而绘制出数据曲线

---

[1] 戴励盛. 我国企业知识产权管理研究［D］. 南京：南京理工大学，2006.

或专利地图,最后进行逻辑分析,指导企业的研发工作。❶

（3）市场调研法。企业采用市场调研法是根据企业知识产权战略制定的实际需求,面向企业客户或实际消费者,通过面谈、调查问卷等方式,了解客户或消费者的消费需求、企业品牌影响力等一手资料,明确企业未来发展的目标,根据调研结果指导企业知识产权战略制定。

3. 战略制定过程

企业知识产权战略制定者首先需要对企业发展方向和目标、发展战略以及外部环境有通盘的了解和掌握,在此基础上拟定出备选方案,然后加以可行性论证,最终确定可行的行动方案,并加以落实。企业知识产权战略制定最终表现为具体的战略实施方案和战略计划,在战略实施方案和战略计划中,制订者需要着重对企业知识产权战略目标和实现这些目标的手段加以把握。大体上,企业知识产权战略计划制订过程包括企业知识产权战略制定过程。企业知识产权战略的制定需要重视以下几个问题。

（1）把握机会。对于部分企业来说,知识产权战略规划是提高市场竞争力的主要手段。因此,该战略与其他企业发展战略一样,并不是一个长期部署的过程,而是在企业发展的关键时期,抓住机遇,加强对知识产权的运用,来推动企业建设与发展,使得企业在市场中获得更高的主动权。

（2）明确战略目标。在企业制定知识产权战略目标时,需要对企业知识产权战略进行准确的定位,确定合理的企业知识产权目标。知识产权战略目标应与企业发展目标相一致,对企业发展方向进行充分考虑与定位,并加强对目标可行性与可持续发展性的考察。确保目标具有可行性、明确性,便于理解和贯彻。

（3）加强对战略环境因素的考虑。战略环境因素对企业知识产权战略的制定和实施具有重要作用,企业知识产权战略要注重与战略环境的适应性,要充分考虑企业与外部环境特别是知识产权环境的适应性,加强对企业内外环境的考察,结合企业实际的发展情况,对战略部署进行调整与规划,主动积极地应对外部环境,这样才能灵活地适应变化万千的市场环境。

（4）因地制宜,重点突破。因企业的性质、规模、所处行业、在市场中的竞争地位等不同,企业的战略发展目标及面临的外部环境也不同,因此企业知识产权战略制定对不同的企业来说,重点和要求并不相同,企业需要根据自身的情况和面临的外部环境,因地制宜,选准自己的突破点,集中力量。

（5）发挥优势资源,避免不足。企业在明确发展方向之后,应充分调动自身的优势资源,尤其是在技术创新方面,要充分考虑现有技术与新技术的融合,以此制作战略规划。

（6）制定合理的知识产权战略方案。企业知识产权战略制定的目的就是制定合理

---

❶ 安雪梅. 企业知识产权战略管理［M］. 北京:人民出版社,2010:48.

的知识产权战略实施方案,即在企业环境分析的基础上,设计出实现企业知识产权战略目标的详细、具体的行动计划和实施方案。企业知识产权战略制定要紧扣知识产权战略目标,为企业知识产权战略的实施提供具有操作性的、切实可行的计划和方案,描述出实施蓝图。企业知识产权战略的制定,需要重视以下问题:为实施知识产权战略而需要的必要的资源配置;对企业面临的外部环境如何建立应对机制,特别是面对知识产权政策和制度变革、技术竞争压力和市场的急速变化与新的市场机会时;在产业和行业内如何确立与维持自己的竞争地位;如何在企业内部建立协调一致、互相支持的联系与机制等。根据企业知识产权战略规划而在本企业内部各单位和职能部门细化的知识产权战略行动计划也应注意形成有机联系,以便在企业知识产权战略实施层面形成一个有效的网络,使企业内部各有关单位和职能部门形成一股合力,共同为实施企业知识产权战略有效地运作。❶

(7) 完善战略规划。在战略部署完成之后,要对战略方案进行多次完善与分析,加强对战略实施过程的管理。如果战略方案存在漏洞,很有可能会为企业发展带来风险,影响企业未来的发展。确保方案为最佳方案,也是知识产权战略部署中至关重要的部分。

(8) 筛选战略方案。为加强方案的灵活性与适应性,应制定多种方案。不同的方案各有利弊,应结合企业发展环境选择出合理的方案。在对方案进行选择的时候要加强对内外环境的考虑。同时,结合企业发展的特殊性,对特殊技术方案进行选择。因此,需要立足于企业知识产权战略目标和企业发展总体战略,从企业内外部环境、市场、技术发展、竞争对手等多方面考虑。

三、战略实施❷

企业知识产权战略实施是企业知识产权战略管理过程的第三阶段活动,是把战略制定阶段所确定的意图性战略转化为具体的组织行动和战略决策,保障实现预定的企业知识产权战略目标。企业知识产权战略实施是企业知识产权战略制定的逻辑延续,在整个企业知识产权战略体系中占据着举足轻重的地位。企业知识产权战略的实施要求企业在组织结构、经营过程、能力建设、资源配置、企业文化、激励制度、治理机制等方面做出相应的变化和采取相应的行动。企业应当高度重视其知识产权战略实施问题,为实施企业知识产权战略,需要确定实施战略的主体、战略实施的内容以及每个战略实施主体的职责和任务。

就企业知识产权战略实施主体而言,它应不限于战略制定者,还应包括涉及企业知识产权战略实施的各职能部门和研究开发、市场营销、信息网络平台等相关部门的人员。

---

❶ 冯晓青. 企业知识产权管理 [M]. 4版. 北京:知识产权出版社,2015:32.
❷ 冯晓青. 企业知识产权管理 [M]. 4版. 北京:知识产权出版社,2015:32-34.

就战略实施的内容而言，从具体形式看，包含了专利、商标、著作权、商业秘密等；从涵盖的范围看，包含了技术创新、品牌塑造、竞争地位的改善、市场开拓、组织制度建设和企业知识产权文化建设等多方面。

从战略实施主体的职责和任务看，不仅包括企业知识产权管理部门，也包括企业技术开发、市场营销、人力资源等各部门和各职能单位分别承担的相应职责和任务。以企业知识产权管理部门为例，其不仅担负着研究和制定企业知识产权战略的任务，而且需要承担组织知识产权战略实施的任务，包括基础环境的改善、企业内部知识产权制度的建立与完善、知识产权意识在企业的普及与人才培养等方面。

企业知识产权战略的实施需要多方面的条件支持。大体上说，以下几方面是其中的关键内容❶：

（1）企业内部资源配置。企业内部资源配置是实现企业知识产权战略的物质保障。为有效地配置企业知识产权战略的资源，企业需要对现有的相关人、财、物进行科学合理的预算和规划。在实践操作中，对有关预算和规划应赋予一定的弹性，以使企业知识产权战略的实施能够保持足够的资源配置。

（2）企业各部门根据知识产权战略规划和实施方案规划承担范围内的责任。企业知识产权战略的实施需要落实到企业内各个业务部门和职能部门。以企业研究开发部门为例，为落实企业专利战略，研究制定技术创新与专利战略有机融合的具体措施、规程、计划并加以落实，能够有力地保障专利战略在企业研究开发部门落实到位。当然，企业各部门有关知识产权战略实施的规划、计划和制度，通常是由企业知识产权管理部门等统一制定并落实的。无论如何，企业各部门根据企业知识产权战略任务规划其具体的业务活动，十分重要。

（3）充分发挥企业领导在知识产权战略实施中的中枢作用。企业领导在知识产权战略实施中具有重要作用，深层次的原因则在于其掌握了实施知识产权战略所必需的人、财、物资源，缺乏企业领导的重视和支持，企业知识产权战略实施自然难以达到效果。进一步说，这种作用主要通过以下几方面体现：其一，建立与健全企业知识产权的组织管理，任命称职的专业技术人员担任知识产权管理部门的负责人，并建立与企业战略发展方向和目标相一致的知识产权管理机构；其二，领导、组织、安排下属各部门人员执行已经制定的企业知识产权战略规划和实施方案，如通过建立激励机制、实施目标管理等形式，将企业知识产权战略的各分目标和任务分解到下属各业务部门和职能部门，群策群力地落实；其三，从战略管理的全过程角度，组织相关部门和人员对知识产权战略实施中遇到的问题及时进行调整，并在人、财、物方面加以保障，从而能使企业知识产权战略目标朝着预定方向前进。

（4）根据企业知识产权战略实施需求调整组织结构。企业战略与其组织结构具有

---

❶ 冯晓青. 企业知识产权管理［M］. 4版. 北京：知识产权出版社，2015：33.

非常密切的联系。不同企业具有不同的组织结构形式，企业需要根据制定的战略实施需要调整自身的组织结构形式。

（5）企业知识产权政策、制度保障以及信息支持。企业知识产权政策和制度是企业知识产权战略实施的制度保障，它能够使知识产权战略在本企业的推行具有稳定性和可靠性，并为实施企业知识产权战略的各单位和人员提供规范性依据与活动导向，统一企业知识产权战略实施的思想意识与行为。信息掌握的宽度和广度则在很大程度上决定企业知识产权战略实施对外界的适应和应变能力。因此，企业建立与知识产权战略实施需要相应的信息反馈和网络系统也是很重要的。

（6）营造独特的企业知识产权文化。企业知识产权文化是企业文化的重要组成部分，是企业重要的软资源，其对企业知识产权战略实施的作用表现在企业知识产权意识和行为的各个方面。

由此可见，企业知识产权战略实施与企业组织结构、资源配置、企业知识产权文化、企业制度与信息沟通等因素都具有密切的联系。

第三节　企业知识产权战略评价与控制

【知识点】

企业知识产权战略评价与控制内涵、过程、重要意义；战略控制基本类型；绩效评价指标确立原则、绩效评价内容。

【概念解释】

企业知识产权战略评价与控制是指在战略实施过程中，对战略进行跟踪，将预定的战略目标与实际效果进行比较，检测偏差程度，评价这种偏差是否逾越了预期目标要求的范围，发现问题并及时采取措施以确保战略目标的有效实现。

【知识内容】

一、企业知识产权战略评价与控制概述

企业知识产权战略评价与控制，是企业知识产权战略管理的最后一个环节，也是十分必要的环节。企业即使找到了明确的知识产权战略目标，制订了完善的知识产权战略实施计划，也不能保证企业知识产权战略能够顺利实施并取得良好效果，一旦企业内外部环境发生变化,原有的企业知识产权战略便已过时。企业知识产权战略实施计划一旦确定并不是一成不变的,而是要根据企业内外部环境变化进行适当的调整与完善,因此需要对企业知识产权战略进行评价与控制,从而保证企业知识产权战略得以顺利实施,达到既定目标,取得预期成效。

企业知识产权战略评价与控制是指在战略实施过程中,对战略进行跟踪,将预定的战略目标与实际效果进行比较,检测偏差程度,评价这种偏差是否逾越了预期目标要求的范围,发现问题并及时采取措施以确保战略目标的有效实现。❶

企业知识产权战略实施绩效是指企业的知识产权战略实施成效,包括知识产权创造、知识产权运用、知识产权保护和知识产权管理四种组合绩效。❷

企业知识产权战略评价与控制具有十分重要的意义,会对企业知识产权的管理产生巨大而深远的影响,主要表现在以下几个方面。一是可以高度保持企业知识产权管理战略的一致性。企业知识产权管理战略是管理人员为了使知识产权管理协调发展而制定的长远性、全局性、指导性的规划,是对未来的总体把握。由于战略本身的长远性,各层管理者以及组织中的员工对战略的理解会存在很大的差异,从而导致在实施过程中产生与之不一致的行为,最终形成影响达到战略目标的障碍。而战略性绩效评价充分考虑了战略的一致性,有助于解决企业各层管理者及员工在战略概念上的争执和不明确。二是增强企业知识产权管理的预警能力。企业知识产权管理战略绩效评价指标可增强企业高层管理人员预测未来结果的能力,随着信息技术的突飞猛进,这种能力得到进一步扩大。高层管理人员通过建立一个综合相关的关键绩效评价指标数据库,可以预测各层次的管理人员和员工的工作状态,可以在战略执行过程中发现潜在的问题就发出信号,避免矛盾发生,从而更好地保证预期发展。三是有助于管理人员建立整体概念。由于战略绩效评价指标提供了整体的透视,所以一个层次的管理人员可以了解在知识产权管理某一方面采取的行动如何影响其他方面管理的绩效。例如,高层管理人员对知识产权管理的重视程度可能会直接影响到管理经费拨付的多少,进而会影响到以下各个层次管理人员以及员工的积极性,从而实际影响到整个管理团队能力的发挥,最终影响企业知识产权管理战略目标的具体实现。❸

二、评价与控制的过程

从管理学上讲,控制就是检查工作是否按既定的计划、标准和方法进行,发现偏差并分析原因,进行纠正,以确保组织目标的实现。由此可见,知识产权战略控制是一个动态的过程,贯穿于整个知识产权战略实施过程中。

---

❶ 安雪梅. 企业知识产权战略管理 [M]. 北京:人民出版社,2010:319.
❷ 关永红,李银霞. 论企业知识产权战略实施绩效评估指标体系的构建 [J]. 中国集体经济,2011 (7):124-125.
❸ 徐建中,任嘉嵩. 企业知识产权管理战略性绩效评价模型研究 [J]. 商业研究,2008 (9):47-50.

评价是指通过计算、观察和咨询等方法对某个对象进行一系列的复合分析研究和评估，从而确定评价对象的意义、价值或状态。评价的程序包括确立评价标准、决定评价情境、设计评价手段及利用评价结果等步骤。

企业知识产权战略绩效评价过程是指在业绩与期望的结果之间相互比较，向管理者提供必要的反馈信息，以评估结果和采取纠正措施的一个动态过程。这个动态过程一般包括明确评价对象和内容、建立评价标准、实施绩效评价、评价结果应用等环节。❶

（1）明确评价对象和手段。确定评价对象和手段是企业知识产权战略绩效评价的第一步，即需要首先明确对企业知识产权哪些方面进行评价、采用什么样的方式进行评价、评价指标及评价标准等。企业知识产权评价对象往往包括企业知识产权创造、运用、保护与管理全过程的行为和成效。不同的企业对知识产权战略绩效评价的重点不同，评价标准也有所差别，因此企业要根据自身情况确定评价对象和手段。

（2）建立评价指标体系。企业可以根据知识产权战略预期目标和评价对象，制定当前的知识产权战略实施的绩效评价标准，制定评价指标体系。当前，虽然众多学者从不同角度研究制定了企业知识产权战略绩效评价指标体系，但企业要根据企业的自身情况和整个行业的总体情况，来确定适合自身的评价指标体系。

（3）实施绩效评价。在知识产权战略绩效评价指标体系的基础上，对企业知识产权战略实施的绩效进行评价，若评价结果落在可允许的偏差范围之内，代表企业知识产权战略实施效果良好，按照预定的实施计划推进即可。如果企业的知识产权战略实施绩效超出了可允许的偏差范围，代表企业知识产权战略实施出现偏差，未能达到预期效果。

（4）评价结果的应用。企业应该根据绩效评价的结果，对现行企业知识产权绩效评价效果做出初步判断，根据评价结果，做出是否对现行企业知识产权战略进行调整的决策。若绩效评价结果未能达到预期，企业应采取补救措施，对现行企业知识产权战略进行适当调整，充分发挥企业的优势，保证企业知识产权战略目标的实现。

三、战略控制的基本类型

1. 事前控制

在企业知识产权战略实施之前，要设计好正确有效的战略计划，该计划要得到企业高层领导人的批准后才能执行，其中有关知识产权战略的重大活动必须通过企业的领导人的批准同意才能开始实施，所批准的内容往往也就成为考核企业知识产权战略实施绩效的控制标准，这种控制多用于重大问题的控制，如任命重要的知识产权管理人员、重大合同的签订、购置重大设备等。

由于事前控制是在知识产权战略目标尚未实现之前，通过预测发现知识产权战略行动的结果可能会偏离既定的标准，因此，管理者必须对预测因素进行分析与研究。

---

❶ 安雪梅. 企业知识产权战略管理［M］. 北京：人民出版社，2010：320.

一般包括投入因素、早期成果因素、外部环境和内部环境因素等。

2. 过程控制

企业知识产权管理者要控制企业知识产权战略实施中的关键性的过程或全过程，随时采取控制措施，纠正企业知识产权战略实施中产生的偏差，引导企业沿着战略的方向进行发展，这种控制方式主要是对关键性的知识产权战略措施进行随时控制。

3. 事后控制

这种控制方式发生在企业知识产权战略实施之后，才把战略活动的结果与战略目标相比较，这种控制方式工作的重点是明确战略控制的程序和标准，根据比较结果决定是否有必要采取纠正措施。事后控制方法的具体操作主要有联系行为和目标导向等形式。联系行为即对员工的知识产权战略行为的评价与控制直接同他们的工作行为联系挂钩。目标导向即让员工参与企业知识产权战略行动目标的制定和工作业绩的评价，既可以看到个人行为对实现企业知识产权战略目标的作用和意义，又可以从工作业绩的评价中看到成绩与不足，从中得到肯定和鼓励，为企业知识产权战略推进增添动力。

4. 应急控制[1]

应急控制是指由于突发紧急事件而重新审查公司的战略。紧急事件不仅包括恐怖事件、战争等社会公共领域的危机，还包括竞争对手突然的大规模收购、产品的突发问题等经济领域的紧急事件。这些事件会对公司和公司的知识产权战略产生重大影响，因此，企业必须迅速、彻底地对知识产权战略和目前的战略形势进行审查，采取恰当、果断的措施应对危机事件。

四、绩效评价指标的确立

绩效评价是企业知识产权战略绩效评价与控制过程中的关键环节。评价指标体系的设计是绩效评价的重要内容，是与企业知识产权战略有关的各种相互联系的要素而构成的测量知识产权战略实施成效的有机整体。企业知识产权战略是一个综合系统，涉及方方面面，只有从多层面设计指标体系，采取适当的评价方法，才能准确全面地反映企业知识产权战略的实施效果。

1. 确定评估指标应遵循的原则[2]

（1）全面性原则。指标体系作为一个整体，应能够反映知识产权战略的各个方面，做到既没有疏漏也没有重复，否则就不能成为真正的企业知识产权战略实施绩效评估指标体系。

---

[1] 安雪梅. 企业知识产权战略管理［M］. 北京：人民出版社，2010：324.

[2] 关永红，李银霞. 论企业知识产权战略实施绩效评估指标体系的构建［J］. 中国集体经济，2011（7）：124-125.

(2) 科学性原则。科学性是指标评估结果准确合理的基础，要做到各项指标的设计能够根据我国知识产权的工作情况，围绕知识产权的发展与保护，结合企业实际，科学合理，这样才能准确地反映企业的知识产权战略实施绩效。

(3) 独立性原则。企业知识产权战略实施绩效评估指标体系中的指标应当彼此独立，结构合理，不能相互重复，应当做到指标清晰，一目了然。

(4) 可操作性原则。可操作性要求构建的企业知识产权战略实施绩效评估指标体系应当简单明了、易于理解、便于操作，要尽可能选择规范化的定量指标。

(5) 可比性原则。用的指标应在概念含义、数据口径、时空范围、计算方法等方面基本统一，便于对企业知识产权战略的现状和发展等从多角度进行纵向与横向比较。要根据比较分析的需要，明确、恰当地设计指标体系中的每一个具体组成指标，科学地把某些不可比因素转化为可比因素，并尽可能地做到与国内现有统计指标相一致。

(6) 指导性原则。主要体现在评估指标体系对企业知识产权工作、科技创新、经济发展和促进贸易等方面具有科学的评价性、正确的影响力和导向作用。

2. 绩效评价内容

国内学者对知识产权战略实施绩效评价内容研究颇多，总体来说常用的评价内容包括知识产权整体状况、知识产权保护、知识产权运用、知识产权制度建设、文化建设等方面。

范·汤普森、吴锦伟[1]从企业知识产权整体状况、知识产权保护水平、知识产权运用状况、知识产权战略实施有效性方面对企业知识产权战略绩效进行评价。其中，企业知识产权整体状况涉及知识产权创造水平、专利运用和布局情况、知识产权管理状况、知识产权实施效果、竞争对手的优势等方面。知识产权保护水平涉及企业知识产权的保护范围、知识产权保护力度、期限等方面。知识产权运用状况涉及注重对专利产品开发、市场销售情况等因素进行考察。知识产权战略实施有效性涉及考察企业在知识产权创造和运用方面取得的成效。

安雪梅[2]则认为企业知识产权战略绩效评价指标体系与企业知识产权战略目标和企业的知识产权管理工作息息相关。根据知识产权运营的一般规律，影响企业知识产权战略实施的主要环节集中体现在：各类知识产权的创造、知识产权的实施运用、知识产权的保护和管理四个方面。其根据这四个方面内容设计了研发经费投入强度、知识产权拥有量、知识产权产品的产业化率、知识产权转移收益额、技术标准级别及数量、知识产权维权管理等 26 项二级指标。

冯晓青[3]认为企业知识产权战略绩效评价不能完全限于企业知识产权本身的状况，还应当从动态的角度评判企业实施知识产权战略对企业整体创新能力和竞争优势提升

---

[1] 范·汤普森，吴锦伟. 企业知识产权战略实施效果评估初探 [N]. 中国知识产权报，2013-01-18 (08).
[2] 安雪梅. 企业知识产权战略管理 [M]. 北京：人民出版社，2010：326-327.
[3] 冯晓青. 企业知识产权管理 [M]. 4 版. 北京：知识产权出版社，2015：382.

的贡献，应基于评估目的而有针对性地确定评估的范围、内容与相应的指标。

徐建中、任嘉嵩❶则建立企业知识产权管理战略性绩效评价模型，模型由三个相互促进、相互制约的层次构成：目标层、战略管理层和激励层。目标层主要反映的是企业知识产权管理的绩效水平目标以及上级的满意度和风险约束能力。战略管理层是整个评价模型的核心部分，主要是以企业的知识产权管理战略为核心，通过知识产权的战略目标体现企业知识产权管理的成本目标、组织期望、内部的管理流程和学习创新，并且以企业现有的知识产权资源和国内外的知识产权信息动态为基础，通过适时的战略诊断和绩效诊断来实现反馈学习，以达到循环战略管理的目的。激励层是整个评价模型的动力源，通过行之有效的激励机制使企业知识产权管理部门的管理者和员工始终保持工作的积极性，为整个评价模型的有效运转提供保障。

从以上学者的研究和分析可以看出，企业知识产权战略实施绩效通常包括知识产权创造、运用、保护与管理等各部分内容，同时又与企业生产经营密切相关，因此企业知识产权战略评价指标体系的主要内容应包含知识产权创造、运用、保护与管理等，通过设立一定的指标加以评估和衡量。如表2-3所示，本书将这四个环节作为第一级指标，并根据各环节的关键要素进行细分，结合知识产权的内容得出对企业知识产权战略实施绩效评估的二级指标。企业可结合自身的特点，根据企业知识产权战略绩效评价的目的不同，有选择地设立。❷

表2-3 企业知识产权评价指标体系

一级指标	二 级 指 标
知识产权创造	从事知识产权研究与开发的人员数量
	从事知识产权研究与开发的人员数量占企业全体员工数量的比重
	企业为知识产权研发所投入的经费占企业收入的比重
	国内专利申请量
	PCT申请量
	国内专利授权量
	有效专利拥有量
	商标注册量
	驰名商标数量
	集成电路布图设计登记量
	著作权登记数量

---

❶ 徐建中，任嘉嵩. 企业知识产权管理战略性绩效评价模型研究 [J]. 商业研究，2008 (9)：47-50.

❷ 关永红，李银霞. 论企业知识产权战略实施绩效评估指标体系的构建 [J]. 中国集体经济，2011 (7)：124-125.

续表

一级指标	二级指标
知识产权运用	企业专利实施的数量
	专利实施率
	技术转移合同数量
	商标出售合同数量
	版权合同登记件数
	知识产权质押量
	专利质押融资金额
	专利转移合同金额
	商标出售合同金额
	知识产权值占GDP比重
	注册商标产品增加值
	版权产业产值
	软件产业产值
知识产权保护	知识产权纠纷受理量
	行政机关专利侵权立案数
	移送司法机关涉嫌知识产权犯罪案件数
	知识产权诉讼赔偿、罚金总额
	企业知识产权保护的诉讼机制
知识产权管理	专利资助金额
	专利信息数据库建设
	从事知识产权管理人员数量
	知识产权预警应急机制
	参加知识产权培训人数
	职务发明创造奖励比例
	知识产权的维护管理

企业知识产权战略实施绩效评估也可以根据评估目的不同，有针对性地确定评估对象和内容，从而设立相应的评价指标体系。

企业通过对知识产权战略实施绩效进行评价，能够明确企业在市场经济竞争中的战略位置，明确企业发展和技术研发的方向，为企业知识产权战略布局提供重要的参考建议，为企业对知识产权战略目标的调整及知识产权战略的制定提供依据，帮助企业有效地利用知识产权，维护自身知识产权合法权益，实现知识产权收益最大化，使企业在经济市场竞争中占据巨大优势并获得可持续发展。

第三章 企业知识产权管理架构

第一节 企业知识产权管理机构

【知识点】

知识产权管理机构的主要职责、知识产权管理机构的设置模式、集权管理制、分权管理制、矩阵管理制。

【概念解释】

企业知识产权管理机构是企业顺利开展知识产权管理工作的组织保障，是企业为了有效创造、保护和运用知识产权资源而专门搭建的知识产权管理平台。

集权管理制是指企业内部涉及知识产权管理的所有权力，统一集中在一个部门内部行使。

分权管理制是指企业内部的专利管理职权分散在企业内部各个部门、各个业务单元之中分别行使。

矩阵型管理制是企业知识产权管理机构内部组织架构的一种模式，也称行列式管理，主要是按照技术类别、产品类别管理知识产权。它将以职能为中心的纵向直线型组织与以项目或产品为中心的横向直线型组织实行交汇，形成矩阵型结构。

【知识内容】

一、机构设置

（一）机构设置的必要性

企业拥有自主知识产权的数量和质量与企业在行业中的竞争力有着密切的联系，

企业知识产权优势的获得依赖于对知识产权的精心培育和管理,而知识产权管理也成为现代企业管理中不可或缺的重要内容。

企业知识产权管理工作贯穿于知识产权创造、保护、运用的各个方面,是一个复杂的系统工程,有效的知识产权管理工作往往需要各个职能部门的配合与协调,因此设置专门的知识产权管理机构以统筹、协调各个职能部门的相关工作显得十分必要,也就是说,健全的知识产权管理机构是企业有效开展知识产权管理工作的关键。企业应结合自身规模大小、所处行业等特点,设置适合自身需求的知识产权管理机构。

(二)机构主要职责

企业知识产权管理机构是企业顺利开展知识产权管理工作的组织保障,是企业为了有效创造、保护和运用知识产权资源而专门搭建的知识产权管理平台,在设置知识产权管理机构之前,企业必须明确其职责,根据《企业知识产权管理规范》(GB/T 29490—2013),企业知识产权管理机构应承担的职责包括以下几点:

(1)制定企业知识产权发展规划。
(2)建立知识产权管理绩效评价体系。
(3)参与监督和考核其他相关管理机构。
(4)组织企业知识产权相关培训和内审。
(5)负责企业知识产权工作的日常管理工作。

(三)机构设置的模式

企业设置知识产权管理机构时,首先应当明确知识产权管理机构在企业整个组织结构框架中的位置,这样才能明确企业知识产权管理机构的权限和职责,从而有效、科学地开展知识产权管理工作。一般地,根据知识产权管理机构在企业组织中的地位,分为隶属于研发部、隶属于法务部、独立平行于其他部门或直属于最高管理者四种模式。[1][2]

1. 隶属于技术研发部门的组织结构模式

该模式下,知识产权管理机构是技术研发部门的下属机构,由技术研发部门领导。在这种模式下,企业知识产权管理工作侧重于为企业技术研发工作服务,因此该模式适用于以技术为主导的小型高新技术企业。

该模式有利于知识产权管理工作与技术研发进程密切配合,知识产权管理人员能够及时、准确地掌握企业技术创新和产品研发的重点及动向,并据此制定和调整符合

---

[1] 杨铁军. 企业专利工作实务手册[M]. 北京:知识产权出版社,2013:24-26.
[2] 中国强企知识产权研究院,中规(北京)认证有限公司. 企业知识产权管理体系内审与咨询实用教程[M]. 北京:中国质量标准出版社传媒有限公司,中国标准出版社,2019:79-80.

企业技术发展路径的知识产权发展战略；企业技术研发工作也可以在知识产权管理机构的指导下有效进行，不但节约了开发成本、缩短了知识产权布局、评估、分析的周期，更能有效地避免不必要的侵权风险。

在这种模式下，由于知识产权管理机构在企业整体组织架构中的层级较低，导致知识产权管理人员不能与企业最高管理者进行有效沟通，汇报企业知识产权战略实施情况，知识产权管理机构也无法直接参与企业发展战略的制定，决策力度小，难以直接影响和把握企业整体目标并对企业知识产权进行综合管理。为弥补这一模式的缺点，一些重视知识产权工作的高新技术企业往往会赋予知识产权管理机构列席企业重要经营会议的权利，促使知识产权工作能够与企业经营战略相协同。隶属于技术研发部门的管理模式如图3-1所示。

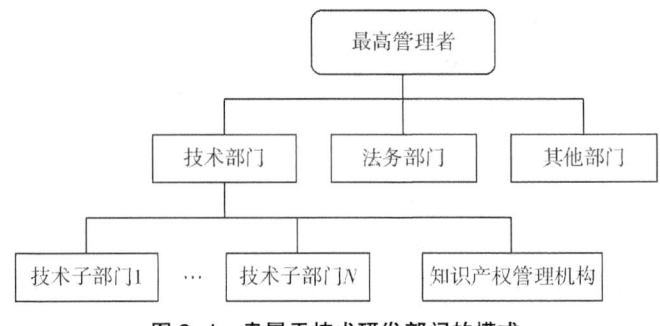

图3-1 隶属于技术研发部门的模式

2. 隶属于法务部门的组织结构模式

该模式下，知识产权管理机构是法务部门的下属机构，知识产权工作人员与其他法务人员同属于法务部门，有时还兼职承担一些法务工作。在这种模式下，企业知识产权管理工作侧重于专利申请、侵权诉讼等法律事务，因此该模式适用于对法律要求较高、知识产权法律纠纷较多的新兴技术企业。

该模式有利于知识产权申请、维持和保护，由于知识产权管理机构接受法务部门的领导，能够接触到企业相关合同，对合同的知识产权部分进行把关，能有效预防知识产权侵权，有利于及时处理知识产权纠纷和争议。该种模式也有利于专利转让、许可谈判等知识产权相关法律事务的处理，知识产权易于实现价值。

但该模式下，知识产权管理机构同研发、经营等部门相隔较远，不易掌握企业研发动态和市场动向，在知识产权跟踪、知识产权布局以及知识产权费用预算上可能存在滞后延迟的问题，工作重点与研发、经营部门工作重点的匹配度可能存在一定偏差。这种模式还存在知识产权的创造、挖掘不够直接、深入的问题。针对这个问题，企业可考虑建立知识产权工作人员与技术研发人员及市场运营人员的沟通机制，确保知识产权工作人员能够及时跟踪、了解企业重大战略技术项目，弥补不同部门设置可能产生的信息不对称。另外，与隶属于技术部门的模式一样，该模式也存在知识产权管理人员作用发挥有限，不易直接参与企业决策的问题。隶属于法务部门的管理模式如图 3-2 所示。

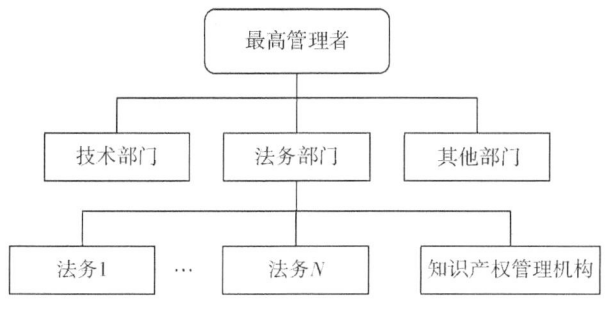

```
                    最高管理者
          ┌─────────────┼─────────────┐
       技术部门       法务部门       其他部门
                ┌───────┼───────┐
              法务1  …  法务N   知识产权管理机构
```

图 3-2　隶属于法务部门的模式

3. 独立平行于其他部门的组织结构模式

该模式将知识产权管理机构设置于企业核心管理机构之下，与技术研发部、法务部、市场运营部门及生产部门等部门平级平行设置。该模式适用于规模较大、知识产权管理需求较高的大型集团企业或者跨国企业。

这种模式下，知识产权管理机构直属于最高管理者，管理位阶较高，可直接参与企业高层决策，能够清晰把握企业的发展方向和整体战略，有利于站在全局角度管理企业的知识产权。

但是，该模式不能及时获得企业技术研发的最新动向，与法务等相关部门的信息同步存在延迟，不利于企业研发成果的有效、及时保护，同时，不易直接指导研发工作。独立平行于其他部门的管理模式如图 3-3 所示。

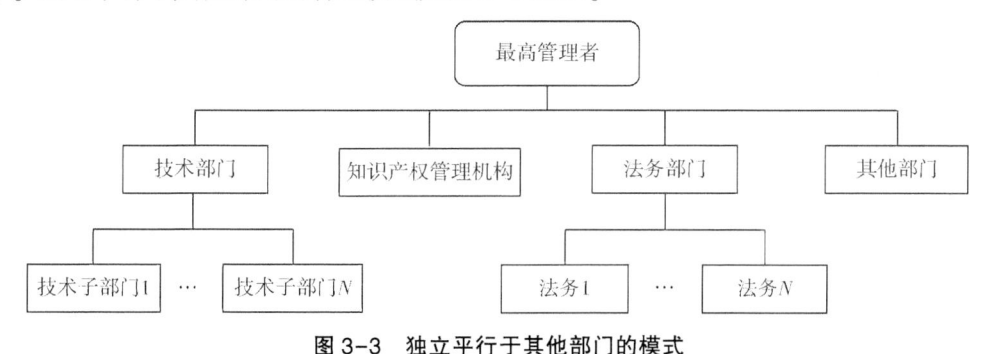

```
                        最高管理者
         ┌──────────┬──────────┬──────────┐
      技术部门  知识产权管理机构  法务部门  其他部门
      ┌────┴────┐                ┌────┴────┐
   技术子部门1 … 技术子部门N     法务1  …  法务N
```

图 3-3　独立平行于其他部门的模式

4. 直属于最高管理者的组织结构模式

该种模式与独立平行模式的不同之处在于在企业内部设立了与知识产权工作相关的最高管理机构，专门负责制定企业知识产权战略的规划及每一阶段的工作目标，并统筹企业内部所有知识产权相关工作，并直接对最高管理者负责，且企业知识产权管理机构的层级要略高于其他部门。该模式同样适用于规模较大、知识产权管理需求较高的大型集团企业或者跨国企业。

该种模式由企业知识产权管理机构和各事业部下设知识产权联络员形成企业内部的集中与分散相结合的知识产权管理网络，该种模式平衡了知识产权管理工作整体与局部的关系。一方面，知识产权管理机构在企业经营管理中较高的地位有利于知识产权管理人员有效与企业高层领导者沟通，充分发挥知识产权管理人员的参谋、管理职能，有利于知识产权管理工作顺利开展。另一方面，在企业各相关部门设知识产权联络员有利于知识产权管理机构及时、便捷收集企业知识产权最新信息，了解企业技术研发最新动态，缓解各部门信息不对称的现象，有利于知识产权最高管理者对知识产权管理工作进行合理的统筹规划。直属于最高管理者的管理模式如图3-4所示。

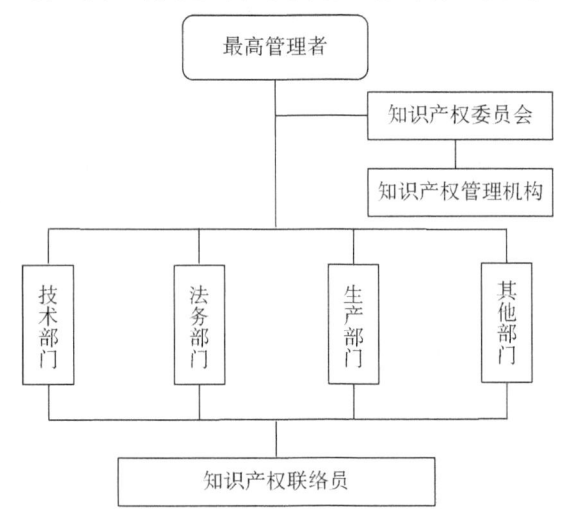

图3-4　直属于最高管理者的模式

以上每种模式都有各自的优缺点，企业可根据自身的知识产权管理目标、知识产权工作量、工作运行模式等情况选择与之相适应的模式。

二、主要业务

知识产权管理机构的主要业务从其管理职责中衍生而来，包括了企业在经营管理过程中所涉及的所有知识产权事务，主要可分为管理和执行两个层面。管理层面的业务主要由最高管理者和管理者代表完成，执行层面的业务主要由知识产权专职或兼职人员完成。❶

1. 管理层面的业务

最高管理者是企业知识产权管理的第一责任人，为实现企业知识产权管理体系的有效性，应承担以下业务：

---

❶ 国家知识产权局. 企业知识产权管理规范：GB/T 29490—2013 [S]. 北京：中国标准出版社，2013：2-4.

（1）制定知识产权方针。

（2）制定知识产权目标。

（3）对知识产权管理体系进行策划，满足知识产权方针的要求。

（4）明确知识产权管理职责和权限。

（5）确保资源的配备。

（6）组织管理评审。

（7）批准建立、实施并保持形成文件的程序。

最高管理者应在企业最高管理层中指定专人作为管理者代表，授权其承担以下业务：

（1）组织企业知识产权工作长短期规划/计划的制定和落实。

（2）确保知识产权管理体系的建立、实施和保持。

（3）向最高管理者报告知识产权管理绩效和改进需求。

（4）确保全体员工对知识产权方针和目标的理解。

（5）落实知识产权管理体系运行和改进所需的各项资源。

（6）确保知识产权外部沟通的有效性。

2. 执行层面的业务

在建立起有效的企业知识产权管理体系和企业知识产权管理制度之后，管理层应指派具有专业素质的知识产权专职或兼职人员承担以下业务，以确保企业知识产权管理体系的实施和保持：

（1）负责企业知识产权申请和知识产权维持工作，发掘企业内部发明和设计，筛选专利申请素材，挑选知识产权中介服务机构。

（2）负责企业知识产权维权和知识产权风险管理。

（3）负责企业知识产权资产管理，避免企业无形资产流失。

（4）负责企业知识产权经营，处理知识产权实施、许可转让、受让引进和合资合作中的相关事务。

（5）负责企业研发档案管理，跟踪研发进展，收集整理知识产权情报信息，提出研发建议。

（6）负责知识产权教育培训和知识产权奖惩工作。

（7）负责与政府管理部门的信息交流与沟通，争取各级政府的专利优惠政策和优惠条件支持。

三、内部沟通

知识产权是无形的，其管理不同于对产品的管理，同时知识产权为产品服务，因此企业知识产权管理体系需要知识产权管理机构及企业各部门的紧密配合，才能真正渗透到公司运作的各个层面，也才能落地实施和运行。因此，知识产权、研发、采购、生产、销售、人力资源等各部门应该是相互配合、彼此协作的关系,企业只有明确知识产权管理部门与其他部门的关系,落实企业其他部门与企业知识产权管理部门相关的知识产权工作,才能建立起畅通有效的内部沟通机制,知识产权管理体系才能顺利在企业落地实施。❶

四、外部沟通

要想确保企业知识产权管理体系有效进行,除了要建立企业内部沟通渠道,处理好与各个部门的关系之外,还需处理好与企业知识产权工作相关方的关系,建立健全良好的沟通和合作机制。上述相关方包括政府、客户、合作方(如专利代理机构)、竞争对手。

1. 与政府的沟通与合作

企业所有知识产权管理工作都是基于政府颁发的一系列相关法律法规、政策文件展开的,在知识产权申请、获取、维权等过程中都要与各级政府进行接触,因此企业在进行知识产权管理时,一定要持续关注相关政府的动态,积极响应政府政策号召。另外,还可安排知识产权工作人员负责及时、准确搜集政府关于知识产权的优惠、扶持、资助政策。

2. 与客户的沟通与合作

客户是企业的重要资源,也是新产品构思的重要来源,企业通过与客户的交流沟通,建立客户档案,能获得大量针对性强、内容具体、有价值的市场信息,包括有关产品特性和性能、销售渠道、需求变动、潜在用户等,企业知识产权管理人员应充分利用这些信息,从中提炼出相关技术领域的技术发展趋势和路线,为研发部门提供情报支持。另外,在与客户签订合同时,一定要向客户详细解释合同中涉及的知识产权事项,明确交易事项中的知识产权和违约责任,以避免侵权风险或客户流失。

3. 与合作方的沟通与合作

企业知识产权管理中不可避免会与专利、商标等知识产权代理机构、律师事务所等中介机构开展合作,与相关合作方保持良好有效沟通,是决定企业知识产权质量的重要因素。以专利申请为例,企业知识产权管理部门应搭建一个有效的交流平台,以专利申请为基础,开展企业与知识产权代理机构之间的专利前业务(立项检索、侵权风险分析等)和专利后业务(专利无效、侵权诉讼等),使知识产权代理机构能够较为全面、深入地参与到企业的知识产权活动中,与企业之间保持良性互动,共同发展。

4. 与竞争对手的沟通与合作

对于企业来说,特别是高新技术企业,要想保持在行业中的竞争优势和行业地

---

❶ 中国强企知识产权研究院,中规(北京)认证有限公司.企业知识产权管理体系内审与咨询实用教程[M].北京:中国质量标准出版社传媒有限公司,中国标准出版社,2019:79-80.

位，除了需要在内部加强知识产权管理、促进技术创新之外，还需要保持对同行业竞争者的分析，对它们的目标、资源、市场力量和当前战略要素进行动态监测和持续评价。

另外，"竞争不忘合作，合作创造双赢"是 21 世纪企业开展市场竞争的基本准则，只有良性的竞争、有力的合作才会创造双赢，企业应该以开放的心态，积极参与行业中的合作，共同促进行业内突破性的技术创新，同时知识产权管理人员也要注意合作过程中的知识产权权属问题，防范相关风险。

五、案例分析

【案例 3-1】华为的知识产权管理机构

华为公司成立于 1988 年，是一家全球领先的信息与通信解决方案供应商，为电信运营商、企业和消费者等提供有竞争力的端到端 ICT 解决方案和服务。华为公司实施全球化经营战略，目前，其电信网络设备、IT 设备和解决方案及智能终端已应用于全球 170 多个国家和地区，服务于全球 1/3 的人口。

为支撑和配合公司整体经营发展战略，华为设置了由三级体系组成的知识产权组织架构。❶ 华为在决策层设立了知识产权领导小组，负责整个公司的知识产权战略决策制定和推动；同时在公司总部设立了知识产权部，该部门受公司知识产权领导小组的直接领导，是公司的职能部门，负责知识产权的具体管理和应用开发；各分公司分别设立知识产权分部，负责组织专利开发和项目审查。

华为知识产权管理机构的组织结构属于集权与分权结合的复合型管理制。这种安排符合华为全球化经营战略的特征，既能保证公司知识产权战略和规划得到有力的贯彻和实施，促使企业内部知识产权资源得到有效整合，又能充分调动企业各业务单元参与知识产权管理的积极性。由于组织机构健全，管理职责明确，华为公司知识产权管理的沟通渠道畅通、行动统一高效，能够快速应对和处理公司在业务发展当中遭遇的知识产权问题。

第二节　企业知识产权管理人员

【知识点】

企业知识产权管理人员的主要职责、素质要求、队伍建设。

---

❶ 叶建华. 品贤文谈知识产权［M］. 北京：知识产权出版社，2008：76.

【概念解释】

　　企业知识产权战略规划人员是指企业内部负责策划和制定企业知识产权战略，统筹规划企业知识产权申请、转让、使用和经营的相关人员。

　　企业知识产权日常管理人员是指企业知识产权管理机构内部负责知识产权日常管理和维护的专职人员。

　　内部培训是指通过组织知识产权教育及管理学教育等方面的培训，从企业内部现有的职工中，按照本企业知识产权工作的需要，培训合乎企业要求的知识产权管理人才。

【知识内容】

一、企业知识产权管理人员的重要性

　　企业知识产权管理人员是知识产权管理工作的具体实施者，企业拥有的知识产权人力资源丰富与否、素质高低直接影响着企业知识产权管理工作的效率和效果，建立专业素质优良、人员数量充足、岗位职责明确的知识产权工作队伍是企业知识产权管理工作的重要环节。

　　企业知识产权管理工作具有很强的战略性、专业性、技术性和法律性的特点，不仅包括竞争情报、专利、商标、著作权、商业秘密、知识产权诉讼、知识产权维权、知识产权投融资等相关流程和管理工作，还包括知识产权的获取、维护、实施与运用等工作，涉及市场销售、技术研发、采购、人事管理等公司各个部门的相互协调，是一项复合型的管理工作，这就对企业知识产权管理人员提出了较高的要求。《企业知识产权管理规范》（GB/T 29490—2013）"6.1 人力资源"中就要求企业应配备专业的知识产权管理人员，举办必要的教育和培训，通过人事合同加强对知识产权相关问题的约定，调查和监控入职和离职中的知识产权风险，建立对相关人员的奖励和惩罚机制。可见配备人数合理、业务覆盖面广、符合企业发展战略的知识产权管理团队的重要性。

二、人员配备及岗位职责

　　由于企业知识产权管理是一项专业性和综合性都很强的交叉性工作，因此企业知识产权管理人员队伍中应该含有众多具有不同知识和技术背景的专业人员，比如企业高层管理者、市场人员、法律人员、技术人员和知识产权专业人员等，不仅包括企业知识产权管理机构内部的知识产权管理专职管理人员，还包括企业其他部门的相关兼

职工作人员。按照知识产权管理人员在企业知识产权管理机构中的作用和职责，可以将知识产权管理人员划分为知识产权战略规划人员、知识产权日常管理人员、知识产权法律人员、知识产权资产运营人员和知识产权国际事务人员等。❶

1. 企业知识产权战略规划人员

企业知识产权战略规划人员，是指企业内部负责策划和制定企业知识产权战略，统筹规划企业知识产权申请、转让、使用和经营的相关人员。企业知识产权战略规划人员应当从企业全局掌控企业知识产权资源运作，把企业知识产权战略和企业整体发展战略、企业市场定位和企业发展目标有机结合起来，使企业知识产权资源得到最优化配置，以符合企业快速成长的需要。

企业知识产权战略规划人员一般可由企业的最高管理者及知识产权代表承担，其主要职责包括：

(1) 制定企业知识产权战略，并明确企业知识产权方针目标。

(2) 确保为实施知识产权管理提供适宜的组织机构，并配备必要的资源。

(3) 建立和健全各级知识产权管理责任，落实职能，就知识产权管理的有关事宜予以授权。

(4) 负责组织管理评审，每年至少一次。

2. 企业知识产权日常管理人员

企业知识产权日常管理人员，是指企业知识产权管理机构内部负责知识产权日常管理和维护的专职人员。企业知识产权日常管理人员主要负责具体实施、执行企业知识产权战略和计划，对企业的技术创新成果进行知识产权申请、获取和后期维护。

企业知识产权日常管理人员的主要职责包括：

(1) 负责落实公司各项知识产权管理制度，落实业务流程要求。

(2) 负责企业知识产权申请、维持工作，筛选知识产权申请素材，挑选专利中介服务机构。

(3) 负责企业内部知识产权教育培训和专利考核奖惩工作。

(4) 负责及时、准确搜集政府关于知识产权的优惠、扶持、资助政策，并提交知识产权管理机构负责人报公司领导决策。

(5) 负责企业研发档案管理，跟踪研发进展，收集整理专利情报信息，提出研发建议。

3. 企业知识产权法律人员

企业知识产权法律人员，是指企业内部负责知识产权法律事务的相关人员。日常经营管理中，签署合同经常会涉及知识产权方面的问题，另外，企业可能会遭到其他

---

❶ 姜军伟. 高新技术企业知识产权管理体系构建研究 [D]. 镇江：江苏科技大学，2013：47.

企业知识产权侵权，或者会无意中侵犯其他企业的知识产权，因此企业需要配备专门知识产权法律人员充分利用知识产权法律制度，审核各类合同并处理各类知识产权纠纷案件。

企业知识产权法律人员的主要职责包括：

（1）负责企业知识产权维权和知识产权风险管理。

（2）负责知识产权纠纷处理、诉讼等对外工作。

（3）负责审核涉及知识产权内容的各类合同、协议。

（4）宣传、普及知识产权法律知识，增强企业知识产权保护意识。

4. 企业知识产权资产运营人员

企业知识产权资产运营人员，是指企业内部专门负责企业知识产权资源经营的相关人员。目前，企业对拥有的知识产权资源除了将其商品化、产品化以外，还可以通过其他途径获得经济利益，比如知识产权转让、知识产权许可、知识产权质押、知识产权出资等，而企业知识产权资产运营人员的主要职责就是选择最佳途径经营企业知识产权资源，获得最佳经济效益。

企业知识产权资产运营人员的主要职责包括：

（1）负责企业知识产权资产管理，避免企业无形资产流失。

（2）负责处理知识产权实施、许可转让、受让引进和合资合作中的相关事务。

（3）负责本企业知识产权分析、价值评估的市场化业务拓展。

5. 企业知识产权国际事务人员

企业知识产权国际事务人员，是指企业内部负责知识产权国际事务的相关人员。在贸易全球化和经济全球化的经营环境下，企业产品需要跨出国门，在国际市场上占有一定地位，这就不可避免涉及知识产权事务，需要知识产权国际事务人员予以处理，他们的主要职责包括：

（1）负责相关领域知识产权申请的翻译、校对、定稿。

（2）负责审查意见的转达、答复，处理复审、无效案件。

（3）负责对全球技术创新态势进行跟踪与分析，并协助其他知识产权管理人员进行全球知识产权预警、布局、管理与运营。

三、能力要求

企业知识产权管理工作具有较强的综合性，管理人员既要直接与企业研发人员沟通，将智力劳动成果转化为法定的权利，又要通过合法手段维护和经营企业拥有的知识产权，应对知识产权诉讼，甚至是应对涉外知识产权诉讼。这就需要企业知识产权管理人员拥有全面、完整的知识结构。对任何行业来说，企业需要的绝不是单一的知识产权法律或专业技术人才，而应当是运筹帷幄、兼容并蓄的复合型和综合型的知识产权管理人才。

为保证企业知识产权管理战略目标的实现及企业知识产权管理制度的实施效果，企业在确定知识产权管理人员时，应考虑其是否具备以下专业能力。[1]

1. 科技知识要求

知识产权中的专利、计算机软件、技术秘密和集成电路布图设计等都与相关技术密切相关，只有当管理人员有相关技术领域的技术背景时，他们才能够理解并分析相关产品和技术的技术特征，才能够跟技术研发人员进行有效沟通，才具备在申请过程中进行申请文件质量管理和申请程序监控管理的能力。只有了解并掌握相关技术，熟悉相关技术的实践概况，才能更好地理解这些知识产权的实质和内容，从而及时跟踪企业在该领域的研究开发情况，并进行有效的管理、运用和保护。

2. 法律知识要求

知识产权是以智力成果为对象的民事权利，作为一种无形财产权，从知识产权的申请获得，到知识产权的维护，再到知识产权的合法运用都离不开各种法律规定的条件和程序，作为知识产权管理人员，自然应具备一定的法律知识。企业的知识产权管理人员除了应该具备一般的法律基础知识外，特别要具备扎实的知识产权法律知识，这样才能在专利纠纷处理中运用各种相关规则。另外，与企业员工签订知识产权保密协议、签订知识产权许可使用合同和转让合同等合同管理工作是知识产权管理人员的重要工作内容，这些工作，要求他们具有合同法、诉讼法等方面的法律知识。随着知识产权保护制度的国际化和智力成果在国际的广泛交流，企业知识产权管理人员还必须掌握国际法、国际经济贸易法等方面的法律知识。

3. 经济管理知识要求

知识产权管理属于企业管理的一部分，其工作不但关系到企业的技术开发和法律事务的处理，还会进一步影响企业的生产经营和市场竞争力。因此知识产权管理人员要掌握基本的经济学和管理学知识，这样才能站在企业经营战略高度管理企业知识产权，才能将经营战略与知识产权管理工作结合起来，才能建立与企业高层管理者、企业内部和外部的良好协调关系。另外，知识产权作为一种无形资产资源，要科学合理地开发、利用和运营，使企业的知识资源产权化、商品化、资产化、资本化，促进企业科研开发成果向产品转化，尽快从创新发明中获取经济收益，增加企业新增资产中知识产权的贡献率，完成这些工作就需要企业知识产权管理人员具备相关的经济知识。

4. 网络信息知识要求

当今社会科学技术飞速发展，21世纪的社会是一个信息化的社会，新知识、新

---

[1] 张滢. 浅谈企业知识产权管理人才队伍建设 [J]. 广东科技，2009（10）：19-20.

信息不断涌现，文献资料浩如烟海，信息量更是急剧增长，科技知识的更新速度也在加快，不管多么有才能的人都无法获得世界上的所有信息。信息检索能力的大小已成为专业技术人员能否适应社会需求的重要标志。因此，知识产权管理人才特别是专业技术人员应掌握信息检索的技能，从而对世界上最新的科学知识、最新的技术、最新的科技动态和最先进的管理经验随时进行跟踪和检索，并及时获得和利用。

5. 外语要求

中国加入 WTO 后，越来越多的国外商家把目光投向中国，涉外知识产权业务也日渐增多，知识产权作为企业参与国际竞争的利器，知识产权的跨国获权、跨国经营和国际保护都要求从事知识产权管理的人才具有国际交往的本领，需运用流利的外语与研发部门、海外总部、海外客户等进行沟通。比如，跨国公司研发机构的知识产权工作人员，就经常需要与海外研发总部进行技术方面的沟通，对专业外语的书写和口语能力都提出了很高的要求。只有熟练掌握相关国家或地区的交际语言，了解相关国家或地区的规则和专业技术的人才，才能在国际舞台上更好地为企业提供法律服务。所有这一切，都呼唤熟练掌握外语，既有专业技术背景，又懂国际国内知识产权法律和实务的复合型人才。

当然，企业知识产权管理人员除具备上述的专业能力外，还应当具备良好的谈判能力、人际沟通能力、表达能力、团队合作意识等综合素质，这些素质都是企业知识产权工作得以有效进行必不可少的条件。

四、队伍建设

(一) 企业知识产权人才体系结构❶

企业知识产权人才体系的结构，由横向和纵向两个维度的人才结构共同组成。从横向维度来看，企业知识产权人才体系包括知识产权专业领域的人才和非知识产权专业领域的人才，换句话说，它包括知识产权管理机构中的知识产权人才以及其他管理部门（如技术部门、人事部门、法务部门、销售部门、财务部门、生产部门等）中的知识产权人才。从纵向维度来看，企业知识产权人才体系则包括高级管理层中的知识产权管理人才、中级管理层中的知识产权管理人才以及执行层中的知识产权管理人才，如图 3-5 所示。

---

❶ 杨铁军. 企业专利工作实务手册 [M]. 北京：知识产权出版社，2013：42-43.

图 3-5　企业知识产权人才体系架构

(二) 企业知识产权人才培养机制

为建立并维护结构合理的知识产权人才体系，企业必须建立起一套正向循环的知识产权人才培养机制，需要全面考虑内部培养、外部引进、建立激励机制、防止人才流失这几个方面。

1. 内部培养

知识产权与市场竞争密切相关，从事知识产权管理的人员必须密切关注和了解国际国内经济形势、法律法规、产业政策、研发创新和市场环境的变化，不断学习和研究相关的技术和法律知识，不断提高综合素质，以适应企业发展的需求，因此加强知识产权人才队伍的建设，企业必须对知识产权管理人员进行持续的培训。

内部培养主要是指，通过组织知识产权教育及管理学教育等方面的培训，从企业内部现有的职工中，按照本企业知识产权工作的需要，培训合乎企业要求的知识产权管理人才。内部培养的优势在于现有员工对企业的技术背景相对较为了解，不存在重新融合的问题，有利于快速利用培训知识开展知识产权工作。然而内部培养可能不易达到企业对专业和资深知识产权管理人员的需求，且此种方式的周期较长，效果不易显现，比较适合应用于长期知识产权人才培养计划。❶

---

❶ 杨铁军. 企业专利工作实务手册 [M]. 北京：知识产权出版社，2013：42-43.

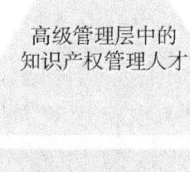

《企业知识产权管理规范》中"6.1.2 教育与培训"部分，将培训对象划分为四个层级，并提出了具体要求。培训内容如下：

①规定知识产权工作人员的教育培训要求，制订计划并执行。

②组织对全体员工按业务领域和岗位要求进行知识产权培训，并形成记录。

③组织对中、高层管理人员进行知识产权培训，并形成记录。

④组织对研究开发等与知识产权关系密切的岗位人员进行知识产权培训，并形成记录。

由上述内容可知，对企业员工进行知识产权培训时，可根据其岗位性质、管理层级将所有员工划分为知识产权工作人员、全体员工、中高层管理人员、研究开发等技术人员四个层级。

①知识产权工作人员。知识产权工作人员是企业知识产权工作的执行者，其工作涉及专利、商标等知识产权业务的具体操作实务，以及企业知识产权管理制度的执行。因此，面向此类人员进行培训时，应当以有关知识产权文件撰写与质量评价、知识产权法律规定、企业有关知识产权管理规定、专利代理管理等内容为培训重点。

②全体员工。企业知识产权工作的有效执行和实施离不开全体员工的知识产权保护、风险防范意识。因此，面向全体员工进行培训时，应当以知识产权基础知识、知识产权工作思维、保密意识等内容为培训重点。

③中、高层管理人员。企业的管理层掌握着一个企业日常经营中所有的重大决策，企业管理层知识产权意识的高低决定了一个企业知识产权管理的水平，因此，面向此类人员进行培训时，主要以增强其将知识产权运用到企业决策和重大业务活动中的能力为目的，应当以企业目前所处的知识产权竞争环境、面临的知识产权风险、挑战与机遇以及企业知识产权制度、知识产权战略与目标等内容为培训重点。

④研究开发等技术人员。研发人员技术创新的主要职责决定了其必须掌握专利挖掘、专利布局等知识产权相关知识以了解企业技术发展路线并应对行业内的技术变迁。因此，面向此类人员进行培训时主要以检索分类信息、专利文本阅读、专利点挖掘与布局、专利数据库等内容为培训重点。

2. 外部引进

除对企业内部员工进行培训以外，从企业外部引进资源、经验丰富的知识产权人才是企业知识产权人才队伍建设的另一大途径。外部人才引进的优势在于可以在短时间内找到较高素质、熟悉知识产权管理工作的资深人才，但其劣势也很明显，外部引进的知识产权管理人才对企业的技术背景、企业文化都不甚了解，需要花费一定的时间真正融入现有团队，理解企业所从事的技术。

3. 建立激励机制

激励是管理的重要手段，有效的激励机制有利于调动员工工作的积极性，推动知识产权工作。企业实施的激励形式包括精神激励和经济激励。精神激励即内在激励，是指企业给予为其做出贡献的员工精神方面的奖励，比如向员工充分授权、授予荣誉称号、提供继续深造机会、对员工成绩的认可等。精神激励是企业实行的深层次、影响深远的激励形式，是调动员工积极性、主动性和创造性的有效方式。经济激励是指企业运用物质手段使员工得到物质上的满足，从而进一步调动其积极性、主动性和创造性。经济激励的方式有奖金、技术入股、利润提成、住房补贴、交通补贴等。许多国外成功的公司都制定了相应的知识产权激励制度和政策。

企业应该制定完善的知识产权激励制度，采取多种形式的激励手段，重点奖励运用知识产权规则为企业创造经济效益的人员。鼓励知识产权管理人员研究适合本企业的知识产权管理体系，持续有效地实施企业各项知识产权管理制度，提升企业知识产权的流转、变现、产业化等运营能力，提高企业的核心竞争力。

4. 防止人才流失

我国企业一方面知识产权专业人才缺乏；另一方面知识产权人才流失严重。造成知识产权人才流失严重的因素主要有：大多数企业对知识产权工作不够重视；外企和中介机构的薪酬高于国有企业；多数企业没有建立防止知识产权人才流失的制度。

有鉴于此，企业除了要制定完备的内部人才培训制度、激励措施之外，还应建立健全防止知识产权人才流失的制度和机制，将知识产权管理人才作为特殊人才进行管理，在事业上展现企业愿景，在薪酬上给予优厚待遇，在生活福利上提供良好条件，从事业、感情、待遇等方面留住人才。

五、案例分析

【案例3-2】华为的知识产权管理团队建设

华为于1995年开始设立专门的知识产权部门，当时就只有几名员工，工作内容也仅限于注册几个商标，申请几个专利。随着华为开始进入国际市场，公司高层的知识产权意识逐渐提升，公司开始有了知识产权战略规划，知识产权部也逐渐壮大。当前，公司工作在知识产权领域的专家或者工程师以及相关业务的律师有300多名，与此同时，华为还专门建立了领导小组帮助公司制定以及推动知识产权战略，而且在管理方式上则采取集中管理配合分散管理的方式，有效进行相关事务的管理。

事实上，华为早在多年之前就开始通过一些研究机构来解决知识产权管理上人力资源的不足。为了深入实施公司知识产权战略，一方面通过建立人才引进机制，引入高素质的知识产权人才，华为公司已经汇聚了国内外各个层级的专业人才；另一方面，华为制定了一系列的内部奖励政策，调动内部员工的积极性，开展各种形式的知识产权讲座，向员工普及相关的知识产权知识，从思想上强化员工的知识产权战略意识。

第三节　企业知识产权管理制度

【知识点】

企业知识产权管理制度的内容、意义、原则、形成路径。

【概念解释】

企业知识产权管理制度是指企业依据相关法律法规并结合知识产权在企业自身发展经营过程中的要素属性形成的一套完整的企业知识产权领域制度和制度文化的综合。

知识产权生产是指企业利用自身人力、物力资源条件进行知识产权创造的过程，包括高新技术的研发、版权的制作、商标的创设经营等。

激励是指根据某一目标，为满足人们生理的或者心里的愿望、兴趣、情感的需要，通过有效地启迪和引导人们的心灵，激发人的动机，挖掘人的潜能，使之充满内在的活力，朝着所期望或规定的目标前进。

【知识内容】

一、法律基础

我国一直以来比较重视知识产权领域的法制建设工作，尤其是改革开放以来，知识产权法制工作得以快速发展，法律体系得到逐步建立和完善。1978年之后，我国工作重点逐渐转移到社会主义现代化建设上来，一方面，经济改革成为知识产权法制建设的内在驱动力；另一方面，对外开放使我国知识产权法制建设能够吸取发达国家经验并与国际接轨，知识产权法制建设的内外部环境逐步形成。目前，我国各主要知识产权领域已经制定了较为完善的法律规范。

（一）发展概述[①]

清朝末年，我国知识产权立法已经开始。政府于1898年颁布《振兴工艺给奖章

[①] 曹文泽, 王迁. 中国知识产权法制四十年：历程、特征与展望[J]. 法学, 2018, 444 (11)：5-18.

程》，于 1904 年颁布《商标注册试办章程》，1910 年颁布《大清著作权律》。清政府时期的知识产权立法是在特定社会背景下产生的，具有被动性的特征。民国时期，我国知识产权立法工作也有一定发展，但总体上受制于社会政治、经济背景，未能产生较好法制效果。

中华人民共和国成立伊始到改革开放之前，知识产权立法工作得到重视。出版总署于 1950 年第一届全国出版会议通过《关于改进和发展出版工作的决议》，强调尊重和保护作者的相关权益；出版总署于 1953 年发布《关于纠正任意翻印图书现象的规定》，该规定的出台有利于形成良好的出版秩序。这一时期，我国也进行了知识产权领域的立法尝试，专利权方面，1950 年政务院第四十五次政务会议批准《保障发明权和专利权暂行条例》，该条例将发明创造划分为发明权和专利权实行双轨保护，发明权的采用和处理权利属于国家所有，专利权具有私权属性，发明人有权利用、转让，并能够被继承；著作权方面，文化部出版事业管理局于 1957 年向国务院报送《保障出版物著作权暂行规定（草案）》，该草案涵盖了保护对象、保护期限、侵权救济等诸多条款，草案规定著作权受到侵害时，著作权所有人有权对侵害人提出抗议，要求赔偿损失，或请求文化出版行政机关进行处理，向法院提起诉讼；商标权方面，1950 年政务院第四十三次政务会议批准了《商标注册暂行条例》，保障当时一般工商业商标的专用权，1963 年第二届全国人大常委会第九十一次会议批准《商标管理条例》，同时废止《商标注册暂行条例》，该管理条例着重于确保企业的商品质量，并未就商标权作为一种财产权进行立法保护。总体而言，该阶段相关规定的出台和立法尝试尚未形成完整的知识产权法律体系。

改革开放以来，我国知识产权法制建设工作得到了长足发展。1978 年，国家工商行政管理局设立商标局，重新确定了统一的商标注册制度。1979 年，邓小平率代表团访问美国，进一步促进了中美关系的发展，同时加速了我国对外开放的进程。随后，两国签订了《中美贸易协定》等协议，协议签订过程中，特意加入了知识产权保护条款，1978 年 12 月召开了十一届三中全会，我国新发展阶段基础上的知识产权法制建设正式开启。1982 年，第五届全国人大常委会第二十四次会议通过了《中华人民共和国商标法》，该法是我国改革开放后制定的第一部知识产权法律，对经营者的私权进行了保护；1984 年，第六届全国人大常委会第四次会议通过了《中华人民共和国专利法》，该法的颁布说明国家承认了技术的商品属性，显著提升了发明创造的活力，同时也保障了顺利引进国外技术，提升了改革开放的层次和深度；1990 年，第七届全国人大常委会第十五次会议通过了《中华人民共和国著作权法》，对文学、艺术及科学作品的作者权益进行了立法保护。

（二）法律法规框架

我国知识产权领域的立法工作已经形成了相对较为完整的体系。从法律位阶的角度划分，已经形成宪法、基本法律、法律、行政法规、部门规章有层次的知识产权法律体系，最高法的司法解释也是知识产权法律实践中重要的组成部分。同时，相关国际条约、行业规范和标准也为知识产权的具体实践提供了依据或参照。

《宪法》中对私有财产的保护与限制规定中涉及的表述有"奖励科学研究成果和技术发明创造"和"国家对于从事教育、科学、技术、文学、艺术和其他文化事业的公民的有益于人民的创造性工作，给以鼓励和帮助"，《宪法》中的相关规定对知识产权领域其他各项法律具有统领性、基础性作用。基本法律中，《民法通则》对著作权（版权）、专利权、商标权、发现权、发明权及其他科技成果权进行了概述性的描述定义，并规定了侵害知识产权的民事责任，《刑法》中也有专章规定对严重侵犯商标权、版权、侵害商业秘密及假冒他人专利者进行刑事制裁。

从知识产权的具体表现形式划分，我国现行法律分别对专利权、商标权、著作权以及其他知识产权进行了立法保护工作。在专利权领域，法律包括现行有效的 2008 年修正版《专利法》；行政法规包括 2010 年修订版《专利法实施细则》；部门规章包括《专利优先审查管理办法》（2017）（局令第 76 号）、《专利代理管理办法》（局令第 70 号）、《专利行政执法办法》（局令第 60 号）等一系列规章制度；司法解释包括《最高人民法院关于审理侵犯专利权纠纷案件应用法律若干问题的解释》《最高人民法院关于对诉前停止侵犯专利权行为适用法律问题的若干规定》以及《最高人民法院关于审理专利纠纷案件适用法律问题的若干规定》。在商标权领域，法律包括现行有效的 2019 年修正版《商标法》；行政法规包括现行有效的 2014 年版《商标法实施条例》。在著作权领域，法律包括现行有效的 2010 年修正版《著作权法》；行政法规包括现行有效的 2013 年修订版《著作权法实施条例》、2013 年修订版《计算机软件保护条例》等。其他知识产权领域的法律、行政法规主要包括现行有效的 2019 年修正版《反不正当竞争法》《知识产权海关保护条例》《植物新品种保护条例》等法律和规章制度。

（三）主要法律及其内容介绍

《专利法》《商标法》以及《著作权法》是我国现行知识产权法律体系的主要构成。

1.《专利法》

《专利法》保护发明、实用新型与外观设计三种不同的专利权，重点是保护发明专利。《专利法》规定非职务的发明创造，申请专利的权利属于发明人或创造人，申请被批准后，全民所有制单位申请的，专利权归该单位所有；集体所有制单位或个人申请的，专利权归该单位或者个人所有。

2.《商标法》

《商标法》主要保护注册商标权人的商标专用权，同时促使生产、经营者保证商品和服务质量,维护商标信誉。《商标法》对商标注册的申请、审查、核准、续展、变更、转让和使用许可等做出了具体规定。

3.《著作权法》

《著作权法》保护的领域除文字著作外,还包括音乐、舞蹈、电影、电视、工程设计、地图、计算机软件及表演等。概括来说,凡是可能被"复制""翻版"或"盗版"的智力创作成果都在保护之列,我国法律体系中的"著作权"与"版权"为同义语。

二、管理制度

(一)内容

企业知识产权管理制度是指企业依据相关法律法规并结合知识产权在企业自身发展经营过程中的要素属性形成的一套完整的企业知识产权领域制度和制度文化的综合。目前,关于知识产权管理制度的内容是什么尚未形成统一的意见,一些学者认为,企业知识产权管理制度应该包括:知识产权战略制定;知识产权制度的建立和执行;知识产权管理人员的配置;生产经营中的知识产权策略指导;知识产权的获得与维护;知识产权的交易;知识产权信息的利用;知识产权纠纷的预防和管理。[1] 还有一些学者认为,企业知识产权管理的内容并不是整齐划一的,不同类型的企业知识产权管理具有不同侧重点。比如高科技企业知识产权管理的内容可能显著区别于零售企业,前者侧重于专利,后者侧重于商标、版权。总的来说,企业知识产权管理的内容可以分为三个类别:第一,与创新有关的管理。主要就是激励创新、支持创新和保护创新。第二,与侵权有关的管理。主要内容就是避免侵犯他人知识产权和制止他人侵犯本企业的知识产权。第三,与贸易有关的管理。[2]

另有一些学者认为,企业知识产权管理的基本内容可以概括为四个方面:企业知识产权战略管理;企业知识产权人力资源管理;企业知识产权信息管理;企业知识产权资产评估管理。[3] 还有一些学者认为企业知识产权管理包括:知识产权评估制度;知识产权查新、检索制度;知识产权工作备案制度;知识产权归属判定制度;知识产权档案集中管理制度;知识产权保密、知识产权保护承诺制度;知识产权合同制度;知识产权保护制度;知识产权宣传制度。[4]

---

[1] 张帆. 企业知识产权管理一站式解决方案 [J]. 电子知识产权, 2003 (10): 46-47.
[2] 冯晓青. 企业知识产权战略 [M]. 北京: 知识产权出版社, 2005: 585-590.
[3] 宋伟. 中美中小企业知识产权管理比较 [M]. 安徽: 中国科学技术大学出版社, 2012: 11-13.
[4] 王肃. 企业知识产权管理 [M]. 北京: 知识产权出版社, 2017: 86-88.

1. 知识产权战略管理制度

知识产权战略服务于战略主体对知识产权发展、保护和管理的总体决策过程。目的是通过开发获得并合理运用知识产权，实现企业自身的长远发展和竞争力的提高。企业知识产权管理主要包括收集整理相关法律法规、政策条例、市场最新动态等资讯；分析知识产权相关的市场竞争环境；制定知识产权发展规划和技术路线；及时查新以确定企业创新项目是否符合可持续发展战略并产生真正的知识产权，避免与市场已有技术产生重复研发从而浪费研发资源；站在企业发展的全局角度统筹考虑知识产权发展与企业整体战略的相互配合和支撑作用。知识产权战略管理制度对知识产权管理相关部门和职能人员起到规范指引的作用。

按照知识产权类型划分，不同类型的知识产权技术特征、保护实现、经济效益等存在较大差异，企业对不同类型的知识产权战略管理方法和目标也不同。企业知识产权战略管理制度按照知识产权类型分为：专利战略管理制度、商标战略管理制度、商业秘密战略管理制度和版权、域名战略管理制度。企业应该根据自身特点制定合理的知识产权战略管理制度。以高新技术企业为例，由于技术的发明创造是高新技术企业的核心竞争力，其知识产权战略管理制度应该着重于明确知识产权在企业职能体系中的战略地位，指定专职人员定期分析市场环境的动态变化并对经营管理层做定期的汇报，规范企业未来技术发展路径规划的指标参数和指导意义。

2. 知识产权生产和经营管理制度

知识产权生产是指企业利用自身人力、物力资源条件进行知识产权创造的过程，包括高新技术的研发、版权的制作、商标的创设经营等；知识产权经营管理是指企业对自身掌握的知识产权进行以创造效益为目的的运作和经营管理过程。企业有必要通过制定相关制度以规范知识产权生产和经营管理的过程。

知识产权生产和经营管理制度是知识产权管理制度的核心，应该按照知识产权类型进行划分，对专利、商标和著作权（版权）进行分类规范。企业通过制定相关制度明确知识产权的主管部门及部门职责；为知识产权生产过程中的项目立项、执行及投入应用等一系列流程提供统一标准；制定知识产权的应用范围和方式；确定引进外部知识产权或转让知识产权的具体程序和要求，并设置专职机构或专人负责市场调研报告、价格评估报告的编写等。

3. 知识产权申请、权属判定制度

依据相关法律法规，企业获得知识产权须经国家相关主管部门或机构的认证或登记。申请制度应指定专人或专职部门负责知识产权申请工作；制定知识产权申请前的企业内部审批程序；依据知识产权不同的属性、经济价值、竞争力等要素，制定不同等级的处理标准和程序；设置专职机构或专人负责知识产权申请后的维护、年费缴纳等工作。

企业应该在我国现行有效法律法规的基础上充分鼓励员工开展创新和知识产权创造活动。通过制定合法、合理的知识产权权属判定标准，明确职务发明创造和非职务发明创造的区分标准；制定对职务性发明创造者的奖励标准并给予其合理报酬；理顺企业与技术创新者和发明创作者对知识产权的权利归属和使用权关系；充分尊重和保护发明创造者的权益。

4. 知识产权保密及承诺制度

针对知识产权易复制或盗版的特性，企业需要制定严格的知识产权保密及承诺制度保护知识产权。通过制定相关制度划定科技开发区域、商业秘密保护区域，对上述区域的准入权限进行管理；明确产品开发和职务智力成果活动期限，在一定期限内要求相关人员保守商业秘密，严禁未经企业许可的知识产权复制、传播、交流行为；对企业知识产权和商业秘密有关的资料、文档实施保密等级制度和权限管理制度；在劳动合同中增加保密条款和竞业禁止条款，严禁任何人利用职务便利采取不正当手段泄露、擅自发表、使用、许可或转让企业的知识产权；建立与知识产权有关的参观访问控制、陪同制度，确保参访人员在专人陪同下有组织地进行参访活动。

5. 知识产权激励制度

从企业管理的角度来说，激励作为企业管理的一项职能，是指"根据某一目标，为满足人们生理的或者心里的愿望、兴趣、情感的需要，通过有效地启迪和引导人们的心灵，激发人的动机，挖掘人的潜能，使之充满内在的活力，朝着所期望或规定的目标前进。❶为了充分发挥技术研发人员的积极性和创新能力，企业应当建立公平合理、有效运行的知识产权激励制度。该制度不仅是企业知识产权管理制度体系的发展动力，也是企业知识产权战略制度实施并完成的保障措施。

企业的知识产权激励制度可以包含精神激励与经济激励两个方面。精神激励方面，需要在企业文化中建立尊尚创新、鼓励创新的氛围，形成激励创新的企业环境，同时对创新型人才从事创新活动及其取得的成就给予精神奖励，以此增强创新型人才的荣誉感，进一步激发其创新活力。❷具体来说，可以采用充分授权、荣誉称号、为员工提供继续深造的机会或者对其价值予以认同等方式进行激励。而经济激励方面，主要是建立创新型人才考核评价机制，将创新型人才从事创新活动的情况与取得的成果作为考评基础，建立股权、期权、实物分配等利益机制。企业知识产权激励制度示例的具体结构框架见图3-6。

---

❶ 包晓闻，刘昆山. 企业核心竞争力经典案例［M］. 北京：经济管理出版社，2005：78-80.
❷ 冯晓青. 企业知识产权管理制度与激励机制建构［J］. 南都学坛：南阳师范学院人文社会科学学报，2016，36（5）：65-72.

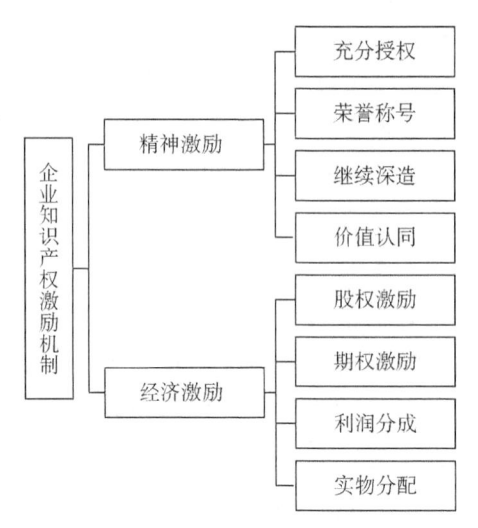

```
企业知识产权激励机制
├─ 精神激励
│   ├─ 充分授权
│   ├─ 荣誉称号
│   ├─ 继续深造
│   └─ 价值认同
└─ 经济激励
    ├─ 股权激励
    ├─ 期权激励
    ├─ 利润分成
    └─ 实物分配
```

图3-6 企业知识产权激励制度内容构成

6. 知识产权资产管理制度

知识产权属于企业的无形资产，企业应该认识到知识产权的资产价值并合理评估和有效利用其资产价值，以便以较为合理的公允价值进行知识产权交易或通过知识产权进行融资促进企业内生发展。在国内外科技开发、市场交易等产权变更时，必须进行知识产权价值评估，重大事项须经主管领导和管理机构的批准，报送知识产权管理部门备案。通过制定知识产权资产管理制度明确知识产权价值评估方式和标准；聘请外部专业评估机构的标准和程序；制定知识产权的财务会计记账规范、无形资产摊销方式等；针对知识产权的资产价值大小进行分级管理；制定以知识产权为标的的质押融资、资产证券化以及股权投资等多种形式的财务金融运作方式和标准。

7. 知识产权合同管理制度

企业与境内外单位或个人进行知识产权相关的合作开发或交易时，依据《合同法》等法律法规签订书面合同，合同中必须具备知识产权保护条款且与我国法律相符。签订技术合同（包括技术转让、技术开发、技术服务、技术咨询）、专利实施许可合同，必须经过企业知识产权管理部门以及分管领导的逐级审批通过，对于企业发展有重大影响的知识产权合同必要时须经过企业决策机构的审议通过。

同境内外单位或个人进行专利权、商标权及著作权、商业秘密等知识产权方面的许可贸易时，需签订实施许可合同，并根据许可的权限范围、时间、地域、市场水平等因素综合确定许可使用费用。

8. 知识产权信息管理系统制度

知识产权涉及数据信息量较大，且多数通过载体形式存在，利用计算机信息管理系统对知识产权进行管理和存储有利于知识产权的快速检索、查新和档案归集。建立健全企业知识产权信息管理系统符合知识产权的内在特征和信息技术高速发展的时代趋势。通过制定知识产权信息管理制度，对企业涉及知识产权的开发合同、评估报告、批准文件、会议决议以及规范制度文件进行集中高效备案；对知识产权项目进行独立的档案管理，从技术开发项目的立项到结题，知识产权管理部门应设置信息系统专职部门或岗位进行全程跟踪管理，掌握科研、开发等工作的每一阶段进程；规定项目负责人或相关人员负责及时归档，信息系统管理专职部门或岗位进行验收。上述涉及的档案资料包括但不限于计划任务书、技术合同书、主管部门批复文件、资产评估报告、实验记录、实验报告、图纸、论文、音像制品、手稿原始资料等。

9. 知识产权风险管理制度

企业风险管理部门或知识产权管理部门应设置专职负责知识产权风险管理的岗位，及时跟踪处理知识产权风险管理工作。通过制定知识产权风险管理制度，明确风险管理专岗职责范围，收集整理涉及企业知识产权的政策风险、法律风险、生产风险、交易风险、许可风险、资产管理风险以及操作风险等，及时跟踪市场最新的动态和风险管理案例；规定知识产权出现风险后的应急处置方案。

10. 知识产权保护制度

企业知识产权保护制度是保障企业知识产权权益不受侵害的重要制度，应包括内部控制制度和对外的知识产权诉讼制度。

企业各部门、各级领导应充分认识到保护知识产权的重要性，依照《反不正当竞争法》，坚决制止、杜绝由不正当行为造成的知识产权流失；充分利用知识产权法律法规通过法律途径捍卫企业自身知识产权合法权益。

通过制定知识产权保护制度，首先应规范企业知识产权登记、备案和申请确认工作。对于不适宜采取上述措施的智力成果，应先作为商业秘密予以保护；严防专利、商标及其他知识产权被他人抢注或未经许可使用；严防企业版权被他人盗版；规定知识产权管理部门合理运用法律规定和制度性安排对知识产权权益不利的事项启动相应程序解决。

企业应建立起一套完善的知识产权内部控制体系，对知识产权生产、经营、运用、交易等各个环节实施内部合规控制，确保相关知识产权生产、经营活动合法合规。同时，建立起行之有效的知识产权诉讼程序十分重要，有助于企业在必要时通过法律手段维护自身知识产权权益，以最大限度减少或避免损失。企业也可以聘请知识产权法律方面的专业法律顾问，对企业的知识产权保护工作提供辅助和帮助。

11. 知识产权文化宣传制度

企业建立并培育出良好的知识产权管理制度文化，是知识产权管理制度能够有效发挥作用的关键。企业知识产权管理部门应设置专门的文化宣传岗位，积极开展知识产权培训，宣传最新的知识产权管理动态，通过举办知识产权相关的趣味活动等手段建立起良好的知识产权意识氛围和制度文化。

(二) 意义

1. 合规经营要求

通过建立起一套完善的知识产权管理制度，能够保障企业在进行知识产权相关的经营活动时符合国家法律法规的规定和政策的要求，确保企业经营合法、合规。全方位、多层次的知识产权管理制度能够尽量减少或避免主管机构对企业由于知识产权领域违法违规而采取行政处罚措施，有助于企业树立良好的形象，得到更多的优惠条件。

2. 鼓励发明创造

当前我国处于建设知识产权强国、实施创新驱动发展战略、实现经济提质增效升级阶段，企业建立完善的知识产权保护制度能够为企业战略转型和技术升级提供有力支撑。完善的知识产权保护制度有利于鼓励创新和发明创造，增强知识产权主体的创新活力，增强企业发展驱动力和技术竞争力。

3. 提升管理水平

国务院《关于进一步加强知识产权保护工作的决定》明确要求："企事业单位要把保护知识产权作为建立现代企业制度和现代科研院所制度的一项重要内容，增强知识产权意识，遵守知识产权法律法规，把加强知识产权保护纳入本单位的研究开发、生产经营和内部管理工作并形成相应的制度。"因此，企业建立知识产权管理制度体系，有助于企业提升管理水平，建立现代企业制度，符合国家的发展要求。

(三) 原则

1. 严格依据我国知识产权法律法规

我国现行有效的法律法规是企业建立知识产权管理制度的基础，企业要确保制定的知识产权管理制度符合国家《专利法》《著作权法》《商标法》《劳动法》《劳动合同法》《公司法》等相关的法律法规的要求。在企业管理制度的建构过程中，往往会根据企业所有者的需求，为了实现企业所有者的利益最大化，达成经营层的绩效考核目标，而牺牲其他的价值取向或者利益需求。但是具体到知识产权管理的过程之中，还需要严格遵守上述法律法规的规定，确保企业知识产权管理制度体系不会因为违反相关法律的规定而导致无效。❶

2. 符合知识产权管理的自身规律

知识产权具有排他性、易"复制"的特点，区别于其他财产，具有其自身特有的属性和特点，知识产权在生产开发、交易过程中较为独特，如其价值在评估时手段单

---

❶ 晁雨. 高新技术企业知识产权管理制度体系构建研究 [D]. 镇江：江苏科技大学，2016：31.

一,缺乏可参考标的,所以企业在制定知识产权管理制度时应该充分考虑知识产权的特征,制定行之有效的知识产权管理制度。

3. 符合国际惯例、技术标准和共同准则

一方面,当今世界,经济全球化潮流势不可挡,全球范围内的生产、贸易等要素交相流动,企业要融入全球经济圈,势必要具有同国际通常做法和标准一致的知识产权管理制度。另一方面,我国的知识产权制度起步较晚,较发达国家知识产权管理水平尚有距离,借鉴吸收国际经验也非常重要。

4. 立足于企业自身发展特点

不同企业的发展要素各有侧重,知识产权侧重点同样有所不同,贸易企业可能侧重于商标权和版权,高新技术企业侧重于专利权。此外,不同企业发展阶段各异,发展成熟的企业可能对于知识产权的交易、维护更加侧重,发展初期的企业可能对于知识产权合作开发更加侧重。因此,企业应该根据自身特点,制定符合自身发展特征的合理且行之有效的知识产权管理制度。

(四) 路径

1. 形成知识产权制度文化

制度文化对制度的建立和执行至关重要,企业知识产权制度文化具体是指企业内部对于知识产权相关领域知识充分了解,形成知识产权意识浓厚的氛围,企业成员养成良好的知识产权保护意识。企业在发展过程中要注重提高企业全体成员对知识产权重要性的认知,定期举行知识产权培训活动。另外,企业应将知识产权与日常生产经营活动紧密联系,将知识产权管理贯穿于技术创新、发明创造和生产经营的各个环节和流程中。不断提升技术创新的硬件实力和软件实力,加大创新投资力度。

2. 与企业其他制度有效衔接

企业知识产权管理制度作为企业管理制度的有机组成部分,与其他管理制度是互为发展的关系。知识产权管理涉及企业生产经营的方方面面,因此,此项制度的建立不应是独立和片面的,知识产权管理制度的制定应该考虑知识产权管理部门同企业其他部门的协调关系和职能交叉因素。知识产权管理制度应该在企业管理制度的总体原则和基础上,根据现有制度框架建立起来,知识产权管理制度应充分利用现有制度的成熟体系,使得新建立起来的知识产权管理制度具备可执行性和易操作性。

3. 建立健全知识产权管理部门

企业应当结合实际,设立负责知识产权管理事务的专门部门,或者在其他部门中设置专门岗位人员负责对企业知识产权进行管理。知识产权管理部门是执行知识产权管理制度的实体,负责具体执行知识产权工作,知识产权管理部门的具体工作职责包括但不限于知识产权的立项、审批、申请、登记、档案管理、缴费、转让、处理纠纷、

4. 保持制度的动态优化和调整

任何制度都要根据实际需要和企业自身发展进程做出动态调整，知识产权管理制度同样如此。企业应当及时关注国家知识产权领域法律法规的更新和修订，对自身知识产权管理制度做出必要的修正；企业也应当掌握市场前沿的知识产权管理模式，确保现行知识产权管理制度高效合理并符合行业统一标准和特点；企业根据自身的发展进程和总体管理制度变化，应该对知识产权管理制度及时做出优化调整，以确保知识产权管理制度符合企业发展阶段。

三、案例分析

【案例 3-3】 山东某集装箱企业的知识产权激励制度[1]

山东某公司成立于 2004 年 12 月，是一家专业生产冷藏、特种集装箱及活动房屋的中外合资企业，是我国集装箱行业的龙头企业。该公司现有职工 386 人，其中，研发人员 80 人、知识产权专职人员 10 人，兼职人员 5 人。公司拥有热工实验室、力学实验室和化工实验室各一个。

随着该公司的不断发展，为加快公司科技创新的步伐，应对市场产品和技术更新迭代快的情况，从 2015 年开始，公司制定了《××公司科技进步奖励办法》等一系列管理举措和办法，开始重视知识产权激励对技术创新的影响。该公司学习和总结了国外知名企业的激励制度，建立起了适合本公司情况的知识产权激励制度，主要有以下几个方面的内容：一是建立起员工创新、创造奖励机制。该公司参考 IBM 的累计积分制奖励办法，对在工作岗位中进行专利申请或发表论文的员工予以积分奖励，设立了科技进步奖、技术发明奖、总裁奖等奖项，对达到一定积分的员工授予相应的奖项并给予现金或带薪休假奖励。二是择优遴选推荐优秀科研人员赴国内外先进企业和培训基地进行学习、研修等，开展技能培训、职业培训。

但是目前该公司尚未出台针对知识产权专职人员的激励制度，导致公司知识产权运营效率不高、知识产权转化慢。但是该公司已经开始意识到这个问题，未来将研究制定有效促进知识产权运用的激励制度。

---

[1] 庄俊彦. HS 企业知识产权管理的改进研究 [D]. 扬州：扬州大学，2017：30-32.

专业技能篇

第四章　企业专利管理
第五章　企业商标管理
第六章　企业著作权管理
第七章　企业商业秘密管理
第八章　企业域名管理

第四章 企业专利管理

CHAPTER 4

企业专利管理的前提是该企业有专利、专利申请或专利申请的计划。不同行业内的企业，其专利情况差别较大，如文化创意产业中的许多企业（如广告公司），由于不需要生产具体的有形产品，因而很少有专利申请。同一企业在不同发展阶段，其专利情况差别也很大，如小米公司在创业前几年，基本没有专利布局，但在近几年，其专利出现了爆发式增长。综上可知，并非所有企业都需要进行专利管理。本章所介绍的企业专利管理，是针对确有专利需要进行管理的企业。

第一节 专利管理的特点

【知识点】

专利信息具有丰富性、全面性、规范性的特点。专利管理工作具有协调复杂、不受重视和见效缓慢的特点。专利管理者应该是复合型人才，要能认清企业专利形势，明确本部门在企业中的作用，同时还要不断提升专业能力。

【概念解释】

专利信息：以专利文献作为主要内容或以专利文献为依据，经分解、加工、标引、统计、分析、整合和转化等信息化处理手段处理而形成的与专利有关的各种信息。

专利的生命周期：从专利产生前的立项研发到专利权终止的整个过程。

【知识内容】

管理的客体包括人、财、物三个方面，企业专利管理的客体无疑是与专利（包括专利申请，下同）相关的人、财、物。"人"包括研发人员、外协人员（如专利代理师、专利分析师）和专利管理队伍中的成员等；"财"包括专利购买、维持、诉讼、奖励等各方面的财务事宜；"物"主要是指专利，延伸开来还包括与专利相关的产品。

一、专利信息的特点

专利管理的一大类客体是专利信息。专利信息是指以专利文献作为主要内容或以专利文献为依据，经分解、加工、标引、统计、分析、整合和转化等信息化手段处理而形成的与专利有关的各种信息❶。专利信息与其他知识产权信息有所不同，具有如下特点：

（1）丰富性。业内普遍认为，专利信息包含技术信息、法律信息、商业和经济信息。专利能为拥有者带来利益，属于无形资产，有转让、许可、质押融资等多种变现途径，因而其具有商业经济属性。专利的法律信息主要包括权利归属、权利范围、权利时效等信息，基本都能从其著录项目和权利要求书中获知。专利的技术信息主要记载于其说明书和权利要求书中，摘要是其技术信息的简单概括。可见，专利信息的内容很丰富，同样属于知识产权信息，商标、著作权、域名等就没有上述丰富的信息内涵。

（2）全面性。从时间维度来看，世界专利制度已运行300多年，这段时间也是人类科学技术发展最快的时期，欧洲专利局的报告曾指出，世界上97%的科学技术在专利文献中有记载，因此从时间上来看，专利文献记载的技术是全面的。从空间维度和技术领域来看，全世界专利数量已达1.3亿条，增长速度飞快，其内容涵盖化学、机械、电学等各个技术领域，从最基础的螺钉制造到尖端的石墨烯电池技术都有覆盖。因此，专利文献所覆盖的科技信息非常全面。

（3）规范性。世界各国（地区）的发明专利信息遵循基本的记载方式，包括著录项目信息、摘要、权利要求、说明书等。这种记载方式利用同一规则将全球专利信息纳入一个数据库中进行信息管理。基本上世界各国都要求权利要求是清楚的，本领域技术人员能够准确理解其含义并结合说明书实施该技术。这就与科技期刊文献中对实验过程的描述有一定区别，后者的实验描述往往很粗略，一般人很难按其描述精确地重复实验。此外，专利信息的规范性还体现在它有独特的分类体系，包括全球通用的国际专利分类体系IPC和其他各国（地区）的分类体系，如美国的UC分类体系、欧洲专利局的EC分类体系，以及日本的FT和FI分类体系。标准化的专利分类体系，为专利文献的查找和归类分析提供了有效的抓手。这些分类号，在专利的检索和分析实践中，发挥了巨大的作用。

二、专利管理工作的特点

专利信息的特点，决定了专利管理工作不同于单纯的管人、管事或管钱。专利管

---

❶ 胡佐超，余平. 企业专利管理 [M]. 北京：北京理工大学出版社，2008.

理涉及的内容包括人事、研发、法务、财务等多个企业组成部门的事务。具体而言，专利管理工作有以下特点：

（1）协调复杂。专利管理工作需要人事、研发、法务、财务等多个部门参与，协调起来较为复杂。由于各部门人员职能和知识结构不同，导致沟通协调较为困难。专利管理者的工作需要人力部门对人员安排和薪酬奖惩体系等方面的支持，需要研发部门对专利挖掘和生产的重视，需要法务部门对专利诉讼的支持，需要财务部门对专利资产管理的支持。协调任何一个部门都不容易，协调多个部门则需要更多的智慧。

（2）不受重视。企业生存的核心是发展，发展的基础是经济收入，能直接为企业带来经济收入的是生产和销售部门，其他部门总体来说都是起辅助作用，所谓经济基础决定上层建筑，没有最基础的生产销售，哪来的研发创新，没有研发创新，又哪来的对知识产权的重视？因而在传统的企业家观点中，专利管理并不被重视。但是，随着专利制度的普及以及世界贸易格局的变化，近年来专利越来越受到重视。以至于有一些专利管理者认为，应树立"专利第一"的观念。笔者认为，专利在企业中的客观地位决定了其不可能处于"第一"。效益可以第一，客户可以第一，现金流可以第一，但"专利第一"有可能会产生"皮之不存，毛将焉附"的问题。专利应该适度被重视，特别是市场规模达到一定程度的科技型企业，专利管理尤其重要。

（3）见效缓慢。专利管理非一日之功，不少企业在遭遇专利侵权诉讼时才意识到专利的重要性，但此时应诉会发现企业专利管理欠账太多，以至于无从应对。专利管理更像是"长征"，因为专利申请审批周期较长（2018年我国发明专利的审查周期约为22个月），再加之前期的技术研发和后期的专利维持更新，整个专利管理的周期可能需要二三十年。因此，既然要做专利管理，就必须要站在企业全局的位置上进行统筹，放眼专利生命全周期进行考虑。

三、对专利管理者的要求

由于专利信息的上述特点，要求专利管理者要懂技术、懂法律、懂经济，是典型的复合型人才。在我国的专利相关实践中，这种需求不断被证明，如专利代理师，通常既要有理工科知识背景，又要懂得知识产权相关法律；专利分析师，除了具备以上素质外，还要了解相关产业的商业和经济信息，至少要具备获取和处理这类信息的能力；审理专利纠纷的法官，由于具有理工科背景的法官实在太少，我国许多法院的知识产权法庭采取了技术调查官制度，即引入懂技术的专业人员来辅助司法活动。

企业专利管理者控制着专利生产的源头，一旦专利管理者能力不足，则会导致专利质量低下、防御和进攻作用不足，最终使专利成为企业的负资产。具体而言，企业专利管理对管理者的要求有以下几个方面：

（1）认清形势。认清形势是指企业专利管理者要明确企业发展的阶段和企业是否属于专利密集领域。如生产原研药的企业，全公司所有人都重视专利也不为过，在专利方面要舍得投入人力和经费。但对于日用陶瓷企业，其技术历史悠久，迭代缓慢，在专利上进行过分投入就不见得是好事。此外，还要从战略高度把握行业未来的发展趋势，即该技术是处于增长期还是下降期抑或是进入平稳期。只有认清形势，才能找到正确的管理目标和道路。

（2）摆正位置。摆正位置要求企业专利管理者要明确本部门的作用。首先，专利管理者要为企业整体战略服务，做企业管理的根本目的是帮助企业提升综合竞争力，推动企业创新发展。其次，专利管理者要为企业的创新研发人员服务，辅助研发部门生产高质量专利，激发研发人员的积极性等；再次，专利管理者要为企业的销售者服务，从营销角度，让专利为产品增值；最后，专利管理者要为法务人员服务，让企业的专利成为法务部门有力的进攻之矛、防守之盾。

（3）增强本领。如前文所述，专利信息特点明显，专利管理内容复杂，这就要求专利管理者善于学习，不断增强自身本领。一方面，要善于读书，掌握专利相关的金融知识、经济知识、法律知识、数据统计分析知识，还要了解相关的技术路线和技术发展趋势；另一方面，要勇于实践，读万卷书不如行万里路，知识产权是实践倒逼出的一种制度，因而要与人交流、积极实践，提升专利管理实战能力。

第二节　专利管理的组织

【知识点】

专利管理需要有高管的领导和协调，设置专岗专人进行管理。企业专利管理者应该是复合人才。专利管理要沿着"纵、横"两个维度进行，"纵"要沿着专利生命周期，"横"要与政策相符合，与企业各部门协调配合。

【概念解释】

专利的生命周期：专利从产生到终止的过程，主要包括四个阶段，即专利的产生、专利的维持和运用、专利的更新升级以及专利失效或者被无效。

专利管理的纵向体系：贯穿专利全生命周期的研发创造、维持运营、更新升级和失效处理全过程的纵向轴线。

专利管理的横向体系：宏观上，要与国家政策、企业战略相协调；微观上，要与企业的科技研发、市场销售、人力、财务、法务等部门联合推进，形成跨部门协作机制，促进企业创新发展。

【知识内容】

一、高管负责，专岗管理

企业的专利管理，与其他知识产权不同，其技术性强等特点使其很难与一般法律事务画上等号。很多企业的商标事务可以合并在法务部门管理，但专利很难由法务部门管理。如IBM公司，其知识产权部门就分为法务部和专利部两个部门，可见专利管理的特殊性。

首先，专利管理需由高管负责。这里的"负责"是指承担领导责任，并非直接从事具体的管理工作。如前文所述，专利管理协调复杂，与人力、法务、财务、研发等部门均有业务往来，因而作为专利管理者，应具有跨部门协调的能力。其次，专利管理并非直接带来收益的业务，也不是单纯的研发投入，因而通常意义上的业务部门无法简单决定专利管理部门的收支预算，必须由高一级的管理者来决策。另外，对于一些科技型企业，专利战略能直接影响企业生死存亡，因而从重要性角度考虑，专利管理应由高管负责。高管既可以是董事会或专利委员会之类的决策集体，也可以是CEO、CTO等高管团队成员，其核心是赋予专利管理者决策权和跨部门协调权。

企业专利管理，不宜由法务或商标等部门代管，而应设专岗专人。由于专利管理事务繁多，专业化程度高，因而必须设立专门的专利管理岗位甚至是专门的专利管理部门。专利管理岗位可以设在知识产权部门，也可以设在法务部门。国外的一些大型制造企业，知识产权管理部门通常直属于公司总部，对经营决策和技术研发起重要支撑作用。如IBM公司设有知识产权管理总部[1]，负责处理所有与IBM公司有关的知识产权事务，包括专利管理。本田公司的知识产权部门也是独立的，而且设有超过6个下设部门，分别负责战略、品牌、商标、合同、专利、争议解决等事宜。

专利管理部门具体设多少个专利管理岗，要根据企业规模、专利数量等因素来综合考虑。对于专利较多、规模很大的企业，可以参考宝马公司的知识产权部门，其下属部门包括发动机、空调、电力通信、传动制动等知识产权部门，基本与生产部门相匹配。对于业务不是很复杂的企业，或者规模较小、专利数量较少的企业，可以适当减少专利管理人员配置，不可贪大求全。

二、复合型人才是管理主力

专利管理不是劳动密集型工种，不能简单走人多力量大的道路，而应走复合型人才的精英道路。根据社会发展规律，适当层级的社会分工，是最高效也是最经济的选择。对企业专利管理而言，专利申请撰写可由专利代理机构负责，专利诉讼事宜应由

---

[1] 周育忠，文毅. 大型企业专利管理研究现状及应用［J］. 中国高新技术企业，2013（33）：11-13.

法务部门或律师事务所完成，而专利的质押、转让等运营活动，也需要专业的知识产权运营服务机构协助完成。无论从效率、质量，还是经济成本方面来考虑，专业的事情找专业的机构，是性价比最高的选择。而企业专利的管理者，应该集中精力负责专利战略制定，并实施过程管理来确保专利战略的实现。

专利管理者应该负责制定好专利战略方向，并做好沟通协调工作。要制定研发和专利布局方向，必须了解技术和专利法律，知道哪个技术是未来的主流，要通过法律知识和代理机构的帮助，将技术化作可被保护的专利；要了解市场情况，才能了解专利是往生产国布局，还是往销售国布局。

因而专利管理者最好是复合型人才，要兼具技术背景和法律背景，再加上对产业和市场信息的了解，才能成为一个合格的企业专利管理者。

三、专利管理的纵横体系

如果把专利比作一个生命体，则其生命周期包括四个阶段：①专利的产生（研发、撰写、申请、审批和授权）；②专利的维持和运用（维持、许可、转让、质押、作价入股、证券化等）；③专利的更新升级（专利技术改进形成新专利、在核心专利周围布局外围专利等）；④专利失效或者被无效（保护期满或未缴纳年费失效，被宣告无效等）。

专利管理的纵向体系，是贯穿上述专利全生命周期的研发创造、维持运营、更新升级和失效处理全过程的纵向轴线。上述每一个阶段，都需要进行专利管理。从专利管理的角度来看，其开端应早于专利的产生，应该从专利分析导航、专利战略制定开始。有了全盘设计，绘好蓝图后，才能沿着专利战略目标，按部就班地实施每个管理过程。

纵向体系的关键是，专利生命周期中的每个过程都要进行管理，不能有遗漏或偏废。没有进行专利导航，那么制定的专利战略很可能造成方向性错误；没有好的专利创造过程管理，就难以形成高质量的专利，后续的运营也就如同釜底抽薪，没有了基础；没有好的专利维持和运营管理，则专利的价值就难以实现。

专利管理的横向体系，宏观上，要与国家政策、企业战略相协调；微观上，要与企业的科技研发、市场销售、人力、财务、法务等部门联合推进，形成跨部门协作机制，举全公司的力量，推进专利事业，促进企业发展。

横向体系的关键，是要培育重视专利的企业文化氛围，靠决策层的带领，以共同的文化和价值取向，带动全体成员一起做好专利的管理和运用。具体而言，专利管理部门要参与企业的各方面工作，从投资决策、研发立项到专利挖掘，从对手监控到市场竞争，从营销策划到市场布局，都离不开专利管理部门的参与。投资决策和研发过程中如果没有专利管理，会导致投资失败或研发重复。2005年贵州南方世华汇通微硬盘项目[1]的失败就是前车之鉴，由于项目涉及的关键专利在日立等国外企业手里，而政府投资立项时并未进行深入的调查，导致20亿元的投资白白浪费。对于竞争对手，如果没有专利监控，则很可能掉入侵权陷阱，或者错过技术布局时机。对于市场营销，专利已经越来越多地被用在广告宣传中，该环节如果没有专利管理，可能导致违反广告法或专利法，如小米公司2015年在其官网（www.mi.com）宣称小米4G手机边缘触控是已申请46项专利的"黑科技"，但彼时小米尚未取得专利证书，只有专利申请号。为此，2016年1月北京市工商行政管理局海淀分局以违反了《中华人民共和国广告法》第12条的规定，对其进行了罚款3万元的行政处罚。由此可见，企业其他部门不能嫌专利管理部门手伸得太长，管得太宽，而应该积极与专利部门配合，避免产生不必要的损失。

第三节　企业专利管理的方法和内容

【知识点】

专利管理的方法采用PDCA循环，也就是计划（Plan）、执行（Do）、检查（Check）和处理改进（Act）。专利的激励制度主要包括报酬激励、荣誉激励和升职激励等，报酬激励应符合相关法律法规，结合企业制度予以增加。专利分析导航是企业专利管理的基础，上述工作能明确企业专利定位，找出企业专利发展目标。企业专利管理主要包括：专利获取的管理、专利维持运用的管理、专利更新升级的管理以及专利纠纷的管理等。

【概念解释】

专利管理的目标：通过有效的管理手段，实现企业的专利战略。

企业专利战略的最高目标：通过专利战略的实施，提升企业的核心竞争力，取得市场竞争的有利地位。

专利分析：通过对特定领域专利信息的搜索、清洗、标引，并对其技术路线、申请人、权利人、申请时间、发明人、权利有效性等信息进行分析，并结合政策、市场信息辅助研判，得到企业专利管理所需要的情报结论。

专利导航：通过专利分析，明确企业在行业内所处的定位，找到企业的专利战略目标，并规划达成该目标的实现路径。

---

[1] 郑磊. 贵州微硬盘夭折的前因后果［J］. 新财经，2007（9）：82-84.

专利获取的管理：指企业专利管理者对于企业获取专利的过程进行管理。

基本专利：指独立的、不依附于其他专利的原始专利，是在后获得一系列专利发明的基本，或者说在后一系列专利都是在本专利的基础上的改进；是覆盖了创新技术成果的基本方案的最主要技术特征，为其提供最大保护范围的若干专利，能够发挥该技术成果最基础、最重要的保护和控制作用。

核心专利：指制造某个技术领域的某种产品必须使用的技术所对应的专利，很难通过规避设计手段绕开，是覆盖了创新技术成果和新方案的最主要技术特征，为基本专利提供细化支撑，并将其产品化的基础专利或优选方案的专利。

外围专利：涉及某个产品或某个方法的一套技术中，非基本技术和核心专利的其他专利。

【知识内容】

一、专利管理方法

国内外企业的专利管理模式多种多样，有通过集团直接管理的，有分专利类别进行管理的，也有各分公司或子公司或部门直接进行管理的。模式虽多，但其基本方法却万变不离其宗，那就是 PDCA 法[1]，即计划（Plan）、执行（Do）、检查（Check）和处理改进（Act）。这四个环节构成一个完整循环，能够随时纠正行为是否与计划相符合，且能通过处理改进环节进一步优化计划。有些企业会忽略其中的检查和处理改进环节，这会导致其行动和计划出现偏离，给企业带来损失。

PDCA 法，也是我国关于企业知识产权管理的国家标准《企业知识产权管理规范》（GB/T 29490—2013）所要求的方法。上述标准是由国家知识产权局起草制定，国家质量监督检验检疫总局、国家标准化管理委员会批准颁布的，是我国首部企业知识产权管理国家标准，于 2013 年 3 月 1 日起实施。在业内，通常把企业贯彻实施《企业知识产权管理规范》称为"贯标"，即贯彻国家标准，言简意赅。

在实际工作中，企业专利管理者的主要工作内容为：

计划：理解企业专利管理需求，制定专利方针和目标。

执行：在企业的业务环节（产品的立项、研究开发、采购、生产、销售和售后）中获取、维护、运用和保护专利。

检查：监控和评审专利管理效果。

处理改进：根据检查结果持续改进专利管理体系。

以上环节，要通过制定企业文件来实现，要通过文字把专利管理的各个程序记录

---

[1] 孙玥. PDCA 管理循环法在企业专利管理中的运用分析［J］. 商场现代化，2017（17）：92-93.

下来，并在企业相关部门和人员内进行传播和执行。

在具体的专利管理操作过程中，可以借助自动化的知识产权资产管理工具[1]。目前市面上的专利管理工具，可以实现专利管理的诸多功能，包括企业自有专利清单查看、统计以及专利评估评价，竞争对手专利监控，行业专利数据库的构建等。

二、专利管理的目标

专利管理的目标，对于不同发展阶段的企业，有所差异。据报道，80%~90%的创业公司会在3年内倒闭，对于这类初创公司，谈大而全的专利战略意义不大，其专利管理的目标，应该较为具体和实际。而对于较为成熟的企业，则应该放眼长远，通过制定专利战略来明确战略目标。本章主要着眼于成熟型企业的专利管理目标。

专利管理的目标，就是通过有效的管理手段，实现企业的专利战略。企业的专利战略，应该由企业的决策层通过，由全员共同完成。专利管理者在其中发挥关键作用——按照企业专利战略来组织实施、督促执行、评估绩效、总结改进。因而，企业的专利管理目标，应涉及上述各个管理工作的环节，为每个环节设置相应的目标。

企业专利战略的目标不是"为专利而专利"，而是将专利作为工具来为公司谋取更大的商业利益。企业专利战略的最高目标，就是通过专利战略的实施，提升企业的核心竞争力，取得市场竞争的有利地位。在实际工作中，专利战略有三种模式[2]：进攻型专利战略、防御型专利战略和攻防兼备型专利战略，企业要根据自身所处的市场竞争环境、研发水平和市场规模等因素来选择与企业相适应的专利战略模式。

【案例4-1】格力的专利战略

据统计[3]，2012年至2017年，格力累计申请专利32178项，是过去21年总和的6.7倍；注册的商标遍布全球两百多个国家，累计商标申请量超过1万件。2016年、2017年连续两年在国家知识产权局公布的中国发明专利排行榜中，格力的发明申请量、发明授权量均进入全国前十，稳居家电行业第一。

面对竞争激烈的家电行业，格力建立了知识产权战略，从而保证其行业领先地位。为推动知识产权战略的实施，格力建立了由董事长"挂帅"的知识产权战略体系，由董事长直接领导企业专利工作。通过搭建研发全生命周期的知识产权管理体系，在物料采购、产品研发、生产销售等各环节嵌入知识产权管理，实现了对自主创新技术的合法垄断及严密的风险管控。同时，格力还培养了高素质的知识产权人才队伍并搭建了企业知识产权管理系统平台，增强了格力的自主产权优势，以自主创新的核心科技

---

[1] 郭子景. 互联网背景下企业专利管理研究［J］. 管理观察，2019，715（8）：13-14.
[2] 胡佐超，余平. 企业专利管理［M］. 北京：北京理工大学出版社，2008.
[3] 2018空调行业概况｜格力篇，https://www.sohu.com/a/281547290_819609.

引领行业技术发展。

针对核心企业链，格力采取"三步走"战略，即"对上游企业作专利帮扶，对竞争对手实施专利许可，对下游企业作专利技术升级"的知识产权运营模式。

针对上游企业，格力优先从重点技术领域及诉讼多发领域两个维度，寻找核心供应商，为它们提供知识产权诊断、托管，并许可格力专利技术给供应商研发和使用。

针对竞争对手，格力首先调查其是否存在侵犯格力知识产权的行为。在掌握了竞争对手的侵权证据后，通过主动接洽，以发售专利许可的方式解决侵犯纠纷，必要的时候辅以诉讼和行政投诉的手段。

针对下游企业，格力主要针对大型企业级客户，通过转让专利技术的方式，提升它们的技术水平。

三、专利激励制度

关于专利的激励，包括报酬激励、荣誉激励和升职激励等。对企业而言，报酬激励是最直接高效的方式，而荣誉激励和升职激励，对于人员较多、历史较长的企业则比较适用。如日本的精工爱普生公司，就有较为完整的专利激励制度，主要包括专利申请奖、专利授权奖、授权专利实际业绩奖励、优秀发明表彰等7类，并成立了专门的裁定委员会来裁定奖励范围。升职激励一方面可以将专利作为员工的科技成果，在职称评审、职级晋升等常规员工晋升体系中作为考虑指标之一；另一方面，对于重大专利创新，可以破格对发明人进行升职，以鼓励高价值专利的创造。

对于报酬激励，我国《专利法》第16条规定：被授予专利权的单位应当对职务发明创造的发明人或者设计人给予奖励；发明创造专利实施后，根据其推广应用的范围和取得的经济效益，对发明人或者设计人给予合理的报酬。结合企业专利工作实际，笔者认为专利奖励有三个层次，从基础到高级依次为：

（1）专利申请、授权的奖励。这方面的奖励基础而且直观，对于迅速提升专利申请量，作用明显。专利管理者应视企业专利管理工作发展阶段来选择合适的奖励方式，如果企业的专利事业刚起步，则可以进行专利申请奖励，若企业的专利事业已经较为成熟，则应改为授权后再奖励。这种随着企业发展阶段采取渐进式奖励的好处，一是能够降低成本，二是能促进研发水平的提高，避免研发人员"躺"在舒适区，靠编造专利来领补贴。

（2）专利实施收益奖励。专利的本质属性是技术的法律化成果，通过专利能合法获得适度垄断某技术的权利。好的专利是先进技术的代表，通常会带来降低产品成本或提高产品效能的效果，这类专利可以称为高价值专利。实践中，并非所有专利都能达到此效果，通常说我国是专利大国但还未成为专利强国，就包含了专利质量不高之意。因而为了鼓励高价值专利的产生，起到正向激励作用，应该对能产生降低成本、提高效能作用的专利给予奖励。

在操作中，单位可以与发明人签订协议来约定专利实施后的发明人奖励方式和额度。如果没有约定，可参考《职务发明条例》对于发明人进行奖励。现行《职务发明条例》第22条规定，单位未与发明人约定也未在其依法制定的规章制度中规定职务发明的报酬的，单位实施知识产权后，应当向涉及的所有知识产权的全体发明人以下列方式之一支付报酬奖励：在知识产权有效期限内，每年从实施发明专利权的营业利润中提取不低于5%，或者每年从实施发明专利权的销售收入中提取不低于0.5%，参照前两项计算的数额，根据发明人个人工资的合理倍数确定每年应提取的报酬数额；参照前两项计算的数额的合理倍数，确定一次性给予发明人报酬的数额。

（3）专利运营成功奖励。通常而言，企业专利的最终目的，是要为企业获得利益。除由于专利排他而带来的产品销售利润外，专利也可以直接通过运营来获得收益，包括：专利许可、专利转让、作价投资、质押融资、侵权赔偿等。如果一件专利通过上述运营方式为企业带来了收益，则该专利必是高价值专利无疑。企业应通过对其进行奖励，来达到引导其他研发人员和专利工程师继续生产此类高价专利的目的。《职务发明条例》对于这类奖励的数额，有如下规定：单位未与发明人约定也未在其依法制定的规章制度中规定职务发明的报酬的，单位转让或者许可他人实施其知识产权后，应当从转让或者许可所得的净收入中提取不低于20%，作为报酬给予发明人。

上述三个层次的激励方式和奖励额度仅是参考。企业专利管理者应按照法律规定，考虑企业的发展阶段、企业专利事业的成熟程度、人员的积极性和收入情况等因素，综合制定激励办法，服务企业专利战略。

四、专利分析导航的管理

专利分析是通过对特定领域专利信息的搜索、清洗、标引，并对其技术路线、申请人、权利人、申请时间、发明人、权利有效性等信息进行分析，并结合政策、市场信息辅助研判，得到企业专利管理所需要的情报结论。专利分析是专利挖掘、布局、预警、导航的基本手段，需要了解专利文件中的技术信息、法律信息和经济信息，并对其进行综合的分析判断，是一项专业性较强的技能。

专利导航是借用了交通导航的概念来阐述专利事务。交通导航的目的是规划起点到终点的路径。专利导航是指通过专利分析，明确企业在行业内所处的定位，找到企业的专利战略目标，并规划达成该目标的实现路径。在国家专利行政部门层面，专利导航分为产业导航和企业导航两个层次，又称为宏观专利导航和微观专利导航。企业类专利导航为微观专利导航。进行专利导航需要完成大量工作，在导航完成后，企业的专利目标、布局方向、重点产品研发策略等规划就基本都明确了。可以说，专利导航是专利管理工作的基础。

2017年，山东理工大学毕玉遂教授研究团队的无氟氯聚氨酯发泡剂专利，以5亿元的价格授权给了一家国内企业，创下了我国专利许可费用的最高纪录。这项技术其实在2011年已经成熟，当时毕玉遂教授选择了技术秘密保护，这项技术的原料配比和方法只有他和他的儿子掌握。但在2013年国庆假期，他的实验室计算机硬盘全部被盗后，他意识到，技术秘密的保护存在风险，于是开始寻求专利的保护。2016年，国家知识产权局的专利微导航团队进驻山东理工大学，帮助毕玉遂教授对其专利进行专利导航和布局，并使其技术获得了专利保护。于是，就有了前文的天价专利转让项目。

专利导航专业性强，目前国内的多数企业不具备自己完成的能力，一般都需要专业的知识产权服务机构的辅助。企业专利导航的内容，不同的服务机构略有不同，但大致内容都是一致的。国家知识产权局于2016年出台了《企业运营类专利导航项目实施导则（暂行）》❶，该文件对企业专利导航项目的基本内涵、内容要点和实施操作进行了规定，是市场主体实施企业运营类专利导航项目的指导性文件。笔者认为，该文件对于企业导航的内容提供了极具参考性的指引。参考该导则，企业专利导航要进行企业发展现状分析，摸清楚产业的政策、市场和需求等环境情况，同时分析出企业的运行和创新水平，最后找出企业的重点产品。通过重点产品的专利导航，明确产品现状，并通过分析产品相关基本专利、核心专利分布格局，及其对于企业产品开发形成的潜在风险或直接威胁，综合给出企业开发重点产品应该采取的策略和路径。在对重点产品专利导航分析的基础上，结合企业发展的现状，给出企业重点产品的开发策略。该模块将专利的布局、储备和运营等环节融入产品开发的全过程中，提高重点产品的创新效率和运营效益。

企业的专利管理者，在进行专利分析导航的管理时，要做到以下几点：

（1）签订项目合同，要明确项目涉及的资金规模、数据规模、成果物内容要求和工作时限。通常而言，要分析的数据量越大，涉及的产品或者技术分支越多，那么项目所需资金和时间就越多，形成的导航报告就越丰富。但并不是数据多、报告丰富就好，关键要看必要信息是否分析到位，分析报告对企业战略的用途多大。

（2）做好时间节点管理。专利导航涉及几个不同的阶段，包括环境调研、专利搜索、专利信息处理、信息分析和报告撰写。其中，环境调研时间约需要一周，主要将产业和企业的经济、政策等环境情况摸清楚。专利搜索时间也较短，一周以内也能完成，关键是明确专利搜索的界限，这和项目规模的大小有关，这个过程要与项目执行方进行密切沟通。专利信息处理所需时间较长，需要对数据进行清洗、筛选、标引，而智能工具由于功能所限，目前的可靠度还不高，因此需要较多的人力完成，视数据量需要一周到几周不等。数据处理完成后，要对数据进行统计分析，并撰写报告，这两个环节互有交叉，通常是先做统计分析，后撰写报告，但在撰写报告进入深入阶段时，可能需要统计另一个指标，或者就某个统计异常现象查找原因，这时就需要再对

---

❶ 国家知识产权局. 关于推广实施企业运营类专利导航项目的通知［EB/OL］. http://www.sipo.gov.cn/gztz/1099135.htm.

数据进行补充统计分析。撰写报告还应结合经济数据、商业信息等，对图表进行加工美化，做好导航报告可视化，因而需要数周时间。

（3）适度参与具体内容。企业专利管理者在做导航项目管理时，不宜做"甩手掌柜"，任何好的管理者，对于任务的具体内容应该有适度的了解，否则脱离工作实际，难以做好管理。具体而言，企业专利管理者应该在做技术分解时，确认技术分支，在做标引前期，与项目组成员一起确定标引标准，解决标引规则中存在的不准确的问题。在数据分析和报告撰写过程中，要对初稿进行把关，看分析的指标是否是企业最需要的，视情况进行补充分析或修改。

（4）做好项目质量把控。专利导航项目，应做好全流程的质量把控，在环境调研阶段，要从国家、地方、产业等不同层面，注意把握调研是否完善，与企业的相关度是否合适；在检索阶段，要避免错检、漏检，确定检索式中的检索要素是否合适，漏检率是否在允许范围内；在数据分析和报告撰写阶段，要密切围绕企业需求和项目目标，避免出现想要的信息未得到深入分析的问题。

（5）做好项目成果的利用。企业专利导航报告，大的方面可以服务于企业的发展战略，小的方面可以指导具体产品的研发，甚至可以指导企业进行人才引进。好的导航报告，包含了政策、市场、技术、人才和法律等各方面的信息，专利管理者一定要深挖其中的有用信息，发挥其最大的作用。

五、专利获取的管理

专利获取的管理，是企业专利管理者对于企业获取专利的过程进行管理。企业专利来源，主要有两个途径：一是通过自主研发、委托研发或联合研发，得到新的技术，进而申请专利；二是通过专利购买和许可等方式获得专利或者其使用权。不同方式其专利管理的内容也有所不同，下面分别进行介绍。

第一种方式可以称为专利的创造，是指从技术成果到申请专利，再到专利授权的过程。在产生研发成果到专利申请审查结束之前，企业专利管理者要进行跟踪管理，这是专利管理工作任务较为繁重的一个环节，主要包括以下几个过程：选择代理机构、对技术交底书把关、选择申请时机、明确专利布局方向和区域等。

代理机构的选择。多数企业的专利管理部门，并不负责专利申请文件的撰写，而是委托专利代理机构。因而选择正确的代理机构，就是专利管理者首先面临的问题。选择代理机构不能简单以价格来选，而应该综合考虑。首先，应选择具有资质的专利代理机构，可以进入国家知识产权局网站首页的"专利审批流程"链接中，找到"专利代理管理系统"，查询相应的代理机构，如果未能在官网查到则可能就遇到了"黑代理"。除上述基本条件外，选择代理机构还有以下几点要考虑：

（1）应寻找擅长相关技术领域的代理所，一般代理所都有擅长的专业领域，可以在国家知识产权局的专利代理管理系统中，查询到代理机构代理师的基本信息，考察代理所从事该技术领域的代理师团队实力如何，包括人数、具体专业领域等。

（2）寻找水平较高的代理师，可以通过各种专利信息检索系统，以代理师姓名查找某代理师的代理案件，通过考察其以往的代理案件，来确定其水平。如果代理师水平较高，那么专利撰写和答复的质量会较高。

（3）查询国家知识产权局或地方知识产权局关于专利代理机构的批评或惩戒通报文件，考察该代理所是否有被政府部门进行通报批评或惩戒，并非受到惩戒的代理所不能选择，但这类信息必须在先获取到并纳入考虑，避免后续再出现负面影响。

确定了代理机构后，企业专利管理者还要督促研发部门提交技术交底书并进行把关，确定专利布局策略，委托代理机构进行申请文本撰写，配合提交专利申请手续，参加审查意见答复，直到专利审查完成。通常，要协调研发部门撰写技术交底书，要判断该技术在企业战略中的地位，并通过一定的决策程序，如专利委员会或者经过公司高管审批，明确该技术以何种方式布局，包括确定专利申请的时机、专利布局的国家和地区以及是否要申请优先权，是否要布局系列专利。

在研发获取专利的过程中，要特别注意拟定委托研发和联合研发合同时，对于知识产权权属的约定条款。在合同中，要把知识产权的所有权和使用权规定清楚，如果涉及使用权，则应该把许可方式、收益分配等相关问题亦付诸文本，避免将来产生纠纷。

第二种专利获取的方式是专利引进，即通过购买和许可获取专利。在对此类专利获取方式进行管理时，可以遵循以下的步骤：首先，要进行专利和科技文献检索，看是否有目标专利的替代技术，如果能得到替代方案，则目标专利的价格或许可费会大打折扣；其次，要取得其他部门的支持，对目标专利做好充分的调查。要与研发和生产部门联合，对目标专利的技术价值进行调查，考查专利技术的创新性是否较高，这决定了其可能为产品带来的溢价，是否需要其他技术协同辅助，这决定了其实施的成本；与法务部门联合或委托检索咨询机构，对目标专利的法律稳定性进行检索分析，避免目标专利被无效；与市场部门联合或与咨询机构合作，了解同类专利的交易或许可费用，避免价格歧视。此外，如果涉及行业整体的专利许可，企业要取得行业协会或者联盟的支持，避免不合理的许可费用。

六、专利维持运营的管理

维持的专利权和已经提交的专利申请的管理，直接关乎专利管理绩效的优劣。这些专利（申请）管理，要视为知识产权资产来加以管理。资产管理离不开对其的估值，虽然对专利的估值很难定出准确价值，但可以采用分级分类的方式。通过建立企业的专利分级分类模型，对专利进行归类，对于不同级别和不同类别的专利，采取不同的处理方式。建立专利分级分类模型要考虑的因素包括但不限于：①专利与产品的关系，二者是否对应，对应的产品是否重要；②专利是否获奖或者为企业带来荣誉；③专利是否为与对手谈判竞争的筹码,若是,其相关程度如何;④专利是否具有同族专利,是否在多国布局,授权国有几个;⑤专利是基本专利、核心专利还是外围专利;⑥专利是颠覆性创新还是微小改进型专利;⑦专利是否需要其他技术配合,是否需要获得其他专利许可才能实施。以上因素在构建模型时会有先后顺序,管理者要根据企业专利状况结合管理需要制定合适的模型。

对于不重要的专利,可以考虑放弃维持,或者与基本专利、核心专利一起打包进行运营,专利打包运营可以为外围专利获得更高的估值。对于重要级别较高的专利,可以采取诉讼、许可的运营方式,从市场上获取更大的收益。

专利运营的方式还与企业发展状况密切相关,如果企业处于亏损期,又难以获得融资,则应考虑以核心专利或其组合进行质押融资或证券化融资的运营方式,也可以考虑出售专利,或者将专利与其他资产打包出售。这其中的关键,就是专利的价值评估。通常认为,专利价值评估有市场法、成本法和收益法[1],后两种方法比较固定,基本能得出相对稳定的专利价值,市场法则是参考同类型专利的市场交易价格来对目标专利定价。笔者认为,市场法在国内还难以操作,一方面,专利交易数量少,且很多涉及商业秘密,专利价格并不会公开;另一方面,相同领域的专利价值差别也很大,同样的专利在不同的所有人手中其价值也不相同。因而笔者认为,市场法的精髓在于交易双方根据双方发展状况、产业背景、市场规模等方式,进行谈判后得出专利的价值。

另外,出于急于变现的目的,或者对未来产品生态建设的考虑,也可以将专利以有偿或无偿的方式进行许可。例如,特斯拉和丰田就先后宣布开放其新能源汽车相关专利[2],就是考虑到新能源汽车产业的完整生态和未来其技术在市场上的占有率,通过免费许可专利来推广其技术标准,逐步培育市场,等到市场份额达到一定规模后,再通过收取许可费或者通过其对产业链上游的掌控取得垄断收益。

【案例4-2】丰田开放混动汽车专利的背后原因

在混动汽车领域,丰田可谓一枝独秀,从民间流传的这句"世界上有两种混动,一种是丰田,另一种是其他"里可以看出丰田混动技术的领先地位。从1997年发售了第一代混合动力汽车普锐斯起,丰田将混动技术引用到轿车、休旅车等多种车型中,目前该系统已经发展到第四代,包括卡罗拉双擎、凯美瑞、雷克萨斯旗下产品都有配备,出色的燃油经济性以及可靠性深受消费者好评。据统计,丰田混合动力汽车全球累计销量已经突破1300万辆,这是任何一家厂商都羡慕不已的成果,从市场规模来看,丰田在混合动力领域占有绝对性的优势。

---

[1] 刘伍堂. 专利资产评估 [M]. 北京:知识产权出版社,2011.
[2] 特斯拉为何开放全部专利?借他人之手培养市场 [EB/OL]. http://it.sohu.com/20140613/n400800298.shtml.

按照一般的专利管理思路，丰田守着自己的混动技术，坐收专利许可费即可。但谁也没想到的是，2019年4月初，丰田发布公告，宣布开放混合动力车等电动车相关技术的23740项专利，在2030年之前其他厂商使用都完全免费，除了开放专利，丰田还将提供收费的技术支援服务❶。在这些开放的技术专利中包括了许多核心技术，如电动马达、电源控制元件、系统控制功能等，这些技术都已成熟，且已经大批量地应用在丰田旗下多款车型中，而这些核心技术也适用于插电式混合动力车型以及燃料电池汽车。

其实，这已经不是丰田第一次这样大手笔地开放专利了。在2015年，丰田宣布开放燃料电池技术专利的使用权，总计5680项。全球范围内的汽车厂商及零部件供应商都可免费使用丰田相关技术，时间截至2020年。

从专利管理的角度来看，丰田开放专利背后的原因没那么简单。

1. 以技术换市场

众所周知，中国是全球最大的新能源汽车市场，能成为"最大"，背后离不开政策推动。中国新能源汽车产业在补贴政策的推动下，产量从2012年的1.1万辆迅速增长至2018年的125.6万辆。但是能享受补贴政策的新能源车型只有增程式车型、插电混合动力车型、纯电动车型。显然，丰田的油电混动却不在补贴政策范围内。这意味着，丰田的混动技术想在中国市场迅速推广，还存在巨大的阻力。

从技术上来看，与纯电动汽车相比，混动车型具有明显的优势，不需要专门的充电接口，不存在里程焦虑，同时，油耗大幅下降，用车成本明显下降。但是，混动技术门槛过高。丰田油电混动，最核心的地方在于单排行星齿轮结构，在这方面丰田布置了大量的专利围栏，因此在相当长一段时间内丰田混动是一家独大的，其他公司在短时间内无法绕过丰田技术路线开发更加合适的油电混动技术路线。很多车企未选择油电混动作为主要发展方向就是因为技术过于复杂，进而选择纯电动汽车路线，而油电混合动力成为丰田的专属"戏份"。

专利保护太强也不一定是好事，导致别人无法进入混动领域。同时，受制于政策影响，丰田想要从未来的新能源汽车市场分一杯羹，就需要推广其混动技术，让政府和市场认可混动技术。而做推广，当然少不了前期的巨额投入，对丰田而言，最好的"投入"，无疑是开放其相关专利，让市场都来使用其混动技术。

我们可以看到，政策推动下的纯电动车过快的发展速度，并没有带来很好的市场口碑。在充电配套设施方面，虽然充电桩数量得到提升，但是"有车无桩"的现象较为普遍，充电桩分配不合理；在电池寿命方面，衰减过快，续航里程不及预期，更换动力电池价格过于昂贵，消费者选择具有恐惧；在二手车保值率方面，新能源

---

❶ 深评 | 20余年技术专利无偿开放，真以为掉馅饼？别把丰田当傻子！[EB/OL]. https://baijiahao.baidu.com/s?id=1630235201934164928&wfr=spider&for=pc.

汽车普遍大幅低于燃油车保值率。从用户体验上来看，纯电动汽车依然属于未完全成熟技术。

因此，混动汽车的存在，有着很强的合理性。只要政策放开，混动汽车应该能获得蓬勃发展。

2. 抢占混动汽车发展窗口期

按照新能源汽车的发展趋势，油电混动是过渡方案，是燃油汽车发展到一定阶段必然会出现的过程，对改善车辆燃油经济性有明显的效果。但最终的方案，应该是纯电动汽车，一旦动力电池核心技术得到突破，纯电动的优势显得更大，届时油电混动优势将荡然无存。所以，留给混动的窗口期并不长，丰田研发20年积累的混动技术，一旦没有在市场上得到大规模使用，可能会导致其研发投入"竹篮打水一场空"。

事实上，2019年我国新能源汽车补贴政策已作调整——国家补贴大幅退坡，地方补贴完全取消。在补贴退坡后，我国的新能源汽车（纯电动、插混、增程式）在价格上优势并不大，比如丰田卡罗拉双擎售价为13.78万~16.78万元，卡罗拉双擎E+补贴后售价为18.98万~21.98万元，在同级别纯电动车型中价格优势明显。

因此，这段时间是丰田混动技术快速扩张市场的宝贵"窗口期"。选择在这个时候开放混动技术专利，丰田想借此扩大油电混动领域，让更多的汽车制造商及零部件厂商利用，纯电动汽车补贴退坡、市场体验劣势充分展现混动之利。在消费者接受度提升、市场保有量上升后，油电混动将有机会真正站稳脚跟，成为纯电动汽车普及之前的主流技术。

3. 竞争态势所迫

在汽车领域开放专利，除了丰田，还有两大巨头：一是特斯拉，二是大众。

美国特斯拉在2014年宣布开放其纯电动汽车技术。特斯拉允许其他公司使用特斯拉的专利，掀起汽车行业的"开放源代码运动"，和丰田开放技术专利不同的是，使用特斯拉专利不需要申请，就可以使用其专利技术。

德国大众2019年年初宣布，向其他车企授权开放其纯电动汽车模块化平台MEB。大众研发此平台，前后投入超过50亿欧元，虽然是有偿开放，但应该会有自身实力较差的厂商使用，毕竟采用MEB平台的企业在相关领域的研发费用和精力可以大幅降低。

一个开放技术，另一个开放平台，纯电动新能源技术得到充分"共享"，丰田的过渡技术——油电混合动力，受到了竞争对手的强烈排挤。假如此时丰田还捂着不放，必将失去新能源汽车技术的竞争高地。

除了纯电动技术，其实在混动领域，已有不少车企在加速追赶，这对于丰田而言，自然也是一种威胁。比如本田的i-MMD混动系统，采用"发动机带发电机发电+发动机直驱"的技术路线；通用、宝马、奔驰联合开发"双模混动系统"，采用多行星齿轮规避丰田相关专利；另外，国内的比亚迪、上汽集团也成功开发了自己的混动系统，虽然在节能效果上与丰田存在差距，但是在性能上基本向丰田看齐。丰田如果还故步自封，其多年的技术积累将只能束之高阁，难以发挥最大作用。

4. 专利到期，主动放开赢口碑

丰田最早的混动专利在1997年就已申请，如THS混合动力系统的核心技术，鉴于专利的保护期限为20年，该核心专利已经到期，同时，许多相关专利也已经相继到期，专利到期就意味着其他厂商可以免费使用这些到期专利。与其因为过期被别人拿去用还不如自己主动开放使用，这样也能落下一个好口碑。

总而言之，20余年的苦心研发，丰田不能允许其混动技术还没真正大规模发挥市场作用就要被新技术淘汰。因此，丰田选择在纯电动汽车核心技术得到突破之前，开放专利以换取市场，一方面发挥其混动优势，将其研发积累换为经济回报，另一方面为其纯电动技术研发争取时间。所以说，丰田开放专利，是基于深思熟虑的战略考量，是专利管理的典型。但该案例也提醒我们，专利保护要有个合适的度，不能因强保护而限制了市场的发展，避免发生由于专利技术壁垒过高而使竞争技术实现弯道超车。

七、专利更新升级的管理

专利的更新升级，分为两个层次，一是在已有专利的基础上进行改进，并申请专利；二是研发出新的升级替代技术，以新的专利取代旧的专利。

专利管理者要对专利升级更新进行管理，需要与研发部门和市场部门深入沟通，明确未来的重点产品及其市场需求，同时还要进行专利检索，对竞争对手的专利布局进行分析，然后综合以上信息，再决定采取哪种方式对现有专利进行更新升级。

例如美国辉瑞公司对其药物万艾可的专利管理，就很有策略性。该公司于1994年申请了万艾可的基础的化合物专利，之后几年，又陆续申请了一系列外围专利，包括该化合物的药物剂型、化合物的组合物专利、化合物的制备专利、化合物中间体的制备专利等。正是通过这些后续的专利，使得万艾可的基础专利在2014年失效后，还可以通过其他更新升级的专利，维持其市场垄断地位直到2020年。

专利更新升级的具体过程，就又回到了专利获取的管理方式了，可以参考本节"五、专利获取的管理"的内容，此处不再赘述。

【案例4-3】"伟哥"专利到期前后的专利管理

医药行业与一般的技术性行业不同，主要体现在两个方面：一是新药研发和上市周期长；二是药品专利保护集中，可以用较少的专利取得巨大的垄断利益。所以，医药企业总是想方设法延长专利保护周期，以延长其市场垄断时间。世界著名的医药巨头辉瑞公司，就有一款火爆全球的专利药，在专利到期后依然享有垄断的地位。这个药就是俗称"伟哥"的万艾可。

1991年,辉瑞公司科研团队意外发现,用于治疗心脏病的以西地那非为主要成分的药物,在治疗男性勃起障碍症方面具有非常好的疗效,于是辉瑞在1994年申请了专利,在中国的专利申请号为CN94192386.X。按照《中华人民共和国专利法》的规定,该专利将于2014年5月到期。于是在2014年,诸多中国药企和销售商纷纷表示国产伟哥的春天来了。然而事实上,直到2019年,市面上的"伟哥"依然没有明显降价。这是为什么?

一方面是市场原因,辉瑞深耕中国市场多年,在国内消费者群体中建立起了良好的口碑,万艾可在中国市场非常火爆,2012年的销售额达10亿元。同时,国内药物受到"明胶胶囊"事件影响,消费者对国产药的品质和安全性有所怀疑,因而,消费者还是持续青睐品质更"好"的万艾可。

另一方面是辉瑞针对万艾可进行了全面的专利布局。虽然其单一化合物专利已经到期,但其他专利仍然可以为其提供保护。辉瑞作为制药企业的巨头,专门设置有专利法律部,并设有30多位专利律师[1]。辉瑞不会仅对其基础药物产品本身进行单一类型的保护,而是通过全方位对制备方法、药物衍生物、剂型等均申请专利,从而形成一张密集的专利网,因此,对仿制辉瑞专利CN94192386.X的仿制药厂而言,虽然不会侵犯该基础药物产品本身的专利权,但是仍有可能侵犯辉瑞的其他类型的专利[2]。下面我们重点分析辉瑞对万艾可的专利保护策略,以窥其专利管理策略。

自辉瑞公司提出专利申请号为CN94192386.X的以西地那非为单一有效成分的用于治疗男性性功能障碍的专利申请之日起,包含辉瑞在内的所有专利申请人,共申请了涉及这类药物的专利申请58件,截至2014年6月27日,专利权已经失效和专利申请被驳回的共36件,仍处于有效专利状态和还未授予专利权的专利申请共22件。在这22件专利中,根据权利要求的描述内容,将其保护的内容分成三类:①以西地那非为单一活性成分,但是剂型有所变化,此类专利有8件;②包含两种以上活性成分,此类专利有8件;③西地那非或其前体制备方法,此类专利有6件。

由于仿制药与被仿制药的活性成分是相同的,因此仿制辉瑞专利CN94192386.X的药产品一般不会侵犯包含两种以上活性成分的专利的专利权,因此,对于8件这类的专利可以不予考虑。剩余的14件专利中,有3件是辉瑞公司的专利,分别涉及西地那非的制备方法、西地那非的中间体的制备方法和剂型,具体见表4-1。

---

[1] 王媛,张发琼. 对我国制药企业专利管理的建议 [J]. 中国食品药品监管,2009(10):65-67.
[2] 思博网. 伟哥专利到期,中国药企路在何方?[EB/OL]. https://bbs.mysipo.com/thread-97124-1-1.html.

表 4-1 专利列表

申请号	到期日	发明名称	专利类型
CN03818891.0	2023 年	含有治疗性功能障碍化合物和可可粉的药物制剂及其用途	化合物和剂型
CN00120054.2	2020 年	用于制备喜勃酮的中间体化合物	上游原料化合物
CN97113261.5	2017 年	制备喜勃酮的方法	上游原料化合物

我们可以看出，以上三件专利的有效期都在 2014 年 5 月之后，因而仍可以极大地限制仿制药企的生产，阻止其对市场的渗透。三件专利中，"CN00120054.2 用于制备喜勃酮的中间体化合物"的保护到期日为 2020 年。由此应该可以看出辉瑞的万艾可在 2019 年都没降价的原因了。

除了申请二代专利或者外围专利外，辉瑞还通过其他手段，在美国获得了专利延长权利。

万艾可于 1998 年批准在美国出售，辉瑞公司关于万艾可的专利申请提交在 1995 年 6 月 8 日之前，符合"pre-GATT application"原则。GATT 指的是《关税与贸易总协定》(General Agreement on Tariffs and Trade)。因而其美国专利延长期更长，执行期长达 17 年（2019 年 10 月到期），此外，辉瑞还获得一个叫作"IP 排他性"的额外 6 个月授权，即该专利期限被扩展到了 2020 年 4 月❶。

可见专利药物保护期满以后，并不能简单进行仿制，很可能还有许多"专利陷阱"在等着仿制药商。对于专利药企而言，会用各种各样的方法对专利进行延期，比如可以使用基本专利策略和后续专利策略：基本专利策略是在新药研究的发现阶段申请基本专利保护，包括化合物、化合物形式、化合物的制备方法、化合物的药物用途等；后续专利策略是指在药物开发阶段申请后续专利保护，包括晶型专利、方法专利、制剂专利等。为了使围绕该药产品的专利尽量多，专利保护应尽量有层次和梯次，从而最终达到专利保护期延长的效果。

对于普通药企，如何在药物专利的夹缝中求生存呢？这里有四个建议：

1. 发现并锁定要仿制的目标专利

在仿制药里，首仿药是最诱人的。一旦抢得首仿上市，可以享有一段时间的独占期，在定价政策上也比后续的跟进者更有优势。在欧美市场上，Teva、Sandoz 等一众仿制药企业的成功证明了这一点。而要抢得首仿杆位，早早地锁定仿制目标显然是最重要的。药企可以借助专利信息系统工具，锁定目标市场会在 5~8 年后到期的专利，进行重点研究。

---

❶ "伟哥"：想蹭我的专利到期？我有 100 种方法治你！[EB/OL]. http://www.zhichanli.com/article/3422.

2. 跟踪目标药物的最新动态

当然，锁定仿制目标只是立项的第一步。上文已提到，大公司会有各种办法延长自己的专利时间。比如通过专利组合（包括剂型专利、制造专利等），比如对已申请专利的化合物拓展新的治疗领域从而延长保护。

所以在锁定目标后，一定要及时跟踪这些目标药物的最新动态，规避侵权风险，及时调整自己的研发方向。

3. 通过专利引用记录追溯技术来源

药物仿制也不是一件容易的事情，特别是一致性评价推出后对仿制药企的技术实力又提出了更高的要求。在专利技术壁垒较高的情况下，企业要非常仔细地分析专利文献。另外有一个很实用的小技巧，就是我们可以通过对专利的被引用情况进行追踪，研究整个技术演变的全过程，找到技术源头，采用避开工艺、改变晶型、形成新组合物等方式绕开从属专利的限制。

4. 提前布局自己的专利

仿制药企对原研药进行改进研发后，也可以进行专利申请。通过获得的新专利，可以与原研药专利进行交叉许可谈判，即双方互相许可对方使用自己的专利，这样，可以降低自己的许可费成本，也可以以自己的专利，收取其他企业的专利许可费用。

八、专利纠纷的处理

专利纠纷的处理是专利管理的重要内容之一。在全球竞争白热化的形势下，专利诉讼是取得跨国贸易优势的重要手段，有时专利纠纷甚至被纳入了政治领域。妥善处理专利纠纷对于企业化解危机、获取机会具有重要意义。由于拿专利向对手发起诉讼或收取许可费的方式已在本章第三节第六部分进行了论述，此处仅讨论企业如何应对专利纠纷的问题。

专利纠纷，可分为国内和国际两部分。

对于国内纠纷，有的是竞争对手发来律师函，要求停止侵犯专利权或缴纳专利许可费，也有的是直接在法庭起诉。面对此类纠纷，企业应积极应对，对对手的专利进行分析，判定我方是否存在侵权行为，若不侵权，回函告知或不予理睬；若可能侵权，则应召集研发、市场、法务等部门共同研究应对策略。通常，有以下应对方式：

（1）将对手的专利无效。我国《专利法》第47条规定："宣告无效的专利权视为自始即不存在。宣告专利权无效的决定，对在宣告专利权无效前人民法院作出并已执行的专利侵权的判决、调解书，已经履行或者强制执行的专利侵权纠纷处理决定，以及已经履行的专利实施许可合同和专利权转让合同，不具有追溯力。"因此，若要无效对手专利，一定要在专利侵权案件判决前提出，否则即使无效成功，也无法改变法院判决。虽然发明专利较为稳定，一般不允许由于发明专利的稳定性中止诉讼，但事情不能一概而论，专利管理者可以利用《民事诉讼法》第150条第（六）项的"其他应当中止诉讼的情形"，来中止诉讼。其前提就是找到足够的证据，合理提出对涉案专利权的怀疑。值得注意的是，在做无效时，一定要检索充分，获取足够的证据，并把无效理由提得足够完整。否则根据无效案件"一事不再理"原则，无效失败后，可能产生不可补救的后果。

（2）寻找替代技术。充分检索科技期刊和全球专利数据库，寻找目标专利的替代技术方案，并进行综合成本分析，若替代技术划算，则用替代技术规避，若无法替代，那么应该考虑是否可以不用该技术，评估由于不用该专利技术导致产品技术水平降低会失去的市场份额。如果可能失去的市场份额小于专利许可费用，则可采用这种方案。

（3）与对手进行交叉许可谈判。面对对手的进攻，我们要从自己的"弹药库"里寻找反击的武器——自我拥有的专利。看对手是否存在侵犯我方专利权的情形，若存在，则可以与对方进行交叉许可谈判，实现纠纷和解。如果自身专利较少，没有武器组织反击，则应寻找同行业其他可能被诉讼的企业，联合起来应对专利拥有者的进攻。

对于国际纠纷，要根据目标国的专利制度和相关法律法规来办理，此处的目标国是指纠纷发生所在地或者专利纠纷管辖区域。为了更好地应对专利的国际纠纷，最好能聘用专利管辖地区的代理机构，因其对当地的政策、法律等有较深入的了解，可以避免走弯路。此外，若案件影响较大，可能威胁到产业或企业安全，则管理者应积极联系商务部、海关和国家知识产权局等部门，寻求政府帮助，协调更多的应对资源和策略，从而化解纠纷。目前，政府对于知识产权国际纠纷的解决，有许多援助措施和网络平台。

（1）商务部建设了中国知识产权保护网❶，设有知识产权国别环境指南、海外知识产权办事和救济指南、海外知识产权纠纷案例等栏目，对于应对海外知识产权纠纷有很好的指导作用，此外该网站还有海外律师事务所的推荐，可以按国家或地区进行查找，非常方便。

（2）国家知识产权局于2019年成立了海外知识产权纠纷应对指导中心，智南针网❷是其网络平台。智南针网站内容更丰富，从企业"走出去"的角度出发，设置了海外专利布局、海外参展、海外纠纷应对、海外国际化人才引进和国际化贸易等栏目，该网站的各国（地区）知识产权环境概览经过专业编辑，参考性更强。该网站还有海外知识产权实务指引、海外专利申请、海外知识产权信息检索、海外知识产权服务机构、海外知识产权实务专家、典型案例等丰富的内容，不仅有利于获取相关信息，还有很强的操作性。

---

❶ 中国保护知识产权网，http://ipr.mofcom.gov.cn/index.shtml。
❷ 智南针网，http://www.worldip.cn/。

【案例 4-4】华为和三星手机专利诉讼案始末

2019年3月7日，华为和三星之间历时三年之久的手机专利纠纷正式和解。这标志着这场两大手机巨头知识产权大战落下了帷幕。回头再看这次专利诉讼大战，既有提前的专利布局，又有无效、诉讼、上诉等手段的运用，然而最终却以双方握手言和告终，专利大战的复杂性，由此可见一斑。

2016年5月，华为和三星分别在中美法院提起诉讼，就4G通信相关专利起诉对方。华为在诉讼中要求三星公司就其知识产权侵权行为对华为进行赔偿，这些知识产权包括涉及通信技术的高价值专利和三星手机使用的软件。

华为是在福建泉州市人民法院提出的起诉，称三星侵犯了其专利权，专利号为ZL201010104157.0，发明名称为"一种可应用于终端组件显示的处理方法和用户设备"。诉讼称该专利共有16项权利要求，三星侵犯其中8项权利要求。该专利是2010年由华为向国家知识产权局申请，2011年6月5日被授予发明专利权。

在起诉前，华为公司进行了公证取证。从电器公司购买了惠州三星生产的型号为SM—G9300（盖乐世S7）和SM—G9350（盖乐世S7edge）等3款产品，还从电讯公司购买了天津三星生产的型号为SM—J5008（盖乐世J5）的产品。同时，华为还在三星投资公司所有的中国三星电子官网上找到其展示的包括SM—G9300等在内的一系列产品，并提供了相关购买链接和渠道。

华为公司称，三星的这些手机的技术特征与ZL201010104157.0号发明专利权中的权利要求（合计8项）的所有技术特征一一对应。将惠州三星、天津三星、三星投资公司、电讯公司、电器公司5家公司作为被告，控诉5被告共计20余款手机和平板电脑产品涉嫌侵权。华为公司认为，惠州三星、天津三星未经许可，以生产经营为目的大量制作、使用、销售、许诺销售被控侵权产品；三星投资公司、电讯公司、电器公司以生产经营为目的销售、许诺销售被控侵权产品，这些行为均侵犯了华为公司对涉案专利享有的发明专利权。

华为的诉讼请求是：判令三星及其所辖公司停止侵权，并赔偿经济损失8000万元及合理费用50万元。这是中国企业第一次向手机巨头通过法律手段要求专利侵权赔偿。

泉州法院认为，涉案专利是智能移动终端用户图形操作界面的框架性核心专利，通过该专利的应用，解决了如何使用户简便地在多个分频范围内移动，摆放特定App图标的问题；此外，该专利的应用提高了系统界面操作的成功率和准确性。因此，涉案专利具有极高的创造力，对实现移动终端的智能化操作贡献巨大。然而，惠州三星、天津三星、三星投资公司等三被告作为位居全球移动终端前三甲的制造商，在制造、销售的众多型号的智能手机和平板电脑中，均使用了涉案专利的技术方案，可见该专利的市场认可程度极高。

三星在法庭上面临被动局面，且看三星是如何应对这场专利诉讼官司的。

一方面，三星针对华为的上述专利发起了专利无效请求，这样可以请求诉讼中止，需待无效决定做出后，法院才能结合无效结论进行审判。然而，原专利复审委员会的决定并没有为三星提供任何帮助——三星无效华为专利的请求被驳回了，华为专利被裁定为有效。三星继续向北京知识产权法院提出行政诉讼。

另一方面，三星于2016年7月在多地对华为起诉，诉讼中称，华为在销的华为系列以及其子品牌荣耀系列手机上，均使用了其专利技术，索赔额是华为起诉三星的索赔额的两倍。三星主张，华为需向三星赔偿合理支出8050万元，以及经济损失赔偿8050万元。

2017年9月30日，北京知识产权法院却驳回了三星关于8项相关专利无效的诉讼请求，最终双方打到了北京市高级人民法院。2017年10月29日，北京市高院终审判定驳回三星上诉，维持原判。三星不服，向最高人民法院提起了上诉。2018年9月，最高人民法院下达判决书，声称三星上诉请求缺乏事实的真实性以及相关法律依据，不予支持。

至此，华为在国内诉三星侵犯专利权的案件，以华为全胜告终。但双方的专利大战并未结束。三星在国内诉讼战的同时，在美国以华为违反FRAND规则，也就是公平合理非歧视的专利授权规则，向加州法院提起诉讼。在FRAND规则中，普通许可中诠释，标准必要专利权人在专利纳入标准化体系之时，就被要求遵守原则，对相关标准实施者一视同仁。而在强制许可中诠释，先由标准必要专利许可各方对许可条件进行协商，若协商不成，可申请法院裁决。同时，一旦标准必要专利人滥用相关专利，被许可人即可根据相关条例寻求救济。简言之，三星在美国起诉，华为在通信专利的使用中，对三星"特殊对待"，"高价照顾"了三星。

而此前在欧洲，高通被诉垄断案中，高通即被认为没有遵守FRAND规则，在WCDMA技术标准的制定过程中承诺按FRAND原则许可专利，但在标准实施后却违反这一承诺，利用WCDMA标准产生的优势地位，毫无理由地收取高昂的专利费，存在专利套牢（指专利权人凭借谈判优势收取明显高于专利本身价值的高昂许可费的情形）的问题，违背了FRAND原则中的公平、合理原则。业内人士了解，高通是违反FRAND原则的巨头，高通的收取专利许可费方式被业内戏称作"高通税"，所有应用高通有关专利的设备不仅需要先向高通支付有关的专利许可费，同时在销售终端，还要按整机售价的一定比例再次向高通缴纳专利使用费。由于高通在通信基础专利的寡头地位，高通二次收费的行为不仅涉及违反反垄断法，更违反了FRAND原则中的公平、合理原则。

但是，华为的专利使用费收取模式和高通的"高通税"完全不同。

三星不仅要面临举证的义务，还要证明华为对其存在"不公平、不合理、歧视"的行为，但从高通和华为的收费对比来看，三星想证明华为违反FRAND原则，非常困难。本来三星在美诉华为的案件将要在2019年9月由美国联邦巡回上诉法院审理，但双方在2019年1月提交了一份暂停审理申请，1月25日，双方达成初步和解协议,并于3月7日正式和解。

可能是受中美关系的影响,此次三星和华为的诉讼提前在美国结束。这也是好事,毕竟在美国打旷日持久的知识产权官司,对于双方而言都是巨大的负担。同时,专利作为谈判竞争的筹码,不一定非要在诉讼场合使用,能在诉前通过谈判解决问题,则更加高明。

华为赢得手机专利大战的经验是重视知识产权管理。第一,研发投入大,截至2016年年底,据华为终端微博显示,华为近十年投入的研发费用超过3130亿元,2016年研发费用达764亿元,占销售收入的14.6%。第二,专利申请多,华为已经累计获得62519件专利授权,其中国内专利57632件,国外专利39613件,而且90%以上是发明专利。以上两点,是赢得专利战的基础,但以下两点也很重要。第三,重视海外专利布局,华为在欧洲专利申请量上居第二名,相当于每3.6个小时就有一项专利提交申请。第四,谈判水平高,这与任正非的大格局和战略眼光有关,也与华为法务部门的专业水平有关,能在美国不战而屈人之兵,必定有其过人之处。

根据IDC发布的2018年中国智能手机市场份额报告来看,三星的市场份额已经从2013年巅峰的20%,跌落到1%,而华为以26.4%位列第一。可见华为不仅技术厉害,而且通过有效的专利管理,将技术优势成功转化为市场优势,在与对手的竞争中取得了胜利。

第五章 企业商标管理
CHAPTER 5

第一节 概　述

【知识点】

商标、商标权及品牌的定义；商标的分类；商标和品牌的区别；驰名商标的定义；企业商标管理的意义。

【概念解释】

商标是指任何能够将自然人、法人或者其他组织的商品与他人的商品区别开的标志，包括文字、图形、字母、数字、三维标志、颜色组合和声音等，以及上述要素的组合，均可以作为商标申请注册。

商标权是指商标所有人对其注册商标所享有的独占的、排他的权利。

品牌是一种名称、术语、标记、符号和设计，或是它们的组合运用。

驰名商标是指经过长期使用，为相关公众广为知晓并享有较高声誉的注册商标。

【知识内容】

一、商标和商标权

2019年修正的《中华人民共和国商标法》第8条规定："任何能够将自然人、法人或者其他组织的商品与他人的商品区别开的标志，包括文字、图形、字母、数字、三维标志、颜色组合和声音等，以及上述要素的组合，均可以作为商标申请注册。"我国现存最早的商标实物如图 5-1 所示。

图 5-1　我国现存最早的商标实物——宋代济南刘家功夫针铺使用的"白兔儿"商标

经注册后的商标被称为注册商标，受法律的保护，商标所有人对其注册商标享有独占的、排他的权利，即商标权。通常来说，这些权利主要是指排他专用权、转让权、许可使用权与继承权等❶。注册商标在一定程度上能够防止商品或服务免遭假冒伪劣的侵害，能够有效地维护商标权人的商业信誉，同时对商标权人创立自身品牌也是非常有裨益的。而未注册商标不受法律保护。

二、商标和品牌

美国营销学会给出的品牌定义为❷：品牌是一种名称、术语、标记、符号和设计，或是它们的组合运用，其目的是借以辨认某个销售者或某销售者的产品或服务，并使之同竞争对手的产品和服务区分开来。由此可以看出，商标与品牌具有同源性，其作用都是用来识别产品差异。

商标和品牌的区别在于：首先，商标是一个法律概念，受商标法保护，一经注册，权利人就享有商标专用权。而品牌是一个经济学概念，蕴含着生动的精神文化层面的内容，体现着人的价值观，象征着人的身份，抒发着人的情怀。其次，商标的作用是将商品与企业关联起来，起到标识作用。品牌关联的则是企业的整体形象。最后，品牌的概念更宽泛一些，商标仅是品牌的很小一部分。对于企业来说，品牌通常只有少数几个，但是商标可以选择注册一系列商标。注册商标要成为一个真正的品牌还要经历一个艰辛漫长的过程。但商标和品牌的关系也非常密切，通常情况下，企业会将品牌或其一部分图案化进行商标注册，以便二者的作用更加统一。用商标法来保护品牌，也是最方便有效、最强有力的保护企业商誉的一种方式。因此，从某种意义上说，一个企业品牌和商标可以相同，所以人们才常常把品牌和商标等同起来，事实上品牌从

---

❶ 王玉娟. 品牌资产、商标权与商誉辨析 [J]. 商场现代化（19）：65-66.
❷ 张丽. 基于创新理论的新产品品牌策略 [J]. 经济师，2008（3）：52-53.

外延上比商标更宽泛。

三、商标的分类

根据不同的角度和标准，商标可以分为不同的种类。

1. 注册商标和未注册商标

根据是否已经注册，商标可以划分为注册商标和未注册商标。注册商标和未注册商标都可以使用，但未注册商标不受商标法的保护，未注册商标一旦被注册便会被禁止使用。

2. 视觉商标和听觉商标

根据构成要素不同，商标可以划分为视觉商标、听觉商标（声音商标、音响商标）、嗅觉商标（气味商标）、味觉商标、触觉商标等。但是在我国可注册的商标构成要素主要有8种：文字、图形、字母、数字、三维标志、颜色组合、声音及上述要素的组合。嗅觉商标、味觉商标、触觉商标等还不能注册。视觉商标最为常见，又可分为文字商标、图形商标、文字图形组合商标、立体商标（三维商标）、颜色商标等。

3. 商品商标和服务商标

根据使用对象的不同，商标可以划分为商品商标和服务商标。商品商标，是指使用于生产、制造、加工、拣选或者经销的商品上的商标。服务商标，是指提供服务的经营者在向社会提供的服务项目上使用的标记。

4. 集体商标和证明商标

根据功能的不同，商标可划分为集体商标和证明商标。集体商标，是指以团体、协会或者其他组织的名义注册，供给组织成员在商事活动中使用，以表明使用者在该组织中的成员资格的标志。集体商标的商标权归集体组织所有，由该组织成员共同使用。比如，镇江市醋业协会注册的"镇江香醋"商标，以及沙县小吃同业公会注册的"沙县小吃"商标就是集体商标。证明商标，是指由对某种商品或者服务有检测和监督能力的组织所注册，而由注册人以外的单位或个人使用于其商品或者服务，用以证明商品或者服务的原产地、原料、制造方法、质量或者其他特定品质的标志。比如，国际羊毛局注册并负责管理的纯羊毛标志就是著名的证明商标。

四、驰名商标

驰名商标，是指经过长期使用，为相关公众广为知晓并享有较高声誉的注册商标。驰名商标具有较强的认知功能，驰名商标所产生的"认牌购物""顾客吸引力"的作用能够转化为巨大的经济效益；通常情况下，驰名商标即意味着可靠的商品质量和良好的企业信誉。图5-2所示为中国驰名商标标志。

图 5-2　中国驰名商标标志

驰名商标应当根据当事人的请求，作为处理涉及商标案件需要认定的事实进行认定，驰名商标的认定方式主要有行政认定和司法认定两种❶。行政认定是指商标评审委员会对驰名商标进行认定的方式。司法认定是指最高人民法院指定的人民法院以判决的方式对驰名商标进行认定的方式。驰名商标的认定应当依照有关法律法规规定的标准进行。《商标法》第 14 条规定，认定驰名商标应当具备下列要素：①相关公众对该商标的知晓程度；②该商标使用的持续时间；③该商标的任何宣传工作的持续时间、程度和地理范围；④该商标作为驰名商标受保护的记录；⑤该商标驰名的其他因素。

五、企业商标管理的意义

商标是企业在市场中区别于其他经营者或服务者的商品或服务的标志，是企业重要的知识产权之一。在市场中，商标往往是企业的黄金名片，它可以代表企业商品或服务的质量和企业信誉，是重要的无形资产。企业商标战略与企业经营发展紧密相关，已经越来越被市场中的竞争主体所重视，商标已经成为企业参与市场竞争、获取经营优势的重要战略手段。因此，在企业运营过程中做好商标资产的管理工作，就显得至关重要。企业应该把制定商标战略纳入企业的经营管理系统中，要不断提高商标意识，学习和了解我国商标法律法规的内容和规定，积极主动地制定商标管理制度，对商标进行全方位的保护。

第二节　企业商标管理的主要内容

【知识点】

商标设计管理、商标注册管理、商标使用管理、商标许可和转让管理、商标保护管理、商标标识的印制管理、商标档案管理及商标危机管理。

---

❶ 《驰名商标认定和管理暂行规定》（修正），2018.

【概念解释】

独占许可（Exclusive License），是指许可人在合同约定的范围内，授权被许可人独占性地利用其商标权，许可人不仅不能再将同一范围的商标权授权给其他任何人，而且自己也不能利用合同约定范围内的商标权。

排他许可（Sole License），也称独家许可，是指许可人在合同约定的范围内，授权被许可人独家利用其商标权，许可人不能再将同一范围的商标权授权给第三人，但是他自己可以利用合同约定范围内的商标权。

普通许可（Simple License or Non-Exclusive License），也称为一般许可或非独占许可，是指许可人在合同约定的范围内，授权被许可人利用其商标权，与此同时，许可人不仅自己可以利用合同约定范围内的商标权，而且还可以再将同一范围的商标权授权给第三人。

【知识内容】

一、商标设计管理

1. 商标的可注册性

企业在设计推出新的商标前，必须要考虑商标的可注册性。申请注册的商标应符合《商标法》的相关规定：

（1）设计的商标通常优先选择具有可视性的标志，尽管现行的商标法允许注册声音等其他非视觉标志。

（2）选择和设计的商标不得属于商标法禁止注册或使用的标志。

（3）选择和设计的商标不得与他人在先的商标权、版权、专利权、企业名称权、姓名权、肖像权等在先权利相冲突。

（4）选择和设计的商标如果属于颜色商标或三维标志，不得具有功能性。

2. 商标的显著性

选择和设计的商标应当具有法律上的显著性[1]。便于识别，并不得与他人在先取得的合法权利（如外观设计专利权、姓名权、著作权）相冲突。显著性强，即人们看到这个商标就可判断出该商品是何类商品、在该类商品中的定位等。如"耐克"和它的商标图案，我们看到这个商标就知道其标识的商品是中高价位的运动服饰。而显著性不强的商标，则显示不出它所标识的商品的特性。假如你想用"香口胶"这个名称来注册口香糖商标的话，由于这个商标根本不具备显著性，所以商标局是不会给予注

---

[1] 邓宏光. 商标显著性法律问题研究 [D]. 重庆：重庆大学，2006.

册的。

通常情况下，主打品牌或重要商标，应当尽量避免使用描述性商标，如描述产品某些特点或功能等方面的商标。子品牌或副品牌可以考虑使用一些显著性较低的商标，但应当与主品牌结合在一起使用。

3. 商标权的完整性和合法性

（1）选择和设计的商标，必须确保企业具有完整的版权。任何通过广告征集、委托设计、员工设计等方式从外部或内部获得的商标标识，都应当与相关主体签署该商标标识的版权转让协议和对方做出的不侵权的承诺或保证，并约定保密责任和违约责任等。

（2）企业在申请商标注册前，应当进行商标检索，以避免与他人已经注册的商标相同或近似。

（3）选择和设计的商标，应避免与他人的驰名商标（特别是同行业的驰名商标）相同或近似，避免带来商标法上的争议或纠纷。

（4）申请注册的商标不得使用法律禁止的标志。商标中有商品的地理标志，而该商标并非来源于该标志所标示的地区，误导公众的，不予注册并禁止使用。

（5）申请注册的商标不得是他人已经使用并有一定影响的商标。

二、商标注册管理

1. 商标注册申请程序

（1）注册准备。选择注册方式，一种是自己到国家知识产权局商标局申请注册；另一种是委托商标代理机构代理服务。

（2）准备资料。准备商标图样 5 张（指定颜色的彩色商标，应交着色图样 5 张，黑白墨稿 1 张），长和宽不大于 10 厘米，不小于 5 厘米；如果是个人提出申请，需出示身份证并递交复印件另加个体营业执照复印件；若是企业申请，则出示企业《营业执照》副本并递交复印件，以及盖有单位公章的商标注册申请书。

（3）开始申请。

（4）按商品与服务分类提出申请。商品和服务项目共分为 45 类，其中商品 34 类，服务项目 11 类。申请注册时，应按商品与服务分类表的分类确定使用商标的商品或服务类别；同一申请人在不同类别的商品上使用同一商标的，应按不同类别提出注册申请。

（5）申请日的确定。这是最重要的一点，由于中国商标注册采用申请在先原则，一旦您和其他企业发生商标权的纠纷，申请日在先的企业将受法律保护。所以，确立申请日十分重要，申请日以商标局收到申请书的日期为准。

接下来就是商标审查、初审公告、注册公告三个程序。需要强调的是，经过商标局初审通过的商标，要在刊登公告 3 个月后无人提出异议才可以注册完成，该商标即受法律保护。已注册商标的有效期为 10 年，自核准注册之日起计算。有效期满，需要继续使用的，可以申请商标续展注册。

（6）领取商标注册证。商标完成注册后，商标局向注册人颁发证书。若是通过代理机构的由代理人向注册人发送《商标注册证》；直接办理注册的，注册人应在接到《领取商标注册证通知书》后3个月内到商标局领证，同时还应携带领取商标注册证的介绍信、领证人身份证及复印件、营业执照副本原件、领取商标注册证通知书，商标注册人名义变更的需附送工商部门出具的变更证明。商标注册流程如图5-3所示。

注：一件新申请商标从申请到发证顺利的情况下一般需要一年半左右时间，其中申请受理和形式审查约需3个月，实质审查约需9个月，异议期3个月，核准公告到发证约2个月。（如果遇到驳回和异议时间会延长）

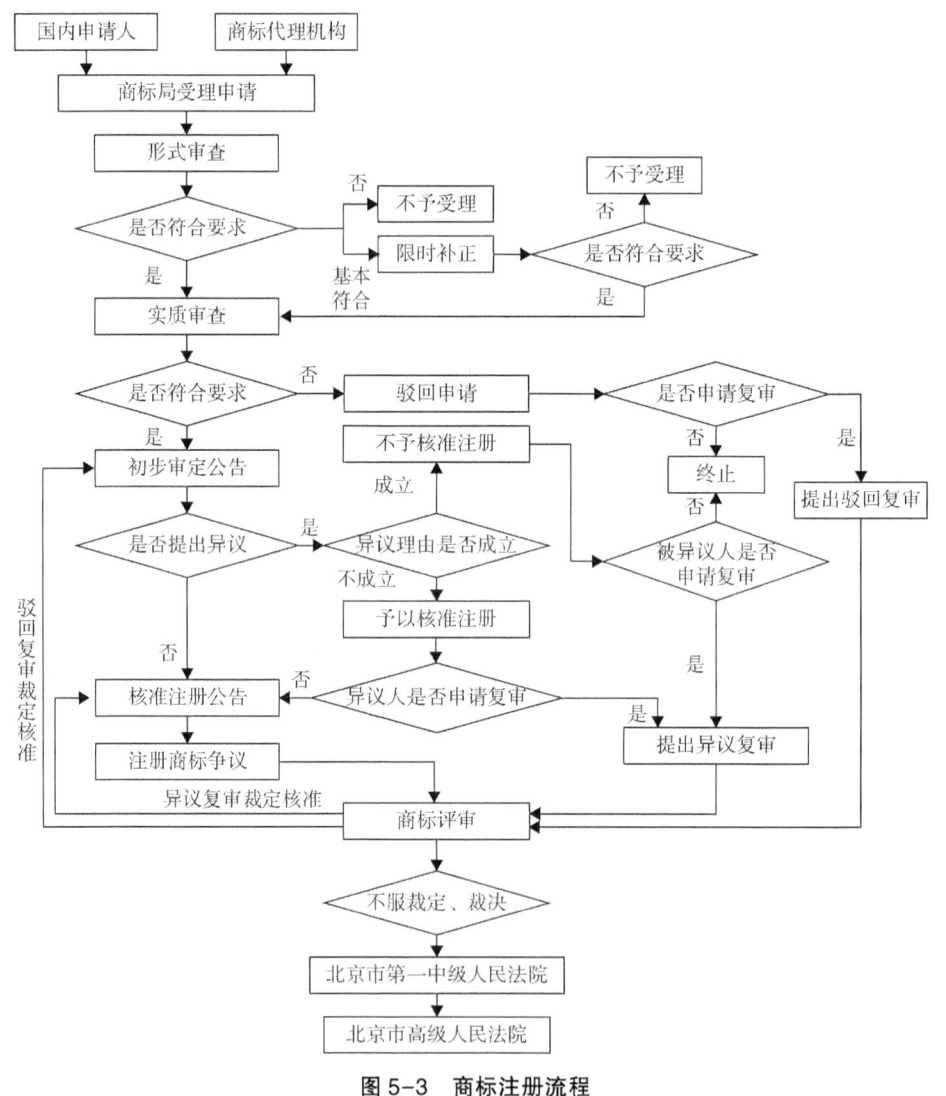

图 5-3 商标注册流程

2. 商标注册策略

（1）企业使用的品牌（包括子品牌）、企业字号、简短的广告语、品牌简称或别称、其他具有标识意义的图形或文字等符号，都可以考虑申请商标注册，以最大化保护企业的商标权益。

（2）定期检核正在使用或准备使用的商标，是否已经核准商标注册或提交了商标注册申请；定期检核已注册或提交注册申请的商标，其指定的使用范围是否已足够覆盖企业现有及未来的业务范围。

（3）注册防御性商标。

①企业可以将与自己商标或品牌相近似的一些标志，在相同或类似的商品或服务上进行商标注册，以避免他人注册。

②企业可以在类似或相关联的商品上注册自己的核心或重要商标，以避免他人注册使用。

③企业的字号或主要品牌，还可以有针对性地进行域名注册，以避免他人抢注。

3. 商标的国际注册

（1）企业在对外贸易过程中以及将要进军国外市场时，应根据需要适时地向其他国家或者地区（主要是商品制造地、销售地、商标许可区域），申请注册商标或申请商标国际注册。

（2）企业在进行商标设计时，应了解各国的风土人情，研究不同地域的文化背景，避免在外国注册商标遇到文化障碍。

4. 商标注册的维持

（1）企业如因经营需要变更注册人名义、地址或法律规定其他注册事项的，应在办理完相应的工商登记手续后向商标局提出变更申请。

（2）注册商标的有效期为10年，在有效期限届满前12个月内，企业应当向商标局办理续展手续。如果商标到期前未办理续展，应当在期满后6个月的宽展期内，及时提出续展申请。

（3）企业应定期进行商标核查，对已淘汰使用的注册商标，可提交决策层决定是否放弃商标续展。

三、商标使用管理

1. 注册商标使用的合法性管理

（1）注册商标可以在商品、商品包装、说明书或者其他附着物上标示"注册商标"或者注册标记。注册标记包括㊟和®。使用注册标记，应当标注在商标的右上角或者右下角。

（2）在注册商标的使用过程中，应做到印制的商标标识或实际使用的商标标识与核准注册的商标标识一致，不得擅自改变其组合与图案。

（3）若无法做到实际使用的商标标识与核准注册的商标标识保持一致，则不得在实际使用的商标标识上标示"注册商标"或注册标记。

（4）注册商标必须在国家商标局核定使用的范围内使用，不得超出核定使用的商品或服务范围。

（5）若需要扩大注册商标的使用商品或服务范围，应当在扩大使用的商品或服务上，提交新的商标注册申请。在注册商标未核定使用的商品或服务范围使用该注册商标时，不得标示注册标记。

2. 未注册商标的管理

企业一般只在以下情形使用未注册商标：

（1）商标不具有显著性无法注册。

（2）商标正在申请注册过程中。

（3）商标只是临时性使用。

（4）临时性使用的未注册商标经过一定时间的使用后，已具有相应的知名度时，必须立即申请商标注册。

（5）不具有显著性的商标，经过使用产生了显著性和识别性后，应当立即申请商标注册。

（6）对未注册商标，不得标示注册标记。

3. 商标使用规范[1]

（1）在使用商标时，应将商标置于显著、突出、核心位置，使其发挥商标的识别功能。

（2）企业应强化企业内外商标使用规范，商标使用规范包括商标标志的元素构成、大小比例、字体形式、颜色背景，以及商标标志所处的位置与周围符号的间距、是否标明注册标记等内容。

（3）企业在生产、经营过程中不得将"驰名商标"字样用于商品、商品包装或者容器上，或者用于广告宣传、展览以及其他商业活动中。

（4）企业应当注意规范代理商、经销商、制造商的商标使用行为，以符合企业的商标管理规范。

4. 广告宣传的商标管理

（1）企业在策划广告方案或营销方案时，应当检查所使用的宣传口号或广告语是否存在知识产权问题，尤其是否与他人的注册商标发生冲突。

（2）企业可以对设计出的宣传口号或广告语申请商标注册或版权登记。

---

[1] 崔颖. 商标合理使用研究［D］. 北京：中国政法大学，2015.

四、商标许可与转让管理

1. 商标许可管理

（1）企业以外的任何人（包括子公司、关联企业和其他企业）需要使用企业的注册商标的，应当与企业签订商标使用许可合同。企业（许可人）应当就前述商标使用许可，在许可合同有效期内向商标局报送备案材料。

（2）商标许可合同最好包括但不限于以下条款❶：

①定义条款。针对许可合同中的关键词语或细节，进行清晰的解释或说明，比如质量标准、净销售额、许可方式等。

②许可标的。许可标的即授权使用的商标，除了描述商标名称、附上商标图样以外，最好列上商标注册号以及核定使用的商品或服务项目，并在附件中附上商标注册证的复印件。

③许可方式。通常包括独占许可、排他许可与普通许可三种基本的类型。

④许可范围。包括商标使用的地理区域、商品或服务范围、使用的时间界限等方面。

⑤许可使用费支付。包括支付方式和使用费金额。

⑥商标权的维护。包括商标注册续展，应对商标争议、反对他人相同或相似商标的注册等内容。

⑦瑕疵担保责任。比如要求许可人保证有权许可商标，保证商标权的有效性，保证不存在有害于该商标许可的其他独占许可等。

⑧积极使用的义务。规定被许可人负有积极实施、利用其商标权的义务。

⑨质量监督。明确规定检验被许可人产品质量的方式、时间以及检验费用的承担。

⑩侵害救济。如果发生第三人商标侵权，规定由谁来主张权利，由谁来承担维权费用。

⑪保密义务。商标许可的细节，特别是许可费，应当保密。

⑫税费。明确许可费的金额为税前还是税后的。

⑬争议解决方式。是诉讼还是仲裁，是在国内还是在国外仲裁。

⑭标明被许可人信息的义务。尤其是标明被许可人的名称和商品产地。

⑮商标许可备案。商标使用许可合同，无论许可的方式为何，都应当报商标局备案。

⑯违约责任。哪些情况构成违约，如何计算违约金等问题应当明确，并尽量明确违约金的金额或明确的计算方式。

⑰其他条款。根据许可时间和谈判结果拟定相关的合同条款。

---

❶ 游闽键. 企业知识产权管理指南 [M]. 上海：上海大学出版社，2015.

企业应当监督被许可方的商标使用行为，保证商标标识被规范使用，企业的质量检测和商标管理部门必须对被许可方的产品进行检测监督，保证使用企业商标的产品质量。

2. 商标转让管理

商标交易包括商标转让、许可和质押。除此之外，在企业并购、OEM/ODM、合资合作和特许经营等商业活动中，也可能存在商标的交易，任何涉及商标交易的情形，都必须就商标问题实行详细的合同规范，并保障商标的价值回报，保证商标的权属清晰。

企业在商标转让许可、商标权质押、商标权投资等情况下，应及时委托有资质的资产评估机构对注册商标的价值进行评估。

在商标交易前，企业应当调查对方的商标状况，包括但不限于：

（1）商标是否核准注册。
（2）商标是否拥有完整的版权、商标权等权利。
（3）商标权利人是否真实。
（4）商标在何地有效。
（5）商标的指定使用项目是否满足需要。
（6）商标是否存在质押等限制。
（7）商标是否存在商标异议、商标争议等。
（8）是否存在相关的商业标志。
（9）其他有关的问题。

五、商标保护管理

1. 商标侵权行为识别[1]

根据《商标法》《商标法实施条例》以及相关司法解释的规定，侵犯商标专用权的行为主要有以下几种：

（1）未经商标注册人的许可，在同一种商品上使用与其注册商标相同的商标的。
（2）未经商标注册人的许可，在同一种商品上使用与其注册商标近似的商标，或者在类似商品上使用与其注册商标相同或者近似的商标，容易导致混淆的。
（3）销售侵犯注册商标专用权的商品的。
（4）伪造、擅自制造他人注册商标标识或者销售伪造、擅自制造注册商标标识的。
（5）未经商标注册人同意，更换其注册商标并将该更换商标的商品又投入市场的。
（6）故意为侵犯他人商标专用权行为提供便利条件，帮助他人实施侵犯商标专用权行为的。
（7）在同一种或者类似商品上，将与他人注册商标相同或者近似的标志作为商品名称或者商品装潢使用，误导公众的。

---

[1] 陈琳. 论商标侵权行为的认定 [D]. 南昌：南昌大学，2012.

（8）将与他人注册商标相同或者相近似的文字作为企业的字号在相同或者类似商品上突出使用，容易使相关公众产生误认的。

（9）复制、模仿、翻译他人注册的驰名商标或其主要部分在不相同或者不相类似的商品上作为商标使用，误导公众，致使该驰名商标注册人的利益可能受到损害的。

（10）将与他人注册商标相同或者相近似的文字注册为域名，并且通过该域名进行相关商品交易的电子商务，容易使相关公众产生误认的。

（11）给他人的注册商标专用权造成其他损害的。

2. 商标打假机制

（1）企业应当建立侵权监控与打假机制，对负责的工作人员进行打假培训，使其了解商标基本知识，知晓如何初步判断侵权行为及如何采集侵权证据等。

（2）企业应当培训销售人员、售后人员、代理商、委托制造商等如何识别、发现和报告商标侵权行为，并建立相应的奖励或表彰机制。

（3）企业可以建立消费者举报机制，鼓励消费者对假冒商品进行举报，并给予一定的奖励。

3. 商标侵权处理

（1）企业发现他人正在实施或者准备实施侵犯商标权的行为，可以向有管辖权的法院申请诉前禁令，要求行为人立即停止有关行为，必要时可向法院申请财产保全。

（2）对于已经发生的侵权案件，企业可以自身需要采取以下措施进行处理：与侵权方协商处理、报请工商行政部门查处、对侵权方提出诉讼等。

（3）企业可以向海关总署申请商标备案，若发现侵犯商标权的货物可能将被进口或出口，可以向海关提出采取保护措施申请，海关可以依法行使权利扣留侵权嫌疑人的进出口货物，从而及时、有效地保护企业的合法权益。

4. 商标信息实时监控

（1）企业应对商标局发布的商标公告（商标初步审定公告、商标注册公告、商标转让公告、商标使用许可合同备案公告、商标注销公告、商标撤销公告等）进行定期监控，发现与自己企业商标相同或近似，或者监测到可能有损企业利益的商标信息，应及时采取包括商标异议、商标争议等法律手段，维护企业合法权益。

（2）他人对本企业已经申请并经商标局初步审定的商标提出异议的，企业应当在收到商标局的相关文书后，在答辩期限内提出答辩意见。他人对本企业已注册的商标提出商标争议的，应当依法积极答辩或应诉。

六、商标标识印制管理

企业应当制定商标标识的印制管理办法，详细规定具体的商标印制流程、规范以及相关的权利和义务，并设专人负责配合企业监督商标标识的印制，负责审核承印单位的资质,负责与承印单位签订商标标识的印制合同,监督合同的履行,负责商标标识的印制质量等。

1. 商标印制管理

(1) 企业委托他人印制商标及相关的产品标识,必须签署正式的商标印制协议,并尽可能从订单管理、生产管理、流通管理、质量管理及违约责任等角度,进行详细的规范。

(2) 企业委托印制机构印制注册商标标识,应依法律规定出具委托书和商标注册证复印件,对相关的资料存档保留。

(3) 印制完毕的商标标识必须经企业检验合格后方可使用。对印制出来的商标标识和数量予以查验,对印制质量不合格的,应在企业商标管理人员的监督下予以彻底销毁,并办理交接和登记手续。

2. 被许可人的商标印制

(1) 确需由被许可人负责印制商标标识的,应在商标许可合同中明确规定印制商标标识的义务和责任。

(2) 凡许可使用、授权使用企业商标的被许可人,在每一种不同的标识印制前,其图样都必须取得企业的许可。标识印制后应将样稿和印制的包装留样交企业备案。

(3) 被许可人的产品标签、彩袋、彩膜、纸箱、纸盒、宣传画及其他需要标注注册商标标识的物品必须经过企业审核方可印刷。

3. 商标标识生产与发放

商标标识及相关产品标识必须按企业下达的计划生产,按规定程序领取,未经批准不得擅自发放。商标标识由专人保管,对废止商标的销毁要有记录,任何人不得私自处理商标标识。

七、商标档案管理

作为企业商标信息载体,商标档案的作用不容忽视,充分认识企业商标档案的价值并对其进行有效的管理,对于提高企业竞争力至关重要。

1. 商标档案

商标档案是指企业在对商标进行注册、使用、交易等活动过程中形成的具有保存价值的商标资料。通常包括以下几个方面:

(1) 商标基本资料。包括商标样式、版式、商标注册申请材料及商标许可使用合同等。

(2) 商标生成前的资料。包括商标设计的不同方案、模型以及企业下发的关于商标策划设计方面的文件等。

(3) 商标使用材料。包括该企业使用该商标的商品近三年来主要经济指标及在同行业中的排名，该企业使用该商标商品在国内外（地区）的销售量及销售区域。

（4）商标动态情况资料。包括注册商标变更、转让、续展、补正、注销和撤销的文件材料。

（5）商标维权资料。包括商标异议、争议等商标案件诉讼材料等。

（6）商标广告宣传及公告情况等。

商标管理的内容主要包括：商标文件材料的集中归档，商标档案的整理、鉴定、保管、统计、利用等业务环节的工作。

2. 商标档案管理建议❶

（1）设立专岗。商标档案的管理如果不设立专岗明确管理职责，会导致商标档案管理工作出现断层，不利于商标档案的管理利用工作，企业有必要设立专岗进行管理。针对企业不同的情况可以有不同的应对措施，中小型企业由于人力、财力有限，可将此岗位设在办公室、市场部等部门，指定专人负责商标档案的管理工作。对于商标资源丰富、条件成熟的大企业来说，可将这一管理责任交由法务部或知识产权管理部门承担，其下设立专门的人员从事商标档案的管理工作，甚至可直接设立商标管理部门进行管理，这些部门的人员比较熟悉法律知识，在商标档案的管理实践中能够取得较好的管理效果。

（2）加强对商标档案的惯性管理。商标惯性是企业在商标战略基础上对商标管理事务所表现出来的处理习惯，惯性管理强调的是首先建立惯性，其次是保持惯性。同样，惯性管理也可用在商标档案管理的工作中，商标档案的惯性管理就是要企业认识到商标档案工作的重要性，确定在商标档案工作的各个环节中企业的态度，比如确定什么样的客体要通过商标注册形成档案的形式进行保护，何时进行保护，怎样进行保护。如何利用商标档案拟定商标在国外进行保护的方案；商标异议或商标争议时如何运用商标档案进行相关的运作；遭遇到侵权后企业如何利用商标档案进行维权等。良好的商标档案惯性管理会使企业注意到各个产品线在新产品推出之前已经解决了商标注册问题。凡是企业推出的独创性的文字、图形组合，包括卡通形象、项目名称、产品名称、广告语等都要提前考虑能否通过商标的形式注册下来，形成档案材料以备查考。

八、商标（品牌）危机管理

1. 商标（品牌）危机管理的定义

商标（品牌）危机❷是指：商标（品牌）所代表的产品（服务）及组织的自身缺失或外部不利因素以信息的形式传播于公众，从而引发公众对品牌的怀疑，降低好感

---

❶ 张江珊. 论企业商标档案的价值及其管理［J］. 山西档案，2007（1）：44-45.
❷ 廖振明. 浅谈企业品牌危机管理［J］. 人力资源管理，2014（7）：148-149.

甚至拒绝与敌视并付诸相应行动的行为，使得商标（品牌）面临严重损失威胁的突发性状态。

引发商标（品牌）危机的原因有多种，例如，由于内部管理的疏忽造成产品质量存在瑕疵，引起消费者的不满，从而引发质量危机；由于产品质量、包装、性能、售后等方面与消费者引起纠纷，使企业品牌形象严重受损，引发产品品牌信誉危机；企业的品牌商标被其他企业或机构抢注，或品牌被仿冒等，引发品牌丢失危机；新老产品形象与定位相互矛盾或偏离较大，引发品牌延伸危机等。

商标（品牌）危机会破坏消费者对产品的好感度、感知、联想和忠诚度，进而损害到品牌的市场力量，给企业的商标（品牌）价值带来损害，因此商标事务应该被纳入企业的危机事务体系中，作为企业危机管理的重要部分。

2. 商标（品牌）危机管理的策略

（1）商标（品牌）危机预防管理。危机管理是现代企业管理的重要部分，企业商标管理人员要树立危机意识。在现代社会，商标（品牌）的淡化行为经常出现，商标（品牌）的丧失对企业来讲是一个灾难性的事件，怎样避免危机，危机出现后如何解决，对于商标管理人员而言，就是要建立商标（品牌）使用和维护的监测机制，时时保持危机意识。商标管理人员要对商标的时效进行控制，避免类似于商标连续三年不使用导致权利丧失等情况的发生，通过对商标档案发布的商标公告进行监测，及时发现是否有相同或近似的商标，提醒企业及时做好应对的准备。

（2）拟定危机应对计划。拟定危机应对计划的主要目的是通过不断的规划活动，帮助企业在危机时刻有条不紊地处理危机，企业应该根据自身所处的行业特点和可能发生的危机类型制订一整套危机管理计划，明确怎样防止危机爆发及危机爆发后如何做出针对性的反应。

（3）商标（品牌）危机的恢复管理。商标（品牌）危机发生后势必会对企业的产品品牌造成一定影响，此时，危机管理的重点就应转移到危机的恢复工作上来。企业需制订危机恢复计划，解决危机中暴露出的问题，吸取教训。危机恢复计划应至少包括危机恢复目标、计划的拟定者和执行人、危机恢复对象、资源支撑、期限、对企业形象的恢复策略等。

【案例 5-1】

2019 年伊始，公司 A 发布举报信，称公司 B 生产销售不合格空调产品，其能效比和制冷消耗功率的检测均不合格。一时间让公司 B 成为众矢之的，其生产的空调的质量问题成为众人关注的焦点。随后，公司 B 回应公司 A 的举报为不实举报，称已向公安机关报案。一场品牌危机应对战随即打响。

在举报消息传来后，不少人猜测是同行竞争的原因。因为在此之前，公司 A 和公司 B 就诉讼恩怨不断，两家空调制造商互相指控对方侵害发明专利权，彼此都曾将对方送上过被告席。公司 B 在第一次回应中也将这种举报行为归因于不正当竞争行为，同时发布了一篇呼吁民族品牌应该一致对外的相关博文，引发网友的负面情绪，认为是一种道德绑架，没有正视问题，针对举报的质量问题做出回应。公司 B 的舆论影响逐渐处于弱势，在对手舆情应对出现失误的同时，公司 A 再次强势出招，其发布公告称，将继续通过各类渠道不限量购买公司 B 生产的相关空调产品，并通过自有实验室、委托第三方权威检测机构和免费提供给任何有资质的机构进行检测，欢迎社会各界监督见证。此举获得部分网民支持，认为同行举报更能指出问题所在，有利于促进空调产业产品发展，消费者将是最大的获益者。此次公司 B 才吸取经验，学会了"对症下药"，通过出具有关证书来反驳公司 A 的举报，回复舆论关注的核心诉求即产品质量问题，然而影响已经造成。

纵观此次大战，公司 B 显然是没有做好危机应对计划，危机处理也没有抓住消费者的心理，从而造成产品质量危机和品牌信誉危机。商标（品牌）的危机管理是一个复杂的系统工程，只有企业重视它，不断去探索经营中处理危机的好方法，才能逐步增强企业应对商标（品牌）危机的处理能力。

第三节 常见法律风险和防范措施

【知识点】

商标注册中的法律风险、商标使用中的法律风险以及企业防范商标法律风险的对策。

【概念解释】

狭义的商标抢注是指在原商标所有者之前注册该商标以获取经济利益的竞争行为。广义的商标抢注进一步地扩展，将他人已为公众熟知的商标或驰名商标在非类似商品或服务上申请注册的行为，也属于抢注。进而，将他人的创新设计、外观设计专利、企业名称和字号、著作权等其他在先权利作为商标申请注册的行为，也应视为商标抢注。

商标的专用权是指商标专用权，这是指由法律授予商标权人在指定商品或服务上使用其注册商标的排他性权利。

【知识内容】

一、商标注册中的法律风险

在市场竞争日益激烈的环境下,创立一个著名商标往往需要大量的资金与智力投入,在进行商标注册时不进行适当的防范,容易使商标本身承受巨大的法律风险。

1. 常见法律风险[1]

(1) 抢注商标,高价回购。多数情况下,抢注商标是不道德的商业行为,但在法律上未必总是受到谴责,因而有的人通过抢注取得了合法的利益。基于商标带来的巨大利益,许多公司商标被抢注后,又不得不花高价从别人手里回购,从而给公司的经营造成巨大损失。

(2) 申请在后,陷入被动。按照《商标法》第18条的规定,我国商标注册以申请在先为原则。如果一家商标意识淡薄的企业,即便使用其商标多年,也可能被别人依据申请在先原则而抢先获得该商标的注册,自己反而因此不能再使用。如联想商标"Legend"在多国已被抢注,不得已在国外市场启动另一个商标,这无疑需要付出再打造一个品牌的市场成本。

(3) 域名抢注,滥用商标。互联网域名对商标曾一度造成强烈冲击。从注册手续上看,域名注册的程序简便但不够完善,留下许多可乘之机。于是不少人纷纷抢注著名的商标作为域名,或者为了向商标所有人出售,有的人还打起了擦边球,注册与他人商标近似的域名,故意引起混淆,以谋求不正当利益。

(4) 未规避商标禁用条款。《商标法》第10条列举了不能作为商标注册的情形,但法律的含义相对而言仍然有其模糊性,为法律规避提供了可能。例如:"县级以上行政区划的地名或者公众知晓的外国地名,不得作为商标。但是,地名具有其他含义或者作为集体商标、证明商标组成部分的除外。"一般来说,能成功将地名作为商标使用的,主要依靠其第二含义,但所谓的"其他含义"在实践中难以界定,因此最好慎用与地名相同的商标,尤其是在商标未去注册就先行使用的情况下,不然,最后如果申请不到商标注册,品牌塑造的先期努力就前功尽弃了。

与此相关的问题是,有人觉得把地名反过来注册,法律不会干预。也确有这样成功的案例。但是,即使这类商标得到了注册,如果使用时故意与地名相混淆,最终可能会是这样一个结果,"以欺骗手段或者其他不正当手段取得注册的,由商标局撤销该注册商标"。还有的企业以原料或者商品的通用名称作为商标使用,最后可能也难逃被撤销的命运。

(5) 未规避他人的在先权利。《商标法》第32条规定:"申请商标注册不得损害

---

[1] 毕桂花. 商标注册法律风险及防范 [J]. 法制与经济, 2015 (21): 111–112.

他人现有的在先权利。"在先权利一般包括商标权、姓名权、肖像权、专利权、版权、商号权和地理标志权。

①商标的弱化宣传。商标的弱化，是指将别人的商标用于无竞争关系的商品的广告宣传上，从而使该商标与其商品的特定联系弱化的行为。《商标法》第13条规定："就不相同或者不相类似商品申请注册的商标是复制、摹仿或者翻译他人已经在中国注册的驰名商标，误导公众的，致使该驰名商标注册人的利益可能受到损害的，不予注册并禁止使用。"

②商标的退化使用。所谓商标的退化使用，是指以一定的方式使消费者将他人商标误认作有关商品的通用名称，从而减损其显著性，最终导致商标权的丧失。如将"敌杀死"商标用作农药名称，由于使用不当或者被竞争对手故意当作通用名称使用，从而使商标变成了产品的通用名称。有的商标未能正确适当地使用，也客观地为他人的规避提供了条件。有的企业在推出新产品时，投入了大量广告宣传其产品的商标，但却没有说明新产品的通用名称，或虽有通用名称，但过于专业化或冗长，难以取得广告受众的认同感，其结果是消费者只好用该商标指代商品的通用名称，从而导致商标退化。

③商标的丑化使用。有的竞争对手采用丑化或者玷污商标的行为，来损害对手的商标及其商品、服务的信誉。比如将别人饮料上的商标在厕所洁具等产品上使用，则可能引起消费者不舒服的感觉，从而拒绝再购买该饮料。

④其他"搭便车"侵权行为。在商标注册中还有许多奇异现象：有的采取隐藏方式，注册别人的外文商标的中文翻译名称；有的以发明人或者创始人的肖像来作为商标以规避文字图案；把他人商标进行肢解注册，从而达到规避的目的，有的用有双重含义的名人姓名来注册商标；有的利用互联网，把企业著名的商标关键词设置为自己网站或网页的关键词，当用户在搜索引擎上搜索，本想搜索该企业时，结果搜索到其竞争对手，从而造成误认，使其增加了宣传自己和进行交易的机会。出现这种情况，从法律上讲可能会构成不正当竞争。

2. 防范技巧

随着商业的发展和时代的演进，随商标出现的法律风险行为将层出不穷。如何为商标的权利人有效降低风险，是一个应引起重视的问题。

（1）尽管不具显著性的商标也可以使用甚至得到注册，但这种商标容易被别人用作商品通用名称，也容易被他人以合理使用为抗辩事由，然后合法使用在自己的商品上。设计商标时，企业在注意《商标法》中禁用条款的同时，注册申请前应考虑选择有显著性的商标，那种任意虚构的与商品或服务的特征联系越少的商标，越能得到法律的保护，也不易被别的企业利用。

（2）及时申请，保护权利。如果先行使用商标，等到商标已经培养成熟以后才去申请注册，那就可能已被他人抢注了。而且不注册商标，就不能排斥别人在相同的商品上使用相同的商标,这等于给别的企业进行不正当竞争提供了机会。由于商标注册申请的提出与商标的注册获准有一个时间差,所以,应在产品投入市场前先申请商标;有的企业将商标申请与产品开发同时进行,这不失为一个英明的策略。

(3) 曲径通幽,借力打力。一个普通商标并不能阻止别人在其他类别的商品上使用,从而为别人的法律规避提供了可能。但如果使用已登记有著作权或者已申请外观设计专利权的标识作商标,如果有人再以商标形式注册或使用,企业即可以根据《著作权法》或《专利法》来阻止别人的使用。同样,竞争对手的商标抢注、商标淡化、商标弱化、商标退化和商标丑化等手段也再无施展机会,因为在这种情况下,任何其他人对其商品任何形式的利用,都将陷入著作权侵权和专利侵权的法律境地。

(4) 联合防御,建立体系。防御商标是指同一商标所有人把自己的商标同时注册在其他非同种或非类似的商品上的商标,以阻止别人为借用自己的商誉,而在其他商品上使用、注册与自己相同的商标。一般而言,只有驰名商标才有权作为防御商标取得注册。联合商标是指同一个企业在同一或类似商品上申请注册两个或两个以上的近似商标,其中一个指定为正商标,与其他近似的商标一起构成具有防卫性质的联合商标。联合商标中任一商标的使用视为其他商标也在使用。

(5) 国际注册,扩大范围。企业在国外注册可以逐国申请,但最好根据《商标注册马德里协定》,通过国家商标局向世界知识产权组织的国际局提交国际注册申请,这样就可以一次申请,而同时在该公约的成员方中获得注册。设计商标时,企业要考虑自己产品的出口国家或地区的法律要求和民族风俗,以避免在中国可以注册的商标在国外却不能得到注册,使得在国外要重新打造一个品牌。同时及时甚至抢先在自己未来的出口国家或地区申请注册商标,以避免使自己的品牌因别人的抢注而不能进入。

(6) 科学使用,塑造形象。企业在宣传产品尤其是新研制的产品时,应该注意在宣传商标的同时,还应宣传产品的通用名称,避免商标的退化。此外,商标使用时应当采用显著的字体、字形、字号及颜色,以区别商品包装上的其他文字和图形,并应按规定标注注册标志,或者表明这是注册商标。

二、商标使用中的法律风险

商标注册成功后,接下来是如何规范地使用注册商标。商标注册后,只有将注册商标投入使用,才能使注册商标与产品(服务)产生一对一的联系,发挥商标的识别功能。不规范地使用注册商标,则可能面临三大风险:

(1) 注册商标的专用权无法获得充分的民事保护。根据《商标法》第56条的规定,注册商标的专用权,以核准注册的商标和核定使用的商品为限。商标注册人对注册商标进行拆分、组合、变形使用,如果这种使用已经改变了注册商标的显著特征,可能被法院认定为是一个新的未注册商标的使用,因注册商标未被实际使用,未使用注册商标将受到限制。由于注册商标未使用,对于他人在相同商品上使用近似商标以及在类似商品上使用相同或近似商标的,消费者不会产生混淆误认,法院极有可能认定不构成侵权。因此,商标注册人无权禁止他人的使用。即使法院认定上述的使用行为构成侵权,根据《最高人民法院关于当前经济形势下知识产权审判服务大局若干问题的意见》第7条规定:"请求保护的注册商标未实际投入商业使用的,确定民事责任时可将责令停止侵权行为作为主要方式,在确定赔偿责任时可以酌情考虑未实际使用的事实,除为维权而支出的合理费用外,如果确无实际损失和其他损害,一般不根据被控侵权人的获利确定赔偿;注册人或者受让人并无实际使用意图,仅将注册商标作为索赔工具的,可以不予赔偿;注册商标已构成商标法规定的连续三年停止使用情形的,可以不支持其损害赔偿请求。"在判决被告停止侵权的基础上,对商标注册人要求侵权人赔偿损失的诉讼请求往往确定较低的赔偿额,甚至不予支持。

(2)注册商标可能被行政主管机关依法撤销。根据《商标法》第49条的规定,自行改变注册商标和连续3年停止使用的,由商标局责令商标注册人限期改正或者撤销其注册商标。商标注册人不规范使用注册商标,极有可能被竞争对手、利害关系人作为向商标局申请撤销该注册商标的依据。在商标侵权案件中,被告也往往会以商标注册人连续3年停止使用,已经向商标局申请撤销该注册商标为由进行抗辩。实践过程中,商标注册人因不规范使用注册商标,注册商标专用权被撤销的不乏其例。

(3)可能侵害他人注册商标专用权。商标注册,应当按照规定的商品分类表分别进行注册申请,这种分类申请模式直接导致同一形态的商标在不同的商品类别中可能存在不同的注册商标专用权人。商标注册人超范围使用注册商标,就可能侵入他人的注册商标专用权领域,即使是在核定使用范围内,如果对注册商标进行拆分、组合或者变形,也可能因实际使用的商标形态与他人注册商标相同或近似而构成侵权。不规范使用注册商标不仅不利于商标注册人自有注册商标的品牌培养,还可能因侵权而遭受行政处罚或陷入诉讼纠纷。

第六章 企业著作权管理

CHAPTER 6

第一节 著作权

【知识点】

著作权的概念、作品的定义、作品的分类、著作权不予保护的客体、保护期限、《著作权法》的内容。

【概念解释】

著作权也称为版权，是为保护作者对其创作的文学、艺术和科学作品依法享有的人身权和财产权。著作权针对的标的物是作品，主要反映在文学、艺术和科学领域内，以促进社会的文化和科学事业的发展与繁荣。

作品是文学、艺术和科学领域内具有独创性并能以某种有形形式复制的智力成果。

【知识内容】

一、著作权和作品

1. 著作权的基本概念

著作权也称为版权，是为保护作者对其创作的文学、艺术和科学作品依法享有的人身权和财产权。著作权是由主体、客体和内容构成的重要民事权利和民事法律关系。著作权的主体是创造作品的作者或者其他著作权人；著作权的客体是文学、艺术和科学领域的作品；著作权的内容包括人身权和财产权。著作权的财产权是其核心权利，是对作品利用而获得利益的权利。

著作权针对的标的物是作品，主要反映在文学、艺术和科学领域内，以促进社会的文化和科学事业的发展与繁荣。著作权的产生实行作品一经完成即自动产生原则。但是著作权独占性不强，不能排斥他人独立完成的相同的作品取得的权利。相同的作品只要是独立完成的是允许两个以上的著作权并存的。

2. 作品的含义

《著作权法实施条例》中规定，著作权法所称作品是文学、艺术和科学领域内具有独创性并能以某种有形形式复制的智力成果。著作权法保护的是通过文字、音乐、美术等各种有形方式对创作思想的具体表达，并不保护抽象的思想、观念、理论、构思、创意、概念、工艺、系统、操作方法、技术方案等。

那么，对作品的具体要求是：

（1）作品必须具有独创性。

独创性可以理解为创作和独创。《著作权法实施条例》第3条规定："著作权法所称创作，是指直接产生文学、艺术和科学作品的智力活动，为他人创作进行组织工作，提供咨询意见、物质条件，或者进行其他辅助工作，均不视为创作。"这表明创作是一种智力活动，是一种自然人所特有的生理机能，作品是智力活动的反映。独创，是指由作者独立完成的，不是对他人作品的复制、抄袭或剽窃。如果该创作过程包含了其他人的智力活动，则所有创作者均为著作权人。

（2）作品必须能以有形形式复制。

著作权法所指作品必须以某种客观表达形式、有形载体表现出来，能够为他人所感知和利用，不能仅停留在作者的智力创作活动阶段。如附着于文字、图形、声音、动作等能够为人们的感官所感知的物质载体上的作品才是著作权法所保护的作品。作品只有具有了客观的表现形式，才能被复制，才有被保护的意义。

（3）著作权法所称作品必须是文学、艺术和科学领域内的智力创作成果。

3. 作品的种类

不同类别的作品著作权人享有的权利可能不同。例如，包含音乐作品的MV（音乐电视）其著作权就分为音乐电视的著作权和音乐作品的著作权。因此，著作权法对作品的种类进行了划分，而且给出了定义解释。

《著作权法》第3条规定了不同形式创作的文学、艺术和自然科学、社会科学、工程技术等作品。《著作权法实施条例》第4条，分别对《著作权法》第3条规定的作品进行了定义解释：

（1）文字作品，是指小说、诗词、散文、论文等以文字形式表现的作品。

（2）口述作品，是指即兴的演说、授课、法庭辩论等以口头语言形式表现的作品。

（3）音乐作品，是指歌曲、交响乐等能够演唱或者演奏的带词或者不带词的作品。

（4）戏剧作品，是指话剧、歌剧、地方戏等供舞台演出的作品。

（5）曲艺作品，是指相声、快书、大鼓、评书等以说唱为主要形式表演的作品。

（6）舞蹈作品，是指通过连续的动作、姿势、表情等表现思想情感的作品。

（7）杂技艺术作品，是指杂技、魔术、马戏等通过形体动作和技巧表现的作品。

（8）美术作品，是指绘画、书法、雕塑等以线条、色彩或者其他方式构成的有审美意义的平面或者立体的造型艺术作品。

（9）建筑作品，是指以建筑物或者构筑物形式表现的有审美意义的作品。

（10）摄影作品，是指借助器械在感光材料或者其他介质上记录客观物体形象的艺术作品。

（11）电影作品和以类似摄制电影的方法创作的作品，是指摄制在一定介质上，由一系列有伴音或者无伴音的画面组成，并且借助适当装置放映或者以其他方式传播的作品。

（12）图形作品，是指为施工、生产绘制的工程设计图、产品设计图，以及反映地理现象、说明事物原理或者结构的地图、示意图等作品。

（13）模型作品，是指为展示、试验或者观测等用途，根据物体的形状和结构，按照一定比例制成的立体作品。

（14）计算机软件，是指计算机程序及其文档。计算机程序是指为了得到某种结果而可以由计算机等具有信息处理能力的装置执行的代码化指令序列或者符号化语句序列，或者可被自动转换成代码化指令序列的符号化指令序列或者符号化语句序列。文档是指用自然语言或者形式化语言所编写的文字资料和图表，用来描述程序的内容、组成、设计、功能规格、开发情况、测试结果以及使用方法。

（15）派生作品，又称演绎作品，是指经改编、翻译、注释、整理的作品，是作者在已有作品的基础上经过创作性的劳动而派生出来的作品。改编是指改变原有作品，创作出具有独创性的作品。翻译是指将原有作品以不同于原有语言的形式表现出来。注释是对原有作品的内容或形式进行解释的活动。整理是指对内容零散、层次不清的原有作品或材料进行条理化、系统化加工活动。派生作品的著作权归改编、翻译、注释、整理人所有。

（16）汇编作品，汇编若干作品、作品的片段或者不构成作品的数据或其他材料对其内容的选择或者编排体现独创性的作品，为汇编作品。汇编作品的成分既可以是受著作权法保护的原始作品，也可以是不受著作权法保护的数据或者其他材料。汇编作品之所以受著作权法保护，是因为对汇编材料的选择和编排体现了作者的独创性的思想。

【案例 6-1】

2006 年，在德国世界杯的 1/8 决赛中，意大利队点球 1∶0 淘汰了澳大利亚队。在这场精彩的比赛中，解说员激情的解说为比赛增色不少，让球迷激动万分。

那么，解说员精彩的解说算是口述作品吗？著作权法上任何形式的作品都必须符合独创性的要求，而且应当有最低限度的思想表达、智力创作。解说员在解说中不但对比赛过程进行了报道，而且临场发挥，加入了个人对球员的称赞，对教练的批评等与众不同的表达，因此这些解说被认定为口述作品❶。

【案例 6-2】

"杂技、魔术、马戏"是作品吗？著名的"狼蛛"魔术案，开创了"魔术作品"认定为作品的先例。2010年5月，一名以色列魔术师向北京市第一中级人民法院起诉他人未经许可使用其设计的一种将戒指升至半空的"狼蛛"魔术。声称，其设计的魔术使用了其发明的"狼蛛"魔术道具，"通过指法及形体，辅之转移观众注意力等表演技巧，实现魔术的艺术效果"，并明确主张其对"狼蛛魔术道具的运用和演示本身已经构成魔术作品"。2012年3月，法院认定：原告"整个魔术在呈现给观众的形体动作、姿势的编排上体现了一定的构思"，"整体上属于《著作权法》所保护的魔术作品"❷。

4. 著作权法不予保护的客体

（1）依法禁止出版、传播的作品。

（2）法律、法规，国家机关的决议、决定、命令和其他具有立法、行政、司法性质的文件及其官方正式译文。这类作品是管理国家的重要依据，公民有知悉其内容的宪法权利。

（3）时事新闻。时事新闻是一种客观存在，对它的客观报道只有先后之别，而不应为任何人所垄断。但是，时事新闻不包括既有新闻内容，又包含了作者创作性活动的通讯、报告文学等文字作品。

（4）历法、通用数表、通用表格和公式。这类智力成果一般不具有作品的形式和条件。

【案例 6-3】

答题卡是否可以受著作权法保护呢？陈某设计了三种供机器识别的主观分答题卡，其指称某公司未经许可复制、发行这三种答题卡。一审法院认定被告的行为侵犯了陈某的著作权❸。二审法院则认为陈某设计的答题卡属于通用数表，不受著作权法的保护。法院指出："在本案中，三个主观分答题卡是为适应目前考试分数统计，答题卡自身并不能表达某种思想和设计，这种图形和文字是针对考题的选项设置和统计信息需要而设的，且图形排布受制于光标阅读机所识别的行

---

❶ 王迁. 著作权法［M］. 北京：中国人民大学出版社，2015：81-82.
❷ 北京市第一中级人民法院民事判决书（2010）一中民初字第10067号.
❸ 四川省自贡市中级人民法院民事判决书（2010）自民三初字第1号.

列间距等参数❶。

二、著作权的内容和保护期限

1. 著作权的内容

著作权的主体是著作权人,即作品的创作者以及依照法律或合同规定继受取得著作权的人。著作权的主体范围为中国公民、法人或其他组织和外国人、无国籍人。著作权属于作者。著作权的作者分为两类:一类是创作作品的公民;另一类是由法人或者其他组织主持,代表法人或者其他组织意志创作,并由法人或者其他组织承担责任的作品,法人或者其他组织视为作者。如无相反证明,在作品上署名的公民、法人或者其他组织为作者。

(1)《著作权法》规定,人身权是作者基于作品而享有的以人身利益为内容的权利。主要为:

①发表权,即决定作品是否公之于众的权利。

②署名权,即表明作者身份,在作品上署名的权利。

③修改权,即修改或者授权他人修改作品的权利。

④保护作品完整权,即保护作品不受歪曲、篡改的权利。

(2)《著作权法》规定,财产权与人身权相对应,是指作者基于对作品的利用而带来的财产收益。主要为:

①复制权,即以印刷、复印、拓印、录音、录像、翻录、翻拍等方式将作品制作一份或者多份的权利。

②发行权,即以出售或者赠与方式向公众提供作品的原件或者复制件的权利。

③出租权,即有偿许可他人临时使用电影作品和以类似摄制电影的方法创作的作品、计算机软件的权利,计算机软件不是出租的主要标的的除外。

④展览权,即公开陈列美术作品、摄影作品的原件或者复制件的权利。

⑤表演权,即公开表演作品,以及用各种手段公开播送作品的表演的权利。

⑥放映权,即通过放映机、幻灯机等技术设备公开再现美术、摄影、电影和以类似摄制电影的方法创作的作品等的权利。

⑦广播权,即以无线方式公开广播或者传播作品,以有线传播或者转播的方式向公众传播广播的作品,以及通过扩音器或者其他传送符号、声音、图像的类似工具向公众传播广播的作品的权利。

⑧信息网络传播权,即以有线或者无线方式向公众提供作品,使公众可以在其个人选定的时间和地点获得作品的权利。

---

❶ 四川省高级人民法院民事判决书 (2010) 川民终字第334号。

⑨摄制权，即以摄制电影或者以类似摄制电影的方法将作品固定在载体上的权利。

⑩改编权，即改变作品，创作出具有独创性的新作品的权利。

⑪翻译权，即将作品从一种语言文字转换成另一种语言文字的权利。

⑫汇编权，即将作品或者作品的片段通过选择或者编排，汇集成新作品的权利。

⑬应当由著作权人享有的其他权利。著作权人可以许可他人行使财产权中第①项至第⑫项规定的权利，并依照约定或者著作权法有关规定获得报酬。著作权人可以全部或者部分转让财产权中第①项至第⑫项规定的权利，并依照约定或者著作权法有关规定获得报酬。

【案例 6-4】

涉及发表权的某某书信拍卖案：某某及其夫人杨某和女儿曾先后给朋友李某写过百余封私人书信，某拍卖公司发布公告称其即将进行上述书信的拍卖。杨某向法院提出申请，请求责令该公司立即停止侵害著作权的行为。法院认为：杨某作为著作权人或著作权人的继承人，享有涉案书信作品的发表权，即享有决定作品是否公之于众的权利。书信作为人类沟通感情、交流思想、洽谈事项的工具，通常是写信人独立思想创作而成的文字作品。如果他人未经许可非法发表涉案书信手稿，将导致对申请人杨某的发表权造成难以弥补的损害。法院据此裁定：拍卖公司在拍卖、预展及宣传等活动中不得以公开发表、展览、复制、发行、信息网络传播等方式实施侵害某某、杨某及其女儿写给李某的涉案书信手稿著作权的行为❶。

【案例 6-5】

某经典歌曲演唱会案：2009 年 5 月，被告在北京展览馆主办了名为"何日君再来"的邓丽君经典歌曲 2009 全球巡回演唱会北京站的演出，在演唱会中未经许可公开表演了《月亮代表我的心》《甜蜜蜜》《恰似你的温柔》《海韵》以及《独上西楼》5 首歌曲，但并未征得著作权人及中国音乐著作权协会（以下简称"音著协"）的许可，也未缴纳著作权使用费。这 5 首歌曲的词曲作者已将其著作权授权给我国台湾地区著作权协会行使，该协会又与音著协签订了"相互代表合同"，由音著协在大陆行使这 5 首歌曲的著作权。音著协诉被告侵犯该 5 首歌曲的表演权。法院认为：演出组织者组织演出，使用他人作品的，应取得著作权人的许可，并支付报酬。但被告在其组织的演唱会中使用音著协管理的涉案 5 首歌曲，并未征得许可，亦未支付报酬，故侵犯了相关著作权人的表演权❷。

---

❶ 北京市第二中级人民法院民事裁定书（2013）二中保字第 9727 号。
❷ 北京市朝阳区人民法院民事判决书（2010）朝民初字第 20969 号。

2. 著作权的保护期限

著作权的保护期是著作权人对其作品享有专有权的有效期限。著作权的保护期按照权利内容的不同可分为著作人身权的保护期和著作财产权的保护期。我国著作人身权保护期采用永久保护和有限期保护相结合的方法。著作人身权中的署名权、修改权、保护作品完整权的保护期不受限制，而发表权的保护期与著作财产权的保护期相同。

自然人享有的著作权的保护期比自然人以外的民事主体享有的著作权的保护期要长，一般的文学作品著作权保护期比视听作品、摄影作品、实用美术作品等的著作权保护期要长。

著作财产权的保护期的起算分为两种，即从死亡起算和从发表起算。

（1）公民作品的著作权有效期：著作权法规定，公民的作品，其发表权和著作财产权的保护期为作者终生及其去世后50年，截止于作者死亡后第50年的12月31日。公民作品的著作权有效期与是否发表无关。但不适用于公民的电影作品和以类似摄制电影的方法创作的作品，如摄影作品等。

（2）著作权归法人或非法人单位享有的作品著作权有效期：著作权法规定，著作权（除署名权）由法人或者非法人单位享有的职务作品、电影作品和以类似摄制电影的方法创作的作品，摄影作品的发表权、著作财产权的保护期为50年，截止于作品首次发表的第50年的12月31日。但自作品创作完成后50年内未发表的，不予保护。

（3）作者生前未发表的作品，如果作者未明确表示不发表，作者死亡后50年内，其发表权可由继承人或者受遗赠人行使；没有继承人又无人受遗赠的，由作品原件的所有人行使。

（4）作者身份不明的作品，财产权保护期为50年，截止于作品首次发表后第50年的12月31日。

三、企业知识产权著作权的管理与保护

1. 著作权的归属

（1）职务作品的著作权人。

职务作品分为一般职务作品和特殊职务作品。

一般职务作品是指法律未做出特殊规定或作者与单位之间没有特殊约定的，仅与职务有关的作品。一般职务作品的著作权属于作者，但作者所在单位享有两年内的优先使用权。对于一般职务作品，由于作者和单位存在劳动关系，单位有权在业务范围内优先使用该作品。作品完成两年内，未经单位同意，作者不得许可第三人以与单位使用的相同方式使用该作品。作品完成两年的期限是自作者向单位交付作品之日起计算❶。

---

❶ 吴汉东. 知识产权法［M］. 北京：北京大学出版社，2011：95.

特殊职务作品，作者享有署名权，著作权中的其他权利属于作者所在单位，法人或者其他组织可以给予作者奖励。特殊职务作品分为两类：一类主要是利用法人或者其他组织的物质技术条件创作，并由法人或者其他组织承担责任的工程设计图、产品设计图、地图、计算机软件等职务作品；另一类是法律、行政法规规定或者合同约定著作权由法人或者其他组织享有的职务作品。特殊职务作品中要求的"物质技术条件"，是指该法人或者该组织为公民完成创作专门提供的资金、设备或者资料。

（2）演绎作品的著作权人。

演绎作品是指在保持现有作品基本表达的基础上，对作品的独创性表达进行修改、增删、变更等赋予新思想新情感的再创作的新作品。演绎作品包括对已有作品的改编、翻译、注释、整理等多种形式。

改编作品，是对已有作品的改编，保留了已有作品的基本内容，但是在表现的形式或者用途上作了具有独创性的改变。

翻译作品，是对已有作品的翻译，保留了已有作品的内容，但是通过另一种语言形式表达已有作品的思想。

注释作品，是对已有作品的注释，其不改变已有作品的内容和表达，而仅仅只是对已有作品的词语、引文、出处等予以解释性说明。

整理作品，是对已有作品进行诸如增删、还原、组合或者加工等形式的创作，使其成为一种新的作品。

虽然《著作权法》第12条规定，改编、翻译、注释、整理已有作品而产生的作品，其著作权由改编、翻译、注释、整理人享有，但是演绎作品的著作权人在行使其著作权时，是受到原作品的著作权的限制的。因此，应当注意：第一，演绎作品的作者在创作演绎作品之前，应当取得原作品著作权人的许可。第二，演绎作品的著作权人在行使著作权时，如果原有作品享有著作权的，既不得影响原有作品著作权的行使，也不得侵犯原有作品的著作权。第三，演绎作品的著作权人对演绎作品享有著作权，但对原有作品不享有著作权，不可行使原有作品的著作权。第四，演绎作品的著作权人对于他人侵犯其演绎作品著作权的行为，可以独立行使诉权，维护其合法权益。当他人使用演绎作品时，既要取得演绎作品的著作权人的许可，也要取得该演绎作品所依据的原有作品的著作权人的许可。

（3）合作作品的著作权人。

《著作权法》第13条规定，合作作品是两人以上合作创作的作品。构成合作作品需要客观上存在合作创造的行为，主观上存在合作的意愿表示，经过协商就共同创作一部作品达成共识，明确各自所承担的部分。

著作权由合作作者共同享有，没有参加创作的人不能成为合作作者。对于不可分割使用的作品，该合作作品的著作权由各个合作作者共同享有。

对于合作作品可以分割使用的，作者对各自创作的部分可以单独享有著作权，但行使著作权时既不能破坏该合作作品著作权的整体性，也不能侵犯该合作作品整体的著作权。由于该合作作品的著作权由各个合作作者共同享有，因此合作作者在行使该作品的著作权时，应当通过协商一致行使；如果不能协商一致，又无正当理由的，合作作者中的任何一方不得阻止他方行使著作权的各项权利，但是转让权的行使除外；因行使该合作作品而所得收益应当合理分配给所有合作作者。

（4）汇编作品的著作权人。

《著作权法》第14条规定："汇编若干作品、作品的片段或者不构成作品的数据或者其他材料，对其内容的选择或者编排体现独创性的作品，为汇编作品。"其著作权由汇编人享有，但行使著作权时，不得侵犯原作品的著作权。汇编作品通常表现为词典、报纸、期刊、年鉴、百科全书、文集等。汇编人行使权利时，不得侵犯原作品的著作权，即对享有著作权的作品进行选取和编排加工，应当取得原作品著作权人许可并支付报酬。

汇编作品的作者将他人已享有著作权的作品或者作品的片段作为材料汇集成新的作品，并且付出了创作劳动，给予汇编作品新的形式和内涵，因此，汇编作品的作者对此应当享有著作权。但是，基于他人享有著作权的作品的汇编作品，并不仅仅因为构成该汇编作品的材料本身享有著作权，而使得汇编作品的作者与构成该汇编作品的材料的作者之间就形成合作关系，该汇编作品也并不因此而成为合作作品。

（5）委托作品的著作权人。

委托作品，是指作者接受委托人的委托创作完成的作品。委托作品是基于委托合同的约定而创作的作品，委托人通过与受托人之间订立书面的委托协议，委托受托人创作作品。委托作品不完全是按照作者个人的意志自由进行创作的，受托人应当按照与委托人之间签订的委托合同所定的要求完成作品的创作，委托人一般不参与作品的创作。

《著作权法》第17条规定："受委托创作的作品，著作权的归属由委托人和受托人通过合同约定。合同未作明确约定或者没有订立合同的，著作权属于受托人。"因此，委托作品著作权的归属由委托人和受托人之间通过平等协商在委托合同中约定，可以约定归属于委托人，也可以约定归属于受托人。

如果双方对委托作品的归属问题没有约定的，或者约定不明的，该合作作品的著作权归属于受托人，即由该委托作品的作者享有著作权。应当指出的是，受托人也就是委托作品的作者，应当按照委托合同的约定，在完成该委托作品之后向委托人交付其创作的作品，如果双方在合同中未能就该委托作品著作权的归属问题作明确约定，按照法律规定，该委托作品的著作权归属于受托人，此时委托人只享有该委托作品原件的所有权。

（6）电影作品和以类似摄制电影的方法创作的作品的著作权人。

电影作品和以类似摄制电影的方法创作的作品，又称影视作品、视听作品。影视作品是由制片人、编剧、导演、摄影、作词、作曲以及演员等许多人的共同的智力劳动合作完成的一种复杂的合作作品。影视作品的组成部分可以分割，单独使用，如剧本、音乐等可以单独使用的作品的作者有权单独行使其著作权。因此，影视作品整体可以享有著作权，而其各个组成部分也单独分别享有著作权。

《著作权法》第 15 条第 1 款规定："电影作品和以类似摄制电影的方法创作的作品的著作权由制片者享有，但编剧、导演、摄影、作词、作曲等作者享有署名权，并有权按照与制片者签订的合同获得报酬。"因此，影视作品是由编剧、导演、摄影、作词、作曲等作者合作创作完成的，编剧、导演、摄影、作词、作曲等作者都是该影视作品的合作作者。但影视作品的著作权归制片人享有。该影视作品的编剧、导演、摄影、作词、作曲等作者享有署名权。

《著作权法》第 15 条第 2 款规定："电影作品和以类似摄制电影的方法创作的作品中的剧本、音乐等可以单独使用的作者有权单独行使其著作权。"由此可知，影视作品中的剧本、音乐等作品是独立存在的作品，作者享有相应的著作权。

影视作品中的剧本、音乐等作品可以单独行使著作权，即指作者可以脱离影视作品整体的著作权，以其他方式单独使用其作品。作者单独行使其著作权，不会因其作品与整个影视作品的关系而受到影响。各合作作者，包括可以单独使用的作品的作者，通过与制片人签订合同，以约定的方式，享有获得报酬权。

（7）美术作品的著作权人。

美术作品是指绘画、书法、雕塑等以线条、色彩或者其他方式构成的有审美意义的平面或者立体的造型艺术作品。我国《著作权法》规定，美术作品的著作权归属于作者。美术作品主要包括两个方面的权利：一是对作品原件的所有权；二是美术作品的著作权。当作品原件为作者所有时，两种权利属于作者，权利人可以依法对美术作品享有人身权和财产权。当作品原件所有权合法转移给其他人后，体现在作品原件上的两种权利就处于分离状态了。虽然作者仍享有该美术作品的著作权，但是美术作品原件的所有权则由该美术作品原件的所有人享有，其可以行使对该美术作品原件的占有、使用、收益和处分的权利。美术作品原件的展览权由原件所有人享有。

《著作权法》第 18 条规定："美术等作品原件所有权的转移，不视为作品著作权的转移，但美术作品原件的展览权由原件所有人享有。"意即作者以外的其他人在获得该美术作品原件的所有权之后，并不意味着该美术作品的著作权的转移，该美术作品的著作权人继续享有其著作权，而该美术作品原件的所有人享有该美术作品原件的物权和展览权。

（8）作者身份不明的作品的著作权人。

所谓作者身份不明的作品，是指难以确定作者身份、没有署名的作品。如果有些作品尽管没有署名或者没有署作者真实的名字，但仍然可以通过其他途径知晓作者身份的，不属于作者身份不明的作品。

《著作权法实施条例》第 13 条规定："作者身份不明的作品，由作品原件的所有人行使除署名权以外的著作权。作者身份确定后，由作者或者其继承人行使著作权。"一般来说，对于作者身份不明的作品，除署名权以外的著作权由该作品的所有者享有；如果该作品的作者确定后，该著作权由作者或者其继承人享有。

同时《著作权法实施条例》第 18 条还规定，对于作者身份不明的作品，其著作权的保护期截止于作品首次发表后第 50 年的 12 月 31 日。作者身份确定后，保护期为作者终生及其死亡后 50 年，截止于作者死亡后第 50 年的 12 月 31 日；如果是合作作品，截止于最后死亡的作者死亡后第 50 年的 12 月 31 日。

2. 企业的著作权管理

（1）著作权的集体管理。

著作权集体管理，是指著作权集体管理组织经权利人授权，集中行使权利人有关权利的一种制度。《著作权法》第 8 条规定："著作权人和与著作权有关的权利人可以授权集体管理组织行使著作权或与著作权有关的权利。"在大多数情形下，著作权人可以自己直接行使其权利，但是随着科技的进步、社会文化的发展，著作权人的作品被以多种形式广泛应用于多种场合，而著作权人并没有广泛参与自己权利的使用，甚至在有些情形下，著作权人并不知道自己的著作权已经被使用，权利人无法得到其应当收取的著作权使用费等，导致其著作权受到侵害，对此，著作权人可以授权集体管理组织代为维护和行使其著作权。

著作权集体管理组织，是指为权利人的利益依法设立，根据权利人授权，对权利人的著作权或者与著作权有关的权利进行集体管理的社会团体。著作权集体管理组织应当依照有关社会团体登记管理的行政法规和《著作权集体管理组织条例》的规定进行登记并开展活动。

著作权集体管理组织是一种社会团体组织，需要依据有关社会团体登记管理的行政法规等法律文件予以规范。著作权人根据自己的意愿授权著作权集体管理组织代其行使著作权或与著作权有关的权利。著作权集体管理组织被授权后，可以以自己的名义为著作权人和与著作权有关的权利人主张权利，并可以作为当事人进行涉及著作权或者与著作权有关的权利的诉讼、仲裁活动。著作权集体管理组织是非营利性组织，其设立方式、权利义务、著作权许可使用费的收取和分配，以及对其监督和管理等由国务院另行规定。

著作权集体管理组织目前有中国文字著作权协会、中国音乐著作权协会、中国音像集体管理协会、中国摄影著作权协会、中国电影著作权协会。

（2）企业著作权管理。

随着经济社会的发展，知识产权在现代企业中所占份额逐渐增多，因而企业越来越重视知识产权的管理及知识产权的统筹战略规划。以往企业通过运用专利和商标的制度，规划制定企业知识产权的总体性谋划与管理战略，以求得更好的发展和生存空间。但是企业往往会忽视知识产权的著作权管理,企业著作权的管理在企业发展和规划中开始逐渐凸显其重要地位。

企业著作权管理首先应对企业所有著作权进行统计备案,包括工作文件资料、宣传资料、会议资料、设计图纸资料、计算机软件著作资料等;其次应对著作权资源的开发、使用、注册、被许可或许可使用合同等实际运用和对经济的贡献等各项具体执行情况梳理清晰、登记翔实,这是有效利用及保护企业著作权资源的前提。应根据企业的发展需要、市场态势、竞争对手的优劣势等制定企业著作权的发展战略❶。

企业可以利用知识产权的组合来增强企业的核心竞争力,可以考虑以企业著作权战略和企业专利、商标战略相结合的方式进行企业知识产权的保护及管理。

①企业业务文件的管理。企业的业务文件从内容上包含项目文档、项目计划书、商务合同、产品手册、客户资料、推广执行文案、竞争对手资料、会议记录、设计文档、经验心得等。这些业务文件都是企业重要的智力资产,企业要对内部规章和资料档案执行严密的管理程序,如制定文件的格式、编号和审批流程,规范文件的发放、更改和作废程序。

②企业设计文案及图纸的管理。企业设计文案及图纸的管理是企业著作权管理的重要部分。企业设计文案及图纸的管理不当或泄露都会给企业带来重大的损失。针对设计文案及图纸管理,企业应严格规定图纸的保管、使用、更改和作废的流程管理制度,在整体上杜绝设计图纸外流的可能性。同时标注设计图纸的权利归属,即署名权,针对职务作品和个人作品进行严格区分对待。对于职务作品,应以企业或小组署名,作品的使用方式应由本公司管理部门决定,职务作品的登记工作要及时到位。

③企业宣传文件的管理。为能够更好地提升企业形象和市场竞争力,企业会推出广告宣传画册。企业推广宣传文件往往是由图片、文字说明、数据表格等构成的。公司在自行设计的过程当中,应该避免在未经当事人同意的情况下,使用他人的肖像或者摄影绘画作品,防止侵犯他人的肖像权和著作权。在委托他人设计的情况下,也应该和被委托方签订明确的委托协议,保证企业的合法权益不被侵犯。

④计算机软件的管理。涉及计算机软件开发的企业在计算机软件开发前,必须和软件开发人员签订权利归属合同,以确定计算机软件的著作权归企业所有,并保证开发人员不会携带已开发的程序跳槽到别家公司或将程序泄露给其他公司。在计算机软件的开发过程中,应该进行事先检索,以确定是否已有相应的软件申请专利或已进行过软件著作权登记,避免侵权和重复开发。计算机软件开发完成后,禁止未经允许的下载或复制活动,并及时对本公司的软件作品加注著作权标记。对已开发成熟的软件企业著作权管理部门必须及时到软件登记部门登记。

⑤企业门户网站的管理。为更好地发展企业业务,扩大宣传,越来越多的企业建

---

❶ 蒋坡. 知识产权管理[M]. 北京:知识产权出版社,2007:313.

立了自己的商业网站，通过网络作品传播宣传企业，因此网络环境下的著作权保护也面临更大的挑战。企业网站设计一般是企业委托专业的网站制作网页，由企业提出设计要求，提供相关文本及图片，包括公司介绍、项目描述、主页内容等。因此，在网站设计之前需要与网页设计公司签订好开发协议，并在协议中明确网页著作权的归属；在收到设计方案后，做好网站检索工作，避免网站的版式、色彩、图案、文案等和其他网站雷同，避免侵犯他人的网页作品著作权；在网页投入使用之后，要对发布到网上的内容、排版等工作事先做一个检索，避免发布到网上的文字、摄影作品、美术作品和排版等侵犯他人的著作权。在网站侵权问题发生时要积极应对，应当立即核实，及时采取措施，将被控侵权内容和信息移除。

3. 企业著作权的保护

（1）不视为侵犯著作权的情形。

为保护企业著作权不受侵犯，应首先了解哪些是不视为侵犯著作权的情形。

《著作权法》第22条规定，在下列情况下使用作品，可以不经著作权人许可，不向其支付报酬，但应当指明作者姓名、作品名称，并且不得侵犯著作权人依照本法享有的其他权利：

①为个人学习、研究或者欣赏，使用他人已经发表的作品。

②为介绍、评论某一作品或者说明某一问题，在作品中适当引用他人已经发表的作品。

③为报道时事新闻，在报纸、期刊、广播电台、电视台等媒体中不可避免地再现或者引用已经发表的作品。

④报纸、期刊、广播电台、电视台等媒体刊登或者播放其他报纸、期刊、广播电台、电视台等媒体已经发表的关于政治、经济、宗教问题的时事性文章，但作者声明不许刊登、播放的除外。

⑤报纸、期刊、广播电台、电视台等媒体刊登或者播放在公众集会上发表的讲话，但作者声明不许刊登、播放的除外。

⑥为学校课堂教学或者科学研究，翻译或者少量复制已经发表的作品，供教学或者科研人员使用，但不得出版发行。

⑦国家机关为执行公务在合理范围内使用已经发表的作品。

⑧图书馆、档案馆、纪念馆、博物馆、美术馆等为陈列或者保存版本的需要，复制本馆收藏的作品。

⑨免费表演已经发表的作品，该表演未向公众收取费用，也未向表演者支付报酬。

⑩对设置或者陈列在室外公共场所的艺术作品进行临摹、绘画、摄影、录像。

⑪将中国公民、法人或者其他组织已经发表的以汉语言文字创作的作品翻译成少数民族语言文字作品在国内出版发行。

⑫将已经发表的作品改成盲文出版。

前款规定适用于对出版者、表演者、录音录像制作者、广播电台、电视台的权利的限制。

（2）侵犯著作权及其相关权利的行为、侵权责任。

侵犯著作权人的行为分为损害著作权人利益的侵权行为与损害著作权人利益和社会公共利益的侵权行为。

《著作权法》第47条规定了损害著作权人利益的侵权行为的民事责任。有下列侵权行为的，应当根据情况，承担停止侵害、消除影响、赔礼道歉、赔偿损失等民事责任：

①未经著作权人许可，发表其作品的。

②未经合作作者许可，将与他人合作创作的作品当作自己单独创作的作品发表的。

③没有参加创作，为谋取个人名利，在他人作品上署名的。

④歪曲、篡改他人作品的。

⑤剽窃他人作品的。

⑥未经著作权人许可，以展览、摄制电影和以类似摄制电影的方法使用作品，或者以改编、翻译、注释等方式使用作品的，本法另有规定的除外。

⑦使用他人作品，应当支付报酬而未支付的。

⑧未经电影作品和以类似摄制电影的方法创作的作品、计算机软件、录音录像制品的著作权人或者与著作权有关的权利人许可，出租其作品或者录音录像制品的，本法另有规定的除外。

⑨未经出版者许可，使用其出版的图书、期刊的版式设计的。

⑩未经表演者许可，从现场直播或者公开传送其现场表演，或者录制其表演的。

⑪其他侵犯著作权以及与著作权有关的权益的行为。

《著作权法》第48条规定了损害著作权人利益和社会公共利益的侵权行为的民事责任、行政责任、刑事责任。规定有下列侵权行为的，应当根据情况，承担停止侵害、消除影响、赔礼道歉、赔偿损失等民事责任；同时损害公共利益的，可以由著作权行政管理部门责令停止侵权行为，没收违法所得，没收、销毁侵权复制品，并可处以罚款的行政责任；情节严重的，著作权行政管理部门还可以没收主要用于制作侵权复制品的材料、工具、设备等的行政责任；构成犯罪的，依法追究刑事责任：

①未经著作权人许可，复制、发行、表演、放映、广播、汇编、通过信息网络向公众传播其作品的，本法另有规定的除外。

②出版他人享有专有出版权的图书的。

③未经表演者许可，复制、发行录有其表演的录音录像制品，或者通过信息网络向公众传播其表演的，本法另有规定的除外。

④未经录音录像制作者许可，复制、发行、通过信息网络向公众传播其制作的录音录像制品的，本法另有规定的除外。

⑤未经许可，播放或者复制广播、电视的，本法另有规定的除外。

⑥未经著作权人或者与著作权有关的权利人许可，故意避开或者破坏权利人为其作品、录音录像制品等采取的保护著作权或者与著作权有关的权利的技术措施的，法律、行政法规另有规定的除外。

⑦未经著作权人或者与著作权有关的权利人许可，故意删除或者改变作品、录音录像制品等的权利管理电子信息的，法律、行政法规另有规定的除外。

⑧制作、出售假冒他人署名的作品的。

(3) 侵权纠纷的解决途径。

《著作权法》和《著作权法实施条例》给出了调解、仲裁、诉讼、诉前责令停止侵权行为、财产保全和证据保全等侵权纠纷解决的途径。

《著作权法》第49条规定："侵犯著作权或者与著作权有关的权利的，侵权人应当按照权利人的实际损失给予赔偿；实际损失难以计算的，可以按照侵权人的违法所得给予赔偿。赔偿数额还应当包括权利人为制止侵权行为所支付的合理开支。权利人的实际损失或者侵权人的违法所得不能确定的，由人民法院根据侵权行为的情节，判决给予五十万元以下的赔偿。"

《著作权法实施条例》规定，有《著作权法》第48条所列侵权行为，同时损害社会公共利益的，由地方人民政府著作权行政管理部门负责查处。非法经营额5万元以上的，著作权行政管理部门可以处非法经营额1倍以上5倍以下的罚款；没有非法经营额或者非法经营额5万元以下的，著作权行政管理部门视情节轻重，可处25万元以下的罚款。

同时侵犯以营利为目的以下著作权罪的：①未经著作权人许可，复制发行其文字作品、音乐、电影、电视、录像作品、计算机软件及其他作品的；②出版他人享有专有出版权的图书的；③未经录音录像制作者许可，复制发行其制作的录音录像的；④制作、出售假冒他人署名的美术作品的。如果违法所得数额较大或者有其他严重情节的，处3年以下有期徒刑或者拘役，并处或者单处罚金；如果违法所得数额巨大或者有其他特别严重情节的，处3年以上7年以下有期徒刑，并处罚金。

《著作权法》第50条规定："著作权人或者与著作权有关的权利人有证据证明他人正在实施或者即将实施侵犯其权利的行为，如不及时制止将会使其合法权益受到难以弥补的损害的，可以在起诉前向人民法院申请采取责令停止有关行为和财产保全的措施。"《著作权法》第51条规定："为制止侵权行为，在证据可能灭失或以后难以取得的情况下，著作权人或者与著作权有关的权利人可以在起诉前向人民法院申请保全证据。人民法院接受申请后，必须在四十八小时内做出裁定；裁定采取财产保全措施的，应当立即开始执行。人民法院可以责令申请人提供担保，申请人不提供担保的，驳回申请。申请人在人民法院采取保全措施后十五日内不起诉的，人民法院应当解除财产保全措施。"

财产保全限于请求的范围，或者与本案有关的财物。财产保全采取查封、扣押、冻结或者法律规定的其他方法。人民法院冻结财产后，应当立即通知被冻结财产的人。财产已被查封、冻结的，不得重复查封、冻结。被申请人提供担保的，人民法院应当解除财产保全。申请有错误的，申请人应当赔偿被申请人因财产保全所遭受的损失。当事人对财产保全或者先予执行的裁定不服的，可以申请复议一次。复议期间不停止裁定的执行。

著作权纠纷可以调解，也可以根据当事人达成的书面仲裁协议或者著作权合同中的仲裁条款，向仲裁机构申请仲裁。当事人没有书面仲裁协议，也没有在著作权合同中订立仲裁条款的，可以直接向人民法院起诉。对于侵犯著作权或者与著作权有关的权利的，可以没收违法所得、侵权复制品以及进行违法活动的财物。复制品的出版者、制作者不能证明其出版、制作有合法授权的，应当承担法律责任。

第二节　计算机软件著作权

【知识点】

计算机软件著作权、计算机软件著作权的登记、计算机软件著作权的管理。

【概念解释】

计算机软件著作权是指软件的开发者或者其他权利人依据有关著作权法律的规定，对于软件作品所享有的各项专有权利。就权利的性质而言，它属于一种民事权利，具备民事权利的共同特征❶。

【知识内容】

一、计算机软件著作权的基本概念

计算机软件著作权是指软件的开发者或者其他权利人依据有关著作权法律的规定，对于软件作品所享有的各项专有权利。就权利的性质而言，它属于一种民事权利，具备民事权利的共同特征。

著作权是知识产权中的例外，因为著作权的取得无须经过个别确认，这就是人们

---

❶ 财政部和国家发展改革委：《关于清理规范一批行政事业性收费有关政策的通知》。

常说的"自动保护"原则。软件经过登记后，软件著作权人享有发表权、开发者身份权、使用权、使用许可权和获得报酬权。

二、计算机软件著作权登记的要求

计算机软件著作权登记分为两种，一种是个人登记，另一种是企业登记。

个人登记，北京市版权局下发的《计算机软件著作权登记流程》明确规定，即指自然人对自己独立开发完成的非职务软件作品，通过向登记机关进行登记备案的方式进行权益记录和保护的行为。

企业登记，《计算机软件著作权登记流程》也有明确规定，指具备/不具备法人资格的企业对自己独立开发完成的软件作品或职务软件作品，通过向登记机关进行登记备案的方式进行权益记录/保护的行为❶。

计算机软件著作权登记的意义是：①可以扩大宣传效果；②使软件作品增值；③在发生侵权纠纷时，可以作为重要举证；④可以合法出版发行；⑤作为自主知识产权的有力证据；⑥在申报软件企业或高新技术企业时，是重要的材料；⑦作为税收减免的重要依据，财政部、国家税务总局《关于贯彻落实〈中共中央、国务院关于加强技术创新，发展高科技，实现产业化的决定〉有关税收问题的通知》规定，对经过国家版权局注册登记，在销售时一并转让著作权、所有权的计算机软件征收营业税，不征收增值税；⑧作为法律重点保护的依据；⑨作为技术出资入股；⑩作为申请科技成果的依据。总之，登记后，好处多，不登记隐患多。

《计算机软件著作权登记办法》第11条规定，在申请软件著作权时，要准备好以下证明文件：

①自然人、法人或者其他组织的身份证明。

②有著作权归属书面合同或者项目任务书的，应当提交合同或者项目任务书。

③经原软件著作权人许可，在原有软件上开发的软件，应当提交原著作权人的许可证明。

④权利继承人、受让人或者承受人，提交权利继承、受让或者承受的证明。

如果申请人不是计算机软件的创作者，而是通过转让或者许可获得著作权资格，也可以申请计算机软件著作权登记，不过要补充更多的证明材料。《计算机软件著作权登记办法》第14条规定，软件著作权转让合同或者专有许可合同当事人可以向中国版权保护中心申请合同登记。申请合同登记时，应当提交以下材料：

①按要求填写的合同登记表。

②合同复印件。

③申请人身份证明。

---

❶ 北京市版权局：《计算机软件著作权登记流程》。

如果申请人在登记申请之后，改变主意，或者发现申请材料有缺失或错误，则可以申请撤回、变更或者补充。《计算机软件著作权登记办法》第 16 条规定，申请登记变更或者补充时，申请人应当提交以下材料：

①按照要求填写的变更或者补充申请表。

②登记证书或者证明的复印件。

③有关变更或者补充的材料。

当然，并不是所有的软件著作权申请都会通过审查和批准，《计算机软件著作权登记办法》第 21 条规定，有下列情况之一的，不予登记并书面通知申请人：

①表格内容填写不完整、不规范，且未在指定期限内补正的。

②提交的鉴别材料不是《计算机软件保护条例》规定的软件程序和文档的。

③申请文件中出现的软件名称、权利人署名不一致，且未提交证明文件的。

④申请登记的软件存在权属争议的。

《计算机软件著作权登记办法》第 22 条规定，中国版权保护中心要求申请人补正其他登记材料的，申请人应当在 30 日内补正，逾期未补正的，视为撤回申请。

《计算机软件著作权登记办法》第 23 条规定，国家版权局根据下列情况之一，可以撤销登记：

①最终的司法判决。

②著作权行政管理部门做出的行政处罚决定。

不过，企业在申请软件著作权时，也要厘清几个概念：

（1）软件著作权登记不是强制性的。《计算机软件保护条例》第 7 条规定："软件著作权人可以向国务院著作权行政管理部门认定的软件登记机构办理登记。软件登记机构发放的登记证明文件是登记事项的初步证明。"由此可见，企业在申请软件著作权方面完全自愿。

（2）没登记则不受行政和法律保护。最高人民法院《关于深入贯彻执行〈中华人民共和国著作权法〉几个问题的通知》规定："凡当事人以计算机软件著作权纠纷提起诉讼的，经审查符合《中华人民共和国民事诉讼法》第 108 条规定，无论其软件是否经过有关部门登记，人民法院均应予以受理。"显然，软件著作权登记与否，并不影响软件著作权受行政和法律保护。

（3）软件著作权登记与取得著作权。《计算机软件保护条例》第 5 条规定："中国公民、法人或者其他组织对其所开发的软件，不论是否发表，依照本条例享有著作权[1]。"我国采用的是软件著作权自动取得制度。只要作品创作完成，无论发表与否，无论有没有登记手续，都不影响作者对产品的著作权。

---

[1]《计算机软件保护条例》。

三、计算机软件著作权的管理

在我国，计算机软件著作权受法律保护，那么计算机软件著作权管理的形式是什么，通常有以下几种：

（1）公开发表，即作者将软件发表在公开的媒体或者网络平台上。

（2）注明身份，即作者在其软件上署名并公开开发者身份。

（3）推广使用，作者在不损害国家和集体利益的前提下，可以复制、展示、发行、修改、翻译、注释等方式使用其软件。其中的翻译是对软件文档所用的自然语言的语种间的翻译。

（4）获取经济收益，作者可以许可他人使用其软件和由此获得报酬。

（5）转让，作者可以向他人转让上述使用权和使用许可权。但其他人若在未经著作权人许可的情况下使用软件，则侵害作者著作权，应承担停止侵害、消除影响、公开赔礼道歉、赔偿损失等民事责任，并将受到没收非法所得、罚款等行政处罚。

为促进我国软件产业发展，增强我国信息产业的创新能力和竞争能力，国家著作权行政管理部门鼓励软件登记，并对登记的软件予以重点保护。计算机软件著作权登记证书是软件著作权有效或登记申请文件所述事实的初步证明。我国借鉴国际先进管理经验，实行计算机软件著作权登记制度。

四、企业软件著作权的合规管理

1. 全员参与，分工协作

常规来说，企业知识产权合规管理工作应从企业业务流的维度开展，包括采购端、研发端、销售端、交付端以及基础支撑端等不同领域的商标、著作权、专利的业务合规工作。与专利合规风险主要体现在研发端不同，计算机软件著作权的风险由于其已渗透至公司各个业务流模块，尤其是大型现代企业的电子化办公已经成为常态，企业的办公系统搭建过程中涉及大量的软件使用，如企业办公使用的软件通常包括桌面办公类软件、企业管理类软件以及其他工具类软件。

在企业内部，由于采用分工化的管理模式，各个部门各司其职，进行软件著作权管理的时候，法务人员通常容易从风险控制的角度出发，要求风险最小化，而负责采购的自动化部门或者财务部门则更加关注成本最小化，而大多数的实际使用者则更多地关注如何通过灵活使用计算机软件提升工作效率。

因此，计算机软件合规管理需要对公司各类需求进行综合平衡，实现"降低风险、灵活配置提效率、降低成本"的整体目标。在进行计算机软件著作权合规管理的时候，更需要各部门分工合作，全员参与❶。

---

❶ 寿步. 计算机软件著作权保护 [M]. 北京：清华大学出版社，1997.

（1）明确分工，责任到人。一般而言，在企业中需要参与该工作的角色可以依据目标进行倒推从而确定具体的参与部门角色，如风险控制，需要法务部门（知识产权部门）从法律规定等角度明确风险以及管控思路；成本控制，需要财务部门明确公司预算，采购部门进行采购成本控制；效率提升，需要自动化部门以及具体使用需求部门进行资产的灵活配置等；审计监控，后端的内部审计监控等工作，需要自动化部门、法务部门等部门的参与。

（2）了解实情，精准施策。在企业运营过程中，不同于企业的人力资源、固定资产等类型的管理，软件的管理常常由于其易获取性，而使管理难度较大。因此，软件的合规管理的前提必然是自我梳理，了解软件家庭成员的情况以及各自的定位。

常见的分类有：桌面办公类软件，主要包括文字编辑、表格制作、电子邮件处理、防病毒等方面的软件，比如 MS Office、IBM Notes、McAfee、Outlook 等；企业管理类软件，主要包括支撑公司运营管理的 IT 应用系统，比如 ERP、采购系统、考勤管理系统、人事管理系统等；其他工具类软件，主要包括研发工具软件和生产外购软件，比如仿真软件 Ansoft、电路设计软件 Cadence 和 Mentor 以及用于生产和研发的嵌入式系统软件 pSOS、VxWorks、PNE 等。

因此，清晰地梳理企业内部使用软件情况，并编制属性表单，如 WPS 软件，其属性可以简单标注为"免费、桌面办公、使用面广、使用频率高"等清晰的分类，可以为后续的软件知识产权合规管理提供明确清晰的导航图。

（3）明确需求，加强沟通。实际上，由于各部门的专业分工不同，除部分基础办公软件的共同需求外，各个部门使用的专业软件存在很大的差异，在需求梳理的过程中，按照要求对软件的类别、使用人员范围、使用频率、可替代软件等进行属性分类，以确定各类软件的管理策略。

（4）强化管理，严格制度。鉴于计算机软件的"易获得性"，大型企业的计算机软件的管理可以考虑采用"集中管理、统一采购、授权使用、定期审计"的思路拟定举措，具体如下：

①集中管理。在公司的软件合规管理中，常见的风险源是由于员工在办公设备中从外部下载安装未经授权使用的软件而引起的，因此，在软件管理中，明确统一管理的方式，由 IT 部门建立公司的软件资产池，明确要求员工从公司的软件资产池中下载安装软件，禁止公司员工在办公设备中安装其他外部软件。

②统一采购。由采购部门按照需求部门提出的需求以确定采购对象，采取招标竞价的方式引入竞争，降低采购成本。在同样投入的情况下，最大化地获得软件的许可，以确保后续使用过程中资产的灵活配置；同时，需求部门、采购部门还需要进一步关注可替代需求的免费软件，以实现成本控制与软件需求的双平衡。

③授权使用。在建立软件资源池的基础上，进一步按照职能分工情况"定人、定岗"，部分使用面较小、使用频率较低的软件需要进行授权安装及使用，以规范软件的

使用范围，控制软件的采购成本。

④定期审计。对业务部门的使用情况，定期由自动化部门针对员工办公设备的软件使用情况进行审计，针对不合规的情况与法务部门联合提出处理意见。

（5）闭环管理，强化监督。针对定期审计的情况，除进行联合处理纠正违规情况外，更为重要的是针对管理情况进行定期复盘及调整，以更新需求、补充采购等，及时处理刚性的风险。

2. 企业风险管理

企业的计算机软件版权合规管理，其核心依然在风险与成本之间获得平衡。而且计算机软件著作权的管理需要实实在在的"全员参与"，尤其是与需求业务之间的沟通宣贯更是重点。因此，从企业风险管理的角度，建议关注：

（1）软件著作权风险的宣贯沟通，培养员工意识。在企业的软件著作权管理中，公司员工对于软件资源的风险意识缺乏是问题的重点，因此，法务部门梳理风险案例，并通过应知应会等方式，对软件著作权的典型风险进行宣贯，可以长效地起到引导作用，避免软件著作权管理制度由于缺乏风险意识的土壤而导致难以切实执行。

（2）明确风险点，推动公司决策层投入资源解决刚性风险，避免合规风险转化。与专利风险不同，在计算机软件著作权管理中的风险问题，基本上都可以通过合规管理的方式消减风险。但是，也常常会由于合规工作不到位，可能导致风险爆发，尤其是在涉及软件采购需要较大投入的时候，则需要公司投入相关资源，法务在相关的采购决策中，尤其需要结合公司需求、风险分层推动公司决策投入资源解决风险❶。

（3）重点关注合规审计，及时解决日常工作中出现的"小问题"。由于计算机软件基本上是公司全员使用的，因此，针对办公设备的管控除了拟定管理举措外，关注执行显得尤为重要，通过定期的IT、法务联合审计，对出现的问题进行通报纠正是有效的管理手段。

第三节　信息网络传播权与互联网著作权

【知识点】

信息网络传播权、互联网著作权管理。

---

❶ 陈静. 计算机程序的软件版权保护与专利保护的比较［C］//中华全国律师协会知识产权专业委员会年会暨中国律师知识产权高层论坛论文集（下），2009.

【概念解释】

信息网络传播权是指以有线或无线方式向公众提供作品，使公众可以在其个人选定的时间和地点获得作品的权利❶。

【知识内容】

一、信息网络传播权管理

信息网络化已是一个大的趋势，为我们带来了很大的便利，同时也存在一定的问题。那么，如何加强信息网络传播权保护，要注意做好以下几项工作：

（1）电信运营商及 ISP、ICP 要高度重视对著作权法律法规的学习，认真组织员工学习《信息网络传播权保护条例》，增强懂法、守法、用法的自觉性。

（2）定期对企业自办网站和管理的网站及服务器等进行全面清查，对发现网站上有未经合法权利人授权的内容（包括未经授权的音乐、电影、软件以及其他作品等）要及时取得授权，或要认真进行清除，重点审查自办网站提供的下载服务和在线播放服务中的音乐作品是否经权利人授权，如确属未经授权擅自提供下载服务和在线播放服务的应立即停止和删除，以避免信息网络传播侵权纠纷引起的诉讼给企业造成的损失。

（3）根据《信息网络传播权保护条例》的有关规定，加强对企业自办网站及链接的信息网络传播权进行规范管理与保护。提供连线服务及路径通道的链接不构成侵权，已在报刊上刊登或者网络上传播的作品，除著作权人声明或者上载该作品的网络服务提供者受著作权人的委托声明不得转载、摘编的以外，网站予以转载、摘编并按规定支付报酬、注明出处的，不构成侵权。但不得将未经合法授权的音乐、电影等放置于自办网站中，也不得设立指南非法载有未经授权的音乐、电影等网站的链接。特别是接到著作权人对上述网络内容的侵权警告后要及时清除相关内容，并将有关情况书面通知链接的网站，有关部门应保留好相关证据以便遇到诉讼时使用。

（4）电信运营商要加强对合作的内容服务提供商（ICP）使用作品及制作内容著作权合法性的审查和管理。在对外业务活动中与社会上 ICP 合作时，应当选择资信良好的法人单位，查验相关法律文件；事先了解所使用作品的著作权情况，如涉及第三方权利，必须要求委托方提供已获得合法授权许可的文件。委托他人制作的网站内容必须在双方协议中明确涉及知识产权方面的法律责任。制作网站内容的文字、图像及音乐作品选择除有提供者的书面文件外，还须有作品合法权利人的书面授权，并按相

---

❶ 《著作权法》（2010 年修正）第 10 条第（十二）项。

关规定支付必要的报酬。

（5）电信运营企业集团公司层面应当加强与国际国内影视作品、音乐作品、动画作品、录音制品等权利人及集体组织的联系，通过商谈合作和统一购买的方式合法使用权利人的作品；省级公司也可以选择与本地区访问量大、具有地方特色的录音制品和影视作品的合法权利人签订协议，统一标准和支付全公司范围内使用著作权的报酬，以降低运营成本和经营风险，减轻各分支机构的负担，促进信息网络业务的健康快速发展。

（6）高度重视信息网络传播权的保护，积极培育企业自主知识产权。在新的形势下，知识产权是自主创新的基础，也是市场竞争的重要手段。通过知识产权打造企业新的品牌，已成为企业成功转型的关键。为了提高自主创新能力，保护企业知识产权和拥有的自主品牌，电信运营企业必须高度重视信息网络传播权的保护工作。

（7）倡导成立网络作品版权保护组织，为网络企业及相关著作权权利人提供合法使用作品的平台。网络运营企业、网络内容服务提供商（SP、CP）在合法使用作品中出现的诸多版权纠纷，主要是企业因合法使用权利人作品的渠道不畅和对国际规则了解不够，导致侵权行为的发生。目前我国版权法中对网络短信等新兴网络作品的保护没有明确规定，缺少相应的救济措施；行业中介机构发育不成熟，作品的市场交易规则不完善，网络知识产权的保护与服务不能适应网络业发展的需要。网络产业的大发展，需要网络企业与内容服务提供商及相关著作权权利人提供大量的网络作品，满足广大客户的需求，尽快成立网络作品版权保护组织显得十分必要。

二、互联网著作权管理

如今，随着互联网的快速发展，尤其是移动互联网络技术的革命性进步，网络出版逐渐在出版领域异军突起，成为新时代文化传播的主力军。比如，平板电脑、移动手机等成为内容传播的新载体，进一步催生了纸质出版物的数字化演变。毋庸置疑，数字出版具有系列优势，比如携带方便、更新快捷、检索查询简易、阅读效率高等。但不可否认的是，新技术的快速发展也给版权保护带来一系列挑战，比如，传统意义上的版权保护从理念上和侵权模式上都出现了重大变化，直接影响到著作权法律规则的适用问题等。在"互联网+"大环境下，要全方位加强传统领域的版权保护，需要对这些新问题、新现象的法律关系进行梳理，以便提出相应的解决方案。

1. 新技术带来新挑战

网络技术的快速发展，给传统领域的版权保护带来多方面的挑战，以网络出版为例，主要体现在以下几个方面：

首先，网络成为版权侵权的重灾区。按照我国著作权法的相关规定，著作权人享有包括发表权、复制权、署名权等多项财产权和人身权属性。在传统出版领域中，对这些权利的保障和监督是可以预期和监督的，因为只要控制了出版源头和传播市场就可以做到有效防范。网络出版则不同，因为载体的数字化和网络的虚拟化，版权人无法控制作品的传播和复制，甚至在自己被侵权后都无法查清侵权作品的真正源头，这就给很多不法网络出版商以可乘之机。

其次，对网络出版主体进行审查难度较大。在我国，从事传统出版业的主体需要政府相关部门的审批，但对于网络出版者而言，审查难度较大，原因如下：其一，很多综合性的网站的主业并非专业网络出版者，它们往往利用兼职的身份从事这项业务，这给审查带来一定的难度；其二，很多不法网站利用"P2P"技术作为幌子，宣扬盗版资源来源于网民，网站并未存储这些内容，不应承担侵权责任；其三，不法网站将服务器设在海外以逃避检查。

最后，不少网络出版者缺乏社会责任感。较传统出版业而言，网络出版缺乏行之有效的内容审核机制，很多不法网络出版商为了牟取暴利或其他非法企图，将充斥着不实信息、侵犯他人人格权和商誉的信息、危害国家安全和社会稳定的信息、违反社会善良风俗的信息、侵犯未成年人权益的信息肆意在网络上传播。这些有害信息不仅扰乱了正常的出版秩序，而且侵犯了其他人的合法权益，危害了国家安全和稳定。

2."避风港原则"被滥用

我国《侵权责任法》第 36 条规定了"避风港原则"，这一规则主旨在于鼓励互联网产业发展。然而"避风港原则"却被很多不法网站经营者滥用。比如，不少非法网站利用所谓"他人"上传他人版权作品进行牟利，再利用"避风港原则"进行免责抗辩，逃避法律责任。被侵权人在事后很难举证，很难查清那些没有实名注册的"上传人"的具体身份信息。

在"互联网+"时代，滥用"避风港原则"实施侵权行为的方式主要表现在：注册"小号"，以虚拟人上传资源的方式，避免网站承担内容提供商的责任；以鼓励、奖励、唆使等方式教唆网民上传非法资源，网站利用"避风港原则"抗辩直接责任；以虚假的 P2P 模式，利用自建域外网站非法资源，提供深度链接侵犯他人版权等。

对此，最高人民法院出台了《关于审理侵害信息网络传播权民事纠纷案件适用法律若干问题的规定》，希望能最大限度弥补传统版权保护法律空缺。不过，随着网络技术的发展，各类侵权形态越来越复杂，这就需要法院等相关部门运用互联网思维，结合法律现有规定来灵活应对。笔者认为，对网络侵权的认定需要注意以下几方面：

首先，准确判断是否属于合理使用范畴。著作权法中合理使用的前提是已经公开发表。网络背景下的公开发表，既包括在媒体上的发表、发表后的转发，也包括在自媒体平台上的发表，以及由权利人上传至自己的公开网络空间。不过，电子邮件、点对点的文件传送，或者由权利人注明不得转载或使用的字样，不在公开发表范畴之内。

其次，合理使用不得侵犯版权人的人身权。网络技术和电子技术的发展，使得作品被篡改的可能性大大增加，包括标题的修改、内容的歪曲删减、作者署名的篡改、配图的歪曲修改等情况。值得注意的是，著作权法中所称的作品完整性，不仅指内容，还应包括标题等可能影响作品品质和性质的主要部分。

再次，网络点评、评论、转引等情况应属于合理使用范围。转引与转载不同，转引是著作权法规定的合理使用的典型范围。我国著作权法明文规定，为介绍评论某一作品或者说明某一问题，在作品中可以适当引用他人已经发表的作品。可见，网络点评原文而转引的法律性质源自法律的明文授权，而转载则更多地来自网民相互分享的精神。

值得注意的是，转载既然没有法律的明文授权，那么该行为就要承担更多的注意义务。转载必须注明原出处，并不得侵犯版权人的其他合法权益，比如不得擅自篡改作者姓名、不得擅自变更作品内容等。转载行为须是无偿行为，如果擅自将版权人作品拿来换取其他经济利益，这一行为就要受到法律的制裁。比如某些纸媒将部分微博内容整理发表，必须得到版权人的授权，而且需要支付相应的报酬，否则就不是善意的转载行为，而是侵犯版权的盗窃行为。如果博主在作品中注有"不得转载"的标记，那么其他网民就不得转载，否则版权人有权诉请法律维护自己的合法权益。

最后，厘清网络侵权的主体信息。网络版权侵权中，网站有双重身份，网站作为内容提供商时，网站发布的信息、推送的信息、转载的信息、提供深度链接的信息等情况，网站就是版权侵权主体，承担与传统媒体一样的责任。

当网站作为服务提供商时，网站是否承担责任需要确定网站是否尽到法律规定的义务，以及版权人是否经过"通知—删除"程序。一般来说，"避风港原则"是网站承担责任的前置性规则，即版权人是否履行了"通知—删除"的过程。只有在法律明文规定的情况下，才考虑网站是否承担"红旗原则"❶。

3. 多措并举，规避风险

针对以上问题，笔者认为，在"互联网+"环境下，要加强传统领域的版权保护，应从以下几方面着手：

第一，应尽快转变经营思路。"互联网+"开启了信息互动和免费服务时代，如果企业仍坚持传统版权盈利模式，可能无法适应新形势的发展。传统媒体的转型应立足互联网模式，积极开发网络客户端等新媒体平台。同时，传统媒体在与其他网络媒体签署版权协议时，可从付费转载模式逐渐转变为广告收益分成等多种模式。

第二，面对网络侵犯版权的情况，权利人要敢于维权和正确维权。权利人在主张权利时要充分利用"通知—删除"规则，保存好相关证据。

第三，需要适应新媒体时代发展趋势，创建企业自己的微信公众号、微博和新闻客户端，有条件的还应设立手机App应用平台，以新技术改变传播习惯。

---

❶ 方诗龙. 计算机软件侵权损害赔偿如何计算［J］. 法人，2019，179（1）：70-72.

第四，应加强对版权保护的技术性保障。腾讯微信团队发布了原创保护白皮书，微信公众号对原创保护特别值得"点赞"之处，在于将原创保护融入技术层面，以保护公众号原创信息的署名权、改编权、保持作品完整性等著作权人身权为着眼点，结合版权上的财产权利，创造性地将作品分享推广与版权保护融合在了一起。

第四节 著作权许可与转让

【知识点】

著作权的许可、著作权的转让。

【概念解释】

著作权的许可是指著作权人作为许可人或授权人，通过与被许可人或被授权人签订合同的方式，许可或授权被许可人使用、实施其著作权，并从中获得该著作权使用费的活动。

著作权的转让是指著作权人通过转让合同将其著作权中的部分或全部财产权让渡给受让方当事人的法律行为。

【知识内容】

一、著作权的许可与转让

1. 著作权的许可

著作权的许可是指著作权人作为许可人或授权人，通过与被许可人或被授权人签订合同的方式，许可或授权被许可人使用、实施其著作权，并从中获得该著作权使用费的活动❶。著作权许可使用是一种重要的民商事法律行为。许可他人使用著作权的被称为许可人，一般为著作权人；被许可使用著作权的人称为被许可人。许可使用的只可以是著作权中的一项或者多项财产权利，而著作权中的人身权因具有人身属性而不能被许可使用。许可人和被许可人通过签订著作权许可合同进行约定，双方产生相应的权利义务关系，对双方均有约束力，双方应按照合同约定行使权利和履行义务。

（1）著作权许可使用要求。著作权人许可他人使用其享有著作权的作品，并不改

---

❶ 蒋坡. 知识产权管理［M］. 北京：知识产权出版社，2007：313.

变著作权的归属，不导致著作权的转移或丧失。被许可人取得的仅仅是著作权的使用权，这是著作权许可使用区别于著作权转让的最显著特征。著作权人通过与被许可人签订著作权许可使用合同，许可被许可人在一定期限、范围内以约定的方式使用作品。

著作权作为知识产权，具有地域性和时间性。一般来说，效力仅限于本国境内，而且其也仅在著作权法规定的期限内受到保护。但是应当注意的是，对于著作权中的人身权，包括作者的署名权、修改权、保护作品完整权的保护期等不受期限的限制。当著作权受到第三人的侵害时，由著作权人负责向侵权人主张权利并向法院寻求救济。

（2）著作权许可使用分类。著作权许可使用可分为普通使用许可、排他使用许可和独占使用许可。

著作权的普通使用许可是指著作权人允许被许可人在一定地域和时间范围内使用其享有著作权的作品，同时著作权人本人有权在该范围内使用，并且可以继续许可其他人使用该作品的许可方式。被许可人无权排除包括著作权人在内的其他人以同样的方式使用该作品。当第三人侵犯著作权时，被许可人无权就该侵权行为向法院提起诉讼。

著作权的排他使用许可，是指著作权人允许被许可人根据约定的地域范围和期限，以约定的方式独家使用其作品，著作权人不能就该作品在同一地域范围和期限内同时再许可他人使用，但著作权人本人保留自行使用作品的权利。当第三人侵犯著作权时，著作权排他使用许可的被许可人与著作权人可以共同提起诉讼，在著作权人不起诉的情况下，被许可人也可以自行向法院提起诉讼。

著作权的独占使用许可，是指著作权人允许被许可人在双方约定的地域和时间范围内以特定的方式独占地使用其享有著作权的作品，其他任何人，包括著作权人在内也无权使用该作品。在独占许可的模式下，著作权人本人不得再授权他人使用。但这并不意味着被许可人享有对著作权的控制权和处分权，其也无权擅自许可其他人以任何方式使用该作品，除非著作权人对被许可人进行特别授权。当发生第三人侵犯著作权的情形时，被许可人有权单独向侵权人主张权利，提起诉讼。

在选择著作权使用许可模式时，双方当事人应综合考虑许可使用费、许可使用的权利等因素，充分预估作品的市场价值以及可能产生的经济效益，并依此对许可模式做出选择。普通使用许可是最为常见的一种许可方式，著作权人可同时许可多家单位或个人使用其作品，以获取更多的许可使用费，这种许可方式不仅有利于作品的传播和著作权的应用，也有利于著作权人最大限度地获取经济利益。著作权独占使用许可是三种许可方式中最具排他性和垄断性的许可方式。

（3）著作权许可使用合同。著作权许可使用合同应当明确约定许可使用的标的。其中不但应当包括许可使用的作品，而且应当包括许可使用的权利类别。著作权中的财产权可以许可他人使用，人身权不能许可他人使用。著作权人许可他人使用的权利可以是一项，也可以是多项。著作权许可使用合同应当明确约定许可使用的方式，即普通许可、排他许可、独占许可。

根据作品以及许可使用的不同种类，著作权许可使用合同可以分为不同的类型，不同类型合同有各自特别约定的条款。

2. 著作权的转让

著作权的转让是指著作权人通过转让合同将其著作权中的部分或全部财产权让渡给受让方当事人的法律行为。著作权的转让可以通过买卖、互易、赠与等方式。转让的法律后果是著作权的主体发生变更，转让人丧失转让的著作权，而受让人取得相应的著作权，成为新的著作权人。

著作权转让合同是指著作权人与受让人就著作财产权的全部或部分的转让而订立的合同。签订著作权转让合同，意味着合同双方就著作权人将著作财产权中某项或某几项权利转让给合同相对方的事项达成一致的意思表示，则该项著作财产权由受让人享有，原著作权人失去该项权利。著作权转让合同应当就转让的权利种类、地域范围、转让价金等事项予以明确。我国著作权法规定著作财产权的转让，应当订立书面合同。采取书面形式对于明确合同双方的权利义务、防止争议以及解决纠纷具有积极意义❶。

著作权转让合同主要包含以下内容：首先是著作权保护的作品的名称。在签订著作权转让合同时，双方当事人应明确约定转让的权利种类，同时需要约定受让人行使受让的权利时，不得侵犯原作者或转让人的著作权中的其他未予转让的财产权和人身权。著作权转让可以是分地域的，在签订著作权转让合同时，双方当事人应明确权利转让的地域范围。转让价金是著作权的市场价值以及经济效益的具体体现，受让人为取得著作权而应当向著作权人支付的对价。转让价金的支付日期是受让人根据著作权转让合同的约定，向转让人支付对价的时间或期限。转让价金的支付方式是受让人支付价金的形式，如一次性支付或分期支付，支票、汇票支付或是货币支付等。著作权转让合同中的一方当事人因不履行合同义务或履行合同义务不符合约定，即构成违约，应当承担相应的违约责任，通常包括赔偿损失、支付违约金、采取补救措施等。

二、计算机软件著作权的许可与转让

我国对计算机软件著作权实行软件登记。软件著作权专有许可合同和转让合同的登记适用与一般的著作权合同备案登记不同的操作流程和规则。

中国版权保护中心是国家版权局认定的唯一的软件登记机构，负责全国计算机软件著作权登记的具体工作。申请计算机软件著作权专有许可合同和转让合同登记，应向中国版权保护中心软件著作权登记部办理登记。办理软件著作权专有许可合同和转让合同登记的著作权人可以自己办理计算机软件著作许可合同或转让登记，也可以委托代理机构办理登记。

---

❶ 吴汉东. 知识产权法 [M]. 北京：北京大学出版社，2011：95.

申请人办理软件著作权专有许可合同和转让合同的登记时应提交合同登记申请表、专有许可或转让合同、著作权人的身份证明文件、原登记证书的复印件、查询结果。

申请人提交填写完整并打印的申请表原件，申请人签章应当与申请人名称一致，并附带申请人及代理人的身份证明文件、权利归属证明文件等。若合同涉及已经办理过著作权登记或其他登记的，应当提交原软件著作权登记证书或证明的复印件。若合同涉及的软件已经进行过著作权的登记，需先做著作权登记概况查询。

对于专有许可合同和转让合同的要求：专有许可合同中应当明确许可的软件名称及版本号、许可权利范围、许可地域范围、专有许可权利的期限等内容。合同应当符合著作权法及合同法的基本要求；转让合同中应当明确转让的软件名称及版本号、转让权利范围、转让地域范围、合同生效日期等内容，合同应符合著作权法及合同法的基本要求。

计算机软件著作权登记申请审批流程分为受理、审查、登记3个阶段。自申请受理之日起10个工作日后，申请人或代理人可于中国版权保护中心网站查阅软件著作权转让或专有合同登记公告，并于该登记公告发布3个工作日后持受理通知书原件领取登记证书。

第七章 企业商业秘密管理

第一节 企业商业秘密管理概述

【知识点】

商业秘密的识别。

【概念解释】

商业秘密是指不为公众所知悉、具有商业价值并经权利人采取相应保密措施的技术信息、经营信息等商业信息。

【知识内容】

一、定义

商业秘密是指不为公众所知悉、具有商业价值并经权利人采取相应保密措施的技术信息、经营信息等商业信息。因此，商业秘密包括两部分：非专利技术和经营信息。如管理方法、产销策略、客户名单、货源情报等经营信息；生产配方、工艺流程、技术诀窍、设计图纸等技术信息。商业秘密对于企业的竞争力、企业的发展乃至企业的生存都具有十分重要的意义。

二、构成要件

《反不正当竞争法》第9条规定，商业秘密是不为大众所知悉、具有商业价值并经权利人采取相应保密措施的技术信息、经营信息等商业信息。由此可以看出，商业秘密必须同时具备三个要件。

1. 秘密性

秘密性，这是商业秘密的核心特征，也是认定商业秘密的难点和争议的焦点。法律规定的"不为公众所知悉"即指商业秘密的秘密性，是指权利人所主张的商业秘密未进入"公有领域"，非"公知信息"或"公知技术"。

2. 价值性

首先，商业秘密能给权利人带来的经济利益往往体现为因竞争优势所带来的经济利益。其次，该经济利益不但包括应用商业秘密已带来的经济利益，而且也包括虽未应用但一旦应用必然取得的良好成果。商业秘密的价值性包括"现实的或者潜在的经济利益或者竞争优势"，不以现实的价值为限。

3. 实用性

实用性是指商业秘密的客观有用性，即通过运用商业秘密可以为所有人创造出经济上的价值，具有确定的实用性，是实现商业秘密价值性的必然要求。一项商业秘密必须能够用于制造或者使用才能为其持有人带来经济利益。正由于商业秘密的实用性，谁只要掌握了商业秘密，谁就必然可以将之用于实践，所以在人才流动中商业秘密的侵权才变得如此容易和广泛。

三、归属问题

1. 雇佣关系下的商业秘密归属

雇佣关系下的商业秘密归属分两种情况，即职务技术成果的归属和非职务技术成果的归属。

（1）职务技术成果的归属。根据《合同法》第326条，职务技术成果属于单位所有，由单位拥有并行使技术成果的使用权、转让权。所谓职务技术成果是指执行单位工作任务，或利用本单位的物质技术条件所完成的技术成果。

（2）非职务技术成果的归属。如果技术成果与职工的工作任务和责任范围没有直接关系，而且不是利用本单位的物质技术条件完成的，就属于非职务技术成果。非职务技术成果属于职工个人，其使用权、转让权由完成技术成果的个人拥有和行使。

2. 委托开发关系下的商业秘密归属

公司除了自行研究开发之外，往往也会出资委托其他公司或科研机构研究开发生产技术。《合同法》规定，委托开发关系下的商业秘密归属由当事人自行约定，如果没有约定或约定不明的，委托人和被委托人都有使用和转让的权利。但是，被委托人在向委托人交付研究成果之前，不得转让给第三人。另外，除当事人另有约定以外，委托开发中完成的技术成果的专利申请权属于被委托人。

3. 合作开发关系下的商业秘密归属

有时企业也会和其他公司和科研机构合作开发技术项目，以取长补短。合作开发关系下的商业秘密归属由当事人自行约定。如果没有约定或约定不明的，归全体合作人共同拥有，共同行使使用权、转让权和专利申请权。

第二节　企业内部商业秘密保护

【知识点】

商业秘密的具体措施。

【概念解释】

竞业禁止协议是指根据法律规定或合同约定，劳动者在任职期间或离职后一定期限内不得自营或者为他人经营与用人单位有竞争关系的同类产品或业务。

脱密期也称"提前通知期"，指掌握商业秘密的员工在劳动合同终止前或提出解除劳动合同后的一定时期。这段时期企业可将上述员工调动到非商业秘密的工作岗位，变更合同内容，逐步使其淡忘所知道的商业秘密。待此期满，员工方可办理离职手续。

不可避免泄露规则是指雇员与前雇主之间虽然没有签订竞业禁止协议，但根据前、后雇主及其产品的性质，雇员在前后两个机构中担任职务的相似性等证据，有理由认为该雇员必然会在履行其新职务的过程中披露前雇主的商业秘密。

【知识内容】

一、商业秘密保护的基本措施

（一）基本保密工作

1. 强化员工保密意识

企业需要提高全体员工，特别是需要接触商业秘密的员工，如技术人员、网络管理人员、文档管理人员的商业秘密保护意识。通过定期培训，加强保密意识、保密责任意识和防范商业间谍活动意识。同时，加强企业文化建设，使员工对企业文化有认同感，为商业秘密保护创造良好环境。

2. 强化企业保密制度

企业需建立商业秘密保护制度，合理的规章制度既可以得到法律保护，也能成为权利人主张无形财产权的依据，有利于在侵权诉讼中举证。保密制度的建立应当合理、合法、可行。过于琐碎的管理制度不仅会成为工作障碍，更会影响经营活动。相反，过于简单也不能起到保密的作用。

一般而言，企业制定保密规章制度应包含以下几方面内容：
①商业秘密的范围。
②商业秘密的管理者及责任。
③商业秘密载体保密管理制度。
④商业秘密载体对外交往要求。
⑤涉密活动、涉密会议管理制度。
⑥商业秘密档案管理制度。
⑦商业秘密的申报与审查程序。
⑧商业秘密的保密义务、处罚。
⑨雇佣期间产生的商业秘密的归属等。

建立商业秘密保护制度很重要，但这并不意味着所有企业都应建立统一的商业秘密管理制度，更不意味着所有企业在建立商业秘密保护制度时都需要追求完善。因为事实上，保密级别越高，成本就越高。不同类型、不同规模、不同发展阶段的企业可以支付不同的保密成本，因此应根据企业的实际情况建立相应的保密制度，使企业获得最佳的投入产出比。一般来说，企业可以根据不同的发展阶段制定不同的商业秘密保护制度。

（1）初步阶段：在企业发展的初步阶段，虽然认识到商业秘密保护的重要性，但是企业管理不够规范，也无法为保护商业秘密支付太多的费用时，可以选择使用和相关员工签订保密协议、竞业禁止协议、增加劳动合同的保密条款等方式，对商业秘密形成初步的保护。

（2）发展阶段：在企业的稳定发展阶段，企业可能有了更大的能力去进行商业秘密保护，这时应该在企业内建立基本的商业秘密保护和管理制度。

（3）稳定成长阶段：在企业进入稳定成长阶段以后，内部管理和运营变得更加规范，大量的技术信息和经营信息产生，尤其是一些核心技术要求企业给予更为周全的保护，这时，企业应该建立专门的商业秘密管理机构，在前一阶段的基础上继续完善商业秘密保护制度。

（二）物理保密措施

1. 区域管理

管理商业秘密本身的基本思路是将商业秘密与外界进行隔离，多一个不相关的人知道企业秘密就多一分泄密的危险，区域管理最重要的原则就是严格地控制接触商业秘密的人数。具体管理措施包括以下几个方面：

（1）加强门卫设防。对来访者，需要验明身份并问清来访事由，不让无关人员特别是竞争对手随便进入公司。建立登记制度，必要时对携带的可以拍照或录音类物品予以寄存。对重点部位安装电子监控报警、人员身份识别系统等，严禁来访者任意进入保密区域。

（2）加强保密区域的管理。建立内部监控设施、防盗系统，无关人员禁止随便进出如技术部、产品开发部、资料室等高度涉密区域。在公司内部严禁员工任意串岗，让涉密人员处在可控范围内。

（3）对企业的商业秘密进行等级划分。

2．电脑管理

随着电脑迅速发展和普及，现在绝大多数的企业员工都是运用电脑进行工作，在这样的环境下，商业秘密的泄密风险就更高，企业要加强商业秘密管理，电脑管理当然不能忽略。电脑管理措施包括：

（1）设置电脑进入密码。

（2）对重要文件进行软件加密，将文件设置为禁止复制或更改。

（3）拆除USB接口及光盘刻录等。

（4）对计算机与网络设备送交外部人员修理时，必须先拆卸涉密存储设备，防止商业秘密被修理人员窃取。

（5）遗弃旧电脑时，务必将旧电脑的存储设备进行技术性清理。

（6）隔断没有必要的网络连接。如今黑客技术已经达到通过网络侦寻联网计算机内的硬盘信息的程度，因此计算机特别是涉密计算机上网是非常危险的。

3．网络管理

网络时代，企业通过互联网可以更快获取资料、交换信息、共享资源，一方面为企业带来了便利，另一方面为企业的商业秘密保护带来了更大的挑战，如何在充分利用互联网带来的便利的同时采取积极有效的措施防止网络泄密，成为网络时代商业秘密保护共同的难题。

目前，网络侵犯商业秘密主要通过以下途径：在网络上公布共享软件的注册码；将商业秘密置放在公共空间，访客可以下载；利用电子邮件窃取商业秘密；侵入公司内部数据库获取商业秘密等。针对这些侵权路径，企业应采取以下措施进行防范：

（1）密码管理。为了确保雇员只能接触他们需要知晓的信息，可以由中央控制服务系统分配给每个授权用户一个独特的密码，这个密码只能由自己保护及保密，且密码需要定期更换。

（2）禁止安装摄像头。摄像头的安装不但有可能泄露企业的运作流程，同时还有可能因直接对准有商业秘密的文件而导致泄密。

（3）禁止下载和工作无关的程序。由于有些程序会含有间谍程序，如果擅自下载和工作无关的程序，很容易不经意间就被安装了间谍程序。

（4）在涉密信息中添加安全说明。在涉密信息打开的时候，该说明就会提示打开信息的用户文件中含有涉密信息，作为合理保密措施的证据存在。

（5）高层管理者进行网络监控。在此之前，管理人员应该告知员工，在工作期间，不能用电脑从事私人活动，公司可以监视到员工在工作时传输的信息和电子邮件等，告知后，公司可就工作内容进行网络监控。

二、雇员商业秘密保护

商业秘密保护，不仅要靠制度、技术，更重要的是要靠对涉密人员的管理。企业的科研开发、生产经营必须要依靠员工进行，员工在工作中也就不可避免地要接触企业的商业秘密，而且，侵犯商业秘密案件的绝大多数泄密案件都是由于知晓企业商业秘密的员工违反规定的行为引起的，因此，对于员工商业秘密的管理成为企业商业秘密管理的最重要的环节。

（一）强化涉密员工管理

涉密员工是指由于工作需要，在涉密岗位合法接触、知悉或管理企业商业秘密的人员。

（1）对涉密员工范围进行界定，明确涉密员工的职权和责任，此举一方面可以节约保密成本，另一方面能更好地保护商业秘密。按照接触、知悉或管理商业秘密的程度，涉密员工也可以分为核心涉密人员、重要涉密人员和一般涉密人员。

（2）应该严格控制商业秘密的接触范围，只有在充分必要的情况下，才让员工接触相关的商业秘密信息；尽量避免将完整的商业秘密信息告知员工，按照员工实际需要，仅告知其必须知晓的被分割后的部分信息。

（3）需对涉密员工进行上岗培训，培训内容包括：保密法律规章、保密知识技能、保密的权利和义务等。通过培训令涉密员工增强保密意识，了解和掌握保密知识技能和保密法律法规，提高保密责任感，自觉履行保密职责。

（二）保密协议

《劳动法》规定，劳动者应该根据用人单位的要求，保护用人单位的商业秘密。用人单位要求员工保守商业秘密，一方面可以通过规章制度的方式，另一方面也可以与员工签订保密协议。用人单位通过与员工订立保密协议来保护商业秘密是最常见也是保护成本较低的有效方法。保密协议能让员工明确其保密义务和保密范围，也是企业采取了合理保密措施的有效证明。保密协议应包括以下主要条款：

(1) 用人单位应与员工约定商业秘密的范围和权属。关于保密协议的内容和范围，我国法律只概述了商业秘密可以包括技术信息和经营信息，而没有明确信息以何种形式、何种内容呈现才算是商业秘密，企业可以采用列举的方式来明确员工保密的范围和具体内容，以免在发生纠纷时就是否属于商业秘密及是否应当保密产生分歧。

(2) 用人单位应与员工约定商业秘密的有效期限。因为保密的期限往往会超过劳动关系存续的期限而延续到劳动者离职以后的一段时间，特别是解除劳动合同后的一段时间。用人单位可以要求员工在离职后继续承担对仍在存续期间的商业秘密的保密义务。

(3) 用人单位应与员工约定商业秘密的具体保密措施。如商业秘密不得向公司外部及内部无关人员泄露，不得复制含有商业秘密的文件，不得在有竞争关系的企业兼职，在劳动关系终止前6个月，用人单位有权单方决定调动劳动者的工作岗位等。

(4) 用人单位应与员工约定员工职务发明与非职务发明的范围。具体内容包括：员工在任职期间创造的发明成果应该及时汇报，对该成果的实施、转让以及权利归属进行明确约定。

(5) 用人单位应与员工约定保守商业秘密的补偿条款。包括保密的待遇和以"保密津贴"形式存在的经济补偿等，当然，用人单位还可以和员工约定离职后其承担的商业秘密保护义务不以得到额外补偿为前提条件。

(6) 用人单位应与员工约定保密的义务和责任，以及违反保密义务的违约责任和赔偿条款。违约责任可以按照《合同法》的规定约定一定数额或者比例的违约金，也可以根据违约的不同情形约定违约金的具体数额。违约金不足以弥补实际损失的，可要求违约员工按照实际损失进行赔偿。

(三) 竞业禁止协议

目前商业秘密纠纷主要表现为雇员带走雇主的商业秘密，继而与前雇主展开不正当竞争。竞业禁止协议就是针对上述现象的防范措施。竞业禁止协议是指根据法律规定或合同约定，劳动者在任职期间或离职后一定期限内不得自营或者为他人经营与用人单位有竞争关系的同类产品或业务。其核心内容就在于约定离职者不得利用在原单位掌握的商业秘密从事此行业的不正当竞争业务。在拥有商业秘密的公司，雇主与雇员建立雇佣关系时一般通过与雇员签订协议的方式要求雇员在离开该企业后的一定期限内，不得在潜在对手处任职。签订竞业禁止协议的目的主要在于：一方面可以防止员工离职带走原单位的商业秘密为另一单位服务；另一方面可以防止员工离职后另起炉灶，从事与原单位业务相同的经营或服务。

竞业禁止的限制对象负有不从事特定竞业行为的义务，这种义务的产生原因一是基于法律的直接规定，如公司法对董事、经理等的竞业禁止义务所作的规定；二是基于当事人之间签订竞业禁止协议进行约定，此类协议通常用于保护雇主的商业秘密。

由此可知，竞业禁止的形式一种是法定竞业禁止，是当事人基于法律的直接规定而产生的竞业禁止义务；另一种是约定竞业禁止，是当事人基于民事合同或劳动合同的约定，而产生的竞业禁止义务。

1. 法定竞业禁止

法定竞业禁止最早规定于我国的《中外合资经营企业法》，后在《公司法》《合伙企业法》《刑法》中也有规定。法定竞业禁止的义务主体包括中外合资经营企业的总经理、副总经理；有限公司及股份有限公司的董事、经理；国有独资公司的董事长、副董事长、董事、经理；合伙企业的所有合伙人。法定竞业禁止的内容主要包括：首先，不得自营与所任职企业相同、类似的业务。自营即为自己经营，包括为自己独资或参股的企业经营。因为董事、经理、合伙人都是企业的高层管理人员，拥有管理公司或企业事务的权利，他们是整个企业决策、业务的执行者。而且，由于职务的关系，他们直接掌管或知悉本公司商业秘密。因此，如果允许他们自行从事同类营业，将有可能利用职务之便利，或利用因职权获得的商业秘密与公司进行竞争，以牟取私利，从而损害公司的合法权益，这当然为法律所不许。其次，不得为他人经营与所任职企业相同、类似的业务。"为他人经营"，是指为自己不出资但却从中获取报酬的经营。为自身利益经营，法律要禁止，为他人利益经营，法律也仍然禁止，因其可能损及企业利益，有违其对所在企业所负的忠实义务。最后，法律还规定了中外合资企业的总经理、副总经理，国有独资企业的董事长、副董事长、董事不得兼任其他经营组织的负责人。

2. 约定竞业禁止

约定竞业禁止是当事人基于民事合同或劳动合同的约定而产生的竞业禁止义务。在运用约定竞业禁止时应当注意以下几点：

其一，竞业禁止的认定。竞业禁止的范围指的是"同类且有竞争关系"的企业，只生产经营同类产品而没有竞争关系的企业不形成竞业禁止的前提条件。例如，两家公司都生产同一种产品，但是甲的产品只能在国内销售，而乙的产品只能销往国外，国内不得销售，这种情况就可以认定不存在竞业禁止，因为甲乙企业之间不存在竞争关系。

其二，受限制时间不能太长。竞业禁止的期限应当取决于商业秘密在市场竞争中所具有的竞争优势、持续时间以及雇员掌握该商业秘密的程度和技术水平的高低等因素，竞业禁止的期限一般不超过离职后 2 年。

其三，竞业禁止不能适用于全体员工。一般来讲，约定竞业禁止的员工必须是企业的关键涉密人员，也就是掌握和了解商业秘密的人，包括技术人员、研发人员、高级管理人员等。

其四，竞业禁止协议签订后用人单位应当给予涉密员工适当合理的补偿金。由于竞业禁止使员工所掌握的经验和技能不能有效发挥,也会影响到员工的再次择业,收入降低在所难免,因此,用人单位就应当对其给予一定的经济补偿。

上文提到用人单位在和员工签订竞业禁止协议时,应该给予一定的经济补偿金,如果用人单位没有支付约定的经济补偿金,已签订过竞业禁止协议的员工是否就可以当然地不遵守竞业禁止协议,我们通过以下案例说明。

【案例 7-1】

原告北京 A 有限公司（以下简称 A 公司）诉称,A 公司和成都 B 有限公司（以下简称 B 公司）均为专业电视多媒体开发生产企业。陈某原为 A 公司股东、董事和总经理,主要负责市场销售、市场推广及销售与管理的协调工作。2004 年 1 月,陈某正式就职于 B 公司,任主管市场的副总裁职务,负责产品的市场推广、销售及与其他部门的协调。A 公司认为,陈某多年在 A 公司担任高级职务,掌握公司的技术秘密、价格体系、销售渠道、客户关系等商业秘密,A 公司章程规定了董事和股东不得在工作期间和离开公司的两年内从事与公司竞争的行业。陈某亦做过相应的书面保证。2002 年年底,陈某以进修为由提出辞职,并在未经公司同意的情况下离开 A 公司,前往 A 公司在国内最主要竞争对手之一 B 公司工作,陈某不履行股东和保证书约定的竞业禁止义务,给 A 公司造成重大的经济和商誉损失,依法承担赔偿责任。

被告陈某辩称,原告没有给予陈某竞业禁止补偿费,竞业禁止条款应属无效。陈某请求法院驳回原告对其的全部诉讼请求。由该案例产生的疑问是:约定并支付补偿费是否是构成竞业禁止条款有效的必要条件?

法院认为,法律允许企业与劳动者设立竞业禁止合同,用双方共同的意思表示平衡双方之间的利益关系,竞业禁止合同一经签订,劳动者若对竞业禁止存有异议,可以通过法律途径要求撤销合同或给付竞业禁止补偿金,择业者仅以竞业禁止合同无效作为事后择业进行不正当竞争的抗辩理由,并不能排除其主观上的不良动机。法院还认为,我国《合同法》并未将竞业禁止条款没有约定合理经济补偿金的情形明确规定为无效。经济补偿规定的本意,在于作为对劳动者劳动权受到限制的补偿,应以被竞业者的生活水平不因被竞业而受到影响为标准,而不应单纯以约定经济补偿与否作为合同是否有效的要件。综合考虑,陈某应为其不履行竞业禁止义务的行为做出适当赔偿。可见,在实际的案例里面,并不能以单位没有支付约定的经济补偿金,就当然地不遵守竞业禁止协议。

在法律的构成要件里面,主观因素往往也会计入考量,否则就很难避免员工以未收到补偿金为由,恶意暴露原雇主的商业秘密,如果对这种行为放任不管,也就违背了诚信原则。法律支持未取得合理补偿的员工以法律手段维护自己的权益,但是不支持"你不仁我不义"。劳动者仅以竞业禁止合同没有支付补偿费而进行不正当竞争,就不能排除其主观上的不良动机。所以，如果雇员具有这种主观上的不良动机，没有得到补偿金就不能当然地导致竞业禁止合同无效。但是，《上海市劳动合同条例》中规定，因用人单位原因不按协议约定支付经济补偿金，经劳动者要求仍不支付的，劳动者可以解除竞业禁止协议。另外，在实际的案例操作中，如果单位没有支付经济补偿金，雇员可以另行起诉要求其支付补偿金，而不能绝对地导致竞业禁止合同无效。

保密协议与竞业禁止协议都是保护用人单位商业秘密的有效方法，两者的区别如下：第一，两者产生的依据不同。保密协议产生的基础是用人单位对商业秘密享有的民事权利；竞业禁止协议（条款）产生的基础是当事人双方间的劳动关系。第二，两者保护的对象不同。保密协议保护的是抽象的技术信息和经营信息；竞业禁止协议保护的是用人单位在某一具体的技术领域、经营领域的竞争力。第三，两者禁止的行为不同。保密协议禁止的是对商业秘密的泄露、擅自使用行为；竞业禁止协议禁止的是从事某种专业、业务或经营某种产品或服务的行为。第四，两者的限制期限不同。保密协议约定的保密期限和商业秘密存续期限一致，可能很长；而竞业禁止协议的期限则不宜过长，在我国相关立法中规定不得超过2年。第五，两者保护商业秘密的范围不同。保密协议的范围比较宽泛，除了重要商业秘密外，还可包括一般的保密信息；竞业禁止协议所保护的商业秘密多为用人单位的重要商业秘密，不包括一般的保密信息。第六，两者所受的限制不同。保密协议一般仅在商业秘密的范围上受到限制，要求协议双方对商业秘密的范围给予界定；竞业禁止协议则在较多方面受到限制，该限制甚至可以决定协议本身的法律效力。第七，两者保护商业秘密的成本不同。保密协议的签订不以支付保密津贴为对价，即使支付也没有具体的标准；竞业禁止协议的签订如果没有支付保密补偿金，义务人在无恶意的情况下有可能导致协议无效，并且保密补偿金不能过少。

（四）脱密期

脱密期也称"提前通知期"，指掌握商业秘密的员工在劳动合同终止前或提出解除劳动合同后的一定时期。这段时期企业可将上述员工调动到非商业秘密的工作岗位，变更合同内容，逐步使其淡忘所知道的商业秘密。待此期满，员工方可办理离职手续。

脱密期是用人单位通过约定，要求员工在离职前提前通知用人单位，在员工通知用人单位后，还必须为用人单位再工作一定期限，该期限届满，员工才可以正式离职，在通知后的这段时间内，用人单位可以将员工调至不需保密的工作部门，以确保员工不再获知新的商业秘密。关于脱密期，劳动部《关于企业职工流动若干问题的通知》规定："用人单位与掌握商业秘密的职工在劳动合同中约定保守商业秘密有关事项时可以约定在劳动合同终止前或该职工提出解除劳动合同后的一定时间内（不超过6个月），调整其工作岗位，变更劳动合同中相关内容。"根据《上海市劳动合同条例》第15条的规定，劳动合同可以对掌握用人单位商业秘密的劳动者要求解除劳动合同的提前通知期，作出特别约定，但提前通知期最长不得超过 6 个月，在此期间，用人单位可以采取相应的脱密措施。

用人单位在运用脱密期保护自己的商业秘密时，应当注意：第一，员工的工作岗位必须涉及商业秘密。这是单位运用脱密期来约束员工的前提，如果员工的工作岗位根本不涉及商业秘密，单位就不应该设立脱密期。第二，脱密期需要双方约定，不能是单位单方面的要求，如果没有书面协议，单位没有权利要求员工履行脱密义务。第三，脱密期长短必须符合法律规定。一般来说，脱密期不能超过 6 个月，如果员工与单位约定的脱密期超过了 6 个月，员工只需要履行 6 个月的脱密期即可。第四，脱密期间员工仍与单位有劳动关系，享有员工待遇。脱密期间单位不得让员工回家待岗，以此为借口不发工资或者克扣工资，因为脱密期间员工仍然是与单位有劳动关系的员工。

竞业禁止协议和脱密期的运用都是用人单位为了保护其商业秘密而实施的以涉密员工为对象的保密措施，两者的区别如下：第一，限制的内容不同。竞业禁止限制的是"不得自营或到同类竞争企业中工作"；脱密期限制的是在劳动者提出辞职时"提前 6 个月书面通知公司"。第二，限制的时间不同。竞业禁止是在双方劳动关系解除或终止后才产生的，其前提是用人单位应当给予劳动者相应的经济补偿且期限不得长于 2 年；脱密期是在劳动合同关系解除前即存在的，其目的是让用人单位有足够的时间采取相应的脱密措施，脱密期不得长于 6 个月。第三，雇员和前单位的关系不同。竞业禁止期内，员工与原用人单位之间已没有劳动关系，可以与其他用人单位建立劳动关系，取得劳动报酬；脱密期内，员工仍与单位存在劳动关系，身份未变，不可以与其他用人单位再建立劳动关系。第四，经济补偿不同。竞业禁止期内，虽然员工与原用人单位之间已没有劳动关系，但是原单位仍应当支付竞业禁止补偿费，且数额不能过低；脱密期内，员工仍与单位存在劳动关系，单位只需要对其支付工资即可。

由于竞业禁止和脱密期的适用都有时间的限制，用人单位为了保护自己的商业秘密，能否与涉密的劳动者既签订协议约定脱密期又约定解除合同后的竞业限制期，以达到延长对雇员商业秘密的控制呢？我们通过以下案例说明。

【案例 7-2】

姜某系某化工公司工程师，与公司签订有无固定期劳动合同。工作中，姜某参与了公司的一项新工艺流程设计，公司要求姜某签订协议。协议中约定：姜某在工作期限内应对公司的技术秘密予以保密；姜某如要解除合同离开公司，则必须提前 6 个月通知公司，公司将采取调离其原岗位另行安排工作的防泄密措施；姜某因任何原因离开公司，应在离开后两年内不得前往与公司有竞争关系的单位工作；公司同意按月支付姜某一定数额的津贴。经协商一致，双方签署了上述协议。数月后，姜某因个人原因申请辞职，公司要求姜某继续工作 6 个月，并对其重新安排工作岗位，并再次提醒姜某在 6 个月后不得到有竞争关系的单位工作。

姜某认为这份协议过于苛刻，且对其今后就业极为不利，于是要求公司取消有关"离开公司后两年内不得前往与公司有竞争关系的单位工作"的协议规定。公司认为协议经双方协商同意并已签字，履行保密义务是员工的职责，因此拒绝了姜某的要求。姜某不服，双方于是发生劳动争议。姜某认为，自己在离开公司时提前6个月通知，公司可以马上调换其岗位以保护公司的技术秘密；自己离开公司后，不再接触公司的技术秘密，因此，公司再规定自己在离开后两年内不得前往与公司有竞争关系的单位工作，限制了自己的就业权利，违反了劳动法的规定。而公司则认为，姜某在公司工作期间所接触的技术均是公司的核心机密，协议经双方协商同意签订，公司已按月支付了保密津贴，姜某现在反悔没有依据。

那么用人单位能否与涉密的劳动者签订协议既约定脱密期又约定解除合同后的竞业限制期？答案是否定的，《上海市劳动合同条例》第16条第2款规定："劳动合同双方当事人约定竞业限制的，不得再约定解除合同的提前通知期。"根据以上规定，提前通知期和竞业限制不能同时约定。如果在保密协议中，既规定了竞业限制期，又规定了提前通知期，对劳动者的择业权作了过度的限制，违反了劳动法规的相关规定。因此，公司在保密协议中约定了姜某的竞业限制期，就不得再约定解除合同的提前通知期，双方的解除合同提前6个月通知的约定不能产生法律约束力❶。

(五) 不可避免泄露规则

我国商业秘密保护主要集中于事后救济，着重对实际侵权行为进行防范，而对于潜在的商业秘密侵权行为则缺乏相应的事前救济途径。而诚如前述，商业秘密诉讼中没有赢家，即使权利人赢得商业秘密侵权诉讼，也可能因为商业秘密遭到泄露，对企业竞争优势产生侵权补偿无法弥补的影响。在此情况下，我们可以尝试参照美国的"不可避免泄露规则"进行处理。"不可避免泄露规则"是指雇员与前雇主之间虽然没有签订竞业禁止协议，但根据前、后雇主及其产品的性质，雇员在前后两个机构中担任职务的相似性等证据，有理由认为该雇员必然会在履行其新职务的过程中披露前雇主的商业秘密，在上述情况下，法院可以认定该雇员存在潜在的侵权可能性，并可依此颁发禁止雇员一定时期内在相关领域执业的禁令。

商业秘密的侵权案件很大程度上是由于雇员"跳槽"所引起的，据统计，在美国至少85%的商业秘密案件的侵权人是商业秘密权利人的雇员或商业伙伴，"不可避免泄露规则"就由此而产生。"不可避免泄露规则"允许原雇主请求法院颁发禁令来阻止知晓其商业秘密的离职雇员在竞争单位工作一定的期限，虽然离职雇员没有实际泄露原雇主的商业秘密，但原雇主只需证明离职雇员会不可避免地泄露其商业秘密，就可以

---

❶ 竞业限制期与提前通知期不能并用 [EB/OL]. http://edu.sina.com.cn2003-04-1040897html.

导致"不可避免泄露规则"的适用。我们可以通过以下案例进一步了解"不可避免泄露规则"。

【案例 7-3】

原告 A 公司是位于宾夕法尼亚州的美国最大的糕点公司之一,拥有众多知名的糕点品牌。被告 B 自 2001 年起开始担任该公司在加州业务的副总裁,他直接负责五个生产工厂并监管产品质量和成本、劳动和新产品的研发,他还与公司的销售团队具有密切的联系。因 B 作为 A 公司的资深高管有权知悉公司的大量秘密信息,包括产品信息和经营信息。尤其 B 知悉如何制作 A 公司的一项拳头产品"托马斯英国松饼",包括该松饼所独有的"松软极致"口感背后的秘密,该公司仅有 7 个人知悉该商业秘密。而这一款松饼每年带给 A 公司的销售收入大约 5 亿美元。2009 年 3 月,B 与 A 公司只签订了保密协议、禁止招揽协议和发明转让协议,而唯独没有签署竞业禁止协议。2009 年 9 月,A 公司的一家主要竞争对手 C 公司向 B 发出聘请要约,其职位是负责在东部地区糕点运营的副总裁。2009 年 10 月,B 接受了这份要约并同意于 2010 年 1 月开始任职。但是,B 当时没有将该计划透露给 A 公司,并仍然正常在 A 公司工作。2009 年 12 月,C 公司还让 B 签署了一个"承认和陈述书",其实质内容是表明 C 对于 B 从 A 公司那里获取的商业秘密并不感兴趣,且 B 不会透露这样的信息给 C 公司。2010 年 1 月 4 日,B 告知了 A 公司其打算于 2010 年 1 月 15 日离职,但仍没有透露会去竞争单位就职。而在 1 月 12 日,C 公司宣布,东部地区的副总裁退休,B 会在 1 月 18 日正式接替其职位。在 1 月 13 日这一天,A 公司人事部门得知该消息并马上要求 B 与其联系。B 在当天早上 10 点就在电话中取得了联系,并告知了其打算去 C 公司工作的意向,其当天被免去了职务。在 B 受 C 要约到其离职的这段时间,他仍然接触到 A 公司的商业秘密。比如,在 2009 年 12 月 B 与 A 公司的其他高管开会中讨论了关于公司在加州的战略计划的秘密信息。B 承认,如果当时他向 A 公司透露了去 C 公司工作的意向,A 公司会对其接触公司商业秘密进行限制,但他自己坚称,不透露是由于对于公司商业秘密的远离会使他对其工作感觉不适应,并且当他收到含有公司秘密信息的电子邮件或文档时,他都会对其进行删除,在开会时接触到秘密信息时他也会将这些信息排除在脑海之外。可是,B 在 2010 年 1 月 4 日之后以工作需要的理由让电脑技术员恢复了电脑中的文件。A 公司在 B 离职之后,委托了一个计算机的司法专家对其在 2009 年 12 月到 2010 年 1 月使用其笔记本电脑的情况进行鉴定。这份鉴定显示,B 在最后离职前几个星期内仍然接触了 A 公司的高度敏感的秘密信息。甚至,在离职当天,B 在电话里告知打算去 C 公司工作之后,还在笔记本电脑中接触了 12 份具有秘密信息的文件,其时间持续了 13 秒钟。另外,鉴定报告还显示,B 的笔记本电脑还一度多次与诸如 U 盘的移动外部存储器连接过。联邦第三巡回上诉法院在 2010 年 7 月 27 日作出判决,法院根据宾夕法尼亚州法律适用了不可避免泄露规则，同意地区法院所颁发的禁令，A公司获得了禁止B在C公司工作的禁令救济[1]。

由此可见，"不可避免泄露规则"主要是针对商业秘密潜在的侵占行为采取的保护方式。与传统的商业秘密保护方式相比，"不可避免泄露规则"具有以下特点：

第一，强调事前救济。在传统的商业秘密保护模式中，原雇主只有在确定了其员工加入竞争对手企业并实施了商业秘密侵权行为后才能提起诉讼请求法律保护，而此时往往已经造成了难以挽回的损失；在"不可避免泄露规则"下，原雇主只需在其实施侵权行为前提供其侵权的可能性即可，这种事前救济更有利于商业秘密的保护。

第二，举证责任要求降低。"不可避免泄露规则"里原雇主需要证明的不是实际发生的侵权行为，而仅为实施侵权行为的可能性。举证责任的降低解决了很多商业秘密侵权案件中举证难的问题。

第三，被告的主观心理状态是否为恶意无须考虑。适用"不可避免泄露规则"不考虑被告的主观心理状态是否为恶意，只需要让法官相信如果允许员工加入竞争对手的企业，泄密将不可避免即可。

第四，以发布禁令为救济方式。传统的商业秘密保护模式下的商业秘密侵权行为，损害赔偿是一种主要救济手段。而"不可避免泄露规则"里，权利人的商业秘密权可能还未受到实际侵害，故以发布禁令为救济方式。

当然，仅站在原雇主的立场上思考"不可避免泄露规则"的优势是不够的，对于商业秘密法律保护的核心就是在维持正当竞争秩序的同时保护权利人的商业秘密，按照自由竞争原则，每一个市场主体都可以就同类产品或者服务与其他市场主体进行充分和公平的竞争。这种竞争，也包括人才的竞争。每一个市场竞争主体都可以提供优厚的条件来吸引优秀技术人员和管理人员，进而提升自身的市场竞争地位。同样，拥有各种技能的优秀人才，也可以自由选择适合于自身发展的市场主体，不断从一个企业流向另一个企业。人才的自由流动是市场经济和自由竞争的应有之义。所以，不可避免泄露规则的适用并不是毫无限制的，从主体来看，"不可避免泄露规则"只适用于高级技术职员和经理阶层，不适用于普通员工。从内容来看，"不可避免泄露规则"需考虑前后工作职责类似程度以及商业秘密性质。

美国法院在适用"不可避免泄露规则"时主要参考以下事实因素：

（1）原雇主与在后雇主之间的竞争程度。
（2）雇员在原职位与在后职位的相似程度。
（3）雇员有相关不良行为的证据。
（4）在后雇主试图防止在先雇主的商业秘密的泄露和使用。

---

[1] 阮开欣. 美国商业秘密法中不可避免泄露规则的新发展及其解读——以Bimbo案为视角 [J]. 科技与法律，2013（4）：51-56.

（5）商业秘密的相对价值。

（6）商业秘密的被保护程度。

（7）竞业限制合同是否存在。

（8）公共利益及其损害的衡量。

法院也会根据案件的具体事实来灵活考虑以上因素，只有在确定具有侵权的可能性时，该原则才能加以适用。

第三节　商事交易中的商业秘密保护

【知识点】

技术秘密使用许可的分类。

【概念解释】

职务发明是指企业、事业单位、社会团体、国家机关的工作人员执行本单位的任务或者主要是利用本单位的物质条件所完成的职务发明创造。

【知识内容】

一、技术开发中的商业秘密保护

技术开发中的商业秘密保护主要是指技术开发过程中企业内部的商业秘密保护。此阶段对部分将产生的商业秘密进行保护，包括以下几个方面的内容：

1. 明确技术成果商业秘密的权利归属

权利的分配，一部分来自法律的直接规定，另一部分来自当事人的自由约定。技术成果的归属原则为：谁创造，谁享有。法律另有规定或当事人另有约定的除外。非职务发明，创造者当然享有该技术成果的所有权；职务发明技术成果的所有权归属于创造者所在单位。

职务发明是指企业、事业单位、社会团体、国家机关的工作人员执行本单位的任务或者主要是利用本单位的物质条件所完成的职务发明创造。职务发明创造分为以下两类：

第一类是执行本单位任务所完成的发明创造。包括下列3种情况：发明人在本职工作中完成的发明创造；履行本单位交付的与本职工作无关的任务时所完成的发明创造；离职、退休或者调动工作后 1 年内做出的、与其在原单位承担的本职工作或者单位分配的任务有关的发明创造。

第二类是主要利用本单位的物质条件（包括资金、设备、零部件、原材料或者不向外公开的技术资料等）完成的发明创造；如果仅仅是少量利用了本单位的物质技术条件，且这种物质条件的利用，对发明创造的完成无关紧要，则不能因此认定是职务发明创造。

职务发明产生的商业秘密，其技术成果的所有权属于该单位。单位应当对发明人或设计人给予奖励。为了明确员工和用人单位之间的知识产权归属，在订立劳动合同时，可以对此类内容进行约定。

2. 预防员工在项目进行过程中跳槽

在技术开发过程中，最常见的风险是员工突然离职令用人单位的商业秘密处于失控状态。如果没有良好的防范手段，该情况的发生对于用人单位的商业秘密保护和研发进程都有极大影响。可以考虑从以下几方面建立防线。

第一道防线：为特定员工量身定做劳动合同，并将合同期限和项目研发期限相结合。

《劳动合同法》第 12 条规定："劳动合同分为固定期限劳动合同、无固定期限劳动合同和以完成一定工作任务为期限的劳动合同。"同时，《劳动合同法》第 15 条还规定："以完成一定工作任务为期限的劳动合同，是指用人单位与劳动者约定以某项工作的完成为合同期限的劳动合同。用人单位与劳动者协商一致，可以订立以完成一定工作任务为期限的劳动合同。"如果员工有意提前离职，根据《违反〈劳动法〉有关劳动合同规定的赔偿办法》第 4 条规定，劳动者违反规定或劳动合同的约定解除劳动合同，对用人单位造成损失的，劳动者应赔偿用人单位下列损失：用人单位招收录用其所支付的费用；用人单位为其支付的培训费用，双方另有约定的按约定办理；对生产、经营和工作造成的直接经济损失；劳动合同约定的其他赔偿费用。

第二道防线：签订竞业禁止协议或者约定脱密期。

用人单位可以通过与员工签订竞业禁止协议或者约定脱密期的方法避免员工在项目进行过程中跳槽为竞争对手工作。

二、技术使用许可中的商业秘密保护

技术使用许可中的商业秘密保护是指技术秘密权利人或经其授权的人作为许可人许可被许可人在一定范围内使用其技术秘密并支付一定费用的行为。将技术秘密许可他人使用是技术秘密权利人行使其权利以获取利益的重要方式之一。我国《合同法》明文规定了专利实施许可，而未规定技术秘密使用许可，由于两者的性质及内容相似，可以参照对专利实施许可的规定进行处理。

对技术秘密权利人来说，技术秘密使用许可只是对技术秘密使用权的有偿让渡，而技术秘密的权利主体不会发生变化。同时，被许可人也只能在约定的时间、地域范围以一定的方式使用技术秘密，一方面不能超出约定使用技术秘密，另一方面也不能将该技术秘密进行转让或者许可他人使用。

根据技术秘密使用许可当事人的权利义务不同，可以将其分为技术秘密独占使用许可、技术秘密排他使用许可、技术秘密普通使用许可、技术秘密分使用许可和技术秘密交叉使用许可。

1. 技术秘密独占使用许可

技术秘密独占使用许可是指受让人在规定的范围内享有对合同规定的技术秘密的使用权，让与人或任何第三方都不得同时在该范围内拥有对该项技术秘密的使用权。按照合同，技术秘密权利人允许被许可人在一定的期限和地域范围内享有独占使用其技术秘密的权利，被许可人按照约定的数额支付给技术秘密权利人使用费。这类合同要求技术秘密权利人在规定的时间和地域范围内，不但不能许可第三者使用该技术秘密而且自己也不得使用。

2. 技术秘密排他使用许可

技术秘密排他使用许可是指技术秘密权利人在约定的期间、地域和以约定的方式，将该技术秘密仅许可一个被许可人使用，技术秘密权利人依约定可以使用该技术秘密但不得另行许可他人使用该技术秘密。

3. 技术秘密普通使用许可

技术秘密普通使用许可是指技术秘密权利人在约定的期间、地域和以约定的方式，许可他人使用其技术秘密，并可自行使用和许可他人使用该技术秘密。

4. 技术秘密分使用许可

技术秘密分使用许可又称技术秘密可转让许可，是指许可方根据许可合同，除允许被许可方在约定的期限与范围内使用所许可的技术秘密外，还允许被许可方向其他第三方许可其取得的全部或部分的技术秘密使用权。

5. 技术秘密交叉使用许可

技术秘密交叉使用许可是指交易各方将各自拥有的技术秘密的使用权相互许可使用，互为技术供方和受方。在合同期限和地域内，合同双方对对方的许可权利享有使用权、产品生产和销售权。各方的许可权利可以是独占的，也可以是非独占的。双方权利对等，一般不需支付使用费。在技术秘密使用许可中，应该明确被许可人使用技术秘密的时间和地域范围以及使用方式等，尤其应当注意在保密条款中明确被许可人的保密义务。在许可合同中，被许可人应当按照约定使用技术秘密，否则应当承担违约责任，同时被许可人应当保守该技术秘密，违反约定的保密义务的，应当承担违约责任。

三、对外交往中的商业秘密保护

企业在对外宣传、销售、技术交流、投资合作等交易过程中，不可避免地需要将自己的商业秘密透露给客户或者合作伙伴，这也构成商业秘密流失的一个巨大风险。为了规避此类风险，权利人在向相关人员透露商业秘密信息之前，应当采取相应保密措施，要求对方承担保密义务。在此类业务关系中，商业秘密的主要保护方式是交易之前和客户或者合作伙伴签署保密协议，可以通过单独的保密合同确认对方的保密义务，也可以通过业务合同中的保密条款来进行确认。很多企业的经验证明，这是最为有效的自我保护手段。

与企业内部的保密协议不同，该保密协议的双方不具有隶属关系，而是处于平等地位的客户或者合作伙伴；签订合同的原因在于双方具有合同关系或者拟成立合同关系，根据业务上的需要，权利人需要将自己的商业秘密告知对方。此类保密协议的主要内容包括以下方面：

1. 商业秘密的范围

对外保密协议和内部保密协议一样，需要具体表述义务承担方的义务承担范围。为了保证商业秘密范围条款的可操作性，信息接收方应该对接收到附有商业秘密信息内容的文件进行签收，并注明文件名称、主要内容和接收日期等。

2. 信息接收方的保密义务

权利人可以要求信息接收方只能在双方合作目的的范围内使用对方的保密信息，不能将权利人的保密信息向任何第三人公开、转让、许可，也不以其他方式让无权接触该信息的第三人接触该信息，应该约束其接触保密信息的员工遵守保密义务；如果双方最终未能建立合作关系，接收方不能以任何方式公开、使用权利人的保密信息。如果双方合作关系终止，接收方应该按照权利人要求将保密信息及其载体返还给权利人；信息接收方除自身需要履行保密义务以外，还应当要求其合作公司和顾问、律师等履行相同的义务。

3. 保密期限

一般来说，商业秘密的保密期限应该等同于商业秘密的寿命，双方可以约定在权利人的商业秘密信息未成为公知信息之前，信息接收方应该永久性地为权利人保守商业秘密。

4. 违约责任

信息接收方违反保密义务披露权利人的商业秘密将会给权利人带来不可弥补的损失，而且该损失在大部分情况下难以准确地加以评估和确认。因此，为了避免出现此类情况，权利人可以和信息接收方约定一定数额的违约金，根据违约金条款，权利人不需要证明其损失就可以要求违约方支付约定的违约金。同时根据法律规定，如果权利人能够证明其损失大于约定的违约金，则可以要求违约方按照能够证明的损失进行赔偿。

第四节　商业秘密的法律保护

【知识点】

技术秘密使用许可的分类。

【概念解释】

盗窃商业秘密是指通过秘密窃取的手段获取。有的学者对于盗窃一词产生质疑，因为该词不属于反不正当竞争法上的概念，刑法上的盗窃是指排除权利人的权利，占有、使用他人财物的行为，盗窃的侵犯客体是公私财物的所有权，而商业秘密的信息是无形的，不能被任何形式占有，所有权不是该法保护的对象。

【知识内容】

一、侵害商业秘密的表现形式

1. 通过不正当手段获取商业秘密

新《反不正当竞争法》对不正当手段具体列举为盗窃、贿赂、欺诈、胁迫这四种，删除了利诱而增加了贿赂和欺诈的行为，因为后者包含有形与无形、显在与潜在利益的诱惑，其涵盖面远宽于"利诱"❶。盗窃商业秘密是指通过秘密窃取的手段获取。有的学者对于盗窃一词产生质疑，因为该词不属于反不正当竞争法上的概念，刑法上的盗窃是指排除权利人的权利，占有、使用他人财物的行为，盗窃的侵犯客体是公私财物的所有权，而商业秘密的信息是无形的，不能被任何形式占有，所有权不是该法保护的对象❷。该学者将侵权客体认定为有具体实体的物，只有完全排除权利人的权利才能构成盗窃。但是笔者认为，商业秘密具有其特殊的秘密性和财产性，商业秘密不是实体的物，但是盗窃复制商业秘密排除了商业秘密权利人的独占权且削弱了商业秘密权利人的所有权，同时商业秘密具有商业价值，属于特殊的财产，故也属于占有、使

---

❶❷ 郑友德，张钦坤，李薇薇，等. 对《反不正当竞争法》(修订草案送审稿) 的修改建议 [J]. 知识产权，2016 (6)：20.

用了他人的财物。如果将侵权的客体具体为实体的物，则缩小了盗窃的范围，属于法理上的缩小解释，且不利于商业秘密保护。

从盗窃行为的主体来看，新《反不正当竞争法》将盗窃主体扩大且明确化，具体明确为商业秘密权利人的员工、前员工或者其他单位、个人。盗窃行为的一种表现为商业秘密权利人的员工或前员工在窃取商业秘密后，将其转卖给第三人，并从中获利的行为。另一种是其他单位、个人通过不正当手段获取商业秘密权利人的商业秘密，如对权利人公司电脑进行黑客入侵，窃取公司商业秘密的行为。贿赂是指为谋取不正当的利益，给予商业秘密权利人所在单位或个人金钱或其他利益，以排斥竞争对手获得更大利益的行为。欺诈是指商业秘密的权利人由于他人故意隐瞒事实或提供误导信息造成意思表示错误，从而丢失商业秘密的行为。胁迫是指以给商业秘密权利人的人身或财产等造成损害为要挟，迫使商业秘密权利人做出不真实的意思表示从而丧失商业秘密的行为。披露、使用或者允许他人使用以盗窃、欺诈、胁迫、贿赂手段获取商业秘密，这一行为的主观状态可分为故意和无意，而我们现在所说的以不正当手段侵害商业秘密是未经权利人许可故意将商业秘密公之于众。无意可能涉及由于欺诈而意思表示不真实等，主观存在善意，该种情况应另当别论。

2. 违反有关保守商业秘密的约定

违反有关保守商业秘密的约定即是与商业秘密权利人签订保密协议的人，如掌握企业核心秘密的高管、企业的合作伙伴、掌握技术秘密的员工等违反约定泄露秘密。在商业交往中，两个公司是基于一方公司的商业秘密而合作的，在洽谈过程中，可能会涉及一部分商业秘密，此时双方洽谈之前会签订商业秘密保密协议。如果双方在谈判过程中没有达成合作意向，此时另一方当事人违反约定使用或者披露对方的商业秘密，则构成侵权。在商业秘密侵权诉讼中，法院为了防止商业秘密的二次泄露，会让当事人双方签订商业秘密保密协议，因为质证、举证过程中可能会涉及更多的商业秘密，如果对方知悉后仍泄露则会构成侵权。我国将侵犯商业秘密的行为划分为以上两类，内容单一、局限。可以借鉴国外一些相关的规定，扩大侵犯商业秘密行为的范围。例如，将直接生产、进出口、储存侵权商品的行为纳入商业秘密侵权行为范畴中。

二、商业秘密侵权诉讼适用原则

在商业秘密侵权诉讼中，很多国家一般都采用"接触、实质相同并排除有效抗辩原则"，我国在司法实践中采取的也是该原则。接触、实质相同并排除有效抗辩原则并不能完全覆盖所有侵犯商业秘密的案件，故美国又采取了不可避免泄露或使用原则。我国对不可避免泄露或使用原则并没有具体的规定，在具体的司法实践中可以借鉴美国相关规定。

1. 接触、实质相同并排除有效抗辩原则

"接触、实质相同并排除有效抗辩原则"，是法官判定被告侵权的前提，是指商业秘密权利人能够证明侵权人接触过其商业秘密，且侵权人正在使用、披露的商业秘密与商业秘密权利人有实质性的相同，侵权人没有合法有效的抗辩事由。

首先，接触是指侵权人在实施侵权之前，接触过商业秘密权利人的商业秘密。该接触分为两种，一种是可能接触，另一种是实际接触。可能接触最典型的就是企业单位员工跳槽。企业的前员工在单位接触过商业秘密，跳槽后利用其所掌握的商业秘密，从事与原单位相竞争的业务。实际接触是指，商业秘密权利人的合伙人、高层管理人员、核心技术人员等实际接触商业秘密的行为；通过网络黑客攻击权利人的网络系统直接接触商业秘密的行为等都构成实际接触。

其次，实质相同是指商业秘密权利人所掌握的信息与侵权人所掌握的信息一致或相同。实质相同并非完全相同，而是相似或一定程度上一致。对于实质性的认定，在司法实践中也存在程序烦琐的困难。反不正当竞争法中的商业秘密包括技术信息和经营信息。技术信息包括软件程序、数据结构、工艺等，这些技术信息有一定的专业性，故在诉讼中需要提供专业鉴定机构的鉴定结果。但是鉴定机构不作价值判断，只是就事实进行描述，法院仍需聘请专家进行价值判断，故法院需要通过鉴定报告和专家的意见以及其他相关信息来认定信息的实质是否相同。经营信息一般包括管理信息和估价信息，主要涉及财务状况、资产配置状况、原材料来源、营销计划、市场调查的结果等。该信息实质性的认定，相比技术信息更容易，如果是有载体的信息，直接对比就可得出，如果是思想上的信息，则行为表现方式一致也可认定。

最后，排除有效抗辩理由是指商业秘密侵权案件中的免责事由。商业秘密一般是通过私力救济采取保护措施的一种秘密，与专利不同，商业秘密有一定的隐秘性，极易造成市场技术垄断，有时私利会超越公共利益。故法律规定了一些合法的抗辩事由，如反向工程、独立开发、善意第三人抗辩等，只有排除了这些合理的抗辩才能认定商业秘密的侵权。

2. 不可避免泄露或使用原则

美国通过一个判例确定了不可避免泄露原则，旨在确定侵权人不可能完全排除自己不泄露商业秘密。该判例的案件具体为被告跳槽后，原告以被告不可避免泄露原告的商业秘密为由，请求法院发布禁令，禁止被告泄露原告的商业秘密。原告因为被告现所在单位根据被告提供关于原告的商业秘密，来制定使原告丧失市场优势的方案，导致原告失去竞争力。虽然被告所在公司制定的方案与原告的商业秘密不存在实质性相同，但是被告制定的对抗原告商业秘密的计划对原告造成了实质性以及潜在的损害。美国法院判令被告禁止泄露原告的商业秘密，作为对接触、实质相同并排除有效抗辩原则的补充。我国对不可避免泄露或使用原则没有直接的规定，但在司法实践中可以借鉴相关规定。

三、商业秘密侵权抗辩事由

1. 商业秘密侵权一般抗辩事由

(1) 原告所诉信息不构成商业秘密。

在商业秘密侵权一般抗辩中,是根据谁主张谁举证的原则承担举证责任的,原告主张他人侵犯其商业秘密,必须提供证据证明纠纷所诉信息构成商业秘密,即具有秘密性、价值性、保密性。被告的抗辩也从这几点出发:原告所诉信息已经为公众所知悉。该领域的其他人或者社会大众可以通过正常合法的途径获取该信息。例如,已经公开发表过、已经刊登过媒体等。对商业秘密的保密性提出抗辩,即商业秘密权利人对于诉争信息未采取保密措施或者虽采取了保密措施,但不足以保护该信息的秘密性,让其他人无法识别是否具有秘密性。被告抗辩也可主张该商业秘密不属于原告。该商业秘密已经被国内或国外其他企业公开,且该商业秘密是他人合法获取的,经鉴定机构鉴定该信息已成为行业公知。针对秘密性和保密性进行抗辩,只要能有一个抗辩成功,则原告主张的信息就不是商业秘密,不能被商业秘密所保护。那么原告指控的商业秘密侵权就不能成立。

(2) 不存在侵权行为。

使用、披露的商业秘密信息与商业秘密权利人所使用的信息不相同也不相似。根据谁主张谁举证的原则,原告控诉侵权,需原告对所诉商业秘密与被告进行对比,在具体对比过程中认定是否属于实质性相同。具体的认定过程中需要借鉴鉴定机构的鉴定结果,通过借助专家和不同的分析方法来认定实质性。只要证明二者之间不存在联系即不构成侵权。如果在商业秘密实质性认定过程中认定商业秘密存在实质性相同,则可以通过侵权人无法接触到其商业秘密为由进行抗辩,例如,侵权人没有接触商业秘密的可能性,无法证明侵权行为是由侵权人实施的即可;信息有合法来源。如果上述两种方式都无法抗辩成功,可通过侵权人所获信息属于合法来源进行抗辩,同样也可以成为有效抗辩事由。比如,商业秘密信息的使用已经经过商业秘密权利人许可同意;使用是从其他第三方善意取得,且在收到商业秘密权利人关于不能使用该商业秘密的通知前一直处于善意的状态;侵权人使用的商业秘密信息是侵权人自己独立开发获取的,虽与原告信息相同,但不属于原告单独享有;被告使用的信息是被告通过反向工程等其他合法方式取得的;被告使用的信息可以从媒体、专利等公共渠道获取。除以上方式外,也可用员工的一般知识、技能和经验进行抗辩。员工在跳槽后使用在原单位通过工作所获取的信息,该信息已经成为员工的一般知识、技能和经验,成为员工人格中的一部分,并以其为他人工作并赖以谋生,故不构成侵权。此类抗辩类似于美国关于记忆抗辩的规定,美国承认员工通过记忆的方式使工作所获信息成为自己的经验和知识技能等,但是如果员工通过故意记忆的方式带走商业秘密并披露或使用的,实践中认定该行为构成侵权。

2. 商业秘密侵权特殊抗辩事由

商业秘密侵权特殊抗辩事由需要法律明确具体规定，如反向工程，反向工程行为符合一般侵权行为的构成要件，但是法律赋予了其合法的地位，所以其属于特殊抗辩。商业秘密侵权的特殊抗辩事由主要有公共利益抗辩、反向工程抗辩、善意第三人抗辩、客户名单侵权中的记忆抗辩等。

商业秘密拥有一定的商业价值，具有保密性并且保护期限没有时间限制，商业秘密有可能会损害社会公共利益，造成市场垄断等。商业秘密侵权的特殊抗辩制度有利于促进经济的发展，刺激技术创新。

四、商业秘密侵权的法律救济

我国《反不正当竞争法》第17条、第21条，《刑法》第219条，《关于禁止侵犯商业秘密行为的若干规定》第7条，规定了侵犯商业秘密的民事、行政和刑事责任。

1. 商业秘密侵权的民事救济

侵犯商业秘密的行为首先是一种民事侵权行为，因此应当承担民事责任。《民法通则》第106条规定："公民、法人违反合同或者不履行其他义务的，应当承担民事责任。公民、法人由于过错侵害国家的、集体的财产，侵害他人财产、人身的，应当承担民事责任。"由此可见，民事责任是一种独立的法律责任，依据违反义务的性质是法定还是约定，分为违约责任和侵权责任。商业秘密保护的基础有违反合同和侵权行为两种，所以侵犯商业秘密的民事责任也分为违约责任和侵权责任。承担违约责任的方式主要是停止违约行为、支付违约金或者赔偿损失等；承担侵权责任的主要方式包括停止侵权、赔偿损失、消除影响以及赔礼道歉等。如果违约责任和侵权责任发生竞合，受害人可以就两种请求权做出选择。

我国《反不正当竞争法》第17条规定："经营者违反本法规定，给他人造成损害的，应当依法承担民事责任。经营者的合法权益受到不正当竞争行为损害的，可以向人民法院提起诉讼。因不正当竞争行为受到损害的经营者的赔偿数额，按照其因被侵权所受到的实际损失确定；实际损失难以计算的，按照侵权人因侵权所获得的利益确定。经营者恶意实施侵犯商业秘密行为，情节严重的，可以在按照上述方法确定数额的一倍以上五倍以下确定赔偿数额。赔偿数额还应当包括经营者为制止侵权行为所支付的合理开支。经营者违反本法第六条、第九条规定，权利人因被侵权所受到的实际损失、侵权人因侵权所获得的利益难以确定的，由人民法院根据侵权行为的情节判决给予权利人五百万元以下的赔偿。"故《反不正当竞争法》中商业秘密侵权的民事责任主要集中于损害赔偿责任。商业秘密也是权利人的智力劳动成果，对商业秘密侵权行为，还可以依据《民法通则》有关保护知识产权的规定，追究侵权人的民事责任。《民法通则》第134条规定了10种承担民事责任的方式：停止侵害；排除妨碍；消除危险；返还财产；恢复原状；修理、重作、更换；赔偿损失；支付违约金；消除影响、恢复名誉；赔礼道歉。这都适用于侵犯商业秘密的行为，可以单独适用，也可以合并适用❶。

2. 商业秘密侵权的行政救济

为保证反不正当竞争法关于商业秘密保护的规定落到实处，国家工商行政管理总局颁布了《关于禁止侵犯商业秘密行为的若干规定》，该规定不仅对商业秘密的内涵作了进一步解释，而且明确了工商行政管理机关是处理商业秘密纠纷的行政机关。同时，该规定明确了商业秘密纠纷的行政处理程序以及工商行政管理机关可以采取的行政强制措施和行政处罚。该规定的颁布实施是对《反不正当竞争法》的有力补充，将商业秘密自然而然地置于行政法的保护之下。

我国《反不正当竞争法》和《关于禁止侵犯商业秘密行为的若干规定》确立的侵犯商业秘密行为的主要行政救济方式是责令停止违法行为和罚款两种❷。

3. 商业秘密侵权的刑事救济

1997年修改后的《刑法》增加了"侵犯商业秘密罪"，首次在我国立法上确定商业秘密是一种无形财产，纳入知识产权保护范畴。《刑法》第219条规定，有下列侵犯商业秘密行为之一，给商业秘密的权利人造成重大损失的，处3年以下有期徒刑或者拘役，并处或者单处罚金；造成特别严重后果的，处3年以上7年以下有期徒刑，并处罚金：

（1）以盗窃、利诱、胁迫或者其他不正当手段获取权利人的商业秘密的。

（2）披露、使用或者允许他人使用以前项手段获取的权利人的商业秘密的。

（3）违反约定或者违反权利人有关保守商业秘密的要求，披露、使用或者允许他人使用其所掌握的商业秘密的。明知或者应知前款所列行为，获取、使用或者披露他人的商业秘密的，以侵犯商业秘密论。

《刑法》第219条所称商业秘密，是指不为公众所知悉，能为权利人带来经济利益，具有实用性并经权利人采取保密措施的技术信息和经营信息。《刑法》第219条所称权利人，是指商业秘密的所有人和经商业秘密所有人许可的商业秘密使用人。

此条规定令市场经济条件下出现的大量严重侵犯商业秘密的行为有了依法追究刑事责任的根据，也弥补了我国以往刑法保护商业秘密不力的状况。应当说我国刑法对侵犯商业秘密罪的犯罪构成规定在世界范围内可能是最宽泛的，也是最严厉的。根据该条的规定侵犯商业秘密行为情节严重的，可能构成犯罪，需要承担刑事责任。根据刑法和行政法的原则，如果侵犯商业秘密的行为构成犯罪的，行为人承担刑事责任后，就不需要再承担行政责任，但仍需要承担民事责任。

---

❶ 张玉瑞. 商业秘密法学 [M]. 北京：中国法制出版社，1999：641.
❷ 张耕. 商业秘密法律保护研究 [M]. 重庆：重庆出版社，2002：341.

第八章 企业域名管理

第一节 域名概述

【知识点】

域名的概念、域名的类型与结构、域名管理机构、域名的知识产权属性。

【概念解释】

域名是指由一串用点分隔的名字组成的 Internet 上某一台计算机或计算机组的名称，用于在数据传输时对计算机的定位标识。

域名管理机构是负责运行和管理相应的域名系统，维护域名数据库，授权域名注册服务机构，提供域名注册服务的组织。

【知识内容】

一、域名概念及现状

域名（Domain Name），是由一串用点分隔的名字组成的 Internet 上某一台计算机或计算机组的名称，用于在数据传输时标识计算机的电子方位（有时也指地理位置），但 IP 地址不容易记忆，因而产生了域名这一种字符型标识❶。我国工业和信息化部于 2017 年 11 月 1 日实施的《互联网域名管理办法》第 6 章第 55 条中给出了明确的定义，

---

❶ 百度百科. 域名：https://baike.baidu.com/item/%E5%9F%9F%E5%90%8D/86062?fr=aladdin#reference-[1]-43-wrap.

指出域名是互联网上识别和定位计算机的层次结构式的字符标识，与该计算机的互联网协议（IP）地址相对应。

二、域名的类型及结构

域名的层次构成根据其性质可以分为三部分：前缀、中心域和后缀。如"http://www.sina.com"，其中"http"表示超文本传输协议（Hypertext Transfer Protocol），"www"表示全球网络（world wide web）；"sina"是中心域名，它是整个域名的实体部分，是新浪在网络上的身份代表，也是本域名中最有价值的部分；"com"则是后缀，也称为顶级域名。

顶级域名是指代表一个域名类型的符号，不同后缀的域名有不同的含义。目前，域名共分为两类：国别域名（ccTLD），如中国的".cn"、美国的".us"、俄罗斯的".ru"；国际通用域名（gTLD），如".com"".xyz"".top"".wang"".pub"".xin"".net"等1000多种。所有域名后缀作用无差异，仅外观和本身含义不同，但只有少数域名后缀可以在国内支持网站的备案。下面是几个常见的顶级域名及其用法：

——国际域名：

com：商业组织，公司

net：Network operations and service centers，网络服务商

org：Other organizations，非营利组织

gov：Governmental entities，政府部门

edu：Educational institutions，教研机构

——国内域名：

cn：中国国家顶级域名

com.cn：中国公司和商业组织域名

net.cn：中国网络服务机构域名

gov.cn：中国政府机构域名

org.cn：中国非营利组织域名

截至2018年12月，我国域名总数为3792.8万个。其中".cn"域名总数为21243478个，在域名总数中占比56.01%；".com"域名数量为12783290个，占比为33.70%；".中国"域名总数为1723524个，占比为4.54%，[1] 数量及占比如图8-1所示。

---

[1] 华经情报网. 2018年中国域名总数、分类域名数量及国际出口带宽数统计［EB/OL］.（2019-5-20）. https://baijiahao.baidu.com/s?id=1634026845843171949&wfr=spider&for=pc.

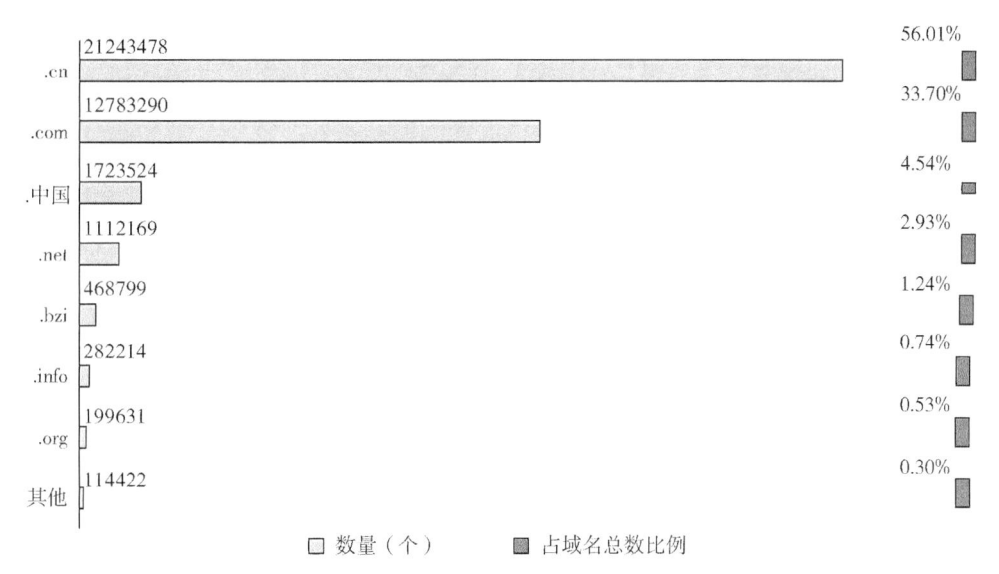

```
.cn     21243478                                              56.01%
.com    12783290                                              33.70%
.中国    1723524                                               4.54%
.net    1112169                                               2.93%
.bzi    468799                                                1.24%
.info   282214                                                0.74%
.org    199631                                                0.53%
其他    114422                                                0.30%
```

☐ 数量（个）　　■ 占域名总数比例

图 8-1　2018 年中国分类域名数量及占比

国内提供域名注册的机构为域名服务商，域名服务商通常代理世界范围内多个域名管理机构的顶级域名，用户可以根据需要选择合适的后缀。表 8-1 列举了国内域名服务商阿里云目前可以注册的顶级域名，既包括常见的英文后缀".com"".net"，也包括中文后缀".中国"".公司"等。

表 8-1　阿里云域名申请列表

.com*	.cn*	.net*	.xin	.top*	.vip	.在线	.xyz
.shop	.site	.club	.cc	.fun	.online	.biz	.red
.link	.ltd	.moni	.info	.org	.com.cn	.net.cn	org.cn
.gov.cn	.name	.pro	.work	.tv	.co	.kim	.group
.tech	.store	.ren	.ink	.pub	.live	.wiki	.design
.中文网	.我爱你	.中国	.网址	.网店	.公司	.网络	.集团
.beer	.art	.餐厅	.luxe	.商标	.video	.asia	.cloud
.商城	.fit	.yoga	.website	.press	.space	.wang	

注：*表示热门申请。

顶级域名的下一级，称为二级域名，之后最多还有三级域名。二级域名通常作为一个独立的网站出现在互联网中，搜索引擎也会当成独立网站来对待。二级域名一般作用于大网站的内容分支，用来做更权威的专题内容。管理人员可以在中心域名前加二级域名的关键词，如"mail.163.com"，该域名表示在门户网站网易中专门提供电子邮件服务的地址。通过二级域名就可以直接进入目标页面，在这种情况下，"mail"称为主名或分域名。

三、域名管理机构

国际方面，对顶级域名进行管理的组织为 ICANN（The Internet Corporation for Assigned Names and Numbers），也称为互联网名称与数字地址分配机构。该机构成立于 1998 年 10 月，是一个集合了全球网络界商业、技术及学术各领域专家的非营利性国际组织，负责在全球范围内对互联网的唯一标识符系统及其安全稳定的运营进行协调，包括互联网协议（IP）地址的空间分配、协议标识符的指派、通用顶级域名（gTLD）以及国家和地区顶级域名（ccTLD）系统的管理及根服务器系统的管理❶，前文所述的国际域名便由该机构注册和管理。

国内方面，CNNIC（China Internet Network Information Center）——中国互联网络信息中心是经国家工业和信息化部批准，于 1997 年 6 月 3 日组建的管理和服务机构，行使国家互联网络信息中心的职责。作为中国信息社会重要的基础设施建设者、运行者和管理者，中国互联网络信息中心（CNNIC）以"为我国互联网络用户提供服务，促进我国互联网络健康、有序发展"为宗旨，负责管理维护中国互联网地址系统，引领中国互联网地址行业发展，权威发布中国互联网统计信息，代表中国参与国际互联网社群。❷

四、域名的知识产权属性

关于域名的法律定位在学术界存在非权利说、民事权益说、商标权说、知识产权说四种主要的观点。❸ 尽管 WIPO 尚未将域名界定为一种独立的知识产权，但从近年 WIPO 积极参与有关域名的国际事务及开展众多的商事仲裁行为来看，域名也是其认可的知识产权管辖范围之一。国内司法实践也认为域名的知识产权的属性更加突出，每年最高院推出的"中国法院 10 大知识产权案例"会收集当年有影响力的域名案件，如 2014 年的"quna.com"域名之争，该案件经过一审、二审一直打到最高院，几级法院对域名的归属看法不一，非常具有研究的价值，后续章节将对本案有详尽介绍。

知识产权是依靠智力成果产生的权利，是一种无形资产，具有无形性、专有性、地域性及时间性。一个好的域名也是经过人的构思、选择、创造而产生的，是智力成果并具有上述一般意义的知识产权属性。

---

❶ 百度百科. 互联网名称与数字地址分配机构. https://baike.baidu.com/item/互联网名称与数字地址分配机构?fromtitle=ICANN&fromid=6807198.

❷ 百度百科. 中国互联网络信息中心. https://baike.baidu.com/item/中国互联网络信息中心?fromtitle=CNNIC&fromid=422222.

❸ 刘杰. 域名的法律属性探析——兼评最高院《域名解释》第八条 [J]. 中国集体经济, 2019, 590（6）: 110-112.

①无形性。域名并非实体资产,符合无形资产的基本属性,其载体为虚拟的网络空间。

②专有性。域名是企业或个人网络空间的一种标识,且具有唯一性,一旦注册成功,域名持有人在网上即具有绝对的排他权。

③地域性。域名不同于传统知识产权的以国别为限,而是以网络为限,域名只能在网络这个载体上才能发挥其特殊的商业价值和意义,在网络之外无法实现此功能。此外,虽然世界范围内通过互联网都可以访问正常提供服务的域名网址,但在注册管理上,是受各国域名注册局管辖,尤其是代表国家属性的国别域名".cn"".jp"等的推出,只有本国企业或个人才能申请相关的域名,也充分体现出域名具有地域性。

④时间性。域名注册成功后,需要按期续费才能维持权利,类似商标的续展工作,也是域名时间性的体现。[1]

第二节　企业域名注册

【知识点】

域名服务商、顶级域名的选择、域名命名规则、中心域名的要点、域名查询与注册。

【概念解释】

域名服务商是提供域名注册代理服务的中间商,由 ICANN 或 CNNIC 委派,在指定的域名注册数据库中管理互联网域名,向公众提供域名注册、DNS 解析、域名变更过户、域名续费等服务[2]。

域名注册指域名获取需企业向域名服务商提出申请,在符合一定规则的前提下,取得网络域名的过程。

【知识内容】

企业可以通过两个方式获得合适的域名,一是进行注册,二是从他人处进行购买。

---

[1] 张平. 域名的知识产权地位 [J]. 北京工商管理, 2000 (9): 26-27.
[2] 搜狗百科. 域名注册商. https://baike.sogou.com/v9060098.htm?fromTitle=%E5%9F%9F%E5%90%8D%E5%95%86.

好的域名通常会根据公司名称或商标的拼音以及英文去设计，但是近年来"好记、简短、有意义"的域名资源越来越少，尤其是在".com"或".cn"后缀下，常见的字母数字组合大部分都已被注册，从公司形象展示、业务开拓方面考虑，收购在先域名也不失为上策。越来越高的收购价格也引发了域名抢注、域名交易市场的火热，天价域名事件层出不穷。

一、域名服务商

国际知名的域名服务商有 GoDaddy（世界最大的注册机构）、NameSilo、Namecheap、Hover 等；国内服务商如万网、阿里云、腾讯云、新网、35 互联、百度云等，每家机构提供的服务各有特色，专业的服务商能够使企业域名管理更加方便、安全。国内企业在选择域名服务商时可以考虑以下几点：

（1）具有 ICANN 和 CNNIC 共同认证资质。
（2）注册商的 DNS 服务器高效稳定，同时能保证客户的信息安全。
（3）域名管理操作方便、快捷。
（4）提供域名交易平台，域名的拍卖、过户、停放等，域名双方交易安全放心。
（5）注册价格合理，续费价格透明。
（6）提供 7×24 小时服务，及时解决客户问题。
（7）提供商标、域名配套查询、注册等系列服务。❶

二、顶级域名的选择

国内企业或商业机构首选的顶级域名有".com"".cn"或".net"，这样有利于塑造企业形象和满足用户使用习惯。不同后缀价格不同，通常价格较高的还是".com"，在国内只有".cn"价格可以与之相提并论。由于互联网各类骗局层出不穷，诈骗网站或钓鱼网站也常通过相似的域名将自己伪装成真实网站。因此，在中心域名确定不变的前提下，结合用户的使用习惯和信任偏好，推荐企业按照".com"".cn"".net"".com.cn"".cc"的先后顺序进行注册。

三、域名命名规则

域名命名需要符合一定的规则，由于互联网上的各级域名分别由不同的机构管理，所以，各个机构管理域名的方式和域名命名的规则也有所不同。但域名的命名也有一些国际通用规则，在国际域名中只能包含以下字符：①26 个英文字母；②"0，1，2，3，4，5，6，7，8，9"10 个数字；③"-"（英文中的连词号），但"-"不能顶格等❷。当然目前随着中文域名的推出，汉字也可以出现在域名结构中。

---

❶ 备案域名哪里可以买［EB/OL］. https://www.douban.com/note/582706967/.
❷ 英文国际域名的命名规则［EB/OL］. http://www.dns110.com/FAQ/Html/2009929526-1.Html.

由于英文单词或汉语拼音的组合以及中文域名的启用，域名除了地址识别作用外，也可以代表更多的含义，一些违法、色情、带有政治色彩的词语被列为禁止性用语。国家在 2017 年颁布的《互联网域名管理办法》第 28 条中规定，任何组织或个人注册、使用的域名不得含有下列内容：

（1）反对宪法所确定的基本原则的。
（2）危害国家安全，泄露国家秘密，颠覆国家政权，破坏国家统一的。
（3）损害国家荣誉和利益的。
（4）煽动民族仇恨、民族歧视，破坏民族团结的。
（5）破坏国家宗教政策，宣扬邪教和封建迷信的。
（6）散布谣言，扰乱社会秩序，破坏社会稳定的。
（7）散布淫秽、色情、赌博、暴力、凶杀、恐怖或者教唆犯罪的。
（8）侮辱或者诽谤他人，侵害他人合法权益的。
（9）含有法律、行政法规禁止的其他内容的。

四、中心域名的命名要点

中心域名是域名的核心部分，在遵循一般规则的前提下，何种域名才能更好地吸引用户、方便好记、帮助企业增加访问量和辅助整体宣传，这就需要在域名设计上做一些文章。

1. 域名长度尽量简短

域名本意是解决 IP 地址字符较长不便输入以及区分度低不容易记忆的问题，因此好的域名要尽可能简短。如果域名冗长复杂，可能会使用户因拼写错误而进错网站。通常，域名控制在 6 个字母或数字以内，传播、记忆都比较方便，常见的例如：百度"baidu.com"、腾讯"qq.com"、淘宝"taobao.com"。

2. 使用关键词

中心关键词主要包括行业通用词、企业商号、名称、产品及服务的商标及周边领域，既包括拼音全称和缩写，也包括英文。好的关键词有助于提高企业在搜索引擎上的排名，降低客户的搜索成本，如知名知识产权服务网站猪八戒，域名"zbj.com"采用"猪八戒"三个字拼音的首字母，非常方便好记。类似的例子还有中国联通"10010.com"、中国移动"10086.cn"、中国电信"189.cn"，都采用了企业客服号码或提供业务的主打开头号码，清晰准确；反之如屈臣氏的域名"watsons.com.cn"，watsons 和中文屈臣氏相去甚远，就很难让人留下深刻印象。

3. 加入地区元素

在企业业务以区域划分的情况下，域名中也可以包含所在城市或地区的名字，从而凸显特色，方便本地客户轻松查找。如新京报的网址——"www.bjnews.com.cn"，既包含北京（bj），也包含新闻（news）；腾讯的大渝网——"cq.qq.com"，大燕网——"bj.qq.com"，大申网——"sh.qq.com"，都包含明显的地域元素，网站内容和服务也贴近本地生活。

4. 防止对在先商标的侵权

企业注册域名时，为了避免日后产生各种权益纠纷，最好还要对拟使用的词语或字符组合进行商标查询，看是否侵犯在先商标。域名与商标之间法律关系十分复杂，涉及注册时间、商标使用情况、驰名商标保护等。最高人民法院颁布的《关于审理涉及计算机网络域名民事纠纷案件适用法律若干问题的解释》第1条规定，对于涉及计算机网络域名注册、使用行为的民事纠纷，当事人向人民法院起诉，经审查符合《民事诉讼法》第108条规定的，人民法院应当受理。域名侵犯商标在先权利及由此产生的不正当竞争在有关域名诉讼中占据相当大的比重，因此，强烈建议提前进行商标查询，避免为企业带来不必要的损失。即使公司目前决定不注册商标，仍然要做商标查询，提前考虑商标的重要性。

五、域名查询及注册

域名查询是企业域名申请中的关键一环，无论之前设计的域名多么完美、恰当，如果已经被其他企业或个人在先申请了，如还希望使用就得通过购买、仲裁或诉讼的方式获取；或者选用备选方案查询，最终找到可用的域名，第一时间办理注册。查询工作也可以在前期进行预检索，做一些排除选项，方便企业内部决策。当通过域名服务商查询确定可以注册的域名后，就可以启动下单缴费工作。国际惯例为域名一旦注册无法退款，国内最大的IDC服务商（万网）网站上有明确提示，域名注册错误或者是申请退款仅限3天，域名注册后3天内可以退款，其他IDC运营商一般都是一旦注册就无法退款。国内域名注册成功后，会进入5天的注册信息审核期，审核期内域名解析可正常生效，但是需要尽快提交实名资料审核。5天信息审核期结束后未通过实名审核的，该域名将被注册局锁定，锁定的域名解析会暂停，待实名审核通过后，次日恢复。

第三节　域名的使用与管理

【知识点】

域名管理的部门、安全管理、续费管理、战略管理、商业价值、保护要点。

【概念解释】

域名战略是指企业经营者从域名确定、域名启用、域名的推广宣传等为落脚点而进行的一类有关竞争与发展的长远策划。

Typo 域名是指当域名的拼写临近或与另一个域名相似，则称这个域名是另一个域名的 Typo 域名。

【知识内容】

域名注册是企业域名管理的第一步，注册成功后即进入域名的使用管理阶段。域名的使用管理是常态性工作，包括地址解析、安全监控及保护、续费、交易、诉讼、战略布局等，使用管理好域名对企业形象塑造、产品推广有很大帮助。

一、企业域名管理的部门

域名虽然同专利、商标、著作权等知识产权一样，具有无形性、价值性等重要属性，但在实践中其管理部门往往又不同于传统的知识产权管理部门（如法务部或知识产权部），通常由信息化或网络之类的 IT 部门来管理。这是因为域名的直接作用是解析网站 IP 地址，需要管理人员具有一定的网络技术和安全知识，技术人员在此方面优势明显。而域名除了网络使用管理外，则是价值管理，从域名作为企业重要的一类知识产权资源角度出发，可以从技术管理与资产管理两方面加以区分，其中域名的解析、IP 地址分配等和网站相关的工作交由 IT 部门负责；域名注册、缴费、交易、信息维护等工作交由知识产权管理部门负责。这样区分的好处在于技术人员通常无法预见可能的法律风险，也无法提出预防措施，只能是发生问题后找法务部门咨询解决，这种事后补救的方式不能防患于未然。而知识产权部门按照类同专利、商标统一管理的方式与思路，无论是企业域名侵权，还是遭抢注的问题，都可以提前应对；或者是围绕公司名称、产品系列等制定域名的整体注册战略也可以更加系统。

二、企业域名的安全管理

据统计显示，我国 57% 的域名解析服务处于有风险的状态，其中 11.8% 的域名因配置管理不当，处于较高风险状态。国内 4.2% 的递归域名服务器端口随机性较差，容易遭受 DNS 劫持攻击，远高于全球范围 0.98% 的平均水平。[1]

随着"互联网+"产业的发展，注册商处每日新增域名数量巨大，存量域名交易也

---

[1] 腾讯财经. 我国 57% 的域名处于风险状态［EB/OL］.（2012-03-29）. https://finance.qq.com/a/20120329/007141.htm.

日趋火热，同时还存在着一大批的域名中介通过各种手段抢注或捡漏企业疏忽的域名，因此企业务必要做好有关域名的风险监控及安全保障措施。

1. 制度设计

域名安全要从技术及管理两方面进行制度设计，一方面由 IT 部门加强硬件防火墙和杀毒软件的管理与更新，另一方面明确有关域名的关键时间节点、人员权限分配、资料管理情况、与商标等其他知识产权的对应关系等问题，作为日常工作来定期检查执行情况。

2. 注册信息管理

域名注册需要登记企业基本信息及联系人电话、邮箱等联系方式，一定确保留存在域名服务商处的电子邮箱、电话正确可用，当联系人邮箱、电话变更或注销时，要及时更新。尤其当联系人手机停机、换号或是离职后未更新信息时，一旦域名出现问题，而当初的邮箱或电话已不能正常使用，很有可能致使域名失效。

3. 密码管理

在大数据时代，数据之间相互关联，稍有不慎，则会导致用户密码泄露或被黑客窃取，常发生失窃域名被指向某非法网站的情形，如指向色情网站或赌博平台，使企业声誉受到损失，以网络服务为主的企业还会影响到业务开展，严重的若指向钓鱼网站则会泄露用户的密码，导致用户财产损失，使企业陷入纠纷之中。

域名账户不要设置过于简单的密码，最好使用数字、字母、特殊符号的组合来设置，不要怕麻烦，一定要复杂，这样就可以很大程度上提高域名账户的安全性。同时不要和其他互联网工具共用密码，间隔一段时间必须修改密码。定期查看域名操作日志，加强域名安全意识，切忌使用私人常用密码。

4. 密码邮箱安全管理

域名管理密码可以通过手机或邮箱重置，手机因为与个人使用密切相关，外人很难获取，而邮箱在使用时若不注意，使用公共不设密码的钓鱼 Wi-Fi 热点，或多人使用的电脑，都很容易导致泄露，黑客会迅速找到涉及密码的重要邮件，登录域名服务商进行信息篡改。另外，邮箱密码设置过于简单也会被轻易破解，从而导致财产受损。

5. 域名安全锁服务

为了保障域名安全、解析地址正确，企业管理人员可以根据业务需求选择"需要开启禁止更新锁"或"禁止转出锁"。域名安全锁服务是一种域名增值服务，即通过一定的技术手段适当保护用户的域名注册信息（即 whois 信息，包括域名联系人信息、地址、电话、电子邮箱、DNS 信息等）不被错误修改或恶意修改❶。不同服务商对安全锁的名称略有不同，但功能大同小异，通过此项服务，可以对企业域名进行加锁，保护域名信息不被修改。只有通过特定的验证流程解除域名锁定后，才能进行域名信息的修改，大幅度提高域名的安全性。

三、企业域名的续费管理

域名注册使用存在一个有效期，有效期过后需要续费，如果不及时续费，用户通过域名无法访问到网站，甚至域名会被自动删除，用户将无权拥有该域名。因此，如果网站域名使用到期，用户就要及时到域名注册商处进行续费。由于续费不及时导致域名被停用或被抢注的案例屡见不鲜，更是有众多"域名贩子"以此为职业，时刻在关注域名到期后的缴费情况，品质好的还会形成竞拍，企业因此会陷入纠纷或不得不花高价将其回购。

域名注册有效期通常为一年，若到期未续费则会被注销，之后所有人均可注册。缴费频率可以一年也可以多年，但时间越久，发生人员、信息变动的概率越大，也越容易被忽视。企业域名管理人员需关注企业的各类域名到期时间，域名到期前注册服务商也会发送短信与邮件至登记联系的手机号、邮箱，提醒尽快登录原注册网站，完成续费。

若企业在域名服务商规定的时间内未正常续费，则会进入赎回期。赎回期是指域名到期后未缴费则会被域名服务商收回，但是服务商会为原注册人保留域名一段时间，看是否选择续费。如果在这个赎回期内还没对这个域名进行续费，那么这个域名就会彻底被注销。

关于域名到期后的删除规则，国际域名和国内域名略有不同。

1. 国际域名

（1）到期当天暂停解析，若 72 小时内未续费，则修改域名 DNS 指向广告页面（停放），在 30 天内可以自动续费。续费后系统会自动恢复原来的 DNS，刷新时间为 24~48 小时。

（2）30~60 天，域名处于赎回期，在此期间域名无法管理，需手工赎回。

（3）60 天以后，域名被彻底删除，可以重新注册。

2. 国内域名

（1）到期当天暂停解析，如果在 72 小时内未续费，则修改域名 DNS 指向广告页面（停放），30 天内可以自动续费。

（2）过期后 30~48 天，将进入 13 天的高价赎回期，此期间域名无法管理。

---

❶ 新网. 域名安全锁［EB/OL］. http://www.xinnet.com/domain/domainXinnetLock.html.

（3）过期48天后仍未续费的，域名将随时被删除。❶

被删除后这个域名的所有权就不属于原用户，任何人都可以再注册，此时原注册用户也可以重新注册，但是这个时候是有风险的，一旦这个域名被人抢注，那回购成本要比正常续费的成本高得多，所以首先要加强域名的续费管理工作。

即使域名到期不打算继续使用也一定要去注销，按照国内的相关制度，网站运营之前需要进行ICP备案，确立网站的所有人和负责人，也就相当于实名登记，一旦网站出现问题，相关方需要承担相应的法律责任。如果域名属于过户或是被他人重新注册的，原有备案将继续有效，此时新的域名持有人将使用本域名运营其他的内容，一旦出现经营范围不符和违规侵权内容，公司将会受到牵连并承担相关的法律责任。这类由于域名原持有人未注销信息而收到律师函的案件屡见不鲜，新使用主体沿用原有人的备案信息，在网站发布了侵权内容（最常见的是图片侵权）或建成非法网站，被侵权人通过备案信息查询到原持有人，原持有人因此遭受无妄之灾。

【案例 8-1】
佛山市南海区教育局官方网站南海教育信息网，因为域名过期未来得及续费，疑被黑客修改网站代码跳转到黄色网站，后经调查发现网站上有英文字样显示"该域名已经到期"，后经紧急续费协调才找回域名。❷

【案例 8-2】
原创阅读网是腾讯旗下子公司北京华夏墨香文化传媒有限公司开办的大型文学网站，域名为"yuanchuang.com"，到期没有续费，不确定具体原因，最终在阿里云被其他人拍卖获得，竞拍价53.5万元，这项资产的遗失或放弃是原持有人的一个损失。

四、企业域名的战略管理

企业战略是对企业各种战略的统称，既包括竞争战略，也包括营销战略、发展战略、品牌战略等。企业战略虽然有多种，但基本属性是相同的，都是一种关于企业管理的谋略，是对企业整体性、长期性、基本问题的思考与总结，而域名战略也是如此。域名战略即指企业经营者从域名确定、域名启用、域名的推广宣传等为落脚点的一类长远策划，对于产品线多、竞争压力大的企业，做好企业域名整体的规划设计尤为重要。域名战略既包含域名的抢占先机与保护，也包含宣传推广，还可以作为一项重要

---

❶ 新网. 域名到期查询的方法以及域名到期删除规则［EB/OL］.（2017-12-02）. http://www.xinnet.com/service/cjwt/domain/guanli/1574.html.

❷ 中国新闻网. 教育网因域名过期未续费被变黄网［EB/OL］.（2011-12-15）. http://www.chinanews.com/edu/2011/12-15/3534989.shtml.

战略储备用于谈判或投资。由于域名的稀缺性与唯一性，一个易读易记、具有较高知名度的域名无疑是企业的一项重要的无形资产，域名的命名、设计与选择必须深思熟虑，否则不仅不能充分发挥网站的营销功能，甚至还会对企业的网络营销产生不利的影响。

运用域名保护战略来扩大品牌宣传并斩断仿冒者的企图已经成为国外知名企业实施品牌保护的重要措施。韩国三星公司于2009年一次性注册了470个地级cn域名，成为当时cn域名注册量最大的一个企业，域名类别主要涉及三方面：一是与企业品牌samsung相关的地级域名，如"samsung.zj.cn"；二是与公司领导人相关的cn域名，如韩国三星集团董事长李健熙的cn域名："leekunhee.bj.cn"；三是含有敌对性词汇的cn域名，如"antisamsung.bj.cn""nosamsung.bj.cn""stopsamsung.bj.cn"等地级域名。国际电器巨头松下电器也曾经一口气注册了102个cn域名，其中包括含有北京、上海等地名缩写的cn域名。这些集团公司就是利用海量注册在中国构建起一个cn域名的保护圈，防止竞争对手利用域名做文章，对公司产生不利后果，他们广泛地将与自身商标、商号、行业属性等一切可能与自身形象发生关联标识的衍生形象注册成为域名。

从以上案例可以看出，企业域名战略管理需重点注意以下三个方面：

1. 商标、域名、商号的综合注册与保护

在选择域名时除了要遵守有关标准外，还应从发挥域名商业价值的角度，塑造企业网上、网下统一的形象。域名起名时可以采用企业名称、品牌名称或产品名称的中英文字母，尤其是推出重要产品系列时，只要涉及商标注册就同时考虑相关域名申请，既有利于用户在不同的营销环境中准确识别企业及其产品与服务，也有利于网上推广与网下营销的整合，使两者相互促进。

2. 域名和业务区域产生关联

虽然域名在互联网任何地点都可以访问，但如果业务发展到某国家或地区时，当地的顶级域名已经被他人注册，此时就会变得被动，当地域名很可能会被他人蹭擦边球加以牟利。由于域名的注册成本及维持费要远小于专利和商标，因此如果企业的业务范围涉及境外，就应该考虑注册多个主要国别的国际域名，这样就确保了域名的完整性及保护的系统性。

3. 多域名战略

Typo域名指的是当域名的拼写临近或与另一个域名相似，则称这个域名是另一个域名的Typo域名，指的就是容易拼错的域名。常见的种类包括：①字母残缺或多余；②字母顺序错误；③拼音错误；④相似字母数字混淆。以"google.com"为例，因为字母o、g、l分别和数字0、9、1近似，因此围绕着google的真实域名可以衍生出很多Typo域名，如goo9le、googl e的域名都会因google而流量增加。而国内著名搜索引擎——搜狗的官网域名是"sogou.com",但根据读音很多人误认为搜狗域名是"sougou.com",事实上"sougou.com"是一家宠物网站。因此由于域名命名的唯一性,极易出现他人申请类似的域名,减弱在先域名的识别力和独占性,导致用户的错误识别,此时企业可提前布局多个类似相关的域名来进行保护,这也是针对 Typo 域名的一种解决方案。

此外,对于产品多样化、生产规模大、经济实力雄厚的企业,当某种产品有非常独特的个性并拥有较大规模市场忠诚度的时候,必须有个别域名,即为该品牌独立注册域名,以培养、尊重和强化用户的消费忠诚度,当该产品出现信誉危机的时候,也不会因此妨碍其他产品的信誉度。如中国联通公司官网为"chinaunicom.com",而联通为用户提供的网上营业厅域名为"10010.com"。

五、企业域名的商业价值

全球互联网经过几十年的发展,域名的注册及交易机制逐渐成熟,各类的顶级域名注册量与日俱增,天价域名交易更是屡见不鲜。截至 2018 年第一季度末,全球域名保有量达 3.43 亿个,同比增长 2.76%,环比增长 0.38%。中国域名保有量稳步增长,达 4949 万个。其中,中文域名".中国"增长明显,季度增长约 55 万个。越来越多的企业家已经认识到域名绝不只是一个简单的网址,而是属于企业的宝贵无形资产,在运营网站前确定一个好域名,对日后市场推广、产品营销、企业品牌的建立至关重要。好域名是企业在市场竞争中获得持久优势的利器;反之,如果与品牌有关的域名被滥用,对企业的声誉或者流量都会造成巨大的损失。

域名不仅是企业网站的解析地址,同时也是展示形象、提供服务的重要网络标识。简洁、关联性强、富有特色的域名能有效地增加网络流量,如百度网址"www.baidu.com",既包含公司名称——百度在线网络技术(北京)有限公司"百度"二字的拼音,同时引自辛弃疾的一句词"众里寻他千百度",引申出百度网站的主要功能——搜索引擎。域名经过使用者的精心经营和维护,可以获得良好的商业信誉,得到受众的普遍认同,有巨大的经济价值。而一些好的域名,也成为争抢的对象,对于消费者来说,好域名简单易记、输入方便快捷;对于企业来说,启用与公司名称一致的域名,降低了推广难度,减少了推广费用,为企业节省了大笔开支,对于宣传该公司的品牌文化也是事半功倍。购物网站京东在使用"jd.com"之前,一直使用"360buy.com",很多人一度把京东和360公司混为一谈。因此,为了自身品牌建设,京东于2014年斥巨资3000万元购买"jd.com"两字母短域名,从而更好地将流量引入京东,同时也树立了京东品牌,可以说"jd.com"的域名帮助京东节省了数亿元的流量推广费用。❶ 很

---

❶ 三星的品牌域名分析报告 [EB/OL]. (2018-11-02). https://wenku.baidu.com/view/8ee6214311661ed9ad51f01dc281e53a5902516c.html.

多知名品牌在创立之初由于未重视域名工作，选用比较随意的域名，随着公司发展，域名价值不断提升，关键域名如果不占为己有，很可能连带商标被淡化或被其他竞争对手加以利用，此时再想购买相关的域名，那自然是水涨船高、价格不菲。表8-2列出了几个知名的企业域名收购案例。

表8-2　几个知名的企业域名收购价格案例

品牌	域名	购入价格（元）	购入时间	原注册时间
360	360.com	1亿	2015.2	2000.3
京东	jd.com	3000万	2013.3	1992.9
小米	mi.com	2240万	2014.4	1998.11
唯品会	vip.com	1200万	2013.10	1994.9
新浪	weibo.com	800万	2011.2	1999.3

此外，域名注册时需要符合域名相关规定，并缴纳相关的费用，即域名的获得须支付一定对价，域名的维护也需耗费人力、财力。另外，作为一个信息交流平台，域名持有人可以通过域名进行商业宣传及相关的电子交易、发布及交流信息等。因此，好的域名价值非常可观。

六、企业域名保护要点

经过以上内容介绍及案例分析，可以看出企业域名的重要性，工作中应该建立完善的制度，采用积极保护的策略，重点要关注以下内容：

（1）注册品牌域名应与商标/商号一致，简单易记，逻辑性强，域名能和品牌相互呼应。

（2）域名购买或续费时间长，降低因未续费导致的域名丢失风险。

（3）注册/购买多个域名后缀：能保证域名的唯一性、排他性，在国内如果同时获得".com"".cn"".net"".com.cn"，基本在顶级域名一项保护已较为完善；同时多种输入方式可以增加网站推广效果，起到保护企业品牌的作用。

（4）选择专业域名管理平台：集中分类管理，实时监管，能提醒及时续费，并给出相应的保护建议和附加功能，提供多重安全保障。

（5）注册别国域名，保护全球品牌：当公司在对应国家注册办事机构开展工作时，首先应当注册相关的国家域名，甚至前期也可找第三方代理机构帮助在当地进行注册。

（6）Typo域名注册：考虑具有潜在价值的Typo域名，防止流量丢失。

第四节 域名争议的解决方式

【知识点】

域名争议的形式、争议解决方式与场所。

【概念解释】

反向域名侵夺是指恶意使用统一域名解决办法的有关规定以企图剥夺已经注册的域名持有人域名的行为。

【知识内容】

一、常见的争议形式

1. 域名与商标的冲突

域名与商标作为企业重要的知识产权，两者之间既有共性，也有区别。共性主要包括：①标志性；②排他性；③无形性；④有宣传效果。而区别则是：①适用对象不同；②取得的原则不同；③构成要素不同；④显著性要求不同。这些相似性和区别造成了商标与域名使用之间的冲突。[1]

2018 年，WIPO 仲裁与调解中心共收到和商标有关的域名争议案件 3447 个，这些案件是企业对用于假冒销售、欺诈、"网络钓鱼"及其他形式的线上商标滥用的网站激增所做出的反应。世界知识产权组织总干事高锐表示，涉及欺诈、"网络钓鱼"或假冒商品的域名构成的威胁最为明显，但所有形式的域名抢注都会影响消费者。WIPO 的《统一域名争议解决政策》（UDRP）案件反映了世界各地商标所有人持续保持警惕的需求。[2]

（1）恶意把他人商标抢注为域名。恶意把他人商标抢注为域名是指将他人的在先商标抢注为域名，以此牟取不当利益或者达成不当目的的行为。行为人明知他人商标的存在，而将与商标完全相同或者极其相似的文字注册为域名，造成与相关商标权人提供的商品、服务或者网站的混淆，搭商标权人的便车；或者是向商标权人索取高价

---

[1] 唐潮. 论商标与域名的冲突及解决 [D]. 重庆：西南政法大学，2012.
[2] 誉名网. WIPO 域名争议案件 2018 年创新纪录 [EB/OL]. https://www.ymw.cn/news/viewnews-2806.html.

以出售、出租等方式转让域名；或者是故意注册域名以阻止商标权人的注册，达到不正当竞争的目的；或者是单纯的损人不利己的行为等。美国杜邦公司是椭圆字体"DUPONT"商标的专用权人，北京国网信息有限公司注册了域名"dupont.com.cn"，但未实际使用，经法院审理，杜邦商标为我国相关公众所熟知，构成驰名商标。国网公司无正当理由注册该域名后并不使用，阻止了杜邦在互联网上使用自己的商标进行商业活动，该行为构成不正当竞争。

（2）抢注具有较大知名度的域名为商标导致的冲突。一些域名通过长期经营，具备了良好的商业信誉或者较大的知名度，为社会大众所熟知，有人便将这些域名注册为商标，进行商业活动借此获利，这也是一种搭便车的行为，此类行为在理论上称为反向域名侵夺。

【案例 8-3】

宝洁公司于1976年在中国注册了"safeguard"商标，注册使用范围是香皂、沐浴露等清洁用品，中文名称"舒肤佳"。上海晨铉智能科技发展有限公司在1999年注册了"safeguard.com.cn"域名，经营业务包括安防系统的安装维修。法院认定"safeguard"为驰名商标，晨铉科技将"safeguard"用于安防系统会打破驰名商标主体的唯一性，冲淡驰名商标的识别力，造成驰名商标知名度下降。Safeguard英文本意为安全设施、保护措施，原本和晨铉科技的安防业务相吻合，用于企业域名也比较契合，但由于域名与驰名商标的冲突判决原则，即使是非故意行为，但事实损害了驰名商标的权益，法理上也构成不正当竞争。

（3）拥有相同商标的商标权人对同一域名主张权利导致的冲突。我国商标法未禁止他人将普通注册商标在不相同或者不相类似的商品或者服务上注册，一个普通商标可能拥有多个商标权人。另外，由于历史因素或者地域不同，还可能存在一些不同主体均持有相同或者类似驰名商标的情况。但在互联网上域名是唯一的，如果两个以上持有相同商标的商标权人同时都想将其商标在同一个域下注册，那他们就可能为该域名的归属产生争议，关于老字号"稻香村"的域名分布，就是一个有代表性的案例。

【案例 8-4】

在我国由于历史原因，老字号"稻香村"主要分"北京稻香村""苏州稻香村"和"保定稻香村"。除去商标归属因素，单从域名角度看"daoxiangcun.com"属于北京稻香村食品有限责任公司，"daoxiangcun.cn"属于北京苏稻食品工业有限公司（苏稻），"daoxiangcun.net.cn"属于保定市稻香村食品工业有限公司。近年还出现了稻香村河北食品总部基地有限公司，域名为"hbdxc.com"。除此之外"daoxiangcun.com.cn"与"daoxiangcun.net"另有他人注册，其中".net"后缀的域名还被他人做成了稻香村产品的团购网，与三家生产厂家官网打擦边球。从注册时间来看，这三个厂家中北京稻香村意识最早，2000年注册成功".com"的域名;苏州稻香村在2007年取得".cn"域名;保定稻香村意识最晚,2010年发现主流的顶级域名都被注册了,只能取得不常见的".net.cn"作为官网域名。河北稻香村的域名由于和上述几家差异较大,消费者基本不会混淆。CNNIC是2003年开放".cn"域名的注册的,北京稻香村如果重视域名战略,时刻关注域名相关政策,在取得".com"域名之后,再接再厉,取得".cn"域名及后续其他重要顶级域名的申请,那在与其他两家的网络市场竞争中,一定会占尽先机。

2. 域名与企业名称或人名的纠纷

在很多国家企业名称(商号)和商标一样依法受到保护,不能擅自注册为域名。在法国,将知名公司的商号注册为域名,已被认定为恶意注册。在德国,商标法既保护注册商标,也保护商号等名称,德国民法典也对公司名称、合伙名称、工会名称等予以保护,而且这种保护既不以商业使用为条件,也不要求名称完全相同,相似导致混淆就构成侵权。我国《民法通则》等也有企业享有名称权的类似规定。同样,在涉及人名的域名纠纷时,仲裁机构及法院不仅会考虑在先注册,同时也会考虑域名的使用情况及是否恶意抢注。

3. 域名混淆

域名混淆是指两个域名的中心域名主要构成字母或数字及其组合高度相似,或一个是在另一个基础上添加简单字符形成的衍生品,足以造成相关公众的误认。在2018年1月1日生效的《反不正当竞争法》中增加了域名实施混淆行为构成不正当竞争的情形,其第6条第1款规定,擅自使用他人有一定影响的域名主体部分、网站名称、网页等行为构成不正当竞争。域名混淆关系司法认定比较复杂,法院主要考虑:

(1) 争议双方提供的产品、服务是否相同或相似。
(2) 域名所对应的网站的整体设计是否相同或相似。
(3) 侵权域名是否尽到合理避让义务。[1]

【案例8-5】

典型案例——去哪儿网的域名纠纷,被最高人民法院评为"2014中国十大知识产权案例"。

在北京趣拿信息技术有限公司(去哪儿网qunar.com)诉广州市去哪信息技术有限公司(quna.com、123quna.com、myquna.com)不正当竞争一案中,一审法院与二审法院在认定广州市去哪信息技术有限公司对"quna"是否享有权益这一问题的观点截然相反。一审法院认为:"广州去哪公司无证据显示其在受让该域名之前对该域名的主要部分'quna'进行过实质性的使用或者对其进行商标注册等,即广州去哪公司对'quna'并不享有权益,也没有使用该域名的正当理由。"

---

[1] 杨春宝. 域名及其管理若干法律问题研究 [D]. 上海:华东政法学院, 2001.

二审法院认为 quna.com 的注册时间早于 qunar.com，广州去哪取得该域名的方式并无过错。最终再审法院最高人民法院肯定了广东省高级人民法院的观点，认定广州市去哪信息技术有限公司对争议域名"quna.com"享有权益，其使用该域名的行为不构成不正当竞争。因此，我们目前既可以访问旅游机票网站——去哪儿网（qunar.com），还能访问去哪旅行（quna.com），这是一家提供机票、火车票及酒店预订服务的网站，对于不熟悉的用户来讲，很有可能产生误导。该案例表明在先注册的域名如按经营范围合理使用，且无高价转让行为，并不对后注册的相似域名产生不正当竞争。❶

二、争议解决方式

1. 当事人自行协商解决争议

在域名民事纠纷中，最常见的是双方协商解决争议，即由争议当事人直接接洽处理有关域名纠纷，结果由双方自行商议。但协商有时候时间较长，一旦超过了向行业管理部门申诉或向司法部门诉讼的时效，则会陷入更加被动的局面。CNNIC 于 2019 年 6 月 18 日实施的《国家顶级域名争议解决办法》规定："其中争议域名注册期限满三年的，域名争议解决机构不予受理。"在司法诉讼中，域名争议案件属于一般的民事争议，也适用"知道或者应当知道权利被侵害时"起算三年的诉讼时效。

2. 仲裁机构进行仲裁

由于域名在互联网具有唯一性和排他性，因此需要成立世界范围内的统一纠纷解决途径，目前比较知名的域名仲裁组织包括美国"公共资源争议解决中心"、美国"国家仲裁论坛"和日内瓦"世界知识产权组织（WIPO）仲裁与调解中心"以及"亚洲域名争议解决中心"四家国际通用顶级域名争议解决机构，在国内中国国际经济贸易仲裁委员会（简称贸仲委）和香港国际仲裁中心也是解决域名纠纷的重要机构。

（1）亚洲域名争议解决中心。亚洲域名争议解决中心是由中国国际经济贸易仲裁委员会和香港国际仲裁中心联合成立的，对外受理国际通用顶级域名争议，同时也是亚洲第一家国际通用顶级域名争议解决机构。该中心分别在贸仲委和香港国际仲裁中心下设北京秘书处和香港秘书处，主要为亚洲地区乃至世界范围内的当事人就国际通用顶级域名如".com"".net"".org"".biz"".info"".name"".museum"以及".coop"等提供统一的争议解决服务。中心北京秘书处或香港秘书处根据 ICANN 所制定的程序规则《统一域名争议解决政策之规则》以及亚洲域名争议解决中心的《补充规则》确定案件程序，并依据 ICANN 所制定的实体规则《统一域名争议解决政策》裁决案件。

---

❶ 高志明，张德淼. 域名权与站名权的属性与冲突——以两个"开心网"、两个"去哪（儿）"网案为比较[J]. 西北大学学报（哲学社会科学版），2011，41（4）：92-97.

（2）中国国际经济贸易仲裁委员会。CNNIC 授权贸仲委域名争议解决中心作为其指定的域名争议解决机构，受理其负责管理的".cn"".中国"域名争议。同时贸仲委还是美国互联网络名称和编码分配机构所指定的世界四家通用顶级域名争议解决机构之一的亚洲域名争议解决中心北京秘书处，依据互联网络名称和编码分配机构《统一域名争议解决政策》解决诸如".com"".org"".net"等通用顶级域名争议。通过仲裁方式可以快捷简便、低成本的方式来解决现实中出现的大量域名争议问题。目前解决".cn"".中国"国家顶级域名争议的最新规则主要包括《统一域名争议解决政策》《国家顶级域名争议解决办法》《国家顶级域名注册实施细则》和《国家顶级域名争议解决程序规则》等。

（3）香港国际仲裁中心。香港国际仲裁中心建于 1985 年，该机构通过仲裁及其他争议解决方法为当事人解决商事争议。中心于 2002 年得到 CNNIC 的授权，成为其中一个提供".cn"域名争议解决服务的中心，同时亚洲域名争议解决中心还在香港国际仲裁中心设立香港秘书处，使香港国际仲裁中心可以对国际通用顶级域名如".com"".net"".org"".biz"".info"".name"".museum"以及".coop"等提供统一的争议解决服务。

（4）WIPO 仲裁与调解中心。总部设在瑞士日内瓦的 WIPO 仲裁与调解中心（WIPO AMC）建于 1994 年，它为解决私人当事方之间的国际商务争端提供仲裁和调解。该中心在建立管理有关因特网和电子商务争端的运作和法律框架方面集中了大量的资源。域名存在于虚拟世界，在互联网上作为唯一的识别标识，经常引起国际企业、个人的争端，该中心现已被公认是解决因注册和使用域名而引起的争端的主要争端解决服务提供者。WIPO 中心以 19 种不同语言进行案件审理。WIPO 还对 75 个国家/地区代码顶级域名（ccTLDs）提供域名服务。此外，2019 年 8 月 1 日，CNNIC 授权 WIPO AMC 成为第三家中国国家顶级域名争议解决机构，可以为".cn"和".中国"域名提供争议解决服务，另外两家是中国国际经济贸易仲裁委员会域名争议解决中心和香港国际仲裁中心。这样一来，企业涉及各类顶级域名的争议也可以选择到 WIPO AMC 仲裁解决。

在表 8-3 所示 2018 年的案件中，域名争议案件总共 5022 件。其中".com"域名案件共计 3660 件，占总比重 72.88%，表明了传统通用顶级域名的持续流行，在新的通用顶级域名（gTLDs）中注册的域名争议占总量的 5.70%，争议主要存在于".online"".life"".app"和".xyz"。[1]

---

[1] WIPO. 2018 年全球知识产权报告（2019-3-19）。

表 8-3 2018 年 WIPO 纠纷排名前 10 位的顶级域名占比情况

序号	传统顶级域名	新顶级域名	争议域名数	占总争议域名百分比
1	.com		3660	72.88%
2	.net		232	4.62%
3	.org		176	3.50%
4	.info		112	2.23%
5		.online	78	1.55%
6		.life	58	1.15%
7		.app	57	1.14%
8		.xyz	55	1.10%
9	.pro		44	0.88%
10		.top	38	0.76%

图 8-2 显示了 WIPO 组织自 2000 年至 2018 年域名争议案件数量的变化趋势，侧面也可以看出互联网技术在全球的发展状况。

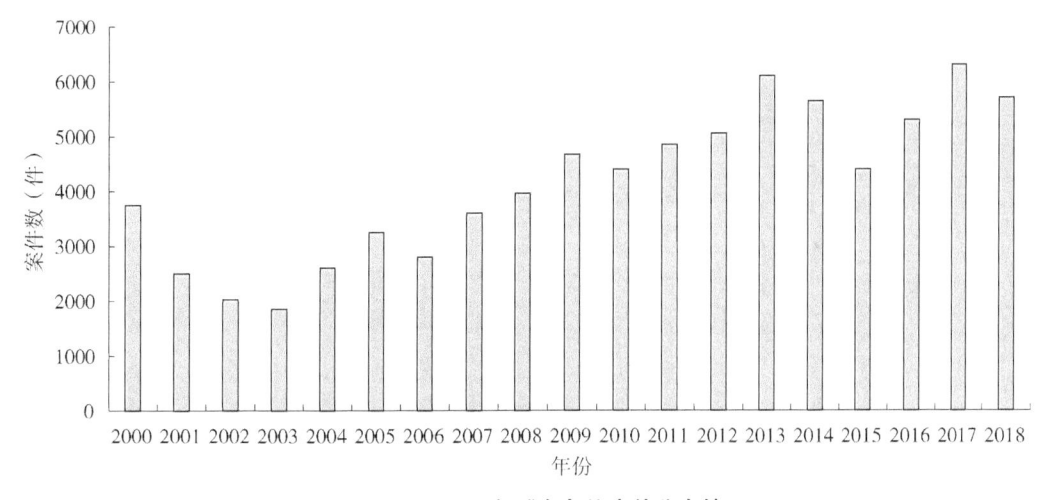

图 8-2 WIPO 历年域名争议案件分布情况

2018 年，WIPO《统一域名争议解决政策》（UDRP）案件涉及的相关方来自 109 个国家。美国提起了 976 件争议解决案件，依然保持提请案件量第一，紧随其后的为法国 553 件、英国 305 件、德国 244 件和瑞士 193 件。排名前三的争议领域分别为银行与金融、生物技术与制药、互联网与信息技术，分别占案件总数的 12%、11% 和 11%。2018 年，来自 54 个国家的 318 名专家对这些案例进行了裁决。

3. 司法诉讼解决方式

目前，我国法院审理域名纠纷案件主要适用的专属法律有《最高人民法院关于审理涉及计算机网络域名民事纠纷案件适用法律若干问题的解释》《北京市高级人民法院关于审理因域名注册、使用而引起的知识产权民事纠纷案件的若干指导意见》。此外，2018年9月7日起施行的《最高人民法院关于互联网法院审理案件若干问题的规定》进一步规范了有关互联网纠纷的司法解决方式，明确互联网法院的管辖范围、上诉机制和诉讼平台建设要求，其中也有涉及域名的相关条款。

"第二条　北京、广州、杭州互联网法院集中管辖所在市的辖区内应当由基层人民法院受理的下列第一审案件：……（六）互联网域名权属、侵权及合同纠纷。"

"第四条　当事人对北京互联网法院作出的判决、裁定提起上诉的案件，由北京市第四中级人民法院审理，但互联网著作权权属纠纷和侵权纠纷、互联网域名纠纷的上诉案件，由北京知识产权法院审理。"❶

互联网法院采取在线审理的方式，在线审理案件时，案件的受理、送达、调解、证据交换、庭前准备、庭审、宣判等诉讼环节一般应当在线上完成。因此，企业有域名纠纷也可直接到互联网法院进行起诉，在线发起诉讼。如一审在互联网法院进行审理的案件需要上诉，可根据规定到相应城市的中级人民法院办理，其中北京的上诉案件由北京知识产权法院审理。

三、典型纠纷案例分析

【案例8-6】　英国甲游戏公司诉国内乙公司 WIPO 仲裁案件❷

案件详情：英国一家游戏开发公司甲，发现国内乙公司混淆性使用其注册商标注册了一个国际域名，继而向 WIPO 提交投诉书，要求转移涉案域名归己使用，而乙公司对该域名及网站已经营了数年，公司利润基本上全部来源于该网站，一旦被裁决转移域名，将损失惨重。依照规定，域名注册商在收到 WIPO 裁决起 10 日内，其有权执行裁决内容。而本案中乙公司败诉可能性很大，留给乙公司的时间非常少。此时乙公司能做的就是利用规则，尽量多争取原域名的使用时间，做好新老域名的交接工作。

评议：根据《统一域名争议解决政策之规则》，若注册商在得到仲裁组织裁决后的 10 日内，收到投诉人和域名注册人间的争议已提交司法诉讼的正式文件，则会停止执行上述裁决，除非注册商收到进一步解决或判决的证明或文书。在具体案件仲裁过程中，投诉人在投诉书中必须选定注册商主营业机构或是域名持有

---

❶ 最高人民法院关于互联网法院审理案件若干问题的规定[N]. 人民法院报，2018-09-08（003）.
❷ 名商网. 国内企业如何面临国际域名纠纷[EB/OL].（2015-12-07）. https://www.sogou.com/link?url=hedJjaC291MiQ8WHqtObSW0azamf3gBkDXHBrqYk8qGOivZQMdvgN_GOmH02_nchreaVHN88tHY.

人的经营地址之一。而在投诉人为国外方,被投诉人为国内方的域名仲裁案件中,投诉人几乎全部选定注册商主营业机构所在地,该所在地多半在国外。本案中,投诉人英国甲公司选定的交互管辖法域为注册商主营业机构地——加拿大。如果乙公司欲中止裁决的执行其应当在加拿大提起司法诉讼,对于跨国知识产权纠纷的成本非常昂贵。

这个案例在国际域名纠纷中很典型,许多国内企业造成的域名侵权只是巧合,并非有意而为之,接到仲裁通知时一头雾水,此时国内企业需要第一时间寻找专业律师,根据《统一域名争议解决政策之规则》去进行风险评估,如初步评估域名失去的风险很高时,则需要为替代域名宣传争取时间。《统一域名争议解决政策之规则》18（a）条规定,如果在行政程序开始之前或进行的过程中已就争议域名提起了司法程序,专家组有权自行决定中止或终止行政程序,或继续行政程序,直至做出裁决。因此在开始收到律师函的阶段,应及时认真对待,若无胜算把握,且新旧域名衔接需要时间的话,应第一时间向国内法院提起诉讼。这样,一旦域名仲裁前的谈判破裂,在投诉人启动域名争议仲裁程序后,可以及时将国内法院正式司法文书递交给WIPO,以求得域名仲裁中止的法律效果。

【案例8-7】　四川省机械进出口公司诉黄某、成都利诺机械有限公司网络域名权属、侵权纠纷案[1]

案件详情：被告黄某系四川省机械进出口公司（简称机械公司）员工,成都利诺机械有限公司（简称利诺公司）的法定代表人毛某与黄某系夫妻关系。利诺公司与机械公司属同业竞争关系。2007年3月,机械公司与成都驰微系统科技有限公司（简称驰微公司）签订《企业网站建设开发合同》,约定由驰微公司为机械公司建设企业网站,并赠送机械公司一个域名：scmighty.com（以下称涉案域名）。网站开通后,黄某负责机械公司网站的管理及涉案域名的续费等工作。2010年3月,涉案域名到期后,黄某故意不办理续费手续,致使该域名因超过续费宽展期失效。涉案域名失效后,利诺公司注册了该域名,后又将该域名过户到黄某名下,现又过户到利诺公司名下。利诺公司在涉案网站上发布通知称,机械公司所主办网站的业务由利诺公司承接。在此期间,黄某向机械公司提交续费发票,造成涉案域名续费成功的假象。机械公司认为,黄某利用职务便利,恶意侵占公司的域名,侵害了该公司的合法权益,故向成都市中级人民法院提起诉讼,请求判令利诺公司将涉案域名过户给机械公司。最终法院判决利诺公司将涉案域名过户给机械公司。

评议：本案例是一起域名责任人监守自盗及企业内部存在管理漏洞的案例。黄某作为机械公司涉案域名的管理人员,理应勤勉尽责,但其却串通利诺公司,

---

[1] 最高人民法院. 中国法院知识产权司法保护状况［M］. 北京：人民法院出版社,2014.

先使涉案域名未按期续费而被注销,其后将涉案域名有计划性地注册到利诺公司名下,可见利诺公司注册涉案域名并非善意。同时,利诺公司还利用涉案域名所指向的网站发布通知,谎称机械公司已经变更为利诺公司,机械公司的权利、义务由其承接的行为,也说明利诺公司对涉案域名的注册、使用具有明显恶意。利诺公司的行为违反诚实信用原则,侵犯了机械公司的合法权益。机械公司如内部管理制度完善,对域名到期续费工作作为工作计划提前报备,结果及费用支出情况能及时查询,有上一级管理人员监督,将能极大程度避免类似事件发生。此外,黄某利用职务之便,通过不续费的行为使公司的一项重要无形资产域名损失,其对于公司名誉产生非常坏的影响,应按照故意毁坏公私财物罪追究黄某等人的刑事责任。

【案例 8-8】 上海长途汽车客运总站有限公司诉铭万信息技术有限公司等网络域名纠纷案[1]

案件详情:原告上海长途汽车客运总站有限公司(以下简称长途客运总站公司)与被告铭万信息技术有限公司(以下简称铭万公司)、被告铭万信息技术有限公司上海分公司(以下简称铭万上海分公司)、被告张家港市日易机械有限公司(以下简称日易公司)网络域名纠纷一案,原告长途客运总站公司诉称,原告是亚洲最大的长途汽车客运总站,2010年年底,原告向中国互联网络信息中心申请注册"上海长途汽车客运总站"的中文网络域名,却被告知上述域名均已被日易公司注册,日易公司通过铭万公司申请注册了"上海长途汽车客运总站.cn""上海长途汽车客运总站.中国""上海长途汽车客运总站.公司""上海长途汽车客运总站.网络""上海长途汽车客运总站.com""上海长途汽车客运总站.net""上海长途汽车客运总站.cc"7个网络域名,但上述域名注册后从未实际使用过。铭万上海分公司还建议原告有偿收购上述7个域名,原告遂诉至法院,请求判令被告立即注销上述7个域名。最终法院依照诚实信用及公平竞争原则,支持长途客运总站公司的诉求,判决争议域名应予以注销。

评议:该案件是典型的恶意域名抢注行为,被告本身业务和争议域名无任何业务关联,注册行为单纯为了转让牟利。在本案中,原告于2001年成立之日起即以上海长途汽车客运总站作为字号对外经营,上海长途汽车客运总站系原告企业名称中具有识别性的组成部分,至2005年上海长途汽车客运总站正式运营后,上海长途汽车客运总站作为原告的企业字号更是被广泛使用,并获得多项荣誉,具有一定社会知名度,因此,原告对"上海长途汽车客运总站"享有合法的民事权益。7个争议域名的可识别部分均为"上海长途汽车客运总站",与原告字号完全相同,足以导致相关网络用户对系争域名与原告之间的关系产生混淆、误认。被告日易公司的经

---

[1] 应新龙. 上海法院知识产权裁判文书精选 [M]. 北京:知识产权出版社, 2010.

营范围不包含客运站经营，且未提供证据证明其享有与"上海长途汽车客运总站"有关的任何权利和权益，其注册上述域名不具有正当理由。虽然被告日易公司辩称其未曾向原告或他人发出高价出售的要约，但鉴于其为获取投资收益而注册系争域名的主观目的及注册域名后并未使用的实际情况，可以认定被告日易公司注册系争7个域名的行为具有主观恶意。综上，被告日易公司注册系争7个域名的行为违背了诚实信用原则，损害了原告对其企业名称享有的合法权益。

管理提高篇

第九章　专利研发阶段的质量管理
第十章　专利申请阶段的质量管理
第十一章　专利授权后的质量管理
第十二章　企业知识产权资产管理
第十三章　企业知识产权风险管理
第十四章　企业知识产权保护及诉讼

第九章 专利研发阶段的质量管理

CHAPTER 9

专利质量是专利的生命，直接影响专利价值，是企业核心竞争力的体现，对公司长远战略经营目标的实现具有关键性作用。专利申请后续是否可授权、授权后是否能为企业带来较大收益，归根结底还是取决于专利核心技术本身。本章将阐述企业如何在项目立项、项目实施及技术交底书撰写阶段，通过专利质量管理创造出高技术含量的技术方案，为企业形成高质量核心技术提供基础。

第一节 项目立项阶段的质量管理

【知识点】

专利信息检索、专利信息分析。

【概念解释】

专利信息检索：专利信息检索是指利用各种检索工具，通过特定的检索指令（检索词、分类号）从大量的专利文献中获取有价值的经济、技术、法律等信息的特定活动，专利检索的实质是将用户脑中的信息需求转变为具体的检索行为。[1]

技术分解：专利检索前的技术分解是对拟检索技术进行技术分解和优化，将技术主题或技术特征分解成主次分明的各个单元概念，从而确定基本检索要素。

专利信息分析：专利信息分析是基于专利检索结果的基础上，结合对行业情况和市场需求的调研，进一步对专利信息进行科学的加工、整理与分析，为企业的技术创新战略制定提供参考的过程。

---

[1] 支苏平. 企业知识产权管理实务［M］. 北京：知识产权出版社，2016：254.

【知识内容】

科技项目立项是指企业根据社会发展的需要，以一定范围、一定时间内的科学技术发展目标，以及自身对科技产品的需求，就某项科学技术研究及技术开发项目进行立项的活动。项目立项在专利研发阶段起到基础性作用，是对拟立项项目提出一个框架性的总体设想，决定了企业技术发展方向。

通过专利检索了解拟开发技术的知识产权现状及竞争对手情况。在专利检索的基础上，结合市场调研进行专利分析，论述项目设立的必要性和可行性，并预期项目实施的难点。对项目风险进行评估，根据风险情况制定相应的防范预案，实现项目在立项阶段的知识产权风险预警，避免重复研发和低端研发。最终形成项目规划方案，作为整个项目研发工作的指导和开展依据。

一、专利信息检索

在项目立项阶段进行专利检索，促使企业能够准确获取相关领域的专利信息，以分析该新技术的发展方向和市场趋势，客观正确地判别技术的先进性和新颖性，及时调整研发方向，避免盲目立项和重复开发，节约研发成本，为企业制定整体战略提供参考。

1. 专利检索前的准备工作

（1）组建课题组及课题立项。

技术构思采集及初步筛选。研发部门日常工作中，应注意对技术构思的采集、记录和整理，建立企业技术研发预备项目库，在经过公司产品研发团队和专家评审组的初步评估筛选后，初步选择适合的研发方向。

组建课题组。专利检索及后续分析工作具有较强的专业性，需要具有相关专业背景并具有较强分析研究技能的人员组成的课题组，负责课题申报、项目计划编制、课题实施、课题报告撰写等方面的工作。课题组还应根据课题分析项目的实际情况，适当选择咨询相应领域的技术专家、行业研究人员及专利分析专家。重大课题还可选择与其他单位合作完成，确保专利检索及后续分析工作的质量。

课题立项。课题立项工作环节中主要完成课题立项书，确定课题工作的整体思路和目标。课题立项书是在课题准备工作基本完成后填写的书面文件，重点在于反映立项课题的前期准备工作，要尽量全面地反映所掌握的信息、资源和开展该课题研究的意义。[1] 课题立项书的主要内容应包括：课题研究人员、所属行业及行业状况、现有研究成果、主要研究内容及关键技术信息。课题立项需经过企业开题评议后实施。

（2）行业发展情况及趋势调研。

通过技术信息资料收集、实地调研、专家咨询等形式明确行业发展动态及趋势，

---

[1] 杨铁军. 专利分析实务手册 [M]. 北京：知识产权出版社，2012：4.

把握目前行业发展状况及发展趋势，调研内容包括技术发展历史和现状、技术发展路线、市场及企业动向、相关政策发布情况等。此环节需要综合考虑所有技术信息来源的信息，包括专利信息和非专利信息，它们彼此之间进行相互补充和相互验证，从而立体还原该技术领域的相关信息。在此基础上，归纳总结出最直接的相关技术情报，从可行性、经济性和易操作性等多个维度比较各种技术的优劣势，此外，还可以从技术的成熟度和可替代性等方面进行分析，进而评估该技术的未来发展前景。❶

行业发展情况及趋势调研活动是一个动态过程，应贯穿专利研发活动始终，为项目立项选择合适的对象范围进行研究，为企业技术人员提供多维度和新思路，为技术决策者提供理论和数据支撑，让技术研发更能适应企业的战略需求。

（3）技术分解。

行业专利技术分解是围绕研究的技术主题进行的，其结构形式和国际专利分类 IPC 中所采用的大类、小类、大组和小组等划分方式类似，采用一级、二级、三级、四级技术分支的划分结构。根据专利分析的实际需求和行业的具体特点，将所分析的技术主题细分出不同层级的技术分支。其中，一级、二级技术分支应当涵盖该技术领域的主要技术，三级、四级技术分支上突出关键技术。一般情况下，可按技术特征、工艺流程、产品或用途等进行技术分解。

技术分解方法。根据不同技术主题类型特点，选择适当的技术分解途径，下面将主要列举从产品类型入手、从产业链角度入手和从产品技术构成入手 3 种主要分解方法，如表 9-1 所示。

表 9-1 技术分解方法及分解途径对应表

分解方法	分解途径	具 体 方 法
产品类型	产品结构 产品类型	所要分析的技术主题产品线类型定义清晰，经过逐级分解，最终分解到具体的产品结构，划分出边线清晰的各个分支
产业链	产业构成 产业链	当产品类型单一、无法划分不同的产品类型时，可以从产业链角度入手，根据技术输出全流程，进行关键技术环节的技术划分
产品技术构成	技术构成 技术驱动因素 关键技术	当针对某一技术领域进行专利技术分解时，可从产品技术构成角度入手，分析其技术驱动因素和关键技术，逐层分解制造该产品涉及的各项技术构成因素

技术分解流程。在进行技术分解前，首先，应了解相应技术概况及发展动向，包括该技术主题在产业链中的具体位置、该技术主题包括的主要内容及拟解决的技术问

---

❶ 李慧，宋鸣镝. 专利信息和非专利信息在企业研发不同阶段的应用［J］. 中国发明与专利，2018，15（12）：68-71.

题等；其次，需要对技术主题进行逐级分解，应对最上位的技术分支分解为较为下位的技术分支，再对较为下位的技术分支进行进一步的技术分解，一直分解到需要的重要技术分支。

在初步完成技术分解后，采用"专利文献量适中、方便专利文献检索、尊重行业习惯"的原则对技术分解表进行评价，并邀请行业专家及技术专家，对技术分解情况进行评估，根据专家意见进行调整，使之符合行业技术分类习惯和便于检索及数据处理的需要。

对技术分解表进行进一步的规范，包括层级规范、术语规范，并特别注意逻辑严密和格式的统一，最终形成技术分解定稿。技术分解流程如图9-1所示。

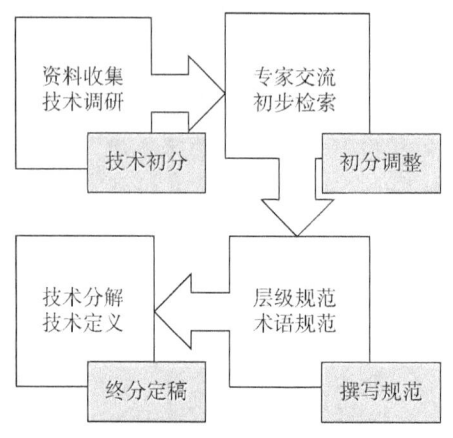

图9-1 技术分解流程

2. 检索程序

（1）专利检索策略制定。

专利检索是希望找到记载相同技术主题的专利文献的集合，需要较高的查全率和查准率，检索策略制定得恰当与否，会直接影响检索结果的质量。专利检索人员在了解项目背景及目的、明确项目的检索范围后，需要确定主题词和分类号，编写检索要素表，构建检索式，选择适合的数据库，实施检索程序。为了达到特定的检索目的，得到最佳的检索效果，可用不同的检索式重复检索过程。针对技术难点问题，有针对性地缩小检索范围，寻找能够借鉴和参考的技术方案。

（2）检索要素的确定。

检索要素是指能够代表具体技术领域及其技术范围的可检索的要素，需要考虑技术领域、技术问题、技术手段和技术效果等方面。针对不同的技术主题，可以倾向性地选取分类号或者关键词作为检索重点，也可将申请人、发明人、日期等作为补充检索要素。

(3) 检索式的构建。

确定关键词和分类号后，即可组织检索式。一般来说检索式主要是关键词的逻辑运算式，或者关键词与分类号的逻辑运算式。检索要素之间的逻辑关系一般原则为：同一检索要素的不同表达之间为逻辑"或"（如相同检索要素的主题词、同义词、分类号之间用逻辑"或"连接）；不同检索要素之间为逻辑"与"（如要素1的主题词与要素2的主题词、要素1的主题词与要素2的分类号、要素1的分类号与要素2的主题词之间用逻辑"与"连接）；不同检索要素的分类号之间一般不进行逻辑运算；一般检索要素与排除要素之间为逻辑"非"。检索表达式的构建并不是一蹴而就的工作，而是贯穿于整个检索过程。需要根据每次的检索结果不断调整、扩展检索表达式。

(4) 检索的执行。

基于检索表达式进行检索，得到初步完整的检索结果，专利检索分为查全检索和去噪检索两步。在专利检索预结束时，需要对检索结果进行查全率和查准率评估。如果查全率不符合要求，则需要重新调整检索策略，或者寻找新的检索要素进行补充检索；如果查准率不符合要求，则也需要调整去噪策略。只有在查全率、查准率都符合要求时，才能终止整个检索过程。❶

(5) 检索的中止。

专利检索追求既全面又准确的检索结果，但是从时间、人员等成本因素考虑，若已获得预期的检索结果且能基本反映技术主题，可以决定适时中止检索。

3. 常用的专利检索资源

检索系统及数据库的选择是关乎检索数据质量的重要因素，在检索开始前，应对不同检索系统或数据库的数据可靠性、数据完整性和数据精度进行调研和初步评价，并综合考虑待检索技术方案所涉及的技术领域、专利文献的地域及时间集中度、检索时拟采用的特定字段和需要检索系统提供的特定功能等，选择适当的检索系统或数据库展开检索工作。下面将介绍一些常用的免费专利检索资源，供参考使用。

(1) 国家知识产权局专利检索与分析系统。

国家知识产权局专利检索与分析系统（网址：http://pss-system.cnipa.gov.cn/sipopublicsearch/portal/uiIndex.shtml）是向公众开放的专利检索与分析系统，收录了全球各主要国家和地区的专利数据资源，检索模块分为常规检索、高级检索、药物检索、导航检索、热门工具、专利分析及命令行检索。分析模块包括：申请人分析、发明人分析、区域分析、技术领域分析、中国专项分析及高级分析，如图9-2所示。

---

❶ 杨铁军. 专利分析实务手册 [M]. 北京：知识产权出版社，2012.

图 9-2　专利检索与分析系统高级检索页面

（2）中国及多国专利审查信息查询系统。

中国及多国专利审查信息查询系统（网址：http://cpquery.sipo.gov.cn/）查询用户分为注册用户和普通用户。注册用户是指电子申请注册用户，可以使用电子申请的注册名和密码登录，查询该注册用户名下的所有专利申请的相关信息；普通用户是指社会公众，登录网站并单击"公众查询"可以通过输入申请号、发明创造名称、申请人或专利权人名称等内容，查询已经公布的发明专利申请，或已经公告的发明、实用新型及外观设计专利申请的相关内容（基本信息、审查信息、公布公告信息），如图 9-3 所示。

图 9-3　中国及多国专利审查信息查询系统的中国专利审查信息查询界面

第九章　专利研发阶段的质量管理

通过多国发明专利审查信息查询服务可以查询中国国家知识产权局、欧洲专利局、日本特许厅、韩国特许厅、美国专利商标局受理的发明专利审查信息，如图9-4所示。

图9-4　中国及多国专利审查信息查询系统的多国发明专利审查信息查询界面

（3）国家知识产权运营公共服务平台专利搜索系统。

国家知识产权运营公共服务平台专利搜索系统提供中外文专利数据的搜索与浏览，并关联展示该平台丰富的数据资源。通过该系统可便捷地对数据进行统计分析，如图9-5所示。

图9-5　国家知识产权运营公共服务平台专利搜索界面

（4）外文专利信息查询系统。

部分中文网上专利文献检索系统收集了欧洲、美国、日本等发达国家和地区的专利信息，可以通过上述中文系统直接查询，但使用过程中考虑到数据传送时效问题，为及时获取全面的外文专利文献数据，还需进行外文网上专利文献检索。

国外主要知识产权网站，可通过国家知识产权局网站的相关链接进入，可从各国或地区知识产权局官网，进入专利检索系统门户界面。从国家知识产权局网站首页下方，找到"国外主要知识产权网站"列表入口，选择所要检索的国家进行检索，如图9-6、图9-7所示。

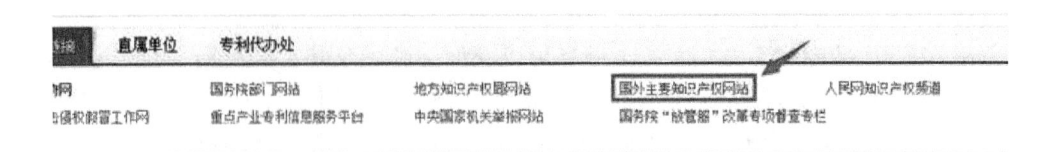

图 9-6　国家知识产权局网站"国外主要知识产权网站"入口

图 9-7　国家知识产权局网站"国外主要知识产权网站"界面

二、专利信息分析和利用

1. 专利分析方法

专利分析方法主要包括定性分析方法、定量分析方法、拟定量分析方法和图表分析方法。

定量分析又称统计分析，主要是通过专利文献及其相关信息进行加工整理和统计分析，用不同方法对有关数据的变化进行解释，以取得动态发展趋势方面的情报。

定性分析也称技术分析，并按专利文献信息的内部特征归并有关技术使其有序化，用数据挖掘等手段进行归纳和整理，然后运用专业技术进行解读、分析的方法。定性分析一般用来获得技术动向、企业动向、特定权利状况等方面的情况。

拟定量分析是将专利定量分析与定性分析结合的分析方法。专利拟定量分析通常由数理统计入手，然后进行全面、系统的技术分类和比较研究，再进行有针对性的量化分析，最后进行高度科学抽象的定性描述，使整个分析过程由宏观到微观，逐步深入。

定量分析方法、定性分析方法、拟定量分析方法常见的分析手段和分析内容如表 9-2 所示。

表 9-2　专利分析方法常见的分析手段和分析内容[1]

分析方法	分析手段和分析内容
定量分析方法	技术生命周期分析，分类号、关键词等技术主题的聚类分析，时间序列分析，地域分布和技术构成分析，技术实施情况统计分析……
定性分析方法	技术功效矩阵分析，核心专利分析，权利要求分析，技术发展路线分析……
拟定量分析方法	专利文本数据挖掘，专利价值评估分析，专利引文分析……

专利图表分析是利用图表对专利信息进行加工、整理，是信息分析结果的表达形式，清晰准确的图表使人能一目了然地了解其所包含的信息。图表分析法伴随着定性分析方法、定量分析方法、拟定量分析方法被广泛应用，常见的图表类型有散点图、数量图、排序图、矩阵图、技术发展图、清单图等。

2. 专利分析内容

（1）技术分析。

专利技术分析是对专利检索结果的进一步解读。技术分析是在对专利进行定量分析或定性分析的基础上，制作与技术相关的专利分析图表，并对图表进行解读得出相关结论的方法。它可以反映某一技术的发展趋势、生命周期、发展路线、技术热点/空白点等，其结论通常能为技术的开发和利用提供参考依据。[2]

技术发展趋势分析。专利申请授权情况在一定程度上可以反映一个国家或地区乃至企业在科技研发活动中所处的竞争地位的信息，有助于了解该技术的发展态势和发展动向，帮助研发人员对该领域的技术发展情况和未来发展方向进行分析预测，从而对研发项目路线进行适应性调整。技术发展趋势的分析，可以从以下几方面进行解读分析：各阶段申请（授权）量、平均量变化；各阶段申请人数量的变化、主要申请人的变化；各阶段各地域申请情况的变化；各阶段的主要技术、核心专利；各阶段产业和政策发展情况；对各阶段发展趋势的总结及预期。企业可根据分析目标侧重点，有目的地选择几项进行分析。

技术生命周期分析。技术生命周期分析是通过专利统计数据绘制技术发展曲线，帮助企业判断当前技术所处的发展阶段，预测技术发展波峰，从而更好地进行专利管理。专利技术在理论上按照技术萌芽期、技术成长期、技术成熟期、技术衰退期四个阶段周期性变化。[3] 技术萌芽期企业投入意愿较低，专利申请数量小，但是该阶段所形成的专利主要是原理性的基础发明专利，可能会出现具有重要影响的发明专利。技术成长期企业投入意愿逐渐增强，专利申请数量急剧上升，集中度降低，技术分布范围

---

[1] 马天旗. 专利分析——方法、图标解读与情报挖掘［M］. 北京：知识产权出版社，2015：3.
[2] 杨铁军. 专利分析实务手册［M］. 北京：知识产权出版社，2012：138.
[3] 肖沪卫. 专利地图方法与应用［M］. 上海：上海交通大学出版社，2011.

不断扩大。技术成熟期技术已相对稳定，市场规模基本饱和，新进入的企业数量逐步趋缓，专利申请数量也趋于稳定。技术衰退期技术逐步被新技术取代，企业受益减少，逐步退出市场，相关领域技术专利数量不再增加，参与研发的市场主体和团队也呈现负增长。

重要专利技术分析。专利分析过程中，若需筛选的专利文献太多，将耗费大量专利分析人员的精力，如何提高对专利文献的理解分析效率就成为一个难点，而这主要通过筛选分析重要专利文献而实现。对于重要专利的概念众说纷纭，我们认为，所谓重要专利，一般需要满足如下特征：①技术价值角度，属于该领域的基础性方案或者开创性方案，或者该专利技术是所属产品的核心技术，应用于核心产品、多类产品等，专利文献被引用频次高；②市场价值角度，该专利技术可带来较高的经济效益，专利技术应用市场前景较好；③法律角度，该专利技术具有较好的稳定性，维持期限长，并难以进行规避。

（2）市场分析。

市场分析包括宏观市场产业分析及微观市场主体分析。产业分析需要通过查询产业信息、市场信息、法律信息及非专利技术信息等数据资源，结合对产业相关专利申请量发展变化、国际上专利申请的重点方向、专利分布情况、专利集中度等指标的统计分析，掌握宏观产业发展情况，明确市场需求，了解本企业在整个行业中的地位及竞争企业的技术研发情况，从而明确企业定位，调整研发方向，寻求更大的经济效益。

专利市场主体分析是指通过分析主要市场主体技术的专利申请量发展变化，反映市场主体技术的发展水平和发展趋势；通过分析主要市场主体之间的技术研发重点和研发方向的异同，厘清主要市场主体之间的竞争态势和合作可能。[1]

合作伙伴市场主体分析。在开放式创新的知识经济时代，有效地选择合作伙伴对技术创新者保持竞争力具有十分重要的作用。通过专利分析可以寻找到企业研发合作伙伴，加强资源互补性与相似性，降低选择过程的复杂性。挖掘在该技术领域中研发资源、技术能力、专利地位等方面具有竞争优势的专利主体，进而根据不同的合作动机从分析结果中选择最佳合作伙伴。主体特征分析包括研发资源比较、相对专利地位分析以及相对专利优势比较。专利件数、活动年期、发明人数、平均专利年龄以及合作专利件数指标可以用来分析主体在特定技术领域的专利活动、资源投入及合作历史状况，进而比较各专利主体的研发资源优势。[2]

竞争对手市场主体分析。每个企业核心商品和技术研发成果都会或多或少地以专利形式体现，通过专利分析，可掌握该领域竞争对手的技术优势、专利战略、技术研发重

---

[1] 崔德国. 企业研发过程中的知识产权管理［J］. 科技视界，2013（35）：309.
[2] 李宇华. 浅谈项目立项中的知识产权分析评议［J］. 中国发明与专利，2016（5）：57-58.

点和技术发展方向等,并据此为本企业制定的专利战略提供依据。对于竞争对手的专利分析,通常可以从竞争对手在关注领域的专利数量、重点技术、专利布局策略、专利类型、目标市场、研发团队等方面进行分析,从而了解竞争对手的专利活动及意图,以及相关领域企业研发的重点及趋势。例如,海尔集团在某一年通过系统检索了国外主要竞争对手的专利文献后得知:日本冰箱的发展方向是多功能化,美国冰箱的发展方向是左右开门大容量化,欧洲冰箱的发展方向是大冷冻节能化。最后,海尔决定自己的冰箱发展方向为变频、高智能、居室化和医用专门化,这样不但摆脱了国外竞争对手的专利控制,而且也领导了世界冰箱发展的潮流,使自己快速地成为世界一流的冰箱生产企业。因此,利用主要竞争对手的研发趋势和动态来寻找自己的突破口,确定项目和产品的最终研发方向,也是在立项阶段通过有效运用专利信息分析能够取得的有益效果。[1]

(3) 区域布局分析。

区域布局分析是在对专利进行定量分析或者定性分析的基础上,制作与国家或地区相关的专利分析图表,对图表进行解读得出相关结论的方法。区域布局分析可以反映一个国家或地区的技术研发实力、技术发展趋势、重点发展技术领域、主要市场主体等,也可以反映国际上对该区域的关注程度等,为国家或地区间的竞争对抗和全球范围内的专利布局提供参考依据。[2] 对某一地区的专利布局情况进行分析,可以帮助企业了解该区域的技术发展趋势和主要市场主体情况,为企业是否进入该区域发展提供策略支持。

(4) 专利风险分析。

在对宏观产业及具体技术进行分析并得到初步结论的基础上,对企业自身的研发优劣势深入剖析,判断目标项目的可行性。进行全面的专利技术对比分析,当发现需要使用某些已有人获得的基础专利时,考虑能否找到相关专利网络的突破口,形成创造性技术方案。若无法解决,则需要考虑该项目的经济效益,考虑是否与在先申请的申请人进行技术引进或合作谈判。否则,只能暂缓项目研发。在项目立项时,应特别考虑侵权的可能性,避免研究成果造成侵权,浪费研发投入。研发专利风险分析结果应作为是否予以立项及制定项目整体预算的依据。

3. 检索分析报告的撰写

专利检索分析后,应形成检索分析报告,体现课题组研究成果,展现检索分析研究内容及结果。经过评审、修改和论证后,进行立项可行性评估,为下一步专利项目规划的制定提供有力依据。

检索分析报告撰写的过程包括:报告撰写思路和框架制定、分析结果初验、报告初稿撰写、交叉评审、专家评审和修改论证。检索分析报告的主要内容包括:研究概况、研究目标、专利信息源及检索策略、分析方法和分析工具、研究内容、主要结论和建议、

---

[1] 袁晓东,陈静. 专利信息分析在技术创新合作伙伴选择中的应用 [J]. 情报杂志,2011 (8):22-2.
[2] 肖沪卫. 专利地图方法与应用 [M]. 上海:上海交通大学出版社,2011.

结语等。在撰写检索分析报告时,课题组人员应主要保证严谨、科学的工作作风,客观、准确地陈述研究过程和研究结果,提供具有针对性、可读性高的检索分析报告。

4. 专利项目规划制定

以专利检索分析报告及立项可行性评估为基础,企业管理层、知识产权管理人员、研发技术人员及市场销售人员等组成项目团队进行专题研究,对项目实施的成本投入、时间进度、专利申请策略及专利布局等进行整体规划,科学合理地安排研发需要投入的人力、物力和研发时间进度,初步对研发成果保护方式进行确定。

分析企业在项目技术上的研发条件,确定企业研发优势,对研发收益进行预测,作为项目决策的重要依据。明确研发中存在的困难和技术瓶颈,就研发风险提出相应对策及解决方案。

【案例9-1】 检索"用中草药制备的杀虫剂"相关主题的专利文献❶

某企业欲研究开发绿色农药,检索"用中草药制备的杀虫剂"相关主题的专利文献。

第一步,进行主题分析。主题:以中草药作为材料,制备杀虫剂;中心词:杀虫剂;其他关键词:中草药。找到几篇关于用中草药制备的杀虫剂的专利文献,选择关键词"杀虫剂"和"中草药",用逻辑"与"算符连接,组成检索式,进行检索。

第二步,根据检索出的专利文献的国际专利分类(IPC)号进行统计,得出主要集中在"A01N 65/00"和"A01N 65/02"两个分类号的结论,对IPC进行检索。

A01N 65/00(含有植物材料,如蘑菇、鱼藤根或其提取物的杀生剂、害虫驱避剂或引诱剂或植物生长调节剂)

A01N 65/02(从烟草植物得到的杀生剂、害虫驱避剂或引诱剂或植物生长调节剂)

尽管"A01N 65/00"和"A01N 65/02"两个分类号的内容涉及中草药材料,但该两个分类号的内容涉及的不仅仅是杀虫剂,还涉及其他类农药,因此IPC检索结果不是最终的检索结果。

第三步,找出该技术主题的其他表达或同义词、近义词,并进行检索。"中草药"的同义词有"中药""草药""药草",用逻辑"或"连接,组成"中草药"同义词检索式,进行检索。"杀虫剂"的同义词有"杀虫液""杀虫药""驱虫剂"等,将其确定为"杀虫""驱虫""灭虫"等,用逻辑"或"连接,组成"杀虫"及同义词检索式,在关键词字段进行检索。

第四步,确定一个完整的检索式,并进行最终检索。由于第一步检索式所含的关键信息在后面的同义词检索中被反复检索,在组织完整检索式时可略去不用。

---

❶ 李建蓉. 专利信息与利用 [M]. 北京:知识产权出版社,2011:321-322.

第二步 IPC 检索式可看成是第三步"中草药"关键词检索的统一检索，该两个检索式可用逻辑"或"连接，再通过逻辑"与"结合第三步"杀虫剂"关键词检索式进行检索。

第五步，检索结果中，部分杀虫剂并非农用，因此还要将其排除。经过 IPC 统计，非农用的中草药制备的杀虫剂的分类号集中在"A61"，对"A61"大类进行检索。再用逻辑"非"与第四步完整检索式连接，进行检索，使检索结果更准确。

【案例 9-2】 乳制品行业专利技术分解[1]

在进行乳制品产业专利分析过程中，主要针对乳制品领域的以下三大技术分支进行专利检索和态势分析，包括乳制品产品及加工工艺、乳制品生产加工装置和乳制品检测技术，其分支的细分内容如表 9-3 所示。

表 9-3 乳制品行业技术分解表

一级分类	二级分类	三级分类	四级分类
乳制品产品及加工工艺	液体乳及加工工艺	原料乳	
		巴氏杀菌乳	
		超高温灭菌乳（UHT）	
		发酵乳	发酵剂，益生菌
		乳饮料	
		液体乳加工工艺	膜分离
	乳粉及加工工艺	乳粉配方产品	婴儿、幼儿、孕产妇配方奶粉
		乳粉加工工艺	冷冻干燥
	干酪及加工工艺	干酪产品	
		干酪及加工工艺	
	乳脂肪及加工工艺		
	乳冰激凌及加工工艺		
	乳清及加工工艺		
乳制品生产加工装置	乳加工装置	挤奶、搅打、涂层装置	
	热交换装置		
	分离装置	离心、过滤装置	
	浓缩装置	蒸发、干燥、浓缩装置	
	运输储存装置		

---

[1] 杨铁军. 专利产业分析报告（第6册）[M]. 北京：知识产权出版社，2012：15-16.

续表

一级分类	二级分类	三级分类	四级分类
乳制品检测技术	光学检测技术		
	免疫检测技术		
	色谱检测技术		
	电磁检测技术		
	检测装置		

【案例 9-3】新技术立项阶段的专利研发方向预警分析❶

2006 年，成都某公司计划立项开展一种聚乳酸制备新技术的研究，立项前通过专利分析了解聚乳酸技术领域的行业技术总体情况及主要研发机构的相关情况，以对研发方向和侵权风险做出初步预判。

第一步，立项背景分析。

聚乳酸（PLA）是以有机酸乳酸为原料通过化学合成的一类高分子聚合物，具有无毒、无刺激性、强度高、易加工成型和优良的生物相容性等特点，在农业、林业、渔业、食品工业、包装等领域具有广泛应用。

本项目拟开发一种聚乳酸制备方法，以双螺杆反应挤出机为反应器，使聚合反应、单体和副产品的脱出、分子量控制、产物纯化等过程在反应挤出机中一次性完成，并得到高分子量的聚乳酸产物。

第二步，专利技术分析。

从发明专利申请量（见图 9-8）来分析：1991—2002 年各年聚乳酸专利总申请量均在 5 件以下，2001 年后专利申请数量显著增长，检出聚乳酸中国专利中，包括发明专利 161 件，实用新型专利 8 件，无外观设计专利。发明专利要远远多于实用新型和外观设计专利，说明聚乳酸技术领域正处于技术发展阶段，在此时期内企业可加大投入。

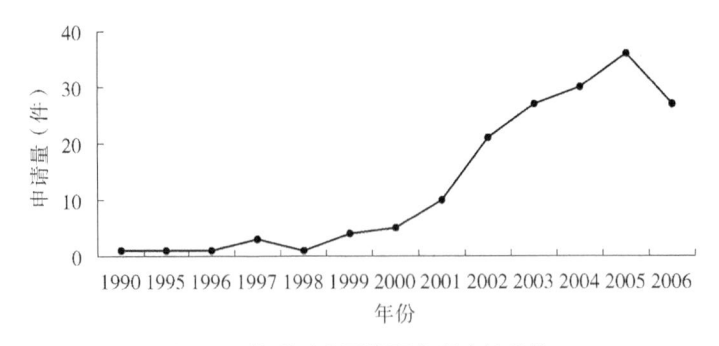

图 9-8 聚乳酸中国发明专利申请趋势

---

❶ 马天旗. 专利分析——方法、图标解读与情报挖掘 [M]. 北京：知识产权出版社，2015：359-363.

当时大多数聚乳酸专利是方法与用途并举。通过对技术分布图进行分析（见图9-9），可看出当时聚乳酸专利技术领域主要分布在聚乳酸及其树脂组合物的制备和改性，而在食品、农用及日用品等领域还有待开发。

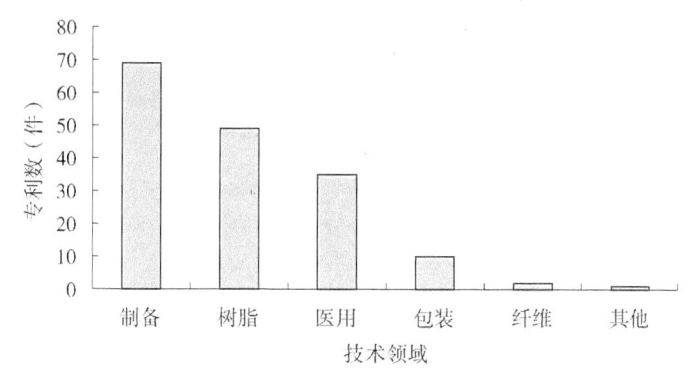

图9-9 聚乳酸中国专利技术分布

第三步，市场分析。

结合各专利申请人类别可知，国内申请人主要为高校和研究所，企业申请人比较少。主要申请人情况及其研究方向如表9-4所示。

表9-4 聚乳酸中国专利主要申请人情况

申 请 人	申请量（件）	主要研究方向/技术路线
同济大学	13	双螺杆挤出制备聚乳酸，聚乳酸基复合材料
中科院长春应化所	11	多元复配制备聚乳酸复合材料
东华大学	9	聚乳酸力学性能及加工性能改善
三菱树脂株式会社	6	聚乳酸薄膜制备及性能优化
株式会社岛津制作所	4	开环聚合制备聚乳酸

第四步，区域布局分析。

如图9-10所示，聚乳酸中国专利主要来源国为中国、日本和美国。日本申请的专利公开数量远高于美国等其他国家，这在一定程度上表明了日本积极抢占中国聚乳酸领域市场的战略动向，是需要重点关注的竞争对手。

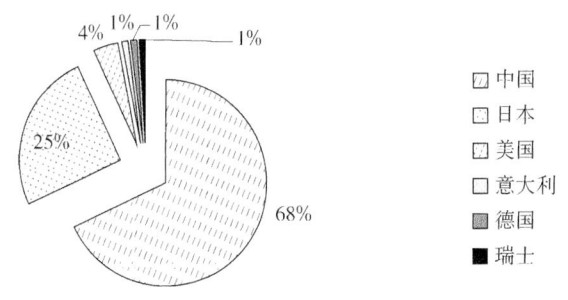

图9-10 聚乳酸中国技术来源国分析

第五步，立项技术研发方向预判。

通过对目前聚乳酸市场及技术分析可知，目前聚乳酸技术领域的主要研究方向是改善性能，其次是提高分子量、降低成本和简化工艺。其中，通过合成路线选择、工艺设计、原料和助剂选用来提高聚乳酸分子量、改善聚乳酸的综合使用性能是聚乳酸专利技术最为密集的研究领域。对现有专利文献进行进一步分析，从合成路线看，现有专利以直接熔融聚合为主，而其不足之处在于：聚乳酸的生产工艺复杂，流程长，对原料要求高，设备投资大，无法进行连续化生产，故生产成本高，得到的聚乳酸成本远远高于普通塑胶材料，因而只用于医疗和一些高档包装行业，严重制约了聚乳酸的推广和使用。

从专利检索和分析结果来看，目前未见有与本项目相同或相近的技术方案公开，因此，项目技术具有独创性和可专利性。同时，相对于现有技术，本项目技术工艺流程简单，能得到高分子量的聚乳酸，并能有效降低生产成本，利于推广应用。

综上所述，我国在聚乳酸制备技术领域的研发起步较晚，落后于国外，日本的研发全球领先，应重点关注。目前国内研发多集中在高校和科研院所，涉足企业较少。现有技术主要有直接缩合法和开环聚合法两种，但存在对原料要求高、工艺流程长、生产成本高、产物分子量低等不足。未见有与本项目拟采用的双螺杆反应挤出机一次性制备高分子量聚乳酸相同或相近的技术方案公开。因此，项目技术暂无专利风险，建议立项研发，并及时将创新成果权利化，尽早布局专利，抢占竞争先机。

第二节　项目实施阶段的质量管理

【知识点】

研发实施过程的质量管理、研发成果保护方式的确定、专利申请策略的选择。

【概念解释】

专利权：专利权是发明创造人或其权利受让人对特定的发明创造在一定期限内依法享有的独占实施权，具有时间性、地域性及排他性。

商业秘密：商业秘密是指不为公众所知悉、能为权利人带来经济利益，具有实用性并经权利人采取保密措施的技术信息和经营信息。

【知识内容】

在项目实施阶段，企业应持续关注技术、市场的动态变化，及时调整优化研发计划，尽早确定研发成果保护方式，选择最优的专利申请策略，为高质量专利的形成提供重要保障。

一、项目实施过程的质量管理

1. 跟踪检索分析

在研发过程中，针对研发的技术点进行全面检索，对研发过程市场、技术的动态变化给予关注。

针对研发的技术点进行全面的技术检索，可以充分利用现有技术，启发设计思路，解决技术难点，帮助企业缩短研发周期，降低研发成本。但在现有技术应用中需注意是否引入了正在保护状态中的专利技术，使用合理的应对策略。

对研发的关键技术方案做好定期跟踪检索与监控，适时进行专利和市场情况的补充分析，及时调整优化研发计划。科研项目完成后，进一步进行检索分析，对知识产权风险进行评估，避免侵权。

2. 专利研发策略调整

由于项目的研发过程需要一定时间，在此过程中，相关技术领域专利的申请和公开情况会发生变化，因此，需要对相关技术领域专利进行跟踪检索。研究人员应根据项目研发周期的长短和不同行业的特点，确定跟踪检索分析的方向和周期。一旦发现正在研究的技术项目成为已公开的现有技术或有其他侵权风险时，需要及时调整研发路线或寻找其他应对策略，避免侵犯他人专利权。

随着研发工作的推进，对技术的研究会更加深入、全面，有可能产生与立项阶段不同的技术实现方法，原有技术点会产生变化。企业研发过程中面临的新问题、新需求和新技术，都需要重新进行专利检索分析，重新判断企业研发风险。

3. 研发过程管控

在研发阶段，注意研发过程管控，在制定项目实施规划基础上，对专利研发项目过程引入科学的管控模式是保证专利研发质量和研发进度的关键。即科学的管控模式的引入，对于研制质量有间接的影响。建议企业引入项目管理模式，科学控制项目实施期间的相关因素，如人员、成本、时效等，以保证项目按时保质完成。对于项目实施过程中出现的突发情况，随时向主管部门和主管领导进行汇报，对研发策略进行适应性调整。

督促研究人员及时报告研究开发成果。建立研究开发进展定期汇报制度，企业技术研发负责人应定期将项目进展情况向主管部门和主管领导作出书面汇报，对取得的阶段性研发成果及时进行评估和确认，提炼出具有保护价值的技术方案，并确定适合的保护方式。

研发人员的主管部门和主管领导应加强全面质量管理，结合技术特点和研发计划，制订检查规划。对重要里程碑事件节点进行重点检查，对其他环节进行抽查，对研发人员定期汇报事项和已取得的研发成果及时进行技术评审，保证所有环节都符合既定研发目标。如有进度滞后或研发成果未达到预期的，应进行进度督促和策略调整。明确所有相关人员的工作职责和承担的责任，所有汇报材料和检查工作均留有存档记录。

4. 研发活动中的档案及保密管理

加强对研发活动的档案及保密管理，对研发过程中产生的技术信息进行有效管理，包括：设计方案、立项报告、图纸、实验数据、工作报告、知识产权相关资料、记录、总结等。保留研究开发活动中形成的记录，做到有用价值的可查询、可追溯及可再利用，以促进科研成果的继承和发展，提高科研质量和价值。

企业可从以下三方面加强研发活动中技术信息的档案及保密管理：

第一，提高企业研发人员档案管理意识，强调档案管理对研发工作的重要性，引导员工积极参与档案形成、梳理及汇总工作，提高档案归档率，依据项目确定档案管理责任人，对相关项目档案存档工作进行督促和管理，避免遗漏。档案管理人员也要对归档资料的完整性、真实性及有效性进行审查，最大限度地保证管理档案文件质量。

第二，对比较重要的核心档案及尚未申请专利的技术档案进行保密管理。为保密文档设定密级及保护期限，对保密文件的查阅、流转、处理进行严格限制。制定公司内部保密管理办法，与能接触到保密文档的人员签署保密协议，采取措施确保研发成果安全。

第三，采用信息化手段管理科技档案，开发科技档案管理系统，对档案资料进行精确化和科学化管理，以充分提高管理质量和档案利用效率。

二、研发成果保护方式的确定

1. 保护方式类型

（1）专利权保护。

专利权是发明创造人或其权利受让人对特定的发明创造在一定期限内依法享有的独占实施权，具有时间性、地域性及排他性。

技术研发者依据《专利法》申请专利权保护，可享有专利独占权，使技术研发成果得到较强保护力度。

但是，技术研发成果申请专利权也存在一定负面影响。专利申请人选择申请取得专利权，就意味着需要向社会公众公开发明创造内容。专利权保护力度较大，权利归属明确，但存在保护期限受限、保护对象受限、申请手续相对烦琐等问题。另外，专利权的申请和维护都需要花费一定费用，存在一定管理成本。

（2）商业秘密保护。

商业秘密是指不为公众所知悉、能为权利人带来经济利益，具有实用性并经权利人采取保密措施的技术信息和经营信息。商业秘密是知识产权的一项重要内容，但它与专利、版权、商标等知识产权相比，又具有很强的特殊性，这种特殊性使得商业秘密保护要比专利、版权、商标保护复杂困难得多。❶ 商业秘密的权利是企业自主赋予的，不需要通过一段时间的审批手续经授权后获得。商业秘密不用向社会公开，有利于研发者的独占使用。商业秘密没有保护期限，只要未被公开，就可以得到长久保护。

但较专利权来说，商业秘密保护也存在一定问题：保护水平较弱，且在维权阶段权利人举证义务较重，且一旦泄密，将不再成为技术秘密，无法进行保护。

2. 保护方式选择的影响因素

企业在选择研发成果保护方式时，应首先熟知知识产权相关法律和制度，了解各种保护方式的保护范围、保护期限及其权属特点。根据成果的技术分析和市场分析结果，研究确定能够获得最佳经济效益的保护方式。

在研发成果保护方式的确定中，还需研究相关技术是否容易通过反向工程进行破解和模仿。若较容易自行研制或利用"反向工程"破解，技术方案需要通过申请专利权来进行保护，而不易被反向工程破解且具有长期保密价值的技术，企业可考虑运用商业秘密保护方法进行保护。

根据成果的技术分析和市场分析结果，研究确定能够获得最佳经济效益的保护方式。

三、专利申请策略的选择

对于确定可申请专利的研发成果，还需为其制定详细的申请策略，包括申请类型、申请时机、申请地域、申请途径等，以适时形成知识产权。

1. 申请类型的确定

我国《专利法》所保护的发明创造有三种类型，分别是外观设计、实用新型和发明。不同专利类型的保护范围、所要求的创新高度及保护期限均存在差异。专利申请人应根据自身研发成果情况，选择合适的专利类型进行申请，对专利成果进行适当保护。

根据保护范围确定。依《专利法》第 2 条规定：专利法所称发明是指对产品、方法或其改进所提出的新的技术方案；实用新型是指对产品的形状、构造或其结合所提出的适于实用的新的技术方案；外观设计是指对产品的形状、图案或者其结合以及色

---

❶ 高金娣. 企业技术创新成果的知识产权保护方式研究[J]. 重庆科技学院学报（社会科学版），2010（10）：57-59.

彩与形状、图案的结合所作出的富有美感并适于工业应用的新设计。发明专利、实用新型专利和外观设计专利都有一个保护范围。申请者依据技术特点对应技术保护范围，从而确定专利申请类型。一般核心技术优选申请发明专利，发明专利经过实质审查，专利权相对稳定，专利权期限也较长（20年）。对于一些公司的核心产品既可以申请发明又可以申请实用新型的，也可以采取双报的形式同日申请两种专利类型，实用新型审查周期短，可先将产品保护起来，抢占市场份额。❶

根据需要保护的时间确定。可根据行业技术发展趋势，预测该技术的市场寿命。如果产品有较大的经济效益，且投资大、开发试验周期长、市场寿命较长，需要保护的时间较长，如10年以上时，可申请发明专利，争取较长的保护期，如药品类等。如果产品易仿制、更新换代周期不长、市场寿命短，保护期限短于10年，这时申请实用新型专利较好，如日用品类。而且实用新型专利申请程序简单、授权快，能很快取得保护。❷

根据申请的手续和费用确定。无论发明、实用新型还是外观设计专利的取得，都需要通过一定程序向国家知识产权局申请授权，申请过程中还会产生一定的费用。发明较实用新型或外观设计申请手续相对烦琐，审批周期长，手续费、维护费相对较高。对于可申请两种类型的发明创造，申请人可综合考虑处理相关事务的精力和经济状况，选择适宜的专利申请类型。

2. 申请时机的确定

我国实行的是先申请原则，两个或者两个以上的申请人分别就同样的发明创造申请专利的，专利权授给最先申请的人。因此，一旦确认为研发成果采用申请专利方式进行保护，就要尽早申请专利，以防止破坏发明创造的"新颖性"。此外，专利申请人还需树立专利保护意识，在专利申请前，不能将专利信息透露给他人或在公开媒介上发布，以免将尚未申请的专利变为已公开的信息。

但是，并不能片面地认为申请专利的时间越早越好，过早申请专利可能由于技术尚不成熟无法获得授权，一旦专利被审批，发明人将不能再就认定过的专利进行完善和更改。过早申请专利也有可能导致被授权的专利技术保护期限提早到来，或让市场竞争对手过早了解企业研发情况等。把握专利申请时机是一个非常重要的问题，需要综合评估技术本身的成熟度、研发项目的保密状况及市场竞争情况等影响因素后予以确定。

3. 申请地域的确定

专利保护具有地域性，各国的专利法由各国独立制定，因此，企业可以根据市场拓展需求，在全球范围内选择部署专利地区，根据相关国家专利法申请及保护条款规

---

❶ 叶剑. 科技企业专利申请策略浅谈［J］. 科技创新导报，2018，15（3）：182，185.
❷ 丁成. 浅议如何确定专利申请类型［J］. 城市建设理论研究（电子版），2013（20）.

定、行业竞争及市场需求情况，制定该地区的专利申请规划。

4. 申请途径的确定

很多企业没有单独设立独立的知识产权管理机构，缺乏知识产权专业人员，在发明创造产生后，不知道该如何申请专利，对申请专利所耗费的时间和精力没有准确评估，导致专利申请工作停滞。

获得专利权的唯一途径是向国家知识产权局提出授权申请。企业除了自己向国家专利机关申请的方式外，还有一种方式，即让专利代理机构代理申请专利。专利申请工作需要具有较高水平的专业知识及法律知识，委托专利代理机构申请专利，可节省时间，降低风险，提高专利稳定性及授权率。

企业需根据自身知识产权机构设立情况、人员专业性及以往专利申请经验等，确定申请专利的有效途径。企业可选择由专利管理部门向国家专利机关申请，或委托专业的专利代理机构代理申请专利。若委托专利代理机构办理，需要由技术人员与代理师进行充分的信息沟通，并提供发明或实用新型的技术交底书、外观设计申请的图片或照片，以及专利申请请求书中的相关信息。

第三节 技术交底书的撰写

【知识点】

技术交底书撰写的整体要求、技术交底书撰写的一般要求。

【概念解释】

技术交底书是提供给专利代理师的技术资料，应当公开发明创造的所有技术信息，是委托代理机构撰写专利申请过程中最重要的技术文件。

【知识内容】

专利申请文件的撰写专业性较强，多数企业会委托给相关代理机构代为撰写。技术交底书是专利申请人与专利代理师进行技术交流的文件。专利技术交底书作为一种书面材料，展示了技术创新点、技术方案、背景技术、具体实施方式、附图及说明和技术有益效果等，能够为专利代理师撰写专利申请文件提供素材，便于代理师整体把握专利技术信息，大大提高发明人与代理师的沟通效率以及缩短专利申请的时间，是专利申请过程中不可或缺的材料。

技术交底书应由发明人进行撰写，要求将技术方案描述完整、清晰、准确。特别是对要解决的技术问题、具体实施过程及技术效果进行充分描述。避免存在交底书内容与实际技术方案内容不对应、不相关的情况。

一、整体撰写要求

撰写思路清晰。在撰写技术交底书前，应充分考虑将技术成果转化为专利的基础条件。想要撰写出完备的技术方案，其基本思路为：介绍现有技术领域背景、提出要解决的技术问题、阐述技术创新点及技术的有益效果。将研发成果分为产品或方法，或者既有产品也有方法，按不同的文字进行描述，并在交底书中进行体现。技术交底书中应重点突出发明技术关键点。

技术方案完整。技术交底书要将技术方案描述清楚完整，尤其要写清楚技术方案解决的技术问题、达到的技术效果和具体实现方式，材料要尽可能详细。有些发明人出于保留技术秘密的考虑，将重要的地方简写或者省略，影响了技术的完整可实现，影响专利申请的质量，在技术交底环节中应尽量避免。专利申请人应与代理师就技术信息进行充分完全的沟通，以便代理师对技术特征有全面透彻的了解，更好地为申请人争取利益。

技术研发人员在不清楚以专利保护还是以技术秘密保护时，鼓励提交技术交底书，由公司相关管理部门及专家共同评审判断以何种方式保护。在不清楚是否在专利申请中公开相关技术方案时，建议先写进技术交底书，由公司相关管理部门及专家共同评审判断以何种方式保护。

另外，实现技术的方式不限于公司最终使用的方式，建议将研发过程中未采用或次优的其他可能的实现方式或替代方式都写进技术交底书。宜采用绘制附图的方式补充说明技术方案，装置专利或系统专利的交底书尽量多提供产品结构图（可以是示意图），方法专利的交底书尽量多提供流程图。

提供实施方式或实施例。实施例是对发明或者实用新型的优选的具体实施方式的举例说明。实施例的数量应当根据发明或者实用新型的性质、所属技术领域、现有技术状况以及要求保护的范围来确定。当一个实施例足以支持权利要求所概括的技术方案时，说明书中可以只给出一个实施例。当权利要求（尤其是独立权利要求）覆盖的保护范围较宽，其概括不能从一个实施例中找到依据时，应该给出至少两个不同实施例，以支持要求保护的范围。

用词保持一致性。技术方案要用词准确，没有歧义，避免表达含糊、逻辑混乱、用语随意等问题。交底书中要保持用词一致性，使用该领域通用的名词和术语，使用规范的计量单位。尽量使用中文术语，英文缩写要给出中文译文或者进行解释说明。

二、具体撰写要求

技术交底书撰写的思路一般为：介绍技术背景，提出技术问题，阐述技术方案，写明技术效果。下面提供一个电子领域发明"启动电路"技术交底书的示例❶，用以说明技术交底书应包括的主要内容及具体撰写要求。

1. 发明名称

作用：展现技术性质或用途。

撰写内容及要求：简明、准确，可以按其技术性质或者用途来命名，一般不超过25个字。

示例：一种DC/DC变换器副边延时软启动电路。

2. 技术领域

作用：便于分类和检索。

撰写内容及要求：写明该技术直接应用或属于的技术领域，宜采用一句话表示。

示例：本发明涉及启动电路，尤其是涉及一种DC/DC变换器副边延时软启动电路。

3. 现有技术情况

作用：介绍该技术领域研究现状，帮助理解发明内容。

撰写内容及要求：介绍与本技术同类或最为接近的技术研究情况，最好能指出现有技术的出处，可以是专利文献，也可以是期刊、书籍等，可提供一些相关文献、产品结构图、工艺流程图等。结合本技术要解决的问题，客观并且有针对性地分析现有技术存在的不足。在写明技术现状后，还应指出现有技术存在的缺点。具体要结合技术方案进行分析，以说明现有技术为什么存在这些缺点。

示例：在通信电源中采用的DC/DC变换器一般都设有软启动电路，以避免启动过冲电流大以及发生启机振荡。隔离型DC/DC变换器的软启动，通常包括原边软启动和副边软启动。由于原边软启动在DC/DC变换器启动完毕后转入正常工作时会有过冲和跌落，在副边也都相应设有软启动电路。传统的软启动电路一般都是在基准端并联连接软启电容，或者通过误差放大器输出端并联连接软启电容。但无论软启电容连接在何处都存在关机后电容放电的问题。在通信电源的标准中要求输入电压跌落1~10ms时，DC/DC变换器关断后能正常启机。如果软启电容在这段时间不能完全放电，就会造成DC/DC变换器重启时输出电压过冲，甚至不能正常启机。然而，要满足输入电压跌落时软启电容能完全放电，软启电容的容量就不能大，否则，DC/DC变换器输出电压上升时间就比较短，不能满足用户的使用要求，即输入电压跌落时软启电容及时放

---

❶ 案例来源：http://www.cypatent.com/cn/jsjds59.htm。

电与输出电压上升时间之间存在矛盾。

4. 本申请的技术方案

作用：本申请的技术方式是交底书文件中最重要的部分，阐述技术方案是如何实现的。

撰写内容及要求：此部分应提出解决问题的思路，说明技术关键点，详细描述方案是如何实现的。实现本发明或实用新型具体技术方案的构成，包含设计原理、基本结构、工作方式、特殊功能等，采用所涉及领域的通用术语来描述。指明关键技术点，要清楚完整写明为实现发明目的所需的全部必要技术特征，使得本领域技术人员能够理解和实现。❶

可参考下述不同技术类型进行撰写：

机械类的专利申请：要写明组成各部件构成，各部件间的位置关系及连接关系，其形状、构造的特征等。对于活动机械，还应当说明其动作过程或者操作步骤。可结合结构图、形状图、连接图进行说明。

电学类的专利申请：要写明电学装置的各个单元，写明各个单元的连接关系、信号处理顺序、相互作用关系、工作过程和功能实现方式。可结合流程图、原理框图、电路图、时序图等进行说明。

方法类的专利申请：给出方法所包含的各个步骤、方法实施所需的条件和参数设置规则，描述清楚每个步骤的作用以及步骤之间的关系，可结合流程图等进行说明。

算法类的专利申请：应给出算法的概括性描述，包括条件、步骤、计算公式，要给出公式中各个参数的定义和单位，可结合算法流程图、图像效果图来描述。

软件类的专利申请：要清楚给出软件的处理过程、步骤、流程图、实现条件、软件所实现的功能。如果涉及硬件，最好与相关的硬件部分相结合，讲清楚软件是如何控制硬件实现相关功能的。

示例：本发明所要解决的技术问题是解决上述现有技术存在的矛盾，提出一种DC/DC变换器副边延时软启动电路，以控制副边软启的延时时间和启动时间。

本发明的技术问题通过以下技术方案予以解决。

这种DC/DC变换器副边延时软启动电路，包括并联连接在误差放大器同相输入端与公共地之间的软启电容。这种DC/DC变换器副边延时软启动电路的特点是：设有其输出端与所述软启电容并联连接的可控开关器件，所述可控开关器件的可控输入端与一阻容延时电路的输出端相连接，所述阻容延时电路的输入端与一配用的属于DC/DC变换器原边的指示信号源的输入端相连接。在DC/DC变换器开机时，利用来自DC/DC变换器原边的指示信号，控制DC/DC变换器副边软启电容放电，解决输入电压跌落后快速重上电，实现DC/DC变换器软启问题，且通过阻容延时电路调节副边软启的动作

---

❶ 游闽健. 企业知识产权管理指南［M］. 上海：上海大学出版社，2015：125-126.

时间，使原边软启和副边软启能更好地相互配合。

本发明的技术问题通过以下进一步的技术方案予以解决。还设有为 DC/DC 变换器副边提供基准电压的稳压器件，所述稳压器件的一端与公共地相连接，另一端通过降压电阻与 DC/DC 变换器副边基准电压端相连接，还通过滤波电阻与所述软启电容的一端、所述可控开关器件的输出端以及所述误差放大器同相输入端相连接。所述属于 DC/DC 变换器原边的指示信号源，包括由 DC/DC 变换器原边的驱动变压器、光电耦合器传送的能指示 DC/DC 变换器开机的指示信号源。所述阻容延时电路的延时电阻两端并联连接一泄放二极管，使延时电容的电压可以通过泄放二极管快速泄放。所述可控开关器件包括 N 型沟道 MOSFET、P 型沟道 MOSFET、NPN 型开关晶体管、PNP 型开关晶体管。优选地，所述可控开关器件是 NPN 型开关晶体管。

5. 技术效果

作用：说明技术方案的益处。

撰写要求：通过与现有技术相对比，描述本技术在产品性能、使用寿命、质量、精度、环境保护及投入成本等方面存在的优点或有益效果。对比可通过分析论证，也可通过实验得出，必要时结合数据进行说明。

示例：本发明的延时软启动电路能有效解决输入电压跌落时软启电容及时放电与输出电压上升时间之间存在的矛盾。在 DC/DC 变换器开机时，利用来自 DC/DC 变换器原边的指示信号，控制 DC/DC 变换器副边软启电容放电，解决输入电压跌落后快速重上电，实现 DC/DC 变换器软启问题，且通过阻容延时电路调节副边软启的动作时间，使原边软启和副边软启能更好地相互配合。

6. 附图和附图说明

作用：清晰展现技术内容所述的结构或过程。

撰写要求：提供描述技术方案的附图，直观地表现技术方案的特点，更好地表达专利内容，直观、具体地澄清权利要求和说明书中可能存在的含糊之处。附图使用黑色线条绘制，背景须为白色，不得有灰度。附图中的重要部件需标上序号，在描述技术方案时可结合附图进行说明。注意向代理师提交编辑格式的附图，以便代理师在撰写申请文件过程中能够随时对附图进行调整、修改。

示例：附图说明（本部分未给出附图示例）：

图 1 是本发明具体实施方式一的电路图；

图 2 是本发明具体实施方式二的电路图；

图 3 是本发明具体实施方式三的电路图。

7. 具体实施方案

作用：对技术方案进行充分的解释说明，便于实现技术。

撰写要求：实施例是对发明或者实用新型的优选的具体实施方式的举例说明。实施例的数量应当根据发明或者实用新型的性质、所属技术领域、现有技术状况以及要求保护的范围来确定。当一个实施例足以支持权利要求所概括的技术方案时,说明书中可以只给出一个实施例。当权利要求(尤其是独立权利要求)覆盖的保护范围较宽,其概括不能从一个实施例中找到依据时,应当给出至少两个不同的实施例,以支持要求保护的范围。❶

示例:下面对照附图并结合具体实施方式对本发明做进一步的说明。

具体实施方式一

如图 9-11 所示的 DC/DC 变换器副边延时软启动电路,包括并联连接在误差放大器同相输入端 B 与公共地之间的软启电容 C1。设有其输出端与软启电容 C1 并联连接的可控开关器件 Q1,可控开关器件 Q1 是一 MOSFET,其可控输入端与一由延时电阻 R3 和延时电容 C2 组成的 Γ 型阻容延时电路的输出端相连接,阻容延时电路的输入端与一配用的属于 DC/DC 变换器原边的指示信号源的输入端 A 相连接。延时电阻 R3 两端并联连接有使延时电容 C2 的电压可以快速泄放的泄放二极管 D1,还设有为 DC/DC 变换器副边提供 1.225V 副边基准电压的稳压器件 Z1,稳压器件 Z1 是一稳压二极管,其一端与公共地相连接,另一端通过降压电阻 R2 与 DC/DC 变换器副边基准电压端 VCC 相连接,还通过滤波电阻 R1 与软启电容 C1 的一端、可控开关器件 Q1 的输出端以及误差放大器同相输入端 B 相连接。

当 DC/DC 变换器启动时,由 DC/DC 变换器原边的驱动变压器传送一个阶跃指示信号,指示信号端 A 的电压由低变到高。延时电容 C2 通过电阻 R3 充电,可控开关器件 Q1 导通,电容 C1 上的残存电压通过可控开关器件 Q1 放电。当 R1 两端的电压降到可控开关器件 Q1 导通的阈值电压时,可控开关器件 Q1 关断,软启电容 C1 通过滤波电阻 R1 和降压电阻 R2 充电,DC/DC 变换器软启动。通过调节阻容延时电路的电阻、电容参数,可以调节延时电路的时间常数,即调节软启动前的延时时间;而通过调节由降压电阻 R2、滤波电阻 R1 与软启电容 C1 组成的阻容充电电路的电阻、电容参数,可以调节充电电路的时间常数,即调节软启动的时间,从而调节 DC/DC 变换器输出电压的上升时间。

当 DC/DC 变换器关断时,指示信号端 A 的电压由高变到低,延时电容 C2 的电压通过泄放二极管 D1 在 1ms 内快速泄放掉。当下次重启时,DC/DC 变换器可以正常软启动。

由于 DC/DC 变换器关断后,软启电容 C1 不能立即放电,在 DC/DC 变换器启动时,需要控制可控开关器件 Q1 导通一段时间,将软启电容 C1 的电压放掉。

具体实施方式二(略,示例图如图 9-12 所示)

具体实施方式三(略,示例图如图 9-13 所示)

---

❶ 国家知识产权局. 专利审查指南 2010 [M]. 北京:知识产权出版社,2010:137-138.

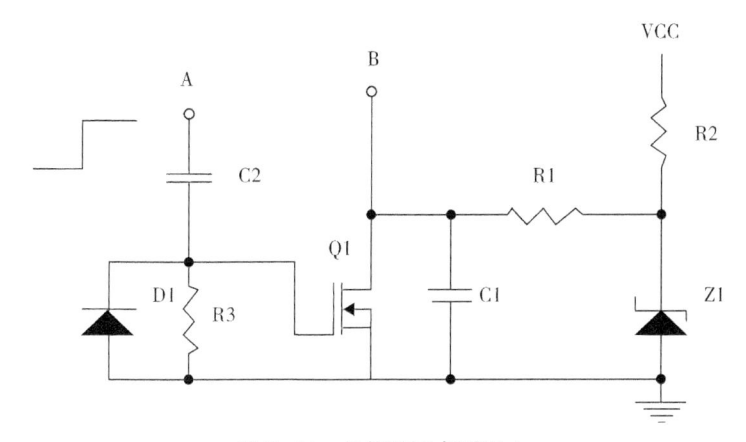

图 9-11　示例说明书附图 1

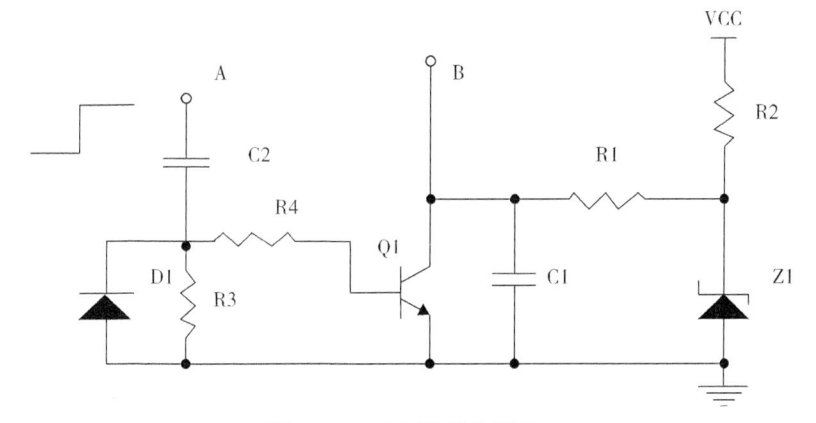

图 9-12　示例说明书附图 2

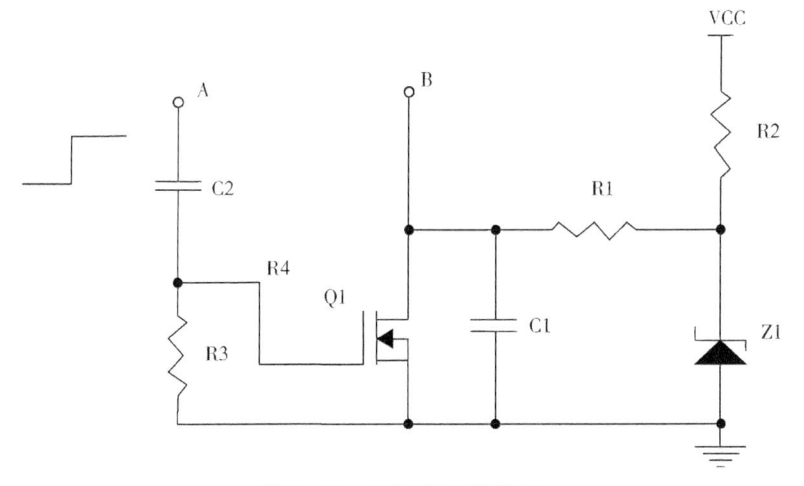

图 9-13　示例说明书附图 3

第十章 CHAPTER 10
专利申请阶段的质量管理

专利申请阶段的质量管理，需要企业专利管理人员、技术人员和专利代理师全面合作，深入理解技术创新内容，确保请求保护的发明创造能够得到授权，并在后期运用中产生收益。因此，围绕专利申请质量的探讨是围绕预期获得的专利权所展开的。针对专利申请阶段的质量管理主要涉及与专利审查流程对应的程序管理、申请文件撰写、修改与答复以及对授权的跟踪管理等几个要点❶❷。一方面，要求在确保技术创新质量的前提下，撰写出符合专利法律法规要求的高质量的专利申请文件，以恰当的描述和表达，使技术得到合理、充分、稳定的法律保护。另一方面，需要按照审查程序的要求，准确监控各节点期限，适当进行修改和答复，同时还要进行授权跟踪管理，以争取合理保护范围，提高专利授权效率。

第一节 专利申请事务概述

【知识点】

专利申请流程。

【知识内容】

企业在知识产权管理工作中，既可以选择与专业的代理机构合作，也可以通过企业自行管理，无论采取哪种形式，企业中从事知识产权管理相关工作的人员都应了解

---

❶ 刘杰. 企业在专利申报中的审批和专利申请代理服务中的审查［C］//实施国家知识产权战略，促进专利代理行业发展——2010年中华全国专利代理师协会年会暨首届知识产权论坛论文集. 2010：676-682.
❷ 周扩生. 企业专利申请质量管理对策研究［J］. 日用电器，2019（3）：57-60.

专利申请和审查的程序要求，以确保专利授权质量。因此，在阐述如何实现专利的高质量申请前，先对专利申请阶段的主要事务管理，进行简要介绍❶。

一、专利申请的准备

1. 明确专利申请的途径

企业可以根据之前确定的专利布局策略，综合考虑技术创新内容、恰当的申请日、授权时间以及本企业知识产权人员情况等，采取以下三种申请途径之一：企业自行申请、全权委托代理机构申请或企业与代理机构合作申请。一旦确定申请的途径和方式，企业就要及时安排恰当的人手开展相关工作。无论采取哪种途径，企业都需要准备技术交底书及申请人、发明人等申请所需的基本信息。同时，无论采取哪种申请途径，企业都要主动参与到申请过程中，积极配合专利申请的审查和授权进程，以期按照预期目标获得专利授权。建议企业采取与代理机构合作的申请途径，以将企业的技术优势和代理机构的专利行业从业优势充分结合，发挥最大作用，使企业能够获得最佳的专利授权保护。

申请文件的提交可通过纸件形式或电子形式。通过纸件形式提交的，可选择当面提交或邮寄方式交至国家知识产权局或各省（区、市）的专利代办处。通过电子形式提交的，应先在中国专利电子申请网注册成为电子申请用户，登录在线提交或者在下载的离线客户端中提交。

2. 确定专利申请的类型

根据《专利法》规定，专利申请有发明、实用新型、外观设计三种类型。每种专利类型能够保护的技术创新的种类不同、保护期限不同。发明可以保护产品和方法发明，实用新型只能保护产品发明，外观设计是保护产品的形状、图案、颜色或其组合等视觉领域的设计。发明专利保护期限是 20 年，实用新型和外观设计专利保护期限是 10 年，均自申请日（不是优先权日）起算。因此，企业要根据技术创新内容、技术研发计划、专利布局策略、后期侵权维权情况等因素确定申请专利的类型。同时，考虑到《专利法》对产品和方法给予不同的保护，企业需深入分析确定发明创新的核心重点是在于产品还是在于方法，结合考虑对产品或方法的保护哪个更有利于企业专利布局和发展、更有利于后期维权和侵权取证胜诉等因素，综合确定专利申请的类型及主题。

3. 确定代理机构

企业选择和确定合作的代理机构和专利代理师时，要对代理机构和代理师进行尽职调查。对代理机构的尽职调查至少应包括以下内容：代理机构的规模及内部管理情

---

❶ 崔茹. 企业技术创新专利申请与专利保护战略的运用 [J]. 赤子, 2019 (16): 119.

况、代理机构是否因存在非正常申请行为等情形被列入惩戒名单、代理机构的客户是否包括与本企业存在竞争关系的企业、代理机构在本企业所涉及技术领域的代理案件的授权率和授权周期、代理机构近几年的人员变动情况等。

对专利代理师的尽职调查至少应包括以下内容：代理师的专业背景是否与本企业技术领域相近、代理师从业时间、代理案件的类型、代理案件的授权率、是否曾经参与侵权诉讼、是否曾有过不符合《专利代理条例》的行为、是否曾被列入惩戒失信名单等；必要时，可查阅专利代理师所代理案件的授权文本，以考察其在专利撰写方面的素养是否符合本企业的需求。

企业根据尽职调查的结果，选择确定最合适的而非最优惠的专利代理机构和代理师，只考虑代理费用是不负责任的选择，最主要考虑的因素应该是怎样能确保企业专利申请和授权的质量，以利于企业的长期发展。

4. 保证与代理机构之间的充分沟通

在专利申请过程中，企业的优势在于对技术非常熟悉，代理师的优势在于对专利申请和审查的流程非常熟悉。因此，只有双方深入交流，全面合作，才能将双方优势最大化，得到准确、恰当、稳定的专利授权范围。企业一般应设置专利工程师岗位，该岗位人员应对企业的技术和专利申请业务都有一定的了解，便于在企业技术研发人员和专利代理师之间搭建沟通的桥梁，让专利代理师更为深入和准确地理解技术创新的本质内容和核心发明点，更准确地把握企业的意图，更好地将技术语言体现为专利语言。企业与代理师之间的沟通是贯穿专利申请的撰写、提交、审查、授权、维权等全过程的，在整个过程中，企业方的主要职责在于向代理师介绍清楚技术创新的核心内容以及预期的授权范围，并随着本公司技术研发的进展和本行业技术发展情况及时与代理师进行交流；而代理师的主要职责在于帮助企业分析本领域专利布局的情况、根据审查意见分析判断企业的预期是否恰当和准确等。在双方的沟通协作下，及时调整申请策略和授权预期，以期获得最为准确的专利授权范围。切忌认为专利申请是代理机构的工作，把技术交底书交给代理机构后不再过问，只等授权。

5. 注意期限的监控

专利申请与审查授权是受到《专利法》《专利法实施细则》和《专利审查指南》约束的法律过程，流程要求尤其是期限的要求非常明确和严格。企业要了解专利申请和审查的流程要求，可以通过专人负责或者信息化手段，加强对于各阶段期限的监控，避免逾期导致的权利丧失或者经济损失。同时，充分了解和掌握各个期限的要求，也便于企业可以根据自身需求合理控制专利申请的审查和授权进度，以有利于企业筹划专利布局、技术发展规划等。

二、专利申请流程简介

一项技术研发结果转化为专利权，要经过专利申请文件的撰写、提交、答复与修改、授权等主要流程，如图 10-1 所示，在此对发明专利申请和授权的主要内容和要求进行介绍。实用新型与发明类似，区别在于实用新型申请的形式审查和实质审查是同时进行的，不进行审查前公布，而是对符合授权条件的实用新型申请直接进行授权公告。

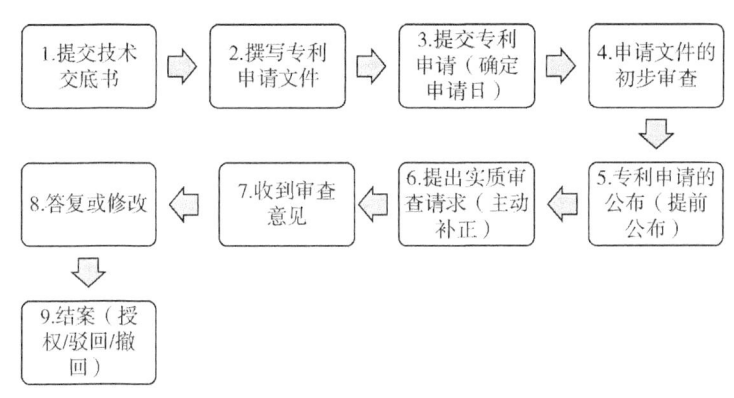

图 10-1 发明专利申请的主要流程

1. 提交技术交底书

这个环节是专利申请的启动环节，从这个环节开始，就会逐步将技术语言转化为专利语言。可见，这个环节是专利申请的基础，技术交底书的质量也直接关系到专利申请的质量。在这个环节，企业要向代理师充分介绍发明内容、表达诉求，但仅凭技术交底书并不一定能让代理师充分了解技术内容，所以，在这个环节和随后的申请文件撰写环节，企业需要与代理师深度交流，必要的时候，要进行多次往复交流，确保能够在《专利法》框架下全面呈现技术创新内容。技术交底书的具体内容和要求在后续章节介绍。

2. 撰写专利申请文件

在与企业充分交流，抓住企业的技术创新实质内容，了解企业专利申请诉求后，专利代理师要撰写出既能准确描述发明内容，又能充分体现企业愿望，还能符合《专利法》要求的高质量的申请文件。撰写文件的过程不仅仅是把技术内容转变为专利语言，而是要充分考虑和体现企业的技术发展前景、专利布局策略等，确保申请人利益最大化。具体撰写要求在随后章节进行介绍。

3. 提交专利申请

专利代理师撰写出符合要求的申请文件，经企业审核通过后，即可提交专利申请，确定申请日。因为在我国实行的是先申请原则，一般来说，越早提交申请，抢占申请日越好。但是企业也可以根据自己的技术发展规划、对本行业技术发展前景的预期、专利布局策略等，合理确定提交专利申请的时间。在专利申请的审查过程中，仍需及时关注技术和市场的变化，随时与代理师沟通，调整修改与答复的策略，合理控制审查进度和授权时间。

在提交专利申请时,应按照《专利法》和《专利法实施细则》的要求,提交完整、符合法律规定的请求书、说明书、权利要求书等文件,如果文件提交不符合要求需要进行补正,则以提交符合要求的文件的时间为申请日。

专利申请文件符合受理条件,专利局予以受理后,申请人会收到专利申请受理通知书,包含专利申请日、专利申请号及缴费事项。申请费用减缓的,还会收到费用减缓审批通知书。申请人应于接到通知书的15日内或者申请日起2个月内,缴纳相关费用。

4. 申请文件的初步审查

发明专利申请受理后进入初步审查阶段,初步审查是专利申请公布前的必经阶段,主要目的在于确保申请文件符合公布的条件。审查范围包括申请文件的形式审查、明显实质性缺陷的审查、其他相关文件的形式审查和有关费用的审查。初步审查中,对于专利申请存在缺陷的,审查员发出补正通知书或者审查意见通知书,申请人应在规定时间内补正或陈述意见。经补正符合要求的专利申请,认为初步审查合格,审查员会发出初步审查合格通知书,随后进入公布程序。

5. 专利申请的公布

发明专利申请经过初步审查合格后,自申请日起18个月即行公布。发明专利申请经公布后才有可能进入实质审查程序。如果申请人期望能够缩短审查程序,可以提出提前公布声明并缴纳相关费用,提前公布请求仅适用于发明专利申请。提出提前公布请求并且符合规定的发明专利申请,经初审合格后立即进入公布准备阶段,可以一定程度上加快审查进程。

6. 提出实质审查请求

实审程序的启动遵循请求原则,一方面体现在针对申请人提交的符合法律要求的文件进行审查;另一方面体现在应申请人的实质审查请求进行实质审查程序。申请人可在申请日起3年内提出实质审查请求。对于实审程序的启动,申请人也可以根据技术和市场的变化,在法律允许的时间期限内进行控制,以期在最合适的时间得到专利授权。但申请人应该注意,并非提交了实质审查请求,发明专利申请就马上进入实质审查阶段,专利申请仍需在公布后进入待提案件序列,按顺序等待审查员提案进入实审程序。

如果申请人期望能够加快审查进程,早日获得授权,可以在提交申请时就提出实审请求并缴纳相关费用;如果希望晚一点授权,以便于进行充分的考虑,可以在自申请日起3年期限届满前提出实质审查请求。

申请人可在提出实质审查请求的同时或收到国务院专利行政部门发出的进入实质审查阶段通知书3个月内,对申请文件进行主动补正。主动补正的目的主要在于克服申请文件中的缺陷、对申请文件进行完善等，但无论出于哪种目的，都应符合《专利法》第 33 条关于修改不得超范围的规定。

实用新型和外观设计专利自申请日起 2 个月内，可对专利申请主动提出修改。实用新型专利申请的补正不得超出原说明书和权利要求书记载的范围，对外观设计专利申请文件的修改不得超出原图片或者照片表示的范围。

7. 收到审查意见通知书

一般来说，进入实质审查阶段的发明专利申请，都会收到审查意见通知书，有些案情较为复杂的申请，可能会收到多次审查意见通知书。通知书是审查员阐明审查意见，表达结案倾向的书面法律文件。申请人和代理师应认真阅读审查意见通知书，分析审查意见所指出的缺陷，制定恰当的答复或修改策略。阅读审查意见通知书时，应注意不要遗漏内容，要对每一条审查意见进行理解分析，以便于进行全面答复。如果对审查意见有不太理解的地方，可以与审查员进行电话沟通。

8. 答复或修改

收到审查意见通知书后，应及时进行答复或修改，修改应针对审查意见通知书指出的缺陷进行。全面理解分析审查意见，不仅包括对通知书中具体的审查意见进行分析，也应对审查员提供的对比文件进行全面分析，以准确判断审查意见是否准确、对比文件是否可用，尽可能挖掘可争辩的点。若经过分析后，认可审查意见，则应根据原申请文件（申请日提交的说明书和权利要求书），挖掘区别于现有技术的技术内容，即使得本申请具有新颖性、创造性的内容，据此对申请文件进行修改。若经分析后认为，本申请与对比文件存在实质性区别，则以意见陈述为主，必要时可结合对比文件进行申请文件的修改。在通知书中明确的答复期限内提交意见陈述书和/或修改文本。答复时应注意针对每一条审查意见进行意见陈述或说明，如有修改，应陈述修改符合《专利法》第 33 条规定的理由和依据。

9. 结案

经过审查程序后，专利申请将进入结案程序。结案有授权、驳回、撤回（含主动撤回和视为撤回）三种。实用新型、外观设计专利申请经初步审查合格后，发明专利申请经实质审查合格后，发出授予专利权通知书和办理登记手续通知书，申请人在 2 个月内办理相关手续，后需缴纳年费维持权利。若专利申请被驳回，申请人可提出复审请求或分案申请。如果在审查过程中，发现专利申请不具有市场前景，或者预期授权范围没有保护价值等，可以选择放弃该专利申请。如果是在"一通"答复期限届满前发现上述情形，可以主动撤回，能够退回一半的申请费用；如果已经答复了"一通"，可以不进行处理，等待超过答复期限后进行视为撤回的处理。

第二节 专利申请文件的撰写

【知识点】

专利申请文件的撰写。

【概念解释】

现有技术是指申请日之前为公众所知的技术，而在技术交底阶段，尚未确定申请日，所有能够获取到的资料都可以作为现有技术。

链式权利要求是指从属权利要求之间依次引用，层层限定，这种方式体现出了一项发明的不断优化和改进，每个从属权利要求都能得到一个更优的技术效果。

非链式权利要求是指相互之间没有引用关系，都引用同一个权利要求的同一层级的并列从属权利要求。

【知识内容】

前面已经介绍了专利申请的主要流程内容以及需要注意的要点，这部分具体介绍专利申请文件的撰写要求及注意事项。撰写一份高质量的专利申请文件，是获得高质量的专利权、获得市场盈利的前提和基础。专利申请文件撰写质量高，可以缩短审查程序、尽早获得专利权，可以确保专利权保护范围合理、稳定。相反，如果在撰写专利申请文件时出现失误，有可能导致本来可以授权的申请被驳回，导致申请人权利的丧失。因此，企业不仅要重视技术创新的挖掘，更应该重视专利申请文件的撰写，确保专利权益最大化。

一、专利申请文件撰写的总体要求

专利申请文件的撰写涉及专利研发人员（发明人）、专利代理师（文件撰写人）、专利管理部门及企业高层领导，上述每个角色在专利申请文件的撰写中均应承担相应的执行、管理或审核工作，从制度和体系上确保专利申请文件撰写的高质量管理。

一是专利发明人与文件实际撰写人之间有充分的沟通交流。使撰写人能够准确、全面地理解技术方案，并将其正确描述在专利申请文件中。

二是文件撰写人要进行专业的引导，帮助发明人尽可能多地挖掘技术创新点，扩大专利申请范围。撰写人根据自己的专业知识，考虑技术方案除了发明人提出的技术点外，还可以在哪些创新点形成专利，以丰富发明人的技术方案，扩大权利要求保护的范围。

三是专利申请文件形成后应经过发明人、知识产权管理部门的审核，并提交公司领导进行审批。发明人重点从技术角度审核说明书及权利要求书相关内容是否符合技术方案特征，是否存在信息遗漏；知识产权管理部门负责对申请文件进行"合规"审核；技术专家从保护形式及发明创新点提炼角度及公开范围进行审核；最后，由企业管理层进行审批，确保专利申请事项符合企业整体战略规划。

二、技术交底书的准备

技术交底书应包括申请人、发明人、发明名称、技术内容等主要信息。申请人可按照自己的习惯撰写，也可按照企业内部制定的标准模板或者代理师提供的模板进行撰写，能够保证内容完整即可。顾名思义，技术交底书，就是申请人把技术创新的本质内容向代理师说清楚，交个技术的底。也就是说，要让专利代理师清楚准确地了解技术创新的内容、抓住对现有技术的贡献、挖掘出可专利性的技术内容。因此，技术交底书的技术介绍至少应包括以下内容：

1. 发明创造的名称

发明名称能够直观体现出发明创造的主题和类型，申请人应该提出准确恰当的发明名称，以体现本发明创造是涉及产品的发明还是涉及方法的发明，具体涉及哪个技术领域等。发明名称可以在与代理师就发明创造的内容进行沟通后，进行修改，以期能够最准确地反映本发明的主题和类型。

2. 背景技术的介绍

申请人要对技术研发的背景进行清楚、全面的介绍，以使得专利代理师能够明确本发明提出的基础是什么。同时，申请人应该已经进行过查新检索，并提供能够获取的与本发明最接近的现有技术。此处应该注意的是，现有技术是指申请日之前为公众所知的技术，而在技术交底阶段，尚未确定申请日，所有能够获取到的资料都可以作为现有技术。而申请人容易犯的一个错误就是，把自己之前的研发情况作为本发明的研究基础，作为最接近的现有技术提供给代理师。之前的研发资料如果没有公开，是不作为现有技术的。因此，在分析本发明对现有技术所做出的贡献时，要注意区分哪些是现有技术，以避免对本发明可专利性的判断出现失误。

3. 技术问题和技术效果的分析

在介绍背景技术的基础上，要分析背景技术中存在的问题，提出本发明所要解决的问题是什么，这是本发明可以提出的原因。一定要重视对技术问题的分析和判断，现有技术存在的问题或缺陷，就是本发明所具有的优点，也是使本发明具有进步和有益技术效果的依据。技术问题和效果在创造性判断中起着举足轻重的作用。因此，在技术交底阶段，申请人一定要介绍清楚本发明所针对的技术问题、所取得的技术效果。

4. 发明技术内容的介绍

这部分是技术交底书最主要的内容。在这部分，要详细介绍本发明创造的技术方案，介绍清楚本发明的具体结构、工作原理、操作方法等，可以结合附图介绍具体实施方式，并讲清楚本发明是怎样解决技术问题，达到预期的技术效果的。有必要的话，可以多举几个具体实施方式，以便于专利代理师准确理解技术内容。这部分应该在技术交底书中所占篇幅最大，尽可能对技术进行清楚、完整的说明。

5. 本发明的核心内容和预期专利保护的点

根据之前对背景技术的分析、对本发明技术内容的介绍，应明确提出本发明对背景技术做出的改进是什么，所涉及的关键技术手段是什么，为本发明带来有益效果的技术手段是什么，预期想要获得专利保护的内容是什么。这需要申请人具有一定的概括能力，提炼出本发明的核心内容。后期可在与代理师的沟通中，不断调整和完善本部分内容。

6. 技术查新的结果

申请人应尽可能进行技术查新，并尽可能提供充分而全面的现有技术资料，以便于专利代理师在理解技术内容时能够更为准确和全面。必要时，专利代理师还需进行进一步的查新检索，并与申请人进行沟通，准确判断和确定本发明实质上的技术贡献。

三、发明、实用新型专利申请文件撰写具体要求

专利申请文件是法律文件，撰写工作应以《专利法》《专利法实施细则》及《专利审查指南》等为指导。《专利法》第26条、《专利法实施细则》第17~23条等法条，提出了专利撰写的相关要求。专利申请文件是审查的基本材料，公开发明创造的内容，阐述权利保护范围要求，并提供权利维护的依据，撰写高质量的发明文件，对企业专利权利的获得和维护具有重要意义。

申请人需按照相关法律规定提供申请文件。申请发明或实用新型专利的，申请文件应当包括：请求书、说明书、权利要求书、说明书附图及摘要；其中，权利要求书和说明书是最重要最核心的内容，说明书起到公开本发明创造的作用，权利要求书起到明确专利权保护范围的作用，二者结合体现了《专利法》公开换保护的立法宗旨。

发明或实用新型的申请文件的组成及要求如表10-1所示。

表 10-1 发明或实用新型申请文件的组成及要求

组成				基本要求
申请文件	请求书			按统一表格填写内容
	说明书	名称		清楚、完整,以使所属技术领域的技术人员能够实现（A26.3）
		正文	技术领域	
			背景技术	
			发明内容：要解决的技术问题	
			发明内容：技术方案	
			发明内容：有益效果	
			附图说明	
			具体实施方式	
		附图		
	说明书摘要			写明说明书公开内容的概要
	权利要求书	按撰写形式划分	独立权利要求：前序部分	以说明书为依据（A26.4）清楚、简要（A26.4）独立权利要求记载必要技术特征（R20.2）
			独立权利要求：特征部分	
			从属权利要求：引用部分	
			从属权利要求：限定部分	
		按性质划分	产品权利要求	
			方法权利要求	
	其他附件			按申请的实际情况提交

1. 请求书

请求书是申请人请求国家专利行政部门授予专利权的书面愿望表达。申请人可从专利局网站下载请求书模板，填写相应内容。请求书应包括申请人、发明人、发明名称等基本信息。如果有委托代理机构的，应有代理机构信息。在此部分要特别注意的是，如果申请了优先权，应该写明优先权文件的申请号等信息；如果有不丧失新颖性的宽限期等内容，需填写相应内容；如果有同时申请的发明或者实用新型，一定要勾选相应选项，以保障在出现重复授权情形时，能够适用《专利法》第 9 条进行专利申请的修改。

2. 说明书的撰写要求

根据《专利法实施细则》第 17~18 条及《专利审查指南》相关内容的基本要求，说明书应该具有发明名称和正文两大部分。撰写中需要注意以下方面：

一是发明名称应该是与代理师沟通后确定的，能够准确反映本发明技术主题和类型的名称，同时应注意，发明名称不能过于冗长，对于化学领域的发明一般应控制在

40个字以内。

二是在说明书正文部分，应该按照技术领域、背景技术及技术问题、技术方案及技术效果、结合附图的具体实施方式的顺序，清楚表达出提出发明的目的和过程，讲清楚发明构思，准确体现发明点。

三是在背景技术中引用相关技术文件时应注意，所引用文件应该是已经公开出版的，企业商业秘密及未公开的方案不宜作为背景技术。另外，涉及引用专利文件的，如果是外文专利文献，其公开日应在本申请的申请日之前；如果所引用的是中文专利文献，其公开日不得晚于本申请的公开日。最后，背景技术检索时要进行合理的分析和取舍，保留与现有技术最接近的相关技术进行分析。

四是技术信息要公开充分。《专利法》要求专利申请的说明书应该对发明作出清楚、完整的说明，以使所属技术领域的技术人员能够实现。说明书公开充分体现了专利"以公开换保护"的基本原则，专利申请允许在说明书公开充分的前提下保留技术诀窍，即《专利法》并不要求公布所有技术细节，但是其公布的内容必须使本领域技术人员能够实现技术方案，解决技术问题并达到其技术效果。避免因保留技术信息而导致公开不充分，影响最终专利授权的情况发生。

五是技术的有益效果不应只是对技术优势进行语言描述，而是需要进行实验论证分析，最好有实际数据进行支撑，尤其是涉及化学领域的发明，更要注意提供相应的实验数据来佐证技术效果。

六是具体实施例应当对全部权利要求形成支撑，所涉及的核心发明点，原则上需要提供两个以上具体的实施手段来说明，并尽可能阐述其他替代方式。

3. 权利要求书的撰写要求

每一项权利要求都体现了专利权的保护范围，整个权利要求书应该能够体现出申请人的专利布局策略，构建有效的专利丛林和多层保护壁垒。权利要求书的撰写，从形式上和内容上应满足《专利法实施细则》第19~22条及《专利审查指南》相关内容的基本要求，同时还应在实践中注意以下方面：

一是权利要求书应该能够单独限定专利权的保护范围。在专利审查与授权阶段，不可过分依赖于说明书及其附图对权利要求的解释作用，应确保权利要求自身就能够表述清楚专利权的保护范围，避免出现不清楚、不确定的描述，造成专利权的不稳定。

二是权利要求应得到说明书的支持。这里有两层含义，一方面是权利要求的内容应该与说明书公开的技术内容相对应，权利要求请求保护的技术方案应该是在说明书中充分公开的，与说明书中背景技术、技术效果及技术方案等内容应相互适应，不存在互相否定的内容；另一方面是权利要求的保护范围要与说明书公开的内容相匹配，权利要求一般会对说明书公开的内容进行概括，以求得较宽的保护范围，其所限定的内容应该是能够从说明书充分公开的内容中得到或概括得出的，不能超出说明书确定权利范围。每一个独立权利要求均能在说明书中找到具体实施方案。但是，实践中要注意避免由于涵盖了太多的现有技术而造成权利要求不具备"三性",影响专利授权。

三是做好权利保护的层次设计。申请人应根据发明内容,设置层层递进、彼此关联的专利保护壁垒,这些专利布局的思路要通过独立权利要求和从属权利要求的层次设置体现出来,避免权利要求保护过于单一,保护力度不足。一般来说,独立权利要求能够体现最基本的发明构思,解决最基本的技术问题即可,避免写入过多的技术特征,这样可以获得最大范围的权利要求保护。从属权利要求的设计可以采取链式或者非链式的形式。链式权利要求是指从属权利要求之间依次引用,层层限定,这种方式体现出了一项发明的不断优化和改进,每个从属权利要求都能得到一个更优的技术效果。链式权利要求的好处是能够清楚地体现出发明的优化思路,构建稳固的递进式专利保护阶梯。链式权利要求的不足之处在于不利于专利权的横向扩展,只能进行纵向缩小,会导致越低层级的权利要求保护范围越小,到最后可能会失去专利保护的意义。同时,如果中间有一个权利要求被无效,其后所有权利要求都会被无效掉,即便是后面的权利要求中包含了创新内容。非链式权利要求是指相互之间没有引用关系,都引用同一个权利要求的同一层级的并列从属权利要求。非链式权利要求布局体现了基于同一个基本发明构思的技术分支的演变和发展,每一个分支都能解决不同的技术问题,体现了发明的多样性。非链式权利要求布局的好处在于便于专利权的横向扩展,保障在某一个分支的权利被无效后,其他分支的权利仍可存在,提高了专利权的有效性。非链式权利要求布局的劣势在于可能需要撰写数量较多的从属权利要求,以在每个分支中体现相同的发明内容。链式或非链式权利要求布局没有绝对的优劣之分,申请人可以根据专利策略的需要选择恰当的布局方式。

四是合理设置权利主题,针对可能的侵权对象,构造不同的独立权利要求的保护主题,尽可能多地覆盖竞争对手和潜在市场的产品和生产活动,可以考虑使权利要求包含产业链的各个环节。

四、外观设计专利申请文件撰写具体要求

申请外观设计专利的,申请文件应当包括:请求书、图片(或照片)以及对该外观设计的简要说明。外观设计与发明或实用新型不同,它不是技术方案,而是归属于视觉领域的设计,包括产品的形状、图案或其结合以及色彩与形状、图案的结合。由于外观设计的保护范围以图片或照片为准,并可通过简要说明进行解释,因此,图片或照片以及简要说明是外观设计申请文件的核心。

外观设计申请文件的撰写应满足《专利法》第 27 条第 2 款、《专利法实施细则》第 27~28 条的相关规定,并在确定外观设计保护范围时,综合考虑图片或照片所表达的形状、图案、色彩等全部设计要素所构成的完整的设计内容,视图上的每个设计特征都应考虑进去,而不是仅考虑部分设计特征而忽略其他设计特征。

通过简要说明对图片或照片进行解释说明,实质上是对该外观设计保护范围的声

明，发明人应与撰写人进行充分沟通，确定应强调哪些技术要点及设计，及要点强调的多少，以寻求恰当的利益保护范围。

第三节　专利审查过程的质量管理

【知识点】

专利申请文件审查。

【概念解释】

"不超出原记载范围"，是指修改不能引入新的内容。修改引入新的内容，可能是扩大保护范围而包括了原来没有记载的内容，也可能是缩小保护范围而明确了原来没有明确的内容。

【知识内容】

专利申请进入审查阶段后，企业除了被动等待审查结果和审查意见外，还应注意开展申请文件的主动修改、申请授权跟踪及审查意见答复管理等工作，以提高专利授权质量和专利授权效率。

一、申请文件的主动修改

根据《专利法》第33条、《专利法实施细则》第51条第1款的规定，申请人可以对申请文件进行主动修改，但要符合时间和内容的要求。时间上的要求是一个时间点和一个时间段，时间点是提出实质审查请求时，一个时间段是指收到国家知识产权局发出的发明专利申请进入实质审查阶段通知书之日起3个月，对发明专利申请文件提出修改；对于实用新型及外观设计专利，自申请日起2个月内，可以对申请文件提出修改。

内容上的要求即《专利法》第33条的要求，修改不得超出原说明书和权利要求书记载的范围。"不超出原记载范围"并不是要求修改不能扩大保护范围，而是指修改不能引入新的内容。修改引入新的内容，可能是扩大保护范围而包括了原来没有记载的内容，也可能是缩小保护范围而明确了原来没有明确的内容。因此，对修改的要求是非常严格的，这也是为了贯彻先申请原则。如果允许申请人通过后期修改加入新的内容，那么就会使得申请人在发明创造还未完成时就提前提交申请抢占申请日，后期将新研发的内容加入申请文件中而享有之前抢占的申请日，会导致专利授权的不公平。无论是根据《专利法实施细则》第51条第1款进行的主动修改，还是根据《专利法实施细则》第51条第3款进行的被动修改，都应符合《专利法》第33条的规定，即修改不得超出原说明书和权利要求书记载的范围。对主动修改而言，自由度较大，只要原始申请文件有记载，就可以对权利要求的范围进行扩大、缩小，甚至可以调整层次结构的布局。对随后要介绍的被动修改而言，自由度就小得多，具体内容随后介绍。因此，专利申请人应当充分利用主动修改机制来完善专利申请文件，抓住主动修改的机会，一方面可以对原文件存在的表达错误进行修改，并对原文件中没有考虑充分的权利要求内容进行调整，对说明书中的背景技术、发明内容、说明书附图等部分进行适应性修改；另一方面可以根据市场及技术领域的变化，修改权利要求范围。

二、申请授权跟踪管理

专利申请进入审查阶段后，企业不应被动等待审查意见或代理师的反馈，而仍应保持积极主动的参与状态，对在审专利申请的审查进程和状态进行跟踪管理，合理把握授权时间、授权权利要求保护范围等，并对授权率进行有效管理。对在审专利申请的授权跟踪管理，需要关注以下几方面的问题。

一是控制好专利申请的审查进度。企业因申请专利目的不同，所期望的授权时间也有所不同。企业需要了解审查进程各个时间点的期限和要求，合理控制审查进度。若企业希望能尽快得到所要求的权利保护，可从以下几个方面着手。首先是充分利用各种加快途径。可以在提出专利申请之日办理专利实质审查请求手续和提交提前公布声明，也可以提交优先审查请求。其次是缩短答复周期。在每次通知书规定的答复期限内，尽早确定答复的形式和内容，尽快提交意见陈述和修改文本。此外，还可充分利用直接沟通手段，提高效率。现在专利局对于电话沟通和当面会晤的要求相对宽松，申请人可在任意时间与审查员进行电话沟通或者会晤，促进双方更快更准确理解案情，达成一致。申请人也可以申请进行集中审查或巡回审查，对同一系列的申请同步进行答复和处理，以促进批量申请快速审查授权，以提高专利审查效率和授权率。如果企业由于某些原因，需要延后专利授权时间，既可以在每个法定期限的最后时间办理相关手续，也可以在法律允许的情形下提出延期申请。

二是密切关注技术和市场的发展变化。提出专利申请的时候，对技术和市场的发展前景是有一定的预期和判断的，但是市场瞬息万变，技术发展日新月异，在专利申请审查过程中，与预期值发生偏离甚至反转都是有可能的。企业应建立相关预警和分析机制，密切关注本行业技术发展状况、竞争对手技术和市场布局的变化，及时判断专利申请的预期价值和市场前景，对专利布局策略进行调整，以判断是否要推进专利快速授权、是否要延长专利授权时间、是否要放弃专利授权等。

三是要考虑专利维护和运营的成本。专利授权后需要每年缴纳维持费才能处于权利有效状态，后期的管理和运营等都需要一定的支出成本。一方面，企业需要考虑本企业的经济收益情况，能否承担相关的成本；另一方面，企业要考虑专利权后期通过转让或者生产实施等能够带来的收益，是否能够大于专利申请、维护和管理等的支出成本。综合考虑后，确定是否要继续推进专利申请的快速授权。

三、审查意见答复管理

在专利申请的审查过程中，审查员对其进行审查后，通常以审查意见通知书的形式，将审查意见和倾向性结论通知申请人。申请人有可能收到不止一次审查意见通知书，申请人应根据审查意见进行意见陈述，必要时还应对申请文件进行修改。审查意见答复对于专利授权起到不可忽视的作用，意见答复质量直接影响了专利审查走向。下面将对审查意见答复中需要注意的问题进行简要阐述。

一是要全面理解审查意见。首先，要阅读和分析每一条审查意见，确保没有遗漏，必要时，可以通过列表或者标记等方式帮助记忆和分析。其次，要对本申请和对比文件的事实进行全面的分析，判断审查员的认定是否准确，本申请与对比文件是否存在实质区别，本申请是否具有可争辩的余地，是否能走向授权。

二是要注重与审查员和代理师的沟通。通过与审查员的沟通，不仅可以加深对审查意见的理解，还可以促进审查员对于本申请和对比文件技术内容的理解，便于双方快速消除误解，达成一致。通过与代理师的沟通，可以挖掘可授权的点，明确答复策略和修改方式等，提高答复质量和效率。

三是注意答复的针对性。答复是为了消除审查员的质疑，让审查员认可本申请对现有技术做出的贡献，使得本申请走向授权。因此，答复一定要针对审查员的质疑进行说明或举证，避免答非所问，降低沟通效率。根据《专利法实施细则》第51条第3款的规定，收到审查意见通知书后，应针对通知书指出的缺陷进行修改，我们称之为被动修改。进行被动修改时，不可扩大权利要求保护范围，只能对权利要求保护范围作出进一步限定。

四是要明确表明观点，准确阐述事实和理由。分析每一条审查意见，明确表达同意还是不同意，对于不同意的审查意见，要详细分析反对理由，必要时可以进行举证。对于创造性的审查意见，比较容易产生争议和分歧的地方在于技术问题的确定、结合启示的判断、公知常识的认定等，这是需要格外关注的地方，可以从这些方面入手，分析本申请与对比文件的实质性区别是什么，审查员的认定存在哪些问题。对于重复授权的审查意见，要详细分析本申请与相应专利权的保护范围有什么不同，有哪些差异。对于公开不充分的审查意见，要站位本领域技术人员，分析如何能够实施本发明。如果需要对申请文件进行修改，需要阐明修改的依据和修改为什么符合《专利法》第33条的规定。

五是要注意系列申请之间的一致性。一般来说，专利申请不会是孤立的个案，而是围绕某个技术点展开的一系列专利布局，各专利申请之间具有一定的相似性或重合度，彼此之间紧密关联。在进行意见答复或者文件修改时，要注意系列申请案件之间的一致性，避免出现案件之间相互矛盾的情形，导致审查员产生更多质疑。

六是可利用延期答复制度，争取更多的意见陈述准备时间。《专利法》规定因正当理由在指定的期限内做出答复有困难时，可以提出延长期限请求，延期最多 2 个月，一般只允许延期一次。企业可以争取充足的时间对意见陈述方案进行讨论，最终选取最优策略。

第十一章 CHAPTER 11
专利授权后的质量管理

【知识点】

专利质量管理。

【概念解释】

专利权效力管理是指单件专利权效力的管理,就是要对某一件专利权是否继续维持有效、如何让其发挥最大效益进行的管理。

【知识内容】

企业专利质量管理是一个动态持续的过程,在企业取得专利授权后,专利才正式成为企业的无形资产,预期会给企业带来经济利益。从技术挖掘到专利申请直至授权的整个过程中,努力提升专利申请质量的直接目的就在于获取高质量的专利权,专利权在后期的维护和运营转化中为企业带来的各种直接或者间接收益,才真正体现了专利的价值。在专利授权后的质量管理,意义与授权前有所不同。专利授权前更关注技术创新程度、申请文件撰写和修改的质量、最终授权的权利要求是否与预期的相同。在专利授权后,已经无法对专利权进行修改,其质量的高低,就体现在其在企业专利布局、专利技术市场化的过程中,能够为企业发展起到多大作用。因此,授权后的专利质量管理,更多在于企业专利池的整体管理,而并非局限于单件专利的质量管理。本书第九章和第十章着重研究如何取得高质量专利授权的问题,即专利形成管理。本章将对专利授权后的管理环节进行介绍,包括专利权维护、专利的运用和保护,并提出建立专利管理系统的建议,以确保企业专利资产的保值增值[1]。

---

[1] 何敏. 论企业专利运营中的 SEBS 平台 [J]. 知识产权, 2016 (5): 84-89.

第一节 专利权效力的管理

专利权效力管理，从狭义上说，是指单件专利权效力的管理，就是要对某一件专利权是否继续维持有效、如何让其发挥最大效益进行的管理。从广义上说，就是要对企业的专利池效力（或者称为专利链、专利盒子）进行管理，如何让整个专利池中的专利层次分明，既相互配合又突出重点，让整个专利池发挥最大作用，为企业赢得最大收益。

单件专利权效力的管理，就是要让单件专利价值最大化。专利权价值的体现，第一种也是最直接的情形就是该专利技术本身的生产制造能够为企业带来的利益，这种收益多数来源于企业自身的技术研发。因为技术掌握在自己手中，有很大的主动权，对于这种专利权而言，要使其效力最大化，就要确保该专利技术具有较高的独创性、授权专利保护范围恰当，并且尽可能长时间维持其处于有效状态。第二种情形是通过转让、许可等实现收益。这种情形有可能是因为企业自身不具备生产制造的实力或者条件，如高校的专利，也有可能是与其他企业进行交叉许可，还有可能是自己生产制造的成本过高，不如赚取转让费或者许可费更为实际。对于这种专利，要确保专利尽可能长期处于有效状态，同时要确保专利转让或许可不会对本企业的生产研发和市场布局产生影响。第三种情形是某个专利仅起到阻碍竞争对手的作用，而并非具有实际的生产制造价值。对这种专利而言，是否维持其有效，重点在于竞争对手的技术和市场发展情况，如果竞争对手无法绕过该专利，则可以维持其长期有效以遏制对手。如果竞争对手已经绕过该专利或者放弃这方面的技术研发，则可放弃该专利。第四种情形就是标准必要专利。如果某件专利能够成为标准必要专利，就成了该行业的市场准入门槛，所有想要进入该市场的产品都需要缴纳基本的专利使用费，虽然单件费用低廉，但是总的使用费仍然相当可观。因此，对于这种专利，需要确保其专利权稳定并且长期有效。当然，对于单件专利权效力的考虑，还有其他多种情形，但以上四种最为常见，其他情形可以参考。

对于整体专利池效力的管理，不一定要发挥单件专利的最大直接价值，而是要让单件专利在整个专利池中发挥其最大作用，最终确保整个专利池为企业带来最大的效益。第一要确定最为核心的专利。核心专利一定是涉及最主要的技术内容、能够影响企业技术和市场发展前景甚至能够决定企业生死存亡的关键专利，这种专利一般不适宜进行转让或者许可，而是要掌握在自己手中，以遏制竞争对手的技术进步，并且要尽可能长期维持有效。第二要确定哪些专利是对核心专利进行保护的。在核心专利的外围，要设置一系列的保护专利，从不同角度、不同层级来保护核心专利的安全。这些专利的有效期多长，要考虑到是否还能够为核心专利提供保护，如果不能，可以放弃这些专利，替换为一批新的保护专利，也可以通过交叉许可等方式，赢得其他保护性专利。第三要根据企业自身的发展状况，及时调整专利的地位，核心专利可能会发生变化，围绕其布局的保护专利也可能发生变化，从而整个专利池的重心会发生转移。根据这些变化，进而确定哪些专利需要放弃，哪些需要转让，哪些需要继续长期维持有效。第四是要注意专利池的持续更新与替换。这些更新与替换有可能是因为企业自身的技术有了新的发展和突破，产生了新的专利权，也有可能是通过购买其他企业的专利增加了专利池的储备。通过购买的方式增加专利储备，是企业缩短研发时间、专利布局时间的重要手段，能够有效增强企业的专利池效力，在这种情形下，赢得市场先机、抢占市场份额是最需要考虑的因素，所支付的专利使用费是次要考虑因素。通过以上几种手段，可以整体上对企业的专利池进行维护和管理，使得企业的专利布局赢得最大收益。

无论是对于单件专利的效力管理，还是对于专利池的效力管理，都会涉及维持费的缴纳。专利授权后，在专利受法律保护期限内，专利权人应每年按照专利证书告知的期限，足额缴纳年费，以维持专利权的效力。超过期限未缴纳的，可以在6个月内进行补缴，同时缴纳滞纳金。若6个月内仍未补缴的，专利局会出具专利权利终止书，专利权人可在2个月内进行补救，提出恢复专利的申请，逾期未申请的，专利权将提前终止。企业应有专门人员对专利年费的缴纳进行监控和管理，避免因未按时缴费造成专利资产流失。

对于失去其使用价值的专利，可以考虑放弃专利权，以节约专利权效力维护成本。例如：专利保护范围过窄，对专利产品或方法保护较弱，容易被规避，不存在保护价值；企业为了得到政策补贴，震慑竞争对手，增加企业竞争力等，专利本身不适合进行转化和运用，不存在市场经济价值；企业申请专利时，专利具有市场前景，甚至是已经在具体产品上，但随着技术的发展，技术方案已被新技术取代，产品也由于新技术的出现而升级、换代或停产，专利不再具备实施条件。缺乏价值的专利，不再具备成为企业资产储备的条件。专利管理部门应定期整理专利年费缴纳情况，对专利维护情况进行意见征集，综合考虑研发部门及产品部门的相关意见，组织专家进行专利价值评估，将评议报告交至公司领导进行审批，确定是否继续维持专利权效力。

第二节　专利权的运用和维护

【知识点】

专利权运用与维护。

第十一章 专利授权后的质量管理

【知识内容】

一、专利权的运用和转化

企业在发展过程中会有大量的专利储备，专利权需要实际运用起来，才能为企业带来良好的经济效益。企业的专利权管理，最终目标是最大化地实现其经济价值，最终提高企业的市场竞争能力。近年来，越来越多的企业意识到知识产权专利转化的重要性，渐渐将"沉睡"的专利唤醒，通过自行实施，或许可、转让由他人实施，将专利技术实际运用在产品生产和市场实践中，或是通过专利质押融资、作为股权出资或组合运营等方式，为企业带来实际效益。具体的运营形式将在本书其他章节中进行介绍，此处不再赘述。在此提醒企业在专利运用和转化中需要注意的几点事项。

一是要注意整体的规划性。企业应设置专门的岗位或部门管理企业专利的运用和转化。根据整体专利布局和策略，可能会有以下几种运用的类型。第一种是生产型专利，就要做好生产的时间规划，什么时候准备好生产线、什么时候上市、什么时候需要改进新一代产品，把握好时机，才能赢得市场。第二种是转让型专利，这种专利并没有自行生产上市的规划，需要做的就是设置好转让的条件，密切关注本行业市场的发展变化，一旦符合转让的时机和条件，迅速进行转让，获取利益。第三种是交叉许可型专利。这种专利是企业手中的筹码，可以用来与竞争对手进行协商谈判，获取前进的机会和条件。在企业进行专利申请之前，就要做好这些布局和安排，并对各项专利进行长期监控和管理。

二是要认识到专利布局的变化性。技术发展不一定是按照预期方向前进的，当前科技水平以指数级速度发展前进，任何变化都是有可能出现的。企业一定要认识到随着技术的变化，专利布局也一定要随之变化。第一要关注整个行业的技术发展、专利发展情况，不仅通过企业自身的数据库进行关注，更多地需要通过专利检索、技术论坛、各种媒体发布的信息等来关注技术的任何变化，关注行业整体的专利地图变化。第二要关注竞争对手的技术和专利变化，尤其关注那些与本企业核心专利密切相关的技术和专利，是否对本企业构成了威胁，是否已经规避了本企业的布局。第三要关注本企业的发展状况。综合考虑企业的财务情况、人员变化情况、企业整体发展战略的变化等。这些因素都会导致企业之前预定的专利策略和布局受到影响，必须要及时进行调整，以适应新的形势和要求。

三是要重视专利布局的长期性。有效的专利布局不是一朝一夕能够完成的，必须着眼长远。第一是基础数据要有时间跨度，能够覆盖企业技术的生命周期。也就是说，从挖掘、申请到后期的保护和运用，要关注本行业和本企业过去、现在和未来的专利布局情况，要考虑整个生命周期的专利布局和调整，不能只看眼前。第二是要注意专利维护的长期性。企业要定期进行专利分析和预警，及时发现风险，调整策略。就算当前企业处于发展微弱期，也不能忽视对专利布局的维护和管理，要持续维护企业专利布局。第三要注意人员或者系统的延续性。企业人员流动是必然的，要尽可能保证任何时候都有熟悉专利和技术知识、了解企业专利布局策略的人员在岗，如果人员无法保证，就要保证企业在专利知识培训体系、专利数据体系等方面的稳定性和延续性，避免出现专利管理上的断层。

二、专利权的保护途径

现如今，随着互联网技术的持续发展，信息传播速度达到了前所未有的水平，激烈的市场竞争引发了一系列侵权事件的发生，专利权的保护对企业的发展有着重要意义。企业通过以下途径来提高自己的专利权保护水平，主动发现侵权行为，学会运用法律手段维护自身的利益[1]。

一是要加强现有专利权的管理。企业应建立专利信息数据库，由专业人员进行数据库的管理和维护。数据库中要根据企业的专利布局对已有专利进行分类梳理和统计，体现专利管理策略。例如，专利的类型、专利的来源、目前的法律状态、已经转化的价值、预期转化使用的途径和收益、专利重要性等级、专利之间的关联度等。定期对数据库中的专利进行梳理和分析，提出专利权管理的建议方案。

二是要加强专利舆情分析。通过专利数据库，将已有专利与企业的技术关联起来，分析现有专利权与企业技术领域的匹配度是否发生了变化，是否需要调整。建立竞争对手专利与技术数据库，关注对手和本行业整体的专利与技术发展状况，做好风险预警。对于自主研发申请的专利技术，在保护期限内的，要定期进行检索或产品市场调研，明确是否有被侵权的行为发生。对于接受许可或转让的技术，也要及时关注市场情况，观察是否有企业在法律授权之外也在使用专利权。

三是要提高企业员工知识产权保护意识。切实加强员工的专利权保护意识，尤其是专利权从形成到运用所涉及的各岗位人员。通过定期开展专题培训、听取专家报告、组织团队交流等形式，增强员工的知识产权保护意识，体会到知识产权保护对企业发展的重要意义，自觉将知识产权保护融入具体工作实践中。任何部门或员工在发现有侵犯本企业专利权或本企业有可能侵犯他人专利权的行为发生时，有义务及时向企业专利管理部门进行报告，专利管理部门应立即组织调查，对确实被侵犯专利权的，合理选择维权和救济手段，对于存在侵犯他人专利权行为的，根据企业实际情况进行应对。加强核心技术人员的管理，在聘用合同中列明相关的保密要求，制定研发奖励制度并得到员工认可，通过书面形式进行约定。通过签订竞业禁止限制协议，规范离职人员的知识产权保护行为，防止相关技术流失到竞争企业中。

---

[1] 张晓永. 促进中小企业专利保护与运用研究[J]. 中国发明与专利, 2018 (1): 79-82.

三、侵权纠纷的处理

在企业知识产权保护和运用中,经常会发生侵权纠纷,企业有可能是侵权方,也有可能是被侵权方。随着我们国家对知识产权保护力度的加大,惩罚性赔偿制度的引入,侵权纠纷处理结果对企业的影响日益加重。因为一个侵权案件的败诉导致企业破产的情形不再只是别人的故事,也有可能发生在每一家国内企业。因此,企业需要了解侵权的可能情形,以及主要的处理方式❶。

专利侵权行为主要包括以下几点:一是未经专利权人许可实施其专利的侵权行为,包括制造发明、实用新型、外观设计专利产品的行为;使用发明、实用新型专利产品的行为;许诺销售发明、实用新型、外观设计专利产品的行为;销售发明、实用新型或外观设计专利产品的行为;进口发明、实用新型、外观设计专利产品的行为;使用专利方法以及使用、许诺销售、销售、进口依照该专利方法直接获得的产品的行为。二是假冒他人专利的行为,包括未经许可,在其制造或者销售的产品、产品的包装上标注他人的专利号;未经许可,在广告或者其他宣传材料中使用他人的专利号,使消费者将所涉及的技术误认为是他人的专利技术;未经许可,在合同中使用他人的专利号,使人将合同涉及的技术误认为是他人的专利技术;伪造或者变造他人的专利证书、专利文件或者专利申请文件。三是实施了诱导、教唆、怂恿、帮助他人侵害专利权的行为,例如,未经专利权人授权或委托,擅自转让其专利技术的行为。

企业发现专利权被侵犯的,应注意侵权证据的收集,并根据企业具体情况选择适合的维权手段❷。一是与侵权方协商解决。通过书面通知的方式告知侵权人停止侵权,并就专利使用费、授权费等事项进行协商,若侵权人拒绝停止侵害,可启动行政或司法处理程序。二是行政处理。专利权人向知识产权行政管理机关指控专利侵权问题,相关知识产权管理部门依据法定职权处理纠纷。经认定侵权行为成立的,相关部门责令侵权人立即停止侵权行为并对赔偿数额进行调解。当事人不服判决的,可在规定期限内向人民法院提起行政诉讼;侵权人不起诉又不停止侵权行为的,做出决定的权利机关可以申请人民法院强制执行。三是民事诉讼。当事人也可就侵权事件向人民法院提起民事诉讼。民事诉讼程序应符合《民事诉讼法》的相关规定,并且向具有管辖权的人民法院提出,具体管辖法院可以参照《最高人民法院关于专利侵权纠纷案件地域管辖问题的通知》以及地方相关规定确定。

若发现本企业可能侵犯他人专利权,或者已经被诉侵权的,首先要做的是判断涉案专利是否有效,请专业人员对涉案专利的法律状态进行调查,判断其是处于有效期,还是已经因过期、被无效等而失效。如果已经失效,则无须进行侵权事实的分析,向

---

❶ 庄晨曦. 被诉专利侵权时企业的应对策略 [J]. 法制与社会, 2019 (8): 84-85.
❷ 郑菊芳. 企业专利侵权及专利保护相关问题解析 [J]. 汽车维修与保养, 2018 (10): 94-95.

法院陈述清楚即可。其次要对侵权行为进行分析判断,根据全面覆盖原则和等同原则,核实是否侵权。在此基础上,要评估侵权诉讼的费用、诉讼期长短、诉讼期内企业可能遭受的订单和市场占有率损失、赢得诉讼后的市场收益等因素,确定应对策略,并不是一定要进行诉讼。如果综合考量下来,赢得诉讼的成本要远大于市场收益或者远大于协商成本,不如选择协商解决,通过许可实施或交叉许可等方式获得使用专利权的合法授权,避免由于被强制停止侵权行为而给企业带来经济利益损失。如果确定应诉,有以下几点需要着重考虑。一是充分利用管辖权异议制度。分析涉案专利有效性、是否侵权、收集证据等应诉准备需要大量的时间,可充分利用《民事诉讼法》的规定提出管辖权异议,争取宝贵的应诉准备时间。二是发动无效宣告程序。可以针对涉案专利向专利局复审和无效审理部提出无效请求,通过否定涉案专利来赢得诉讼或者通过无效程序来争取诉讼时间。三是反诉对方侵权。可以同时积极查找对方侵犯自己专利权的证据,发起反诉讼,以期争取能够从被动转换为主动,促进双方的协商解决。四是寻找合理的抗辩事由。可以通过不侵权抗辩、现有技术抗辩、先用权抗辩、合法来源抗辩、合同抗辩等方式作为对抗措施,无论采取哪种方式,证据的收集和准备都必须做充分。

第三节 专利信息数据库的构建

【知识点】

专利信息数据库的构建。

【知识内容】

知识产权作为依法判定的权利,具有专有性、时间性和地域性,权利状态复杂多样,且从创意产生到权利形成,再到运用和处理,历经较长周期,相比于其他无形资产,具有更多的复杂性和不确定性,对企业的知识产权管理水平提出了较高要求。目前,我国大部分企业采用手工模式管理知识产权,存在管理效率低下、管理方式被动等缺陷。为加强企业知识产权管理水平,方便技术资料留存查阅,构建全生命周期的知识产权的精细化管理模式,提出构建基于专利信息数据库的企业知识产权管理系统的方法[1]。

---

[1] 曹伟宸. 集团企业知识产权管理系统设计与实现[D]. 长沙:湖南大学,2018:1.

对应企业专利生命周期全过程，专利管理系统应包含：创意研发、专利申请、专利维护及运营等模块，具体如图11-1所示。

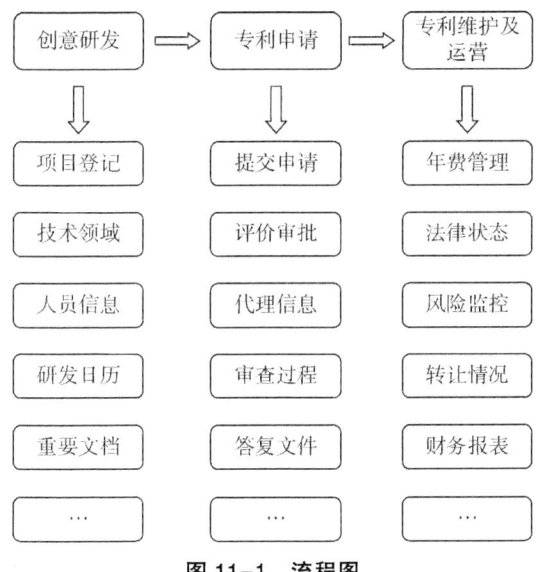

图 11-1　流程图

创意研发模块，提供产品研发记录及报告功能。技术人员可根据项目需要，在系统中进行研发项目登记，记录研发背景、团队人员、技术所属领域及技术重要程度等信息，创建项目研发日历，记录关键时间，对重要文件进行存档。项目负责人可实时监控项目进度并阅览相关文档，根据技术保密情况设置查阅权限，并随着今后技术公开情况变化进行调整。

专利申请模块，提供专利申请评价审批及申请文件记录功能。技术研发完成后，由评审专家对技术是否适合申请专利进行建议，企业领导作出最后判断，所有评判环节均可在系统中进行，过程记录留痕。确定申请专利的，将技术方案划转到待申请专利数据库，所有与专利申请相关的文档，都需上传到系统上，并根据保密要求管理修改及查阅权限。

专利维护及运营模块，提供专利授权后的维护和运营管理，如专利年费管理、专利法律状态管理、专利风险监控记录、运营情况汇总，运营财务报表统计分析管理等。专利申请授权后，登记专利授权信息到系统数据库中。系统提供年费缴纳的临期提醒，保护有效期满的专利，自动转入失效专利权，提供专利定期监控风险记录等功能，对于未按期进行风险监控或监控有异常的专利，给予专利风险预警。对已转化专利情况进行记录，包括转化方式、合作单位、转化有效期限及收益情况。嵌入财务报表管理功能，专门对由专利运营产生的收益进行统计和分析，供企业宏观掌握专利运营情况，为制定企业专利工作战略提供参考。

除上述系统功能模块外，系统还应依据专利数据嵌入查询统计功能。可供用户按时间、技术领域、相关部门、专利状态、运营信息等主要字段进行查询，系统后台进行验证、排序、计算及输出处理，展现符合查询字段要求的专利数量及信息。另外，为保障公司技术信息安全，尤其是未公开的技术方案，需重点关注用户权限的设置和管理。对研发方案审批、技术信息查询、专利状态修改等环节，进行权限控制，对重要数据信息进行加密和备份处理。

第十二章 CHAPTER 12
企业知识产权资产管理

第一节 知识产权会计基本理论

【知识点】

无形资产定义、无形资产特征、知识产权计量、知识产权会计信息披露。

【概念解释】

无形资产,是指企业拥有或者控制的没有实物形态的可辨认非货币性资产。

【知识内容】

一、知识产权与无形资产的关系

(一)无形资产的定义与特征

无形资产,是指企业拥有或者控制的没有实物形态的可辨认非货币性资产。无形资产具有以下特征:

1. 由企业拥有或者控制并能为其带来未来经济利益的资源❶

预计能为企业带来未来经济利益是作为一项资产的本质特征,无形资产也不例外。通常情况下,企业拥有或者控制的无形资产,是指企业拥有该项无形资产的所有权,且该项无形资产未来能够为企业带来经济利益。但是某些情况下并不需要企业拥有其

---

❶ 财政部. 企业会计准则:应用指南 [M]. 北京:中国时代经济出版社,2007.

所有权，如果企业有权获得某项无形资产产生的经济利益，同时又能约束其他人获得这些经济利益，则说明企业控制了该无形资产，或者说控制了该无形资产产生的经济利益，并受法律的保护。比如，企业自行研制的技术通过申请依法取得专利权后，在一定期限内拥有了该专利技术的法定所有权；又比如，企业与其他企业签订合约转让商标权，由于合同的签订，使商标使用权转让方的相关权利受到法律的保护。

2. 无形资产不具有实物形态

无形资产通常表现为某种权利、某项技术或是某种获取超额利润的综合能力。它们不具有实物形态，看不见，摸不着，比如土地使用权、非专利技术等。无形资产为企业带来经济利益的方式与固定资产不同，固定资产是通过实物价值的磨损和转移来为企业带来经济利益，而无形资产很大程度上是通过自身所具有的技术等优势为企业带来未来经济利益，不具有实物形态是无形资产区别于其他资产的特征之一。

需要指出的是，某些无形资产的存在有赖于实物载体。比如，计算机软件需要存储在介质中，但这并不改变无形资产本身不具有实物形态的特性。在确定一项包含无形和有形要素的资产是属于固定资产还是属于无形资产时，需要通过判断来加以确定，通常以哪个元素更重要作为判断的依据。例如，计算机控制的机械工具没有特定计算机软件就不能运行时，则说明该软件是构成相关硬件不可缺少的组成部分，该软件作为固定资产处理；如果计算机软件不是相关硬件不可缺少的组成部分，则该软件应作为无形资产处理。

3. 无形资产具有可辨认性

要作为无形资产进行核算，该资产必须是能够区别于其他资产可单独辨认的，如企业持有的专利权、非专利技术、商标权、土地使用权、特许权等。从可辨认性角度考虑，商誉是与企业整体价值联系在一起的，无形资产的定义要求是可辨认的，以便与商誉清楚地区分开来。企业合并中取得的商誉代表了购买方为从不能单独辨认并独立确认的资产中获得预期未来经济利益而付出的代价。这些未来经济利益可能产生于取得的可辨认资产之间的协同作用，也可能产生于购买者在企业合并中准备支付的但不符合在财务报表上确认条件的资产。从计量上讲，商誉是企业合并成本大于合并中取得的各项可辨认资产、负债公允价值份额的差额，代表的是企业未来现金流量大于每一单项资产产生未来现金流量的合计金额，其存在无法与企业自身区分开来，由于不具有可辨认性，虽然商誉也是没有实物形态的非货币性资产，但不构成无形资产。符合以下条件之一的，则认为其具有可辨认性：

①能够从企业中分离或者划分出来，并能单独用于出售或转让等，而不需要同时处置在同一获利活动中的其他资产，则说明无形资产可以辨认。某些情况下无形资产可能需要与有关的合同一起用于出售、转让等，这种情况也视为可辨认无形资产。

②产生于合同性权利或其他法定权利，无论这些权利是否可以从企业或其他权利

和义务中转移或者分离。如一方通过与另一方签订特许权合同而获得的特许使用权,通过法律程序申请获得的商标权、专利权等。

如果企业有权获得一项无形资产产生的未来经济利益,并能约束其他方获取这些利益,则表明企业控制了该项无形资产。例如,对于会产生经济利益的技术知识,若其受到版权、贸易协议约束(如果允许)等法定权利或雇员保密法定职责的保护,那么说明该企业控制了相关利益。客户关系、人力资源等,由于企业无法控制其带来的未来经济利益,不符合无形资产的定义,不应将其确认为无形资产。内部产生的品牌、报刊名、刊头、客户名单和实质上类似项目的支出不能与整个业务开发成本区分开来。因此,这类项目也不应确认为无形资产。

4. 无形资产属于非货币性资产

非货币性资产,是指企业持有的货币资金和将以固定或可确定的金额收取的资产以外的其他资产。无形资产由于没有发达的交易市场,一般不容易转化为现金,在持有过程中为企业带来未来经济利益的情况不确定,不属于以固定或可确定的金额收取的资产,属于非货币性资产。货币性资产主要有现金、银行存款、应收账款、应收票据和短期有价证券等,它们的共同特点是直接变现为固定的货币数额,或在将来收到一定货币数额的权利。应收账款等资产也没有实物形态,其与无形资产的区别在于无形资产属于非货币性资产,而应收账款等资产则不属于非货币性资产。另外,虽然固定资产也属于非货币性资产,但其为企业带来经济利益的方式与无形资产不同,固定资产是通过实物价值的磨损和转移来为企业带来未来经济利益,而无形资产很大程度上是通过某些权利、技术等优势为企业带来未来经济利益。

(二)知识产权与无形资产的关系

从概念上看,知识产权是法律范畴。它以法律的认可、授权、获得权利证书为标志。它是财产所有人在法律的范围内对财产占有、使用、处分及收益,并排除他人干涉的权利。它着重强调占有性和排他性。无形资产是在经济学、管理学、会计学中广泛使用的概念。它以能够给其所有者(或持有者)带来经济利益为前提,着重强调获利性。[1]

从知识产权和无形资产所包含的内容来看,两者既有重复,也有差别,但后者具有更大的广泛性和现实性。这是因为:凡是作为无形资产的内容并不一定是知识产权的内容,甚至也可能不是知识产权,而只是一种优先权而已。典型例证是"土地使用权""特许权",它只是由于经营垄断而形成的权利。但是凡能成为知识产权的内容均可能成为无形资产,可见无形资产比知识产权的内容更有广泛性。[2]

无形资产中的某些内容,并非知识产权,也非智力成果,然而由于其具备了经营

---

[1] 杨尧忠. 论无形资产与知识产权的实质及其相互关系 [J]. 生产力研究,1997 (5).
[2] 郝小元. 会计中的无形资产与知识产权的关系探析 [J]. 金田,2016.

上的垄断权，诸如土地使用权、特许权、专营权或者以名人作为企业形象代言人的形象权和姓名权等，由于它们是依据他人的既定权利（含所有权或行政权）而存在的，所以这些无形资产只要依据一般的民事法律规范其优先地位就足以保护其产权主体的合法权益。所以，这些无形资产既不可能也不需要作为知识产权予以特别保护。❶

二、知识产权的初始计量

知识产权的会计初始计量按照《企业会计准则第6号——无形资产》的规定执行，在会计上属于无形资产科目。无形资产通常按照实际成本计量，即以取得无形资产并使之达到预定用途而发生的全部支出，作为无形资产的成本。对于不同来源取得的知识产权，其初始成本构成也不尽相同。

（一）外界取得的知识产权的初始计量

1. 外购的知识产权成本

外购的知识产权，其成本包括购买价款、相关税费以及直接归属于使该知识产权达到预定用途所发生的其他支出。其中，直接归属于该项资产达到预定用途所发生的其他支出包括知识产权达到预定用途所发生的专业服务费用、测试其是否能够正常发挥作用的费用等。

下列各项不包括在知识产权的初始成本中：

①为引入新产品进行宣传发生的广告费、管理费用及其他间接费用。

②所购知识产权已经达到预定用途以后发生的费用。例如，在形成预定经济规模之前发生的初始运作损失，以及在其达到预定用途之前发生的其他经营活动的支出，如果该经营活动并非是所购知识产权达到预定用途必不可少的，则有关经营活动的损益应于发生时计入当期损益，而不构成知识产权的成本。

外购的知识产权，应按其取得成本进行初始计量；如果购入的知识产权超过正常信用条件延期支付价款，实质上具有融资性质的，应按所取得知识产权购买价款的现值计量其成本，现值与应付价款之间的差额作为未确认的融资费用，在付款期间内按照实际利率法确认为利息费用。

2. 投资者投入的知识产权成本

投资者投入的知识产权的成本，应当按照投资合同或协议约定的价值确定知识产权的取得成本。如果投资合同或协议约定价值不公允的，应按知识产权的公允价值作为无形资产初始成本入账。

3. 通过非货币性资产交换取得的无形资产成本

企业通过非货币性资产交换取得的知识产权，包括以投资、存货、固定资产或其

---

❶ 李保伟. 浅议知识产权与无形资产［J］. 事业财会, 2003（4）: 26-28.

他无形资产换入的知识产权等。非货币性资产交换具有商业实质且公允价值能够可靠计量的，在发生补价的情况下，支付补价方应当以换出资产的公允价值加上支付的补价（即换入知识产权的公允价值）和应支付的相关税费，作为换入无形资产的成本；收到补价方，应当以换入知识产权的公允价值（或换出资产的公允价值减去补价）和应支付的相关税费，作为换入知识产权的成本。

4. 通过债务重组取得的知识产权成本

通过债务重组取得的知识产权，是指企业作为债权人取得的债务人用于偿还债务的非现金资产，且企业作为无形资产管理的资产。通过债务重组取得的知识产权成本，应当以其公允价值入账。

5. 通过政府补助取得的知识产权成本

通过政府补助取得的知识产权成本，应当按照公允价值计量；公允价值不能可靠取得的，按照名义金额计量。

(二) 内部研究开发支出的知识产权的初始计量

首先，为评价内部产生的知识产权是否满足确认标准，企业应当将知识产权的形成过程分为研究阶段与开发阶段两部分；其次，对于开发过程中发生的费用，在最终形成知识产权的情况下，即符合资本化的条件下，可以确认为一项无形资产。

1. 研究阶段和开发阶段的划分

(1) 研究阶段。研究阶段是指为获取新的技术和知识等进行的有计划的调研，其特点有两个方面。①计划性。研究阶段是建立在有计划的调研基础上，即研发项目已经过相关管理层的批准，并着手收集相关资料、进行市场调查。②探索性。研究阶段基本是探索性的，为进一步的开发活动进行资料及相关方面的准备，在这一阶段不会形成阶段性成果。

从研究活动的特点看，其研究是否能在未来形成成果，即通过开发后是否会形成知识产权均具有很大的不确定性，企业也无法证明其能够形成知识产权，因此予以费用化计入当期损益。

(2) 开发阶段。开发阶段是指在进行商业性生产或使用前，将研究成果或其他知识应用于某项计划或设计，以生产出新的或具有实质性改进的材料、装置、产品等。开发阶段的特点也有两个。①具有针对性。开发阶段是建立在研究阶段基础上，因而对项目的开发具有针对性。②形成成果的可能性较大。进入开发阶段的项目往往形成成果的可能性较大。

由于开发阶段相对于研究阶段更进一步，相对于研究阶段来讲，进入开发阶段，形成一项新技术的基本条件很大程度上已经具备，此时如果企业能够证明满足知识产权相关确认条件，所发生的开发支出可资本化，确认为知识产权的成本。

2. 内部开发的知识产权的计量

内部研发活动形成的知识产权成本，由可直接归属于该资产的创造、生产并使该资产能够以管理层预定的方式运作的所有必要支出组成。可直接归属成本包括：开发该知识产权资产时耗费的材料、劳务成本、注册费，在开发该知识产权资产过程中使用的其他专利权的摊销，以及可资本化的利息支出。在开发知识产权资产过程中发生的除上述可直接归属于知识产权开发活动的其他销售费用、管理费用等间接费用，知识产权达到预定用途前发生的可辨认的无效和初始运作损失，为运行该知识产权产生的培训支出等不构成知识产权的开发成本。

值得说明的是，内部开发无形资产的成本仅包括在满足资本化条件的时点至形成知识产权成果前发生的支出总和，对于同一项知识产权资产在开发过程中达到资本化之前已经费用化计入当期损益的支出不再进行调整。

三、知识产权相关会计信息披露

对于满足《企业会计准则第6号——无形资产》确认条件而确认为无形资产的知识产权按上述内容进行会计计量，而对于不满足《企业会计准则第6号——无形资产》确认条件而未确认为无形资产的知识产权（以下简称"未作为无形资产确认的知识产权"）的相关会计信息披露按照财政部联合国家知识产权局于2018年印发的《知识产权相关会计信息披露规定》执行。具体内容如下：

企业应当根据下列要求，在会计报表附注中对知识产权相关会计信息进行披露：

（1）企业应当按照类别对确认为无形资产的知识产权（以下简称"无形资产"）相关会计信息进行披露，具体披露格式如表12-1所示。

表 12-1 无形资产信息披露格式（模板）

项 目	专利权	商标权	著作权	其他	合计
一、账面原值					
1. 期初余额					
2. 本期增加金额					
购置					
内部研发					
企业合并增加					
其他增加					
3. 本期减少金额					
处置					
失效且终止确认的部分					

续表

项　　目	专利权	商标权	著作权	其他	合计
其他					
二、累计摊销					
1. 期初余额					
2. 本期增加金额					
计提					
3. 本期减少金额					
处置					
失效且终止确认的部分					
其他					
4. 期末余额					
三、减值准备					
1. 期初余额					
2. 本期增加金额					
3. 本期减少金额					
4. 期末余额					
四、账面价值					
1. 期末账面价值					
2. 期初账面价值					

为给财务报表使用者提供更相关的信息，企业可以根据自身情况将无形资产的类别进行合并或者拆分。

（2）对于使用寿命有限的无形资产，企业应当披露其使用寿命的估计情况及摊销方法；对于使用寿命不确定的无形资产，企业应当披露其账面价值及使用寿命不确定的判断依据。

（3）企业应当按照《企业会计准则第28号——会计政策、会计估计变更和差错更正》的规定，披露对无形资产的摊销期、摊销方法或残值的变更内容、原因以及对当期和未来期间的影响数。

（4）企业应当单独披露对企业财务报表具有重要影响的单项无形资产的内容、账面价值和剩余摊销期限。

（5）企业应当披露所有权或使用权受到限制的无形资产账面价值、当期摊销额等情况。

（6）企业可以根据实际情况，自愿披露下列知识产权（含未作为无形资产确认的知识产权）相关信息：

1）知识产权的应用情况，包括知识产权的产品应用、作价出资、转让许可等情况。

2）重大交易事项中涉及的知识产权对该交易事项的影响及风险分析，重大交易事项包括但不限于企业的经营活动、投融资活动、质押融资、关联方及关联交易、承诺事项、或有事项、债务重组、资产置换、专利交叉许可等。

3）处于申请状态的知识产权的开始资本化时间、申请状态等信息。

4）知识产权权利失效的（包括失效后不继续确认的知识产权和继续确认的知识产权），披露其失效事由、账面原值及累计摊销、失效部分的会计处理，以及知识产权失效对企业的影响及风险分析。

5）企业认为有必要披露的其他知识产权相关信息。

知识产权资产信息披露对股价有提升作用，在同时考虑研发投入的情况下，依然能够向市场传递价值增量信息。[1] 选择执行自愿披露要求的企业，要做好知识产权应用的统计、知识产权对重大交易的影响分析等基础数据工作，这将促进企业加强对知识产权的管理和应用。

第二节　知识产权的估值

【知识点】

知识产权评估概念、评估特征、评估程序、评估方法。

【概念解释】

知识产权评估是对评估基准日特定目的下的知识产权价值进行评定和估算，并出具资产评估报告的专业服务行为。

【知识内容】

一、知识产权的评估概述

（一）知识产权评估的概念

知识产权评估是对评估基准日特定目的下的知识产权价值进行评定和估算，并出

---

[1] 杨文君，陆正飞. 知识产权资产、研发投入与市场反应［J］. 会计与经济研究，2018（1）.

具资产评估报告的专业服务行为。知识产权评估具体需关注以下两个要点❶。

1. 知识产权评估必须基于知识产权的具体属性

知识产权具有物理属性、功能属性、经济属性等多种属性，角度不同、处理方法不同、评价侧重点不同而显现出一定的差异性。资产评估中主要考虑的是知识产权的经济属性，尤其是众多经济属性中的价值属性。在实际评估时，知识产权的价值有多种表现形式，需要评估专业人员根据实际情况运用专业判断来确定。

2. 确定知识产权的价值量必须基于特定时间点

资产评估是在特定评估基准日的条件下对某项资产进行评估。若存在不同的时间节点，则知识产权的价值不同，也没有比较基准可言。在考量知识产权的经济属性时，如果没有将价值量和时间点相联系，则是没有意义的。另外，对于资产评估报告使用者来说，不确定的时间节点无法评估出某项资产的价值量，更无法结合评估目的解读评估结果，此类评估报告不仅不具有使用价值，还会影响评估报告使用者制定下一步决策。

(二) 知识产权评估的特征

知识产权评估与有形资产评估存在市场性、公正性、专业性、咨询性等共性，但知识产权的自身属性决定了知识产权评估独有的特征。

1. 复杂性

从知识产权的属性来看，虽然种类众多，但是知识产权之间可比性差，通常以单项资产评估为主，即需要结合每项知识产权的特征确定其最终价值。从知识产权的评估方法来看，知识产权大多采用收益法进行评估。收益法评估涉及多种参数的确定，每一个参数的微小偏差都可能导致最终结果出现巨大差异。尤其是在预测知识产权未来预期收益时，其获得收益的持续时间、收益额和折现率都存在大量不确定因素，因此在进行评估工作时要做大量精细复杂的研究才能够保证最终结果的准确度。除此之外，知识产权发挥作用与否与宏观经济环境有着较为密切的联系。但对于宏观经济环境的研究和把握需要考量多种相关因素，进行全面、系统的分析和测算，并且需要大量数据和资料作为支撑，计算工作量大，耗费时间长。

2. 动态性和预测性

由于市场更新换代较快，知识产权所能够带来的超额收益也在不断变化之中。除宏观经济环境以外，政策因素也有可能对该项知识产权的收益时间和收益额造成影响。在这种情况下，利用收益法进行知识产权评估，需要合理预测知识产权的未来预期收益时间和收益额等，并根据宏观政策环境调整知识产权的属性参数，所以知识产权评

---

❶ 中国资产评估协会. 中国资产评估准则 [M]. 北京：经济科学出版社，2005.

估具有明显的预测性和动态性。

3. 需要结合知识产权的载体和作用空间进行评估

知识产权对于企业来说其作用是巨大的，尤其是对于轻资产类高新技术企业，知识产权能为其拥有者带来经济利益。知识产权若要发挥作用，必须依附于有形资产或者相关载体。而且知识产权作用的大小与其依附的有形资产及相关载体的质量、规模等都有着密切的联系，知识产权价值与其附着载体以及知识产权发挥作用的空间具有较强的对应性。例如，专利权或非专利技术作用的发挥需要借助于专用设备、特殊的工艺和特定的企业，而这些载体的数量、质量、工艺、先进水平都会影响专利权及非专利技术作用的发挥和价值的实现。不仅如此，载体的软实力，如工艺流程的水平和合理性、运用技术的企业生产经营规模、管理水平和市场营销能力等都会对知识产权价值产生一定影响。因此，在评估知识产权时需要结合载体和作用空间综合分析其作用及价值大小。

4. 需要结合法律保护状况进行评估

知识产权都是受专门法律保护的，其权利的存在与维持都需要法律作为支撑和保护。以专利权为例，根据其权利状态与法律保护之间的关系可以分为专利权、申请专利和申请中的专利，分别对应专利权的不同进程。其中，专利权是指已经获得政府相关主管部门的认可和授权的专利，其权益受国家法律保护。申请专利是指已经通过政府相关主管部门的实质性审查，但尚未获得政府相关主管部门正式授权的专利。申请专利的权益还存在着一定的不确定性，这种不确定性会直接影响其价值和评估值。申请中的专利指专利持有者已经向政府相关主管部门申报了自己的专利，而且已经被政府相关部门受理，正处于审核阶段的专利。申请中的专利受法律保护的程度最低，其权益也最不易确定。从资产评估的角度，上述三种不同法律状态下的专利都可以作为评估对象，但其对应的价值却存在非常大的差异，在评估过程中需考虑其权益的确定程度、受法律保护的程度，综合确定知识产权价值。

5. 广泛应用收益法

从知识产权的特征来看，每一项知识产权都是独特的，所以无法简单复制或者批量生产。鉴于此，评估时将不同知识产权进行类比的要求和难度同时加大，导致市场法评估受到较大限制。与此同时，由于知识产权的成本与其价值之间存在弱对应性，在评估知识产权时，成本法的适用性也大幅降低。而对于收益法来说，其估算原理与知识产权的特征相吻合。具有获利能力是知识产权发挥价值的根本原因，收益法能够合适地度量知识产权所贡献的经济收益。因此，收益法成为评估知识产权最为重要的技术方法，也是使用频率最高的技术方法。

(三) 知识产权评估的要素

资产评估的基本要素通常包括评估主体、评估对象和范围、评估目的、评估程序、评估方法、评估基准日、价值类型及评估假设等。对于知识产权评估，其在评估目的、评估对象和范围、评估假设等要素方面也表现出一定的特殊性。

1. 评估目的

评估目的是知识产权评估过程中的关键评估要素。评估目的既可以规范知识产权评估报告的使用，将评估值控制在客观合理的范围内，避免知识产权评估报告被误用，又能够直接决定和制约知识产权评估的价值类型与评估方法的选择，还会对知识产权评估其他后续流程产生关键性影响。随着知识产权被广泛重视和利用，知识产权出资、交易、质押等经济活动日益活跃，知识产权评估的目的也具有多种情形。

（1）出资。知识产权出资即出资人根据《公司法》规定将知识产权作为非货币性资产出资设立一家公司或向一家公司增资。在实务中可以作为出资的知识产权主要有专利资产、专有技术资产、商标资产、著作权资产等。

（2）交易。以交易为目的的知识产权评估主要表现为单项知识产权或知识产权组合的所有权或使用权转让。其中，知识产权的使用权转让还可进一步细分为独占使用权、排他使用权、普通使用权等不同类型的使用权转让。

（3）质押。企业在利用知识产权质押向金融机构贷款时需要对知识产权价值进行评估。可用来质押的知识产权种类具体包括可以转让的商标权、专利权、著作权等知识产权。一般情况下，以质押为目的的知识产权评估选用市场价值作为价值类型，同时结合质押率进行知识产权价值确定。

（4）法律诉讼。以法律诉讼为目的而涉及知识产权评估的情形主要包括以下几种：一是因知识产权侵权损害而导致的知识产权纠纷，此种情形在以法律诉讼为目的的知识产权评估中最为常见；二是因悔约导致的知识产权损失纠纷；三是因知识产权买卖交易等引起的仲裁；四是因公司、合伙关系解散或者股东不满管理层的经营、决策等而涉及的知识产权纠纷等。

（5）财务报告。以财务报告为目的的知识产权评估主要涉及商誉减值测试、可辨认知识产权减值测试等业务情形。以财务报告为目的的知识产权评估已成为企业资产管理的重要环节。对此，中国资产评估协会专门出台了《以财务报告为目的的评估指南》（中评协〔2017〕45号），对以财务报告为目的的评估进行指导和规范。

（6）税收。以税收为目的的知识产权评估主要适用于企业重组涉税、内部知识产权转移等情形。根据税法规定或合理避税需要，以税收为目的的知识产权评估能够为企业提供知识产权公允价值的合法证据。

（7）保险。以保险为目的的知识产权评估主要包括两种情形：一是在投保前，对被保险知识产权的价值进行评估，可以为投保人确定投保额；二是一旦发生损失，通过评估被毁损知识产权的价值，可以确定赔偿额，为保险机构提供依据。

（8）管理。以管理为目的的知识产权评估主要服务于政府部门和企业主体。前者体现为政府部门基于行政事业单位资产管理、国有资产保值增值等需要所产生的知识产权评估需求；后者体现为企业基于资产经营管理、实现价值提升等需要所产生的知识产权评估需求。

（9）租赁。租赁根据具体目的可分为融资租赁和经营租赁两种类型。以融资租赁为目的的知识产权评估主要有两种情形：一种是在承租期满后，知识产权所有者将知识产权所有权转给承租方；另一种是在租赁期满后，知识产权出租方将知识产权收回。以经营租赁为目的的知识产权评估，主要是为出租方将知识产权使用权租赁给承租方时提供价值参考。在评估实务中，评估专业人员须区分具体租赁形式，并根据具体形式判断知识产权状态和选择合适的评估方法。

2. 评估对象和范围

（1）评估对象的确认。

1）确认知识产权的存在。首先应验证知识产权来源是否合理，产权是否明确，关注其经济行为是否合法、有效。具体可以从以下几个方面入手：

①查询被评估资产的内容、国家有关规定、专业人员评价情况、法律文书（如专利证书、商标注册证、著作权登记证书等），核实有关资产的真实性、可靠性和权威性。

②分析知识产权的使用要求及与之相适应的特定技术条件和经济条件，鉴定其应用能力。

③核查知识产权的归属是否为委托者所拥有或为他人所有。

④分析评估委托的资产是否形成了知识产权。当商标没有被使用时，即并没有在消费者之间产生影响力时，不可认定为知识产权。

2）确认知识产权的种类。在确认知识产权的真实存在性之后，应对其种类、具体名称、存在形式加以明确。有些知识产权由若干项知识产权组合而成，应通过合并或分离的形式进行资产确认，避免重复评估和遗漏评估。

3）确认知识产权的有效期限。知识产权存在时效性，只在有效期限内发挥价值。对于专利权来说，一旦超过法律保护年限，就不能再确认为知识产权。若存在未缴专利年费的情况，等同于专利被撤回，同样不能确认为知识产权。一般来说，有效期限对知识产权的价值也会产生一定影响，对于一部分商标，随着商标的有效期限延长，其知名度增加，价值也随之提高。

（2）评估范围。在进行知识产权评估时，需明确知识产权的评估范围，即关于被评估知识产权对象的具体内容，它不仅包含知识产权具体名称的内涵和外延，也包括被评估知识产权的具体数量。根据知识产权的类型可以分为单项知识产权的评估范围、可辨认组合类知识产权的评估范围和其他组合类知识产权的评估范围。

1）单项知识产权的评估范围。单项知识产权主要指单项可辨认知识产权，其评估范围包括该知识产权权属的不同种类、同种权属的不同限制条件下的权利以及该知识产权使用所受到的具体限制等内容。

2）可辨认组合类知识产权的评估范围。可辨认组合类知识产权的评估范围除了含有与单项知识产权评估一致的评估范围之外，还需要考虑其包含的单项知识产权的种类和数量。

3. 评估假设

知识产权总是处于不断变化之中，其最终估算价值会因经营环境和评估条件而改变，因而通常需要建立一系列评估假设作为评估结果合理的前提条件。目前与知识产权相关的常见的评估假设主要包括持续使用假设、公开市场假设和清算假设等。

（1）持续使用假设。持续使用假设是对知识产权使用状态的一种假定性描述，是假设知识产权能够为企业持续经营所使用，并且它能够对企业其他资产做出贡献。在做出这一假设时，需考虑知识产权是否尚有显著的剩余使用寿命。

（2）公开市场假设。公开市场假设是假设知识产权可以在公开的市场上出售，买卖双方地位平等，并且有足够的时间收集信息。只有在公开市场假设的前提下，运用市场法等方法进行评估才能具有有效的参考依据，才能对知识产权的市场价值进行合理的评估。

（3）清算假设。当企业面临被迫出售时，单项知识产权不是作为持续经营企业的一部分出售，而是分开出售。清算假设是假设知识产权须被快速变现。通常，在破产企业或单项资产出售价值大于企业整体出售价值的情况下，知识产权评估应采用清算假设。

二、知识产权的评估程序

知识产权评估程序与其他资产评估程序就工作环节而言基本相同，重点为知识产权评估信息收集和知识产权评估方法选择。

（一）知识产权评估信息收集

知识产权评估过程就是对与知识产权价值相关的数据资料进行收集、归纳、整理和分析的过程。不论采用什么样的技术途径和方法，都要有充分的数据资料支持。因此，从什么渠道收集数据资料、对收集来的数据资料如何分类整理、怎样归纳与分析，都将决定知识产权评估的质量，影响评估结果的合理性和可用性。

按照信息来源渠道不同，可分为内部和外部两大类信息。内部信息主要是指委托人或其他相关当事人提供的涉及评估对象和评估范围等的信息资料。外部信息主要是指从政府部门、各类专业机构及市场等渠道获取的信息资料。

1. 知识产权相关的内部信息

（1）与知识产权权利相关的法律权属资料。

评估专业人员在执行知识产权评估业务时，应当要求委托人和相关当事方提供知识产权的所有权或者其他财产权利的法律权属资料，并对法律权属资料及其来源予以必要的查验。

知识产权权利的法律文件或者其他证明资料是确定知识产权存在以及以何种方式存在的主要依据，也是评估知识产权价值的重要出发点。在评估时，评估专业人员应当采取必要措施检查、复核相关法律文件或其他证明资料，并在评估过程中充分考虑这些文件所载明的具体知识产权权利对价值的影响。对有关知识产权权利的法律文件或其他证明资料不仅要核实，同时也要收集作为工作底稿保存。在核实有关知识产权权利的法律文件或其他证明资料时，还应注意掌握其真实性和可靠性程度。

不同的知识产权有不同的权利法律文件或其他证明资料。如专利资产的权利法律文件是专利主管部门颁发的专利证书、专利说明书、权利要求书等；商标资产的权利法律文件是商标主管部门颁发的注册商标证书、商标图案等。知识产权的性质决定了它不同于有形资产，除所有权外，知识产权的用益权——许可使用权也可以不受物理限制为多人使用，因此同一知识产权会有不同权利的法律文件或者相当于法律文件的其他证明资料，如专利资产的所有者权利的法律文件是专利证书、权利要求书；专利资产的许可使用权的法律文件是专利许可合同等。评估专业人员应当收集并查验获取的权属资料，验证权属资料的真实性和可靠性，方能恰当判断知识产权评估对象是完全权利的所有权，还是限制权利的所有权或者许可使用权，并从相关权属证明及契约、合同中正确把握评估对象的权利状况、有效期限、交易条件等信息。在评估过程中，评估专业人员要充分考虑这些文件所载明的具体知识产权权利对价值的影响，避免高估或者低估知识产权的价值。

（2）能够体现知识产权带来的显著、持续的可辨识经济利益的相关资料。

评估专业人员执行知识产权评估业务时，应关注并收集反映知识产权获利能力的相关资料。比如反映专利资产的实施及获得利益情况的资料，体现专有技术应用及产生效益的资料，商标资产与相同产品的竞争优势资料等。评估专业人员执行知识产权评估业务，应当辨别申报的智力成果是否能带来显著、持续的可辨识经济利益，是否符合"资产"的经济学含义，从评估对象中剔除无经济利益的智力成果，以恰当地确定被评估对象的范围，避免陷入"无形"的陷阱。

（3）反映知识产权性质和特征、目前情况和历史发展状况的相关资料。

评估专业人员在执行知识产权评估业务时，应当收集知识产权的性质和特征、目前情况和历史发展状况的相关资料。

知识产权的性质是知识产权本质特征的表现，通过对知识产权性质的了解和掌握，有利于把握其本质，并可对其进行科学的分类和价值构成要素的分析。不同类型的知识产权，其性质和特征千变万化，在企业经营活动中发挥作用的角度也不同。专利资产、专有技术从发明新产品、技术创新方面对企业的经营活动发挥作用，以全面提升企业技术实力和产品竞争力。商标资产从企业形象、产品知名度方面对企业的经营活动发挥作用，以扩大企业产品市场占有率和潜在购买力。销售网络与客户关系从企业市场营销、物流管理方面对企业的经营活动发挥作用，以节约企业采购和销售环节的资金及时间成本。评估专业人员执行知识产权评估业务，应当关注所评估知识产权属于哪一类，具有什么样的特征。只有把握各种知识产权的性质和特征，才能抓住重点并采取针对性的评估程序和方法，客观、有效率地完成评估工作。

知识产权历史发展状况是指知识产权的形成、发展、管理过程，如专利的开发或者申请过程、商标的申请注册过程等。知识产权的目前状况反映其管理现状，如使用情况、维护情况、法律保护情况等。评估专业人员执行知识产权评估业务，要收集知识产权目前和历史发展状况的信息，对其形成过程、成熟程度、发展状况和开发支出等情况进行分析，以合理测算研制开发知识产权的成本、利润和相关税费，对比分析知识产权预期收益、收益期限、成本费用、配套资产、现金流量、风险因素，从而正确评估其价值。

(4) 反映知识产权的剩余经济寿命和法定寿命、保护措施的相关资料。

评估专业人员在执行知识产权评估业务时，应当关注并收集知识产权的收益年限相关资料。作为智力成果的知识产权的价值在于权利人拥有的特殊权利能带来比他人更多的经济利益。为了鼓励开拓创新、促进科技进步、加快经济发展，《中华人民共和国专利法》《中华人民共和国商标法》《中华人民共和国著作权法》等法律对智力成果的申请、实施、保护期限均做出规范，对智力成果的权益进行法律保护，保障权利人在合法的地域、范围、时间期限内独享权益以促进智力成果转化应用。这些法律对专利权、注册商标、著作权等授予的保护期限即是此类智力成果的法定寿命。

知识形态的智力成果，其研制、开发主要是通过管理人员和科研人员的脑力劳动来完成的，这种智力成果开发成功获得法律赋予的权利，并不意味着智力成果已经形成生产力，还需进行产业化应用，例如专利资产的产业化试验等。智力成果产业化的时间周期有时可能相当长，并存在开发失败的风险。因此开发成功并能够带来经济利益的知识产权，其能够获得独享收益的期间常低于法律保护期限。

因知识产权具有无形性，所以无法采取有形资产的保全模式，知识产权的泄露和侵权使用较有形资产更不易为人所知，因此知识产权一旦发生侵权行为，侵权判断及损失认定比较困难。知识产权权利人为了杜绝侵权，常常会采取各种主动保护措施对知识产权进行保护，有效地延长知识产权的获利期限。如专利权人在专利申请过程中，对专利涉及的技术中最核心部分不予申报，将其作为专有技术进行保护，避免因专利公开产生的技术泄密，增加侵权行为的技术门槛；在商标注册中对相类似或者近似的文字、图形、标识同时注册登记，以扩大覆盖保护范围。

知识产权权利人利用法律保护能够独享专属、领先的收益，这种垄断性的技术领先产生的收益通常会超过所属行业平均收益水平。为了追求专属、领先产品带来的高收益，行业内更多的企业将会增加技术、人力、资本投入，或取得许可授权或独立开发相同功能的产品。充分竞争的结果必然是替代产品的出现和技术进步，知识产权保护期满，该知识产权成为公知智力成果，原知识产权专属、领先收益或者不再独享，或者利润不再领先，知识产权收益随之接近于行业平均水平。知识产权的独享收益从开始实施获取专属、领先利润到行业平均收益率水平的时间阶段，即是该知识产权的经济寿命。评估专业人员在采用收益法执行知识产权评估业务时，应当了解知识产权的法定寿命及相关保密措施，根据知识产权相关行业、技术发展情况估计知识产权剩余经济寿命，恰当选择知识产权的收益期限。

知识产权的寿命可能是受合同或自身生命周期限制的有限的一段时间。使用寿命的确定需考虑法律规定、技术、功能和经济因素。例如，一项药物专利资产可能在其专利有效期内有五年的法律寿命，但竞争对手的更高效药物预期在三年内进入市场并可完全替代该药物。这可能会导致评估该药品专利资产的剩余年限只有三年，在法律寿命和经济寿命之间应选取较低的一个。

（5）知识产权实施的地域范围、领域范围、获利方式，所受到国家法律、法规或者其他限制的相关资料。

评估专业人员在执行知识产权评估业务时，应当关注并收集知识产权实施范围相关的信息。知识产权是受到法律保护的，虽然知识产权的实施不受地域限制，但法律的效力是有地域限制的。《专利法》《商标法》《著作权法》等法律对智力成果的保护仅限于其主权所辖的地域及相关国际公约所规定的范围。若一项专利需在更大的范围内获得独享权益，需向更多国家分别申请并获得审核通过方可。不同知识产权，其实施领域范围也有所不同，如有些专利只能在所属行业很小的产品范围内实施，有的专利能够在很大的产品范围甚至跨行业实施，如商标权利人是大型综合性企业集团，同一商标可能使用在权利人所拥有的众多不同行业的产品中。知识产权使用的地域范围、领域范围不同，其获利能力与获利方式也不同。使用范围、领域范围决定了知识产权的获利范围，对其价值有着重要影响。评估专业人员在进行知识产权评估时，要对有关知识产权的应用范围和收益情况的信息进行收集分析，不仅要把握知识产权的现时应用范围，也应当了解知识产权可能的应用地域和领域，在此基础上分析知识产权的潜在获利能力，方能正确测算其价值。

（6）知识产权交易、质押、出资情况、类似知识产权的市场价格信息的相关资料。

评估专业人员在执行知识产权评估业务时，要了解并收集其过去的交易、质押、出资情况以及类似知识产权的市场价格信息的相关资料，并结合本次评估的有关情况加以考虑和分析。

对同一项知识产权，在不同时期可能存在多次交易的情形，也可能存在质押、出资情况。此外，同一知识产权在未经许可与排他许可使用或者多家许可使用情形下，其所有权的经济价值是不同的。同一知识产权在排他许可使用或者多家许可使用情形下，其许可使用权的经济价值也不同。因此，了解知识产权以往的交易情况对于其本次评估是很有必要的,一方面可以进一步了解该知识产权的历史状况和有关资料;另一方面可以进行分析,为本次评估积累有用的资料,提高评估结果的可靠性。如采用市场法评估知识产权许可使用权时,收集知识产权以往的交易情况,可帮助了解知识产权的可交易性、实施范围、交易条件、目前权利状况的限制,并且历史交易信息就是最好的参考交易案例。

2. 知识产权相关的外部信息

在知识产权分析中,除依据委托人或被评估企业提供的内部信息外,还需要获得外部信息对内部分析预测资料进行独立验证。同时,外部信息在帮助评估专业人员进行知识产权收益预测、经济寿命期限确定、未来风险判断等方面都具有重要参考价值。

(1) 外部信息的类型。

1) 宏观经济资料。知识产权需要通过企业实施,企业的运营受国民经济宏观环境影响。国家出台的财政、货币、税收、产业政策等宏观调控措施,不仅会影响到知识产权所形成产品的市场供求关系,也会影响到实施企业的经营成本,所以宏观经济环境直接和间接地影响着知识产权价值的实现。宏观经济和行业前景的好坏,通过对实施知识产权企业的经营前景的影响,对该知识产权的价值产生重大影响。

可能影响知识产权价值的宏观经济前景主要有国家产业政策、国家宏观调控手段和有关的经济体制改革等方面。评估专业人员执行知识产权评估业务时,应当在评估基准日宏观经济环境的基础上,收集宏观经济信息资料并进行分析,以合理判断未来预测期间宏观经济环境可能的变化,得出宏观经济环境基本评估假设,特别是在运用收益法评估时应考虑宏观经济环境对知识产权未来盈利预测及折现率的影响。

2) 知识产权实施应用的行业状况及发展前景资料。知识产权实施应用涉及的行业在国民经济中的地位、行业发展水平、技术发展水平及未来发展前景,决定了该行业在国民经济生活中的重要性及竞争力、抗风险能力、成长性、经济周期波动性。实施知识产权的企业作为行业的一员,不可避免地受行业发展状况的影响。所属行业景气,则知识产权的实施前景向好;所属行业经济前景不乐观,则行业竞争加剧,知识产权的实施前景不乐观或者经济价值大幅降低。评估专业人员执行知识产权评估业务时,应当收集行业相关资料并进行分析,对评估基准日行业状况及未来发展前景做出合理假设,特别是在运用收益法评估时,应考虑行业状况及发展前景对知识产权未来盈利预测、收益期间及折现率的影响。

3) 知识产权所属领域(技术、艺术)发展水平、市场交易、替代知识产权、竞争对手相关资料。国家对行业的产业政策会影响知识产权实施企业的未来发展前景,行业发展及竞争带来的技术更新及产品升级换代也会影响知识产权产品寿命周期,企业的自身经营条件决定了实施知识产权的生产规模、装备水平、市场地位、收益水平。评估专业人员执行知识产权评估业务时,应当关注行业(产业)政策、经营条件、生产能力、市场状况、产品生命周期等因素变化对知识产权效能的制约,收集相关资料并分析上述因素对知识产权产品的销售数量、销售收入、销售价格、销售成本、期间费用的影响程度，把握盈利预测期间的未来发展趋势，合理判断其对知识产权价值的影响。

4）知识产权相关外部监管、法律法规资料。知识产权的权利受到法律保护，但是并不意味其权利可以被滥用，法律同时也对知识产权权利进行了制约，如不允许利用专利权阻碍科技进步、不允许在贸易中利用专利实施垄断等行为，对于关乎国防的重大专利在一定条件下国家可进行强制许可。知识产权的实施应当借助于其他资产，实施知识产权的企业要满足所在地法律、税收、原材料供应、交通、环保等要求。评估专业人员执行知识产权评估业务时，应当了解知识产权实施过程中所受到的国家法律、法规或者其他资产限制的具体情形，收集并分析相关资料，把握实施条件限制对知识产权价值的影响。

（2）外部信息的获取途径。外部信息获取的渠道多种多样，评估专业人员要注意对相关信息渠道的积累。一般来说，这些外部资料来源主要包括以下渠道。

1）学术及法律出版物。已经出版的知识产权评估和经济分析的文章可以通过图书馆、中国知网检索查询。

2）行业出版物或相关网站。随着信息化的发展，相关网站成为知识产权信息外部获取的重要渠道。这些网站对外部信息查询可提供一定帮助。

3）新闻来源。关于知识产权交易的相关新闻报道，可以作为分析的信息来源，但要注意新闻的时效性、可靠性以及交易细节的信息收集。

4）法庭案例。目前国内专门设立了知识产权法庭，国外相关司法判例也有很多，相关审判案例可以作为知识产权侵权诉讼赔偿评估的参考。

5）政府监管部门。相关政府部门信息公开越来越充分，这些渠道获得的信息可靠性、权威性更高，因此应该作为重要的外部信息获取渠道。比如，国家版权局主要涉及著作权、国家知识产权局涉及专利、商标等类别的知识产权管理、登记、查询和处罚等职能，可以通过这些政府部门获得评估所需要的相关信息。

6）专业数据提供商。目前国内外已经有很多的专业数据提供商能够提供经济、技术等多方面的数据，充分利用专业数据也是知识产权评估分析的重要渠道。

需要注意的是，不同渠道的数据来源可靠性存在差异。来源于政府部门网站、法庭、专业数据提供商的信息可靠性会更高。

（二）知识产权评估方法选择

1. 知识产权评估的基本方法

知识产权与其他资产一样，都可以用三种基本方法进行评估，即收益法、市场法和成本法。应根据评估知识产权的具体类型、特征、评估目的、评估前提条件、评估原则及外部市场环境等具体情况，选用合适的评估方法。

（1）收益法。采用收益法时，要注意合理分析获利能力及预期收益，分析与之有关的预期变动、收益期限，以及与收益有关的资金规模、配套资产、现金流量、风险因素和货币时间价值。注意被评估知识产权收益额的计算口径与折现率口径保持一致，不要将其他资产带来的收益误算到被评估知识产权收益中；要充分考虑法律法规、宏观经济环境、技术进步、行业发展变化、企业经营管理、产品更新和替代等因素对知识产权收益期、收益额和折现率的影响，当与实际情况明显不符时，要分析产生差异的原因。

（2）市场法。采用市场法评估知识产权，特别要注意被评估知识产权必须具备适合运用市场法的前提条件，确定具有合理比较基础的类似知识产权交易参照对象，收集类似知识产权交易的市场信息和被评估知识产权以往的交易信息。当与类似知识产权具有可比性时，根据宏观经济、行业和知识产权变化情况，考虑交易条件、时间因素、交易地点和影响价值的其他各种因素的差异，调整确定评估值。

（3）成本法。采用成本法进行评估时，要注意根据现行条件下重新形成或取得该项知识产权所需的全部费用（含资金成本和合理利润）确定评估值，在评估中要注意扣除实际存在的功能性贬值和经济性贬值。

2. 评估方法选择需要综合分析三种基本方法的适用性

对于一项知识产权评估，原则上需要综合分析三种基本方法的适用性，恰当选择一种或者多种方法。

一般情况下，具有以下特性的知识产权可以采用成本法评估：一是具有可替代性，即其功能作用易于被其他知识产权替代；二是重置该知识产权在技术上可行，重置其所需的物化劳动易于计量，也就是重置该知识产权的成本易于计量；三是重置该知识产权在法律上可行，也就是法律上没有对重新研发该知识产权或者其替代物进行限制。通常，成本法比较适合评估第三方购买、内部开发和使用的计算机软件著作权资产。此外，由于自创的知识产权往往不能将其全部的研发费用计入账面价值中，因此在实务中就会出现一种需求，这种需求是委托人希望知道，如果目前重新研发这项知识产权需要多少人力、物力的投入。这种情况也会使成本法在知识产权评估中被选用。

收益法一般适合评估技术、顾客关系、商标、特许经营权等类知识产权。通常，这些知识产权不具有替代性或者替代性很弱，主要是因为这些知识产权或者是一些特定主体的创造性劳动的结晶，不是可以随意获取的，如专利、专有技术和著作权等；或者是由经营者经过长时间积累出来的，如老字号商标、商誉等，不可以在短时间内重新积累；或者是由特定权力许可的，其他人员不具有该许可的权利，如特许经营权。这些知识产权或者无法重置，或者其价值不能以其研发凝聚的一般物化劳动来衡量，因此这些知识产权不适用成本法，一般较为适合采用收益法。

市场法的适用性主要依赖可比案例的可获得性，如果可以收集到相关可比案例，则适用市场法，否则市场法就没有适用性。市场法通常适合评估技术或专利资产、域名等知识产权。

可见，虽然三种方法均适用于知识产权评估，但基于知识产权的价值特征——成本与效用的非对应性和知识产权难以复制性以及知识产权的非实体性、共益性、价值形成的累积性、开发成本界定的复杂性等特征，收益法、成本法、市场法评估知识产权的使用程度依次降低。虽然在具备一定条件的情况下，可以采用成本法和市场法，但评估知识产权价值的首选方法通常是收益法。

三、收益法在知识产权评估中的应用

采用收益法评估知识产权一般是通过测算该项知识产权所产生的未来预期收益并折算成现值，借以确定被评估知识产权的价值。收益法评估知识产权的具体应用形式包括许可费节省法、增量收益法和超额收益法。实际运用中主要采用许可费节省法，本节主要介绍许可费节省法。

（一）许可费节省法的评估思路

许可费节省法的基础是虚拟许可使用费，以此作为收益流测算知识产权价值，因此采用许可费节省法评估知识产权的价值实际上是通过参考虚拟的许可使用费价值而确定的。具体思路是，测算由于拥有该项资产而节省的向第三方定期支付许可费的金额，并对该知识产权经济寿命期内每年节省的许可费支出通过适当的折现率折现到评估基准日时点，以此作为该项知识产权的价值。在某些情况下，许可使用费可能包括一笔期初入门费和建立在每年经营业绩基础上的分成费。

许可费节省法的计算公式形式与收益法基本公式形式相似，通过在后者基础上进行调整，具体如下：

$$知识产权评估值 = Y + \sum_{t=1}^{n} \frac{KR_t}{(1+r)^t}$$

其中，Y 为入门费/最低收费额；K 为知识产权分成率，即许可费率；R_t 为第 t 年分成基数；t 为许可期限；r 为折现率。

（二）许可费节省法的操作步骤

1. 确定入门费

入门费即最低收费额，是指在知识产权转让过程中，视购买方实际生产和销售情况收取转让费的场合所确定的一笔可能的"旱涝保收"的收入，并在确定比例收费时预先扣除，有时称为"保底费"。

2. 确定许可费率

许可费率即虚拟的许可费比率。虚拟许可费率的取得一般有两种方式。第一种是以市场上可比的或相似的许可费使用费率为基础确定。使用这一方式的先决条件是，

必须存在可比较的知识产权，且这些知识产权是在公平市场上定期被许可使用的。第二种是基于收益的分成确定，该收益分成是指假设在一个公平交易中，一个自愿的被许可方为获取使用目标知识产权的权利而愿意支付给一个自愿的许可方的金额，通常包括边际分析法、经验数据法等不同确定方法。因此，许可费节省法也经常被称为收益分成许可法。

3. 确定许可期限

知识产权的许可期限一般短于其经济寿命年限。如果是针对有专门法律保护的知识产权，知识产权的许可期限还会短于其法定保护期限。在资产评估实践中，通常依据与被评估知识产权相同或相近的知识产权在法律或合同、企业申请书中规定的许可使用期限确定被评估知识产权的许可期限。

4. 确定折现率

折现率是将未来有限期预期收益折算成现值的比率，用以衡量获得未来预期收益所需承担的风险大小。采用许可费节省法评估知识产权价值时，折现率就是用于将该项资产假定的许可费转换成现值的比率，通常可以采用风险累加法、回报率拆分法等方法测算折现率。同时，折现率与预期收益须保持一致的口径：如果知识产权预期收益预测口径为收入或利润口径，则折现率也应该是收入或利润口径；又因为知识产权预期收益预测口径一般为税前收益流口径，所以折现率也应该是税前收益口径。此外还应注意，采用许可费节省法评估知识产权的折现率有别于企业价值评估中的折现率。

(三) 许可费节省法使用的注意事项

1. 许可费率的可获得性与可靠性

采用许可费节省法评估知识产权时，对许可费率的使用需要注意以下几点：

(1) 对于相关财务数据的预测，应注意所取得的适当收益以及对该项知识产权寿命年限的估计应当与所采用的许可费率相对应。

(2) 应注意所采用的许可费率是否可以使许可费在税前抵扣。

(3) 应注意所采用的许可费率是否包括对营销成本和被许可方所承担的使用该项资产的任何成本的考虑。

(4) 市场上明显相似的资产的许可使用费率可能会存在显著不同，此时以经营者所要求的毛利率作为许可费率参数衡量的参考基准是较为谨慎的做法。

2. 许可费节省法的适用情形

许可费节省法多用于知识产权使用权转让、出租的评估，主要包括商标、专利以及技术特许。许可费节省法适用于可比资产存在、经济行为双方独立、熟悉情况并且自愿的情形。

需要注意，由于知识产权许可费只能反映知识产权的部分权利收益，即被许可部分的价值，因此利用许可费节省法得到的评估结果一般只反映知识产权的使用权价值，比知识产权的所有权价值低。然而这并不意味着许可费节省法对于知识产权评估毫无意义，相反这一方法的相关数据可以成为重要的参考依据，尤其是在知识产权侵权损失评价过程中。

除此以外，知识产权评估对象存在"权利束"，加之在涉及具体经济行为时，知识产权评估具有明确的标的设定，这种情况下采用许可费节省法较为可行。在知识产权评估实务中，评估对象也并不是知识产权的所有权利，而是组成"权利束"的部分或许可权利，故许可费节省法在实务中具有重要意义。

四、市场法和成本法在知识产权评估中的应用

(一) 市场法在知识产权评估中的应用

1. 市场法的评估技术思路

在采用市场法对知识产权进行评估时，评估专业人员需要考虑现实交易中知识产权价值的计量方式和不同的价值计量方式会产生不同的评估技术思路。

知识产权价值计量方式可以划分为总价计量方式与从价计量方式两种。

(1) 总价计量方式。所谓总价计量方式，也可以称为绝对计量方式，就是以一个总价值计量一项知识产权的价值，这种计量方式也是目前国内资产评估界普遍采用的计量方式，如一项专利资产转让价500万元、一项商标资产转让价1000万元等都是以总价计量方式计量其价值的。

对于一项有形资产，由于其可以单独发挥作用，不需要与其他资产组成业务资产组，同时其发挥的能力也是可以单独确定的，因此这种总价计量方式是合理的。

一项知识产权，例如一项专利技术，往往不能单独发挥作用；一定需要与其他有形资产组成一个业务资产组共同发挥作用。该资产组发挥作用的能力是由资产组中的知识产权与有形资产共同决定的。因此，该专利技术的价值，如果采用总价计量方式，需要与这个业务资产组所产生的总收益一起计量，即该专利技术的价值总量与该专利技术和其他有形资产可能组成的业务资产组的规模、大小是密切相关的，只有在这个有效的前提下，对该专利技术的评估才具有采用总价计量方式的可能。

(2) 从价计量方式。与总价计量方式相对应的是从价计量方式，也可以称为相对计量方式。所谓从价计量方式就是按照知识产权所组成的业务资产组可以获得的"单位收益"计量知识产权的价值。这种计量方式最典型的形式包括以收入分成率为核心参数的从价计量方式和以利润分成率为核心参数的从价计量方式。从价计量方式来源于特定业务资产组，但是又可以超出该特定业务资产组运用，即从某特定业务资产组中测算的分成率也可以应用到其他规模的业务资产组中。因此该种计量模式实际上可以摆脱特定业务资产组的束缚，不局限于特定能力的业务资产组。

需要说明的是，在实务中还会见到一种总价与从价相结合的计量方式，也就是我们通常所说的"入门费+分成"的计量方式。这种计价方式实际是采用总价计量方式测算一个入门费，然后外加一个从价计量方式的分成。

2. 市场法使用的注意事项

（1）总价计量方式的适用性问题。无论是总价计量方式下的知识产权市场法评估还是从价计量方式下的知识产权市场法评估，找到"可比"的对象都非常困难，特别是针对目前国内评估知识产权最为常用的总价计量方式，因为这不但需要找到"可比"的知识产权，还需要找到"可比"的所依附的业务资产组。这几乎是难以完成的，因此通过总价计量方式的市场法评估一般不具有适用性。

（2）从价计量方式与许可费节省法的关系。相比于总价计量方式，从价计量方式下的知识产权评估结果可以不是一个绝对的价值量，而是以一个相对比率（利润分成率/收入分成率）的形式表现，因此可操作性更强，可比对象也可以通过市场案例获得或者采用逻辑推算过程推算获得。但是这种形式的评估结果在目前国内实务中很少被接受，市场往往在获得一项知识产权从价计量方式的分成率后，仍要将其与一个特定的业务资产组相结合，估算出一个绝对的价值量。目前在实务中，知识产权收益法评估中的许可费节省法就是采用这样一种逻辑，因此在这样的情况下，知识产权的从价计量方式的市场法评估与其说是一种独立的评估方法，不如说是许可费节省法中的一个步骤。

（3）调整分成率应关注的问题。在知识产权市场法评估中，通常需要对可比对象的分成率进行调整。在对分成率进行调整时需要特别关注分成率的实质是单位产品收益中应该分给知识产权的比率，这是一个分配比例指标而不是一个绝对价值指标，是一项针对知识产权贡献率的指标而不是针对知识产权所依附业务资产组的获利能力的指标。知识产权所依附资产组获利能力强并不一定代表知识产权的贡献率高，即并不一定代表知识产权的分成率会高，这两者之间没有必然联系。

另外，标的知识产权贡献大小与其所依附的业务资产组的资本结构更是没有任何关系，目前的评估实务中经常看到在进行分成率调整时考虑企业或业务资产的资本结构的差异，这种调整缺乏依据。

（二）成本法在知识产权评估中的应用

1. 成本法的评估技术思路

根据成本法评估的概念，其基本计算公式可以表述为：

被评估资产的评估值＝重置成本－实体性贬值－功能性贬值－经济性贬值

或　　　　　被评估资产的评估值＝重置成本×（1－贬值率）

公式中涉及的各项经济技术指标确定如下：

其中测算知识产权的重置成本，要分清是自创知识产权还是外购知识产权。自创知识产权的重置成本根据知识产权生产过程中所消耗的费用测算，外购知识产权的重置成本则根据购买的相关费用测算，二者所依据的数据信息来源不同。

自创知识产权的重置成本由创制该知识产权所消耗的物化劳动和活劳动费用构成，主要方法为重置核算法：

将知识产权开发的各项支出按现行价格和费用标准逐项累加核算，注意将资金使用成本和合理利润考虑在内。其计算公式为：

$$重置成本=直接成本+间接成本+资金使用成本+合理利润$$

其中，直接成本按知识产权发明创造过程中实际发生的材料、工时消耗量的现行价格和标准进行测算，即

$$知识产权直接成本 = \sum(物质资料实际消耗量 \times 现行价格) + \sum(实耗工时 \times 现行费用标准)$$

直接成本不能按现行消耗量计算而按实际消耗量计算，因为知识产权是发明创造，无法模拟现有条件的成本费用。

2. 成本法使用的注意事项

知识产权发挥作用的模式都是需要与其他资产组成业务资产组，在业务资产组中必然包括组合劳动力。一般认为劳动力属于商誉的组成部分，不属于知识产权范畴，不能单独交易与转让，但是组合劳动力可以采用成本法评估其市场价值，组合劳动力的价值组成包括劳动力的招募成本和劳动力的培训成本两部分，这两部分成本都是可以采用重置成本测算的。

第三节　知识产权资产融资管理

【知识点】

知识产权质押融资、知识产权质押融资资产选择和管理、知识产权质押融资影响因素。

【概念解释】

知识产权质押融资指企业或个人以合法拥有的专利权、商标权、著作权中的财产权经评估后作为质押物，向银行申请融资。

【知识内容】

一、质押融资中知识产权资产的选择与管理

知识产权价值已经受到了越来越多企业的认可，知识产权具有的收益能力已经成了现代企业利用所有资源探索收益最大化的最佳渠道。[1] 知识产权质押是指债务人或第三人将拥有的知识产权担保其债务的履行，当债务人不履行债务的情况下，债权人有权将折价、拍卖或者变卖该知识产权所得到的价款优先受偿的知识产权担保行为。知识产权质押作为一种较新型的融资方式，在近些年得到了较大的发展。

1. 质押融资中知识产权资产的选择

质押的知识产权应为有效知识产权。若质押专利，则必须是有效专利，即不能存在未授权、欠缴年费、已质押、正在办理转让、被无效或涉及法律诉讼等情况。若为共有知识产权，则需要征得共有人的书面同意才能办理质押。同时，金融机构一般会对质押物有一些特定要求：首先，质押知识产权应为企业核心产品或核心服务所对应的知识产权，若质押专利则至少已实施两年以上；其次，所质押知识产权的剩余保护年限应长于贷款年限，目前知识产权质押贷款年限多为一年期的短期贷款，多数金融机构均对知识产权的剩余法律保护期限有具体要求；最后，所质押的知识产权应满足金融机构对其类型的要求，目前大部分金融机构不接受外观设计、实用新型专利的质押，仅接受著作权、发明作为质押物。

2. 质押融资中知识产权的管理

（1）企业信誉管理。处于质押状态下的知识产权因质权人的监管，在其价值、正常使用等方面存在限制。企业良好的商业信用，可以消除或缓解这种不利影响。广泛的社会认可度，可以获得更多的机会，人们愿意忽略那些限制因素或愿意从优考虑，与之建立良好的合作关系。因此，企业在日常经营中应加强企业信誉建设，树立优良作风，做到被同行业甚至是其他各行业所称道。

（2）质押物处置管理。企业应寻找并创新质押物处置方式，建立有利于知识产权流转的管理机制。寻找适当的质押物交易模式，减轻银行损失，是激励银行融资意愿的重要途径。[2]

二、质押融资中知识产权评估的影响因素

知识产权的非物质性、专有性、地域性等特点，使得知识产权的价值在质押期间将受到诸多特殊因素的影响，主要有知识产权自身、市场环境和宏观环境三个方面的影响[3]。

---

[1] 董萍，肖枚，边利频，等. 关于知识产权价值评估的若干思考［J］. 中国职工教育，2013（22）：116.
[2] 孙婷婷. 知识产权融资管理：以质押为例的探讨［J］. 企业导报，2015（20）：19-20.
[3] 李聪颖. 知识产权质押估值研究［D］. 大连：东北财经大学，2013.

1. 知识产权因素

（1）法律因素。

①权属关系的确定性。权属关系的确定与否主要表现在：权属的争议、侵权的风险、授权和转让的争议。

②诉讼的可能性。我国现行的行政管理体制规定，如果公众对商标权或者专利的权属有所争议，则可向商标或专利评审机构提出异议，一经核审，就有可能改变原来的权属状态。这样就会使知识产权的权属处于一个不稳定的状态，会给出质人及质权人带来诉讼风险，进而会影响知识产权的价值。

③法定剩余保护期限。知识产权在法定有效期内的不同时间段能够带来的收益不同。剩余有效期越长，说明知识产权的潜在垄断时间越长，那么它就拥有越大的价值。知识产权的价值随着知识产权有效期的移动而单调增长，但同时边际收益以指数级递减。通常来说，随着技术的发展和市场的变化，知识产权的经济寿命远远短于其法定寿命。

④保护的地域范围。如果一项知识产权的受保护范围比较广，则意味着该项知识产权在进行投产后，其潜在的买方市场较大、国际占有率较高，其价值也相对较高。

（2）技术因素。技术因素主要包括知识产权的技术重要程度、技术成熟度、技术的性质、可替代性高低、技术转移能力以及相关配套技术完善程度。

2. 市场环境因素

知识产权质押融资主要面向中小企业，企业所处的市场环境及企业自身的经营状况都会使商业银行开展知识产权质押贷款业务时受一定的市场环境因素的影响，进而导致质押期间知识产权价值的波动。

（1）行业市场因素。根据行业生命周期理论，行业的生命发展周期主要包括四个阶段，即幼稚期、成长期、成熟期和衰退期。若拟质押知识产权所属行业正处于成长期或成熟期，则其发展前景较好，知识产权价值也较高。

①市场需求度。市场需求度代表了市场对知识产权及其产品的需求量，也就是市场容量。市场越需要的产品，该项知识产权所体现的价值越大。

②市场竞争能力。它主要是指质押知识产权所产生的产品和在质量、品质和功能等领域与其类似的竞争能力，竞争能力越强，价值越大。

③市场垄断程度。它是指质押知识产权所生产的产品的销售量或销售额在市场同类产品中所占的比重，反映企业在市场中的地位以及对市场的控制程度，市场占有率越高，企业获利越多，知识产权的价值越高。

（2）企业因素。

①企业规模。企业的资产总额、员工数量、利润额等，在一定程度上会影响商业银行的放贷意愿，银行更倾向于对规模较大的企业发放知识产权质押贷款。

②企业信誉。企业信誉影响了企业按时还本付息的履约能力。优质的企业信誉是

应用知识产权质押贷款的前提，在一定程度上也会影响企业质押知识产权的价值。

③企业的生产研发能力。拟质押知识产权的价值会受到企业的生产水平、研发团队能力、生产研发成本等因素的影响。企业的生产研发能力越强，拟质押知识产权的价值就越高。

④企业的经营管理体系。良好的经营管理体系会使企业的资本结构合理、投融资用途适当，影响企业的收益，进而对知识产权质押价值产生一定的影响。如果企业的经营管理水平较高，那么它的第一还款来源就会相对有保障。即便企业在到期时未按时还款，但由于经营状况较好，其拥有的知识产权变现能力相对来说也就比较强。

3. 宏观环境因素

（1）政策环境因素。政策的导向性作用在商业银行知识产权质押贷款过程中发挥着至关重要的作用。当前宏观政策对拟质押知识产权有利与否会直接影响到知识产权的价值。

（2）经济环境因素。宏观经济的稳定性与周期性会在一定程度上对借贷双方是否能够成功交易产生影响。一方面，一个地区或国家的经济发展情况是最基本的宏观经济指标，当整个经济处于繁荣时期时，有利于知识经济迅速发展，为企业成功贷款提供了坚实的基础，在一定程度上会推高知识产权的价值。当经济处于低迷时期时，会降低知识产权的价值。另一方面，利率会影响企业是否利用知识产权进行质押及还款期限。

第四节　知识产权资产股权投资管理

【知识点】

知识产权股权投资、知识产权股权投资资产选择和管理、知识产权股权投资影响因素。

【概念解释】

将知识产权进行股权投资即知识产权作价入股，是指企业以知识产权作价增资扩股。

【知识内容】

一、股权投资中知识产权资产的选择与管理

1. 股权投资中知识产权资产的选择

将知识产权进行股权投资即知识产权作价入股，是指企业以知识产权作价增资扩

股。对比知识产权质押中的价值评估，由于知识产权作价入股中涉及的知识产权不会设定银行质权，因此不需要像考虑质押时知识产权筛选那样设定复杂的条件，可根据需求进行具体选择，只需满足"可以用货币估价并可以依法转让"即可。

2. 股权投资中知识产权资产的管理

知识产权的作价入股，对于已进行知识产权布局的高科技或高品牌知名度的企业而言，是极为重要的一种投资合作手段。尤其是对于只拥有技术而缺乏资金，或者是拥有充足资金却无技术的资本家而言，作价入股的投资方式不但能同时解决双方的问题，达到双赢的目标，更能进一步促进国家的科技及经济发展。企业可以通过以股份换取专门技术（专利）或是高知名度品牌（商标）的方式，于短时间内有效率地提升企业产品技术能力或是市场知名度，达到缩短技术升级周期或是打响市场名号时间的目的[1]。

企业对于作价入股的知识产权，一是应有所筛选，并不是所有的知识产权均适合企业的经营目的；二是要合理选择，知识产权所有者也应结合自身精力选择是否参与企业管理来确定是获得收益分配奖励还是股权奖励；三是持续跟进，在知识产权作价入股后，不论是投资者还是被投资企业，均需要持续跟进该知识产权的运用与转化。

二、股权投资中知识产权评估的影响因素

股权投资中知识产权评估同样受到前文所述质押融资中知识产权评估的影响，除此之外，股权投资中知识产权评估还受到知识产权本身创造收益能力的影响。知识产权的获利能力是指知识产权创造收益的水平，即其能给该知识产权所有者或控制者带来超额收益的能力。衡量知识产权创造收益的水平应该注意以下几个方面[2]：

①关注预期收益，即知识产权能够在评估基准日以后创造的未来收益。

②关注超额收益。知识产权所创造的收益是指不包括知识产权所依附的任何有形资产的正常收益在内的超额收益，或是指超过整体资产的社会平均收益水平的超额收益。

③关注历史收益。历史收益是已真实发生的、相对更为可靠的资料，在进行预期收益的测算中可作为重要的参照。如果能得到一定时期的历史收益情况，对于分析知识产权带来的超额收益的趋势和波动性等也很有帮助。

---

[1] 刘冠德. 知识产权作价入股制度研究 [J]. 商业经济研究，2014（9）：102-103.
[2] 李世保，杨亚栩，姜吉道. 浅析科技成果作价入股及股权奖励模式 [J]. 中国高校科技，2017（3）：73-75.

第十三章 企业知识产权风险管理

CHAPTER 13

第一节 知识产权风险的管理规范

【知识点】

企业知识产权风险、《企业知识产权管理规范》中知识产权风险的相关条款及解读、知识产权风险体系建设的三个核心和四项特性。

【概念解释】

企业知识产权风险,是企业在生产经营活动中可能遇到的问题以及会给企业带来不利影响的知识产权事宜。

《企业知识产权管理规范》:由国家质量监督检验检疫总局、国家标准化管理委员会批准颁布,是我国首部企业知识产权管理国家标准,于2013年3月1日起实施。

知识产权风险体系建设:是指企业如何把知识产权工作在符合企业经营发展方向的基础上进行有组织、有计划的制度设计并严格执行。

【知识内容】

一、知识产权风险概述

知识产权,对企业来说,就是一把双刃剑:用好了,将在法律的保护下合法盈利;用不好,保护不到位,企业的发展将会重重受阻,甚至会带来重大的知识产权风险。

例如,我国连续14年为遭受"337调查"最多的国家,主要涉及电子、通信、化工、机械、轻工、医药、食品、服装等行业专利侵权的调查,败诉率是世界平均败诉率的 2 倍多，在中国参与国际化竞争的过程中，产生了大量的知识产权诉讼风险问题。

企业知识产权风险，是企业在生产经营活动中可能遇到的问题以及会给企业带来不利影响的知识产权事宜。从知识产权的全流程上分类，包括知识产权创造风险、运用风险和保护风险；从知识产权功能体现上分类，包括许可风险、转让风险、质押融资风险等。因为篇幅所限，本章不可能涉及有关知识产权风险的所有内容，只挑选笔者认为具有代表性的风险类型做简单论述，有兴趣对知识产权风险做深入研究的读者可自行购买专业书籍。

二、《企业知识产权管理规范》中的知识产权风险

由国家知识产权局起草制定的《企业知识产权管理规范》（以下简称《规范》）由国家质量监督检验检疫总局、国家标准化管理委员会批准颁布。它是我国首部企业知识产权管理国家标准，于 2013 年 3 月 1 日起实施。《规范》内容涉及广泛，其中在研发环节知识产权信息的利用和保护，采购环节知识产权风险的防控，生产环节的合理化建议评估和保护，销售环节知识产权的风险防范、竞争对手的跟踪、市场的监控、保密管理等方面都涉及知识产权风险管理的内容，可以说做好对风险的把控，是企业知识产权标准管理的重点之一。

《规范》中多处对风险管理，包括管理评审、财务资源、知识产权运用、知识产权保护、实施和运行过程中的立项、研发和销售均提出了相关的要求。❶

（1）管理评审要求。条款 5.5.1c 要求，评审输入应包括企业知识产权基本情况及风险评估，表明知识产权风险评估是管理评审中重要的评审内容之一。

（2）财务要求。条款 6.3d 要求，有条件的企业可设立知识产权风险准备金，表明风险管控需要有财务资源的支撑。

（3）知识产权运用要求。条款 7.3.2 要求，投融资活动前，应对相关知识产权开展尽职调查，进行风险和价值评估。在境外投资前，应针对目的地的知识产权法律、政策及其执行情况，进行风险分析。表明知识产权运用过程中，尤其是涉及投融资活动时，要做好知识产权尽职调查，合理规避风险，并做出合理的投融资决策。

（4）知识产权保护要求。条款 7.4.1a 要求，采取措施，避免或降低生产、办公设备及软件侵犯他人知识产权的风险，表明采购设备或软件之前，应调查供方的知识产权及资质，并要求对方提供相关证明文件，避免采购来侵权产品；条款 7.4.1c 要求，有条件的企业可将知识产权纳入企业风险管理体系，对知识产权风险进行识别和评测，并采取相应的风险控制措施，表明企业发展到一定阶段之后，应建立风险管理体系，在人力资源、采购、研发、销售、财务等风险管理中加入知识产权相关部分，实现企业风险的全面管理。

---

❶ 国家知识产权局. 企业知识产权管理规范［M］. 北京：中国标准出版社，2013.

（5）立项、研发要求。条款8.1c要求，进行知识产权风险评估，并将评估结果、防范预案作为项目立项与整体预算的依据，表明在立项过程中，要做好知识产权分析评议，识别知识产权风险，评估风险级别，提出风险防范预案，避免盲目立项造成大量资金的浪费；条款8.2c要求，跟踪与监控研究开发活动中的知识产权，适时调整研究开发策略和内容，避免或降低知识产权侵权风险，表明在研发过程中，需要定期搜集相关的知识产权信息，及时进行技术特征比对，并做出是否调整研发方向的决定，避免盲目研发直至产品上市后才发现有侵权风险，造成研发资金的浪费。

（6）销售要求。条款7.4.3a要求，向境外销售产品前，应调查目的地的知识产权法律、政策及其执行情况，了解行业相关诉讼，分析可能涉及的知识产权风险；条款8.5a要求，产品销售前，对产品所涉及的知识产权状况进行全面审查和分析，制定知识产权保护和风险规避方案；条款8.5b要求，在产品宣传、销售、会展等商业活动前制定知识产权保护或风险规避方案；条款8.5d要求，产品升级或市场环境发生变化时，及时进行跟踪调查，调整知识产权策略和风险规避方案，适时形成新的知识产权。上述条款表明，产品销售、宣传、会展以及境外销售前，都需要进行知识产权风险预警分析，避免牵扯到知识产权侵权诉讼纠纷中，耗费大量的人力、财力，甚至影响企业的声誉和经营效益。

三、《规范》中的风险管理实施要点[1]

根据条款中所涉及风险规避的内容，具体的操作可分为三类，具体实施要点如下：

1. 风险规避

涉及条款：7.3.2、7.4.1a、7.4.1c、7.4.3a、8.2c。

以上各条款要求企业在相关活动之前做好风险的分析工作，这些条款总体的处理流程为：资料的收集（检索）、资料的分析、得出结论、做出决定。以条款7.3.2为例进行分析。

首先要做的是资料收集。

在投融资活动之前，投资方应对所投资企业掌握的知识产权进行尽职调查、检索，包括企业知识产权检索、主要竞争对手知识产权检索。

其次是对知识产权分析并得出结论。对第一步收集到的资料进行分析：

（1）针对所投资企业自身的知识产权分析。一方面是技术分析，包括知识产权数量、知识产权稳定性以及知识产权转化率；另一方面是价值评估，主要对上述知识产权评估出一个合理的价格。其中价值评估对于投融资活动来说很关键，投资方可以自行评估，也可以委托专业的第三方机构来进行价值评估。

（2）针对主要竞争对手的知识产权分析。主要是从技术角度，对同行的知识产权

---

[1] 成胤，杨丽萍.企业知识产权贯标三部曲[M].北京：知识产权出版社，2018：115-124.

与所投资企业的产品进行对比分析，确认该企业的产品是否存在侵犯第三方知识产权的可能。

另外，如果是境外投资，还需要收集投资企业所在国家或者地区的知识产权法律、政策及其执行情况（比如判例）。然后结合这些信息针对所在国的同行业知识产权进行技术对比分析，确认该企业的产品是否存在侵犯第三方知识产权的可能。

（3）将以上两步所收集和分析的内容，整理成《知识产权尽职调查报告》，交由管理层进行最终的评估，并做出决定，该决定应当以书面的形式明确是否决定投资以及做出该决定的理由。

各个步骤都要做好记录并保存。

以上在条款7.4.1a采购设备或者软件时的风险管控中同样也适用。需要注意的是，在实际的贯标工作中有一种简化的处理方式，具体为在收集资料时直接让供方提供不侵犯第三方知识产权的证明材料或承诺。这样后续的步骤就不需要花费太多的时间和精力，只需确认供方所提供的证明材料或承诺的真实有效性即可。

在条款7.4.1c中要求"有条件"的企业将知识产权风险管理纳入企业风险管理体系，对企业的管理能力提出了更高的要求。企业的风险管理涉及企业的方方面面。比如，人力资源、采购、研发、销售、行政、宣传等部门，该条款要求在这些部门的规章制度中加入知识产权风险识别、评测以及控制的相关制度，实现企业管理全流程中的知识产权风险管理。

另外，条款8.2c中对研究开发时跟踪与监控研究开发活动中的知识产权保护进行了规定。应当定期收集与企业所研发项目相关的知识产权。将所研发的技术与其相关知识产权进行对比，最好能做出《技术特征对比表》，根据技术分析得出当前研发方向是否会侵犯第三方知识产权的初步结论。然后根据这些内容整理成《研发活动知识产权检索分析报告》交由管理层进行最终评估，并做出决定。

2. 风险预案

涉及条款：7.4.1b、8.1c、8.5a、8.5b、8.5d。

以上各条款要求企业在进行相关活动之前不但要做好风险分析，而且要提前做好风险预案，因为这类活动（比如产品销售）已经无法撤销，无论有无风险，该活动需要继续进行下去。风险预案的意义在于让企业相关人员在遇到相应事项时，有制度可依，不至于措手不及，从而把事件造成的损害降到最低。因此，要求企业提前做好风险预案，该风险预案中要给出具体方案，一般包括两部分。

第一部分是如果风险未发生，应当采取哪些措施持续监控风险。

第二部分是如果风险实际发生了（比如遭遇知识产权诉讼），应当采取哪些具体方式来处理，需要给出针对不同情况的相应处理方法。上述预案必须要有相应程序文件来支撑。

（1）一般来说，风险预案中应当包括如下内容（以专利产品遭遇第三方的知识产权诉讼的风险为例)。

1) 准备工作。聘请律师或者专利代理师,由律师和公司知识产权部门领导、技术人员等成立应急小组。

2) 侵权事实的确认。由应急小组确认该侵权指控是否成立,由技术部门进行核实。

3) 确认侵权之后的处理方式。

①如本公司的产品或方法确已构成侵权,则可以进一步对该专利权的有效性进行分析。分析是否有可能宣告该专利无效。

②积极采取和解措施。如果该专利权无法宣告无效,企业应及时停止侵权,并由应急小组积极争取与专利权人达成和解协议,减少损失。

③据理力争,应对诉讼。如果企业与权利人在赔偿问题上无法达成一致,就应做好应诉的准备,企业需尽量收集对自己有利的证据和法律依据来支持自己的主张。

(2) 防止公司的产品被侵权的风险预案包括如下内容。

1) 准备工作。聘请对本行业比较熟悉、经验丰富的专利律师。由专利律师、知识产权主管领导、科技发展部和专利发明人组成应急小组。

2) 确认公司专利权是否有效、专利权是否成立。应急小组通过比对分析自己的技术与对方的技术,看对方的技术特征是否确实落入自己专利的保护范围,确定专利侵权是否成立。同时专利律师对公司专利的专利性进行分析。

3) 收集证据。一方面科技发展部提交公司享有专利权的证据,包括专利证书、专利申请文件等。另一方面收集侵权者情况以及侵权事实的证据,还有损害赔偿的证据。一般赔偿金额由知识产权主管在咨询专利律师后确定。

4) 向对方发出警告函,要求对方停止侵权行为。警告函的寄送方式应以能够获得寄送凭证的目的为准。

5) 向法院申请"临时禁止令"。经咨询专利律师,如有证据证明侵权人正在实施侵权公司专利权的行为,并且如果不及时制止将会使其合法权益受到难以弥补的损害的,则在起诉前向法院申请"临时禁止令"责令停止有关施害行为。

6) 应急小组出面与侵权人沟通协商,看能否和解,是否能通过签订专利实施许可或者专利转让合同来解决。若和解不成功,便准备采用行政处理或者诉讼来解决纠纷。

3. 风险准备

涉及条款为 6.3d。

该条款是为了应对前面两类情况所提前准备的财务支持,企业可以选择提前设立风险准备金,也可以选择在事情发生之后进行财务支持。

四、风险管理体系建设

企业体系化建设指企业各项职能在无序和有序之间寻求平衡,局部之间相互协调、相互促进、相互补充、相互强化，产生强大的组织力。知识产权风险体系建设是指企业如何把知识产权工作在符合企业经营发展方向的基础上进行有组织、有计划的制度设计并严格执行。

1. 企业知识产权风险管理的四项特性

要做好企业知识产权风险管理工作，首先要明确企业知识产权风险管理的基本原则，在原则指导下开展具体工作。

（1）方向一致性。企业知识产权风险管理，要与企业的整体战略目标相一致，要与企业发展阶段相适应，与企业的自身定位相协调。不同的企业发展战略下知识产权管理的重点也不一样。例如，企业发展战略是从硬件产品逐步转向硬软件相结合、物联网领域，则知识产权风险管理也应当向相同的领域倾斜，确保能够在企业转型时做好相关的工作。

（2）成本收益平衡性。企业知识产权的风险管理必须考虑成本与收益之间的均衡。有效的风险管理是将风险控制在合理范围内，从控制人力、财务和时间成本等方面整体考虑。无视成本的风险控制对企业的发展可能适得其反。对于企业面临的重大风险、重点风险，需要从严处理，做到最大限度的排除。但一些局部风险，如地区性、时间性的风险，其处理力度和方式则需要从公司发展规划及成本收益等方面通盘考虑。比如，新产品在推向市场前，采取具有针对性的排查策略，重点放在新技术、产品宣传中的创新点、产品特点突出的部分；风险排查地域范围放在主要市场国家和知识产权高风险国家的交集。

（3）前瞻性。企业需要对知识产权风险有预见性，要有长远规划，提前做好风险排查并准备相应的应对预案。如果企业意欲发展新的市场，应当提前对重要技术和产品做好专利布局，包括自主申请专利以及从外部购买专利或者获得专利许可，消除专利壁垒，同时防止他人设置新障碍，限制新技术、新产品的改进和发展。如果行业内竞争激烈，知识产权诉讼发生的可能性是极高的，企业要先做好应诉准备和反击策略。如果主动出击，则需要明确诉讼目的与目标，制订详细的诉讼计划，同时防止潜在对手的反攻。

（4）普遍性。知识产权风险贯穿产品的全生命周期和整个流程，因此对其管理范围要涉及各相关部门，知识产权风险管理部门需要与其他相关部门密切配合，每一名员工都应该具备较强的知识产权风险意识，因为各岗位的日常工作随时都可能面临知识产权风险。知识产权风险管理部门要组织开展不同规模、不同层级、多种方式的专业培训。另外，奖惩分明的管理制度也是做好知识产权风险管理工作的有效手段。

2. 企业知识产权风险管理的三个核心

企业知识产权风险管理的核心可以概括为对人的管理、对财的管理和对事的管理，对人、财、事三者的管理要建立一套完备的体系，协调三者之间的关系，这样才能使企业的知识产权风险得到全程的、全面的、有效的控制。[1]

（1）组织和人才管理。有效管理知识产权风险，必须建立并不断优化知识产权组织风险管理和人才管理。组织管理上要根据企业具体情况设置专门部门和岗位，人才管理上要选聘满足岗位需要的专门人才。企业知识产权风险管理工作需要从技术、法律、商务多维度综合思考，管理人员也应该从这三个方面加深理解。知识产权风险管理人员既要熟知知识产权法律法规，又要熟悉本企业所在行业的专业技术，还需要具备管理能力、跨部门协调能力等。知识产权风险管理相关业务需要专门人才对应，包括专利分析人才、许可谈判人才、诉讼人才等。企业可以通过内部培养和外部引进相结合的方式加强队伍建设，形成优势互补、攻守兼备的人才队伍。需要特别强调的是，对于人的管理不能简单理解为对员工个体的管理，而是对人的能力的管理，是对于人员处理业务工作的知识、技能，乃至经验的管理，应该建立和采用完整的知识管理系统、培养制度、知识和经验分享制度。

（2）财务管理。提到财务管理，知识产权部门通常被定义为成本中心，公司通过研发获得专利等知识产权，其价值并不能像产品生产销售一样及时在财务信息上得到反映，研发的投入、专利申请的费用通常情况下只作为企业的费用，而不能成为资产。2006年企业会计准则作出了修改，企业研发支出分为研究和开发两部分，后者符合一定条件时，可以作为公司的无形资产。不同企业、不同发展阶段，知识产权部门在财务管理上的定位也要作出相应的调整。一方面，要做好财务成本预算，包括知识产权申请维护费用，向代理所、律所支付的服务费用，内部管理费用等；另一方面，要合理运用知识产权实现收益，包括积累无形资产、收取许可费、获得知识产权转让收入，或者通过知识产权质押、知识产权证券化、知识产权入股等形式实现筹融资金。

（3）制度建设与执行。对事的管理体现在知识产权风险管理制度的建设与执行方面。根据上文梳理总结的各类知识产权风险，企业可以从以下几个方面开展知识产权风险管理制度建设：①知识产权管理制度，包括专利管理制度、商标管理制度、著作权管理制度、商业秘密管理制度等；②与知识产权有关的技术管理制度，包括研发、开发、转让、许可、投资、合资、合作过程中的知识产权风险评估，研发、开发原始资料档案管理；③知识产权风险排查制度，主要针对企业自主研发技术、产品，或者外购关键资材和技术；④与知识产权有关的人才流动管理制度，在招聘、入职、上岗、调岗、离职等各环节加强知识产权风险管理，包括考查拟聘用人员是否存在竞业禁止限制，要求入职人员签署保密协议（条款）、竞业禁止协议（条款）、职务发明条款等，员工离职时签署保密承诺书等；⑤企业知识产权风险管理相关的奖惩制度；⑥企业知识产权风险培训制度，针对不同部门、不同层级分别开展有针对性的培训；⑦知识产权合同管理制度，包括以知识产权为主要交易内容的专利买卖合同、专利许可合

---

[1] 刘旭明，王晋刚. 知识产权风险管理 [M]. 北京：知识产权出版社，2014.

同等；⑧知识产权纠纷诉讼管理制度，包括知识产权纠纷管理、知识产权诉讼管理。在制度执行过程中，需要根据企业发展情况对制度进行调整和完善，使之更加符合本企业发展战略，做到针对性强、实用性强、操作性强。

第二节　专利风险管理

【知识点】

专利产生时的风险、专利运用时的风险、专利投资风险、专利保护风险。

【概念解释】

专利战略：是指与专利相联系的法律、科技、经济原则的结合，用于指导科技、经济领域的竞争，以谋求最大的利益。

专利转让：指拥有专利申请权的人或已获得专利权的人将自己享有的专利申请权或者是专利权依照相关法律规定转让给其他人的一种法律行为。

知识产权风险体系建设：企业如何把知识产权工作在符合企业经营发展方向的基础上进行有组织、有计划的制度设计并严格执行。

专利许可：是指专利所有人或其授权人许可第三方在一定期限、一定地区，以一定方式实施其所拥有的专利，并向第三方收取使用费。专利许可只是转让专利技术的使用权，专利所有人或其授权人仍拥有专利的所有权，第三方仅获得实施专利的权利，而非专利所有权。

知识产权质押融资：指有效合法的专利权、商标权、著作权的合法拥有者（个人或企业、院校等组织），将以上知识产权作为抵押物，向银行申请融资的形式。

专利投资：亦称"专利权投资"，是指在企业改组、改造、合资、兼并、联合等情况下，专利权人以其发明创造的专利权作价进行的投资。

【知识内容】

一、专利产生时的风险

专利的产生在一定程度上是可控的，是有意识、有规划的行为，专利是有目的地被创造出来的。随着科技的高速发展，在某些重点领域内的专利数量越来越多，形成"专利丛林"，会对专利的创造埋伏下潜在的风险。因篇幅所限，本章选取战略风险、研发风险、申请风险、布局风险做简单论述。

1. 专利战略风险[1]

专利战略，就是与专利相联系的法律、科技、经济原则的结合，用于指导科技、经济领域的竞争，以谋求最大的利益。专利战略是企业面对激烈变化、严峻挑战的环境，主动地利用专利制度提供的法律保护及其种种方便条件有效地保护自己，并充分利用专利情报信息，研究分析竞争对手状况，推进专利技术开发、控制独占市场；为取得专利竞争优势，为求得长期生存和不断发展而进行总体性谋划。专利战略就是企业的决策者、企业的知识产权部门对企业在知识产权专利未来发展的全局性的筹划和安排。

企业需要不断调整和转换思路，在市场竞争中，由被动转为主动。知识产权的保护不能够被动，要尽可能地把预防的工作做到前边来，提升到企业专利战略的高度，不是从企业专利战略角度做出的专利布局、分析、申请和保护，必然事倍功半，甚至徒劳无功。

【案例 13-1】

IBM 公司的知识产权管理采取集中模式。IBM 拥有庞大的知识产权管理机构，在总公司设有知识产权管理总部，负责处理所有与 IBM 公司业务有关的知识产权事务。其知识产权管理总部内设法务部和专利部，法务部门负责相关法律的事务，专利部门负责专利事务。专利部下设 5 个技术领域，每一个领域由一名专利律师担任专利经理。IBM 公司是一个跨国集团公司，知识产权管理部门在美国本土主要设有研究所，在欧洲、中东、非洲、亚太地区设有其分支机构。没有设置分支机构的国家，或是由该地区各国知识产权管理部门的代理师管理；或是由邻近国家的知识产权管理部门负责，如亚太地区未设知识产权管理部门的国家，由日本的知识产权管理部门统筹管理。同时，IBM 公司知识产权总部对全球各子公司知识产权部门要求严格，除向总部做业务报告外，世界各地子公司的知识产权分部要执行总部统一的知识产权政策，并接受总部功能性管理。

IBM 的知识产权部门在公司中拥有极高的地位和相当大的知识产权管理权限，这使得知识产权管理战略的制定能够更多地体现该部门本身的意图，并使战略的实施不受太多阻碍，贯彻顺利。而在知识产权总部内部将知识产权管理划分为法务部和专利部的分工协调管理办法，使企业知识产权实现了职能化分类管理，各司其职，提高了知识产权管理的专业、准确和高效。此外，在全球众多研究所设立分支机构，并由知识产权管理总部统一管理，有效地实现了科技研发和知识产权管理的协调配合，使战略的制定更贴近市场，更贴近现实，提高了 IBM 知识产权管理的执行能力，同时，也使公司知识产权战略的实施最大限度地实现了上下一致，连贯统一，无所偏差。

---

[1] 刘旭明，王晋刚. 知识产权风险管理［M］. 北京：知识产权出版社，2014.

2. 专利研发风险

在进行技术研发前，首先要进行专利文献检索，明确要研发的技术是否已被申请专利，做到有的放矢，避免因重复研发而浪费时间、人力和物力。如果所研发的技术未被开发，需要预算研发期限，进行可行性分析，做出可行性分析报告。在研发过程中，要建立核心研发技术跟踪检索机制，对研发取得的阶段性成果做好保密工作。同时，要形成制度，明确规定研发成果的归属以及研发人员的权利和义务，防止研发人员自己申请专利或因人员流动导致企业知识产权流失。

3. 专利申请风险

我国《专利法》规定，发明和实用新型专利必须具有新颖性、创造性和实用性，所以，在技术研发成功后，不要急于发表文章或者进行公开展览，以免在专利申请成功前丧失新颖性。需要注意的是，因我国实行先申请原则，如果企业不以商业秘密形式保护研发成果，那么就要根据研发进度，准确把握申请时机，及时申请专利，避免因迟一天申请而导致专利被他人抢先申请。在专利申请前，需要分析同行的专利状况，了解同行的实力，做好专利布局，形成专利分析报告。

4. 专利布局风险

企业在高度重视研究开发的同时，不仅要重视专利权的获取，而且要利用专利手段在新技术领域进行圈地运动，以形成大批量战略性专利，建立以专利为基础的垄断格局，而这正是专利布局的重要意义，没有专利布局的技术创新犹如一盘散沙，为日后企业知识产权的保护、诉讼和运用埋下巨大的风险。所以在专利创造时就要为专利未来的方向提前做好规划和布局，避免各类成本的浪费，避免企业在专利的起步阶段就受制于人。[1]

首批上市的 25 家科创板企业，根据所属行业划分，聚焦在新一代信息技术的有 11 家，聚焦高端装备的有 6 家，聚焦新材料的有 4 家，聚焦医疗器械和新能源的各有 2 家。地域布局聚集在上海、北京、江苏、广东和浙江，呈现出了明显的行业聚集、地域聚集的趋势。随着一级市场股权资金在科技创新领域的地域聚集，将有更多的申报科创板企业源于此五大省市。

根据发行人自己在招股书中所披露的专利信息和在专利数据库中检索获得的发行人专利比较，有一些数量上的差异。原因之一在于其中一些发行人在招股书中都会将其自己及其子公司在境内外所获得的专利一起进行统计。根据《公司法》的相关规定，母公司和子公司是两个独立的公司，除非进行专利权转移，否则母公司不拥有其子公司的专利权。因此在招股说明书中母公司也绝对不能写明拥有其子公司名下的专利。

---

[1] 刘旭明，王晋刚. 知识产权风险管理 [M]. 北京：知识产权出版社，2014.

一些发行人还应该在企业的专利布局上进一步完善，主要体现在一些企业只有发明专利，一些企业只有实用新型和外观设计专利。在 25 家科创板上市企业中，有 10 家都进行了海外专利布局，这都与企业重视研发投入与自主核心技术，有"走出去"的专利战略储备有关。企业通过在境外的国家或地区设有子公司、分公司，利用 PCT 条约的便利，挑选对公司海外业务比较重要的专利及时在境外同步申请专利，助力于企业在境外销售的产品获得特定的专利权保护，同时也可以防止公司产品中的关键技术被第三方侵权，科创板上市的企业应该更加注重境外的专利布局。

二、专利运用时的风险

企业在经营过程中，无论是产业升级还是经济提质增效，都需要通过强化专利的运用，唤醒"沉睡"的、有价值的专利是有效的措施之一。在专利链条中，创造是源头，保护是核心，运用是目的。

知识产权制度使专利权具有一定的商品属性，专利权具有私权属性，权利人可以自愿处分；专利权是无形财产权，可以与权利人相分离。我国《专利法》第 10 条、第 12 条的规定表明，专利权具有转让属性。专利权具有垄断属性，权利人可以在一段时间内获得垄断利益，即专利权具有价值属性。我国《物权法》第 227 条规定，知识产权可以进行质押融资，此种融资方式正是利用了专利权的交换价值。

而专利权与一般商品又有很大不同，不能简单等同于一般商品来考虑其可交换性的价值。专利运用旨在发挥专利商品化中的潜存价值，这也更加需要由市场配置专利资源，根据市场规律形成专利价格和相应的各种价值，更需要对其中涉及的潜在风险严加防范。

1. 专利转让风险

专利的转让是指拥有专利申请权的人或已获得专利权的人将自己享有的专利申请权或者是专利权依照相关法律规定转让给其他人的一种法律行为。双方转让专利权或申请权，必须签署正式的书面合同，并且去相关的专利局进行登记和公告，没有这步程序，转让合同是不会受到法律保护的。具有代表性的专利转让风险大致有以下三种：

（1）技术泄露的风险。专利具有创造性，包含有一定的技术秘密不宜公开，每一件专利都有独特的创意、足够的价值，倾注了发明人的心智劳动。如果一个专利在转让过程中被其他企业掌握有关信息，就有被泄密的风险，就会有被盗用的可能性，专利被使用而专利权人无法得到相关的法律保护。

（2）出让专利是否存在法律争议的风险。非技术出资一方在交易达成前应调查清楚该专利是否有第三人基于各种原因正在请求宣告该专利无效；第三人正在指控专利权人的此项专利侵犯其专利权等在先权利；第三人正在请求确认他为此项专利权的所有人等诸如此类的情况。若以该专利进行转让，不但损害购买方的利益，还要耗时耗力去处理这些法律争议。

（3）专利转让性质的风险。专利权的转让分为专利所有权的转让、专利使用权的转让和专利申请权的转让。专利权人以何种形式的专利权转让，该专利是否符合《公司法》对出资标的物适格性的要求，能否在未来发展规划中发挥预期的作用，是购买专利时面临的一个重要问题。目前，关于专利使用权和专利申请权的转让是否达到效果，业界还有不同的观点，还是以专利所有权转让最为保险。

2. 专利许可风险

专利许可是指专利所有人或其授权人许可第三方在一定期限、一定地区，以一定方式实施其所拥有的专利，并向第三方收取使用费。专利许可只是转让专利技术的使用权，专利所有人或其授权人仍拥有专利的所有权，第三方仅获得实施专利的权利，而非专利所有权。❶

（1）许可期限的风险。专利许可期限，包括起始期限与终止期限。对于被许可人而言，许可起始日期并不必然意味着被许可人能够顺利地实质性实施被许可的技术方案。对于许可人而言，许可终止期限往往不是一个静态的固定日期。在许可期限临近届满时，许可人存在停止生产、停止包装、停止销售等多个时间节点。一般而言，如果权利人采取提成浮动方式收取专利许可费，往往先设定一个停止生产的明确期限，同时设定一个停止销售的明确期限，允许被许可人在停止生产后的一定期限（例如半年）内继续将库存产品进行销售，但不得进行生产，根据总体销售额度结算专利许可费。一旦约定不明，许可人难以有效地及时制止被许可人实施专利技术或者销售专利产品，作为导火索也容易引发许可费结算的争议。

（2）许可对象的风险。对于权利人而言，应当明确限定被许可人的主体范围，明确是否包括被许可人的关联公司，例如子公司、母公司、兄弟公司等。如果被许可对象不够明确，可能出现多个被许可人同时生产、销售的情形，权利人难以监督许可合同的履行，也有可能出现权利人竞争对手通过控制某一被许可人的股权或者与某一被许可人进行合作间接获得许可授权的情形，从而损害权利人的利益，违背权利人的许可初衷。

（3）许可方式的风险。从许可权性质角度划分，许可方式包括独占许可、排他许可和普通许可。所谓独占许可是指除被许可人之外，包括权利人在内的第三方均不得在许可期限内实施专利。所谓排他许可是指除被许可人、许可人之外，任何第三方不得在许可期限内实施专利。所谓普通许可是指被许可人有权在许可期限内实施专利，许可人在许可期限可以自行实施专利，也有权许可第三方在许可期限内实施专利。如果约定不明，则视为普通许可。明确约定许可方式，对于明确权利人的权利义务意义重大。此外，权利人是否允许被许可人进行转许可，是否允许转被许可人再次进行转许可，也是权利人需要事先考虑清楚的问题。

---

❶ 肖廷高，范晓波，万小丽，等. 知识产权管理：理论与实践［M］. 北京：科学出版社，2016.

【案例 13-2】

在敖某某诉飞利浦（中国）投资有限公司、深圳市和宏实业有限公司（简称"和宏公司"）等侵害发明专利权纠纷案中，权利人敖某某允许"和宏公司许可第三方以 OEM、ODM 委托加工的方式使用专利技术"。该授权表达方式是本案的核心争议焦点，即被许可人和宏公司是否有权接受飞利浦公司的委托，为其加工使用涉案专利的产品。被许可人实施专利，如果以自己名义生产，可以自行生产或者外包给第三方生产；如果以他人名义生产，被许可人可作为承揽方自行生产或者外包给第三方生产。在第二种情形中，被许可人实施了专利，但是第三方尽管未得到权利人许可，仍可以自己的品牌销售专利产品，绕开了专利许可障碍。如果允许被许可人为他人代工，等同于被许可人获得了转许可的权利。因而，笔者更倾向于一审法院的观点，认定和宏公司仅有权自行生产或者作为定做人委托第三方生产，无权接受第三方委托作为承揽人生产专利产品。

（4）许可地域的风险。专利权具有地域性，仅在核准登记所在国有受法律保护的排他性权利。权利人不得超出该国地域范围进行授权许可，不得授权他人在法律保护的地域之外实施专利技术方案，否则极有可能导致被许可人在第三国侵害他人的专利权。另外，如果权利人不合理地限制被许可人实施专利的地域，也可能导致该合同限制条款无效。权利人在明确许可地域时，既不能肆意扩大许可地域范围，也不能任意限制许可地域范围，否则均可能发生法律风险。

3. 专利质押融资风险

知识产权质押融资相对于传统的以不动产或者实物作为抵押物向金融机构申请贷款的方式，是指有效合法的专利权、商标权、著作权的合法拥有者（个人或企业、院校等组织），将以上知识产权作为抵押物，向银行申请融资的形式。虽然知识产权质押融资能有效缓解我国中小企业的融资难题，但由于目前我国知识产权法律制度建设尚不完善，加上知识产权自身的特点，导致知识产权质押融资存在一定风险。[1]

我国近几年来对于知识产权质押融资一直是持积极推进的态度，从国家到地方、从政府到银行及金融机构，颁布了诸多规定和措施对知识产权质押融资给予鼓励。2019 年 8 月，中国银监会、保监会联合国家知识产权局、国家版权局发布《关于进一步加强知识产权质押融资工作的通知》，进一步促进银行保险机构加大对知识产权运用的支持力度，扩大知识产权质押融资。专利质押融资作为最具代表性的项目，其风险也具有普遍意义。

（1）专利权质押效力风险。

1）质押前后专利许可收益的风险。《物权法》第 227 条第 2 款规定："知识产权中

---

[1] 鲍新中，张羽，等. 知识产权质押融资 [M]. 北京：知识产权出版社，2019.

的财产权出质后,出质人不得转让或者许可他人使用,但经出质人与质权人协商同意的除外。出质人转让或者许可他人使用出质的知识产权中的财产权所得的价款,应当向质权人提前清偿债务或者提存。"由此可以看出,专利权质押合同签订后的专利许可协议须经质权人同意才可,质权的效力及于出质后的许可行为,但是对于出质前的许可行为是否发生效力,法律并未明确规定。担保主债权的实现是专利权质押的主要目的,质押的法律效力是否及于质押前的许可行为应当区分出质人与债务人是否为同一人,若出质人为债务人,规定质押合同签订前的许可实施行为产生的收益提前清偿债务或者提存,这样规定不一定合理,也未必能达到保护质权人实现质权的目的。专利权经济价值靠转让、实施、许可实施行为获得的收益实现,就专利权本身来说,如果不通过上述方式取得收益,其经济价值就无从谈起。而出质人专利权质押进行融资的目的是获取企业运营的资金、购买设备从而将专利技术转化为产品推向市场,实现专利权的经济价值。如果规定专利权质押的效力及于出质前的许可行为,那么出质人以专利权质押贷款获取发展资金的目的可能无法达到,进而可能导致出质人无法获得可观的经济收益以保障质权人债权的实现。当出质人是第三人时,规定专利权质押的效力及于出质前的许可行为,对第三人来说非常不公平,这样规定会限制第三人最大化实现专利权经济价值的能动性。

2) 后续技术改进效力的风险。当今社会,科技进步发展的速度很快,每天都可能会有新的技术产生,而在原有的技术基础上进行技术改进也是经常发生的事情,并且是专利制度鼓励的行为。那么,专利权质押融资合同签订后,质权的效力是否及于后续改进的技术,是值得探讨的问题。通常情况下,若质押双方当事人在合同中对后续技术改进的情况有约定的要遵从约定,这符合意思自治的原则。若质押合同中没有就后续技术改进相关事宜达成协议,则要区分不同的情形进行讨论:首先,如果质押的专利后续技术改进未突破原来的专利技术特征,只有在原有的技术基础上进行简单的改造,换句话说即只是发生了量变,并未产生质的变化,则此种情形下专利权质押的效力应及于后续改进的技术。相反,改进的技术发生了质的变化,形成了一种新的技术,则无论该新的技术是否已经获得专利授权,质权的效力都不应该及于该后续改进的技术。此外,若该后续改进的技术,是由专利质押合同签订前专利权人许可实施该专利技术的第三人完成的,那么专利权质押合同的效力当然不能及于后续改进的技术。

(2) 专利权的评估风险。不可否认,由于专利权的特殊性,评估风险成为专利质押中可能影响企业发展的最重要的因素。从根本上来看,专利质押实质上是对专利权的质押,在对专利权的价值进行评估时,金融机构所需要的是综合该专利市场潜在价值等各项因素的准确评估信息,从而确保质押的风险在可控范围内。但事实上,就目前国际上通用的评估依据来看,美国、欧洲等都有相应的评估准则,为我国的专利质押评估提供参考依据,然而在实际操作的过程中仍然存在着诸多问题。

其一,理论转化为实践的问题,尽管相关理论研究已经取得了一定的成果,但客观来看，要将理论转化为实践仍然是一个艰难的过程。

其二，就我国目前的专利质押相关工作来看，并没有针对这一特殊的质押模式制定相应的操作流程或制度规范，由于评估机构缺乏统一的评估标准，因此所产生的评估结果也会存在差异。

其三，在目前专利质押的操作过程中，中小企业与担保机构、评估机构和金融机构之间的协同合作机制并不完善，由于各方权责的不明晰也给质押工作造成极大隐患。

其四，就当前市场经济发展的客观环境来说，影响专利权评估结果和可能造成债务人履行债务职责的因素也比较多，因此使得评估结果的公信度不高，同样使得专利质押存在一定风险。

其五，以当前专利质押的资产评估工作来说，普遍以固定的融资额度来倒评资产，其实质就是根据融资需要再来寻找相应有价值的资产装入，难免会对资产评估的准确性和可靠性造成影响。

其六，缺乏相应的评估管理机制，由于缺少监管，使得一旦评估存在异议，尽管能够通过评估协会来进行调节，但并不能够满足专利质押对评估的需要。

（3）专利权的处置变现风险。我国知识产权交易的物理平台虽已建成，但目前市场交易规模较小，交易发展也不够成熟。特别是知识产权意识较薄弱，转让程序复杂严格，且交易信息不透明，也影响了知识产权的变现能力。由于我国知识产权交易的发展无法与知识产权法律制度及保护制度的发展保持同步，目前并没有一个全国性的知识产权交易市场。在知识产权目前处于分头管理、分别保护的情形之下，此番不足尤为明显。专利权的流通不顺畅，流转管道不健全，使得专利权在变现时存在极大的不稳定。这直接导致了出质人在通过知识产权变现实现主债权时无法保证该项知识产权是否存在合适的接纳方，也无法保证接纳方是否能以知识产权质押评估的价值购买该项专利权。与不动产抵押相比，专利权质押物的流动性相对较差，并受到产权交易活跃度的限制，拍卖、转让、诉讼及执行的交易成本较高。银行难以像处理有形资产一样，迅速通过拍卖、转让等方式收回资金。专利权流转的高成本与低效率阻碍了专利权质押融资的发展，使银行面临贷款可能无法收回或者收回成本大于收益的风险。

三、专利投资风险

专利投资亦称"专利权投资"，是指在企业改组、改造、合资、兼并、联合等情况下，专利权人以其发明创造的专利权作价进行的投资。随着科技兴国等口号的提出，越来越多的企业开始注重专利交易，专利投资成为众多出资形式中的新热点。由于专利具有无形性的特点，专利出资过程中常常伴随专利的权属纠纷等问题，若处置不当会影响企业的稳定性以及长久发展。[1]

---

[1] 刘海波，吕旭宁，张亚峰. 专利运营论［M］. 北京：知识产权出版社，2017.

1. 出资前的风险及防范措施

专利投资是专利权资本化的过程。当专利权作为资产被投资到公司后,维护、经营专利权的风险就由专利权人转移到了公司。专利权是否被宣告无效、是否受到侵权,专利技术实施转化是否顺利等这些风险都由公司独自承担,故作为非技术出资方在做出合作投资决定前,应从出资专利权主客体方面做好相应的专利风险尽职调查。

(1) 专利权出资主体资格审查。

第一,根据我国《专利法》第39条以及第40条的规定,发明、实用新型和外观设计专利申请由国家知识产权局审查通过、登记并公告后,专利权自公告之日起生效。因此,作为非技术出资方可要求专利权出资方提供专利权属证书、专利说明书、权利要求书、最新缴纳年费凭证等文件,以确定其用于出资的专利权归其所有。同时,非技术出资一方除了审查专利证书外,也应通过国家知识产权局专利局对专利权人资格做进一步的审查。

第二,若专利出资人为个人,应审查专利权人是否为职务发明人、委托发明人或者合作开发发明人。在现实生活中,公民对专利技术研究往往具有投资的介入,专利技术是职务发明、委托发明,还是合作开发,专利权归属于个人还是投资方,都需要明确界定。在专利权出资人主体审查过程中,应明确专利技术开发者之间的关系,以及中间有无相关协议,要求专利权人做出相关书面陈述。

第三,若专利出资人的专利是受让而来,根据《专利法》第10条的规定,转让专利申请权或者专利权的,当事人应当订立书面合同,并向国务院专利行政部门登记,由国务院专利行政部门予以公告。专利申请权或者专利权的转让自登记之日起生效。因此,不能只看其转让合同,还要查明该专利是否已经向国务院专利行政部门登记,否则卖方仍不是专利权人,还没有成为真正的专利所有人。

(2) 专利权出资客体资格审查。主要从以下几个方面进行:

第一,专利权是否被终止。有些专利权可能因没有按照规定缴纳年费等被依法终止,被终止的专利进入公有领域,不需花费金钱即可利用。因此,查明该专利是否被终止,对非技术出资方意义重大。

第二,专利权具有地域效力。在中国申请的专利只在中国有效,在美国申请的专利只在美国有效。根据该特征,依一国法律取得的专利权只在该国领域内受到法律保护,而在其他国家则不受该国家法律的保护,除非两国之间有双边的专利(知识产权)保护协定,或共同参加了有关保护专利(知识产权)的国际公约。例如,若设立后的公司利用该专利技术制造的产品拟销往泰国,建议应在受让该专利技术前调查技术出资一方的专利是不是包括泰国等地专利,否则可能另有他人在泰国等地享有专利权,出口的产品将受到专利侵权的指控。

第三,专利权何时到期。根据《专利法》第42条的规定,发明专利权的期限为20年,实用新型专利权和外观设计专利权的期限为10年,均自申请日起计算。超过保护期后，专利技术就进入公有领域，不能独占其利。因此，作为非技术出资一方应调查专利权的剩余有效期，同时专利剩余的有效期限越短，专利的商业价值也就越低，此点可作为非技术出资一方谈判的筹码。

第四，是否存在专利质押。如果专利已被质押，一旦专利权人无法清偿债务，债权人有权以该专利折价或者以拍卖、变卖该专利的价款优先受偿。因此，建议非技术出资一方应调查清楚是否存在专利质押的情况。

第五，若投资入股的是专利组合的话，非技术出资一方除了要调查该专利池里是否存在欠缺授权实质条件的专利，也要调查相关专利在目标市场是否有效等问题，更要警惕"一物二卖"。有的专利池里面，看似存在几个不同的专利，而且也在不同的国家获得授权，但实际上是同一个技术主题内容的专利，只是在不同国家使用了不同的名称，或者只是在专利申请文件上使用了不同的表达方式而已，而专利技术出资一方很可能把这些"名为数个、实为一个"的专利权作为资产投资到公司，以达到增加投资额的目的。

2. 专利出资过程中的风险及防范措施

在对专利权出资的可行性与市场风险进行调查确认后，各出资方将会进入出资的实质性阶段，即签订出资合同，该阶段的工作直接影响专利权出资后的风险大小，非技术出资一方可能面临以下风险。

(1) 出资协议不完善的风险。专利投资是一项新生事务，专利作为一种特殊的交易物，具有时间、空间、法律效力等方面的自身特点。出资协议订立时除一般性投资条款外，必须设定关于专利权的严谨的约定条款。

第一，在签署专利权出资协议时，一定要在协议中明确专利权名称、专利号、专利附带技术资料，比较重要的一点是关于约定办理转让登记等手续的时间以及移交专利权权属有关的各种文档、资料的时间。新修订的《公司法》不再要求公司注册成立时必须实际缴付出资，认缴资本改革制度使专利出资人获得了与货币出资人相同的后续出资权，专利权只需确认将特定的专利权用于出资后就可获得股东的身份，专利权转移登记手续可以根据公司经营的需要后续办理。因此，建议在完成专利权权利的有效让渡前，非技术出资一方应在出资协议中明确约定办理转让登记等手续的时间以及移交专利权权属有关的各种文档、资料，同时设置相应的违约责任条款。

第二，若是以专利使用权出资的，因出资人仍保留专利所有权，故缴纳专利权年费的义务仍然由出资方承担，因此对于非技术出资一方，应注意防范因专利权人不按时缴纳年费导致专利权失效的风险。关于这一点，建议非技术出资一方可在专利权出资协议中设置相关知情权条款、违约责任条款。

第三，明确约定专利权出资所占的比例及相应的分红条款，公司接受专利权出资，往往依赖的是评估机构对专利权出资进行的专利权价值的评估结果，然而在大多数专利权出资项目中，专利权出资所预期的效益和实际情况相差很大。因此，建议非技术出资一方在明确约定专利权出资所占比例的前提下,设置公平合理的各方都能接受的利益分配或股份调整的条款,以免陷入出资专利权人的专利因受各种影响而价值大幅度降低,却须按出资比例进行分红的僵局。

第四,须明确约定专利技术改进成果的分配,接受专利权出资的公司往往不满足出资专利权技术的使用,而专利权出资人由于对该专利权的了解与熟知也更容易通过相同原理创造出更为先进的技术并借此获取专利。(例如,可在协议中明确约定,出资人与公司各自在出资的专利基础上进行研发而产生新的发明创造成果的专利申请权,归做出新的发明创造的一方享有,但另一方具有优先受让和使用该技术的权利。)

第五,须在协议中明确约定专利权权利瑕疵担保责任的承担问题,专利权出资人将专利出资,其目的是通过其所有的专利权资本代替货币资本向公司出资,获得股份,并在公司运营发展的同时获得相应份额的股权分红。在专利权出资人期许通过专利权出资获得利益时,其应对专利权资本瑕疵承担担保责任。因此,建议可在协议中明确约定,若因出资专利权权利问题而使得公司面临的侵权纠纷,出资人承担所有赔偿责任。

(2)专利权资本不稳定性与公司资本稳定原则之间矛盾的风险。按照《物权法》规定,专利权已经出资,专利权出资人按照法律的规定合法履行出资义务,且出资的专利权在出资时真实有效,无权利瑕疵,那么专利权人对专利权资本在公司日后的业务开展产生的风险(如资本缩水风险)都无须承担责任。但由于专利权资本经济寿命较短,公司对专利权资本商业化运营的难度较大,若让接受专利权出资的公司承担该风险,明显对公司和其他股东不公平。根据《公司法》的规定,有限责任/股份有限公司成立后,发现作为设立公司出资的非货币财产的实际价额显著低于公司章程所定价额的,应当由交付该出资的股东补足其差额;公司设立时的其他股东承担连带责任。因此,作为非技术出资一方,为解决专利权资本的不稳定性与公司资本稳定原则之间的矛盾,可设置对专利权资本年度评估制度,在必要时调整相应的专利权资本的份额。在遇到专利权资本价值发生重大变化时,赋予公司其他股东重新评估以调整股权结构的请求权。比如,作为非技术出资一方可在出资协议中约定,一定期限内(一般两年内),专利权出资人对专利权资本价值的缩水承担无限的资本补充责任,两年后,对专利权资本价值的缩水承担过错责任。

3. 出资后的风险及防范措施

(1)出资专利权的权属转移风险。《专利法》第10条规定,转让专利申请权或者专利权的,当事人应当订立书面合同,并向国务院专利行政部门登记,由国务院专利行政部门予以公告。专利申请权或者专利权的转让自登记之日起生效。因此,以专利权出资的,须在专利行政部门登记后才发生权利的转移,出资程序才算完成。专利权转移工作不及时,会给后续合同履行中各方在该专利创造的利益分配上造成矛盾从而影响公司的稳定发展。

（2）专利技术泄密风险。目前的专利技术，一般都是需要专利加技术诀窍一起转移才能实施的，因此与专利权出资人签订竞业禁止协议、与掌握这些技术秘密的技术人员签订内部保密协议，可以有效避免因技术人员辞职、跳槽等导致的商业秘密外泄，降低专利权的资本化风险。

【案例 13-3】

北京新华安通公司与 AES 先进疏散系统以色列公司拟共同出资设立公司。新华安通公司以现金出资 75%，AES 公司以知识产权和技术出资 25%。设立的合资公司未完成注册登记时，AES 公司要求解除合资合同。此时，双方对知识产权权属产生了争议。法院认为，AES 公司与新华安通公司曾存在商业上的合作关系，涉案样品于涉案专利申请日前由 AES 公司研制并交付给新华安通公司进行检测，涉案样品与涉案专利的技术方案基本能够一一对应，涉案样品部分原有部件明显已被拆除，新华安通公司提交的证据不能证明涉案专利系其自主研发。因此，更多优势证据指向涉案专利系 AES 公司完成的发明创造，涉案专利的专利权应归属 AES 公司。"该案可见，在知识产权出资纠纷案件中，证据采集和掌握实践方向尤为重要。"金凤华表示，以知识产权出资入股存在较为复杂的法律问题。保障知识产权投资成功的关键是订立内容完备的合同。技术交易的各方不宜过分依赖现有的标准合同，应将重点放在交易标的、专利清单、转移方式等方面进行风险防控。

四、专利保护风险

专利保护风险包括侵犯他人专利权和被他人侵犯专利权。侵犯他人专利权风险主要表现为企业采购侵犯他人知识产权的产品或者原材料，企业在展会上展示或销售未经授权的产品等行为。为此，企业需要加强检验，在采购合同中注明知识产权担保条款。如果发现自身专利被侵权，不要贸然采取措施，而要请专业人员调查清楚，获取充足的侵权证据并评估自身专利的价值及被侵权带来的损失后再采取行动，以免因为盲目采取措施而导致自身专利被无效。无论是侵权还是被侵权，考虑到诉讼给企业带来的时间、金钱等方面的损耗，特别是处于创业初期的企业，建议尽量以和解为主，若和解不成，再走诉讼程序。❶

1. 专利权不稳定风险

专利权能否被无效，涉及的是专利权的稳定性，在国家知识产权局专利复审中的程序叫作确权程序。它是基于《专利法》第 45 条赋予的公众的权力：自国务院专利行政部门公告授予专利权之日起，任何单位或者个人认为该专利权的授予不符合本法有

---

❶ 王小兵. 企业知识产权管理——操作实务与法律风险防范 [M]. 北京：中国法制出版社，2019.

关规定的，可以请求专利复审委员会宣告该专利权无效。《专利法》第 47 条也作出解释：宣告无效的专利权视为自始即不存在。

任何专利都存在被无效的风险，这种可能性是不可避免的，可以通过做好相关基础工作降低这种风险或必要时候予以回击。

（1）做好专利检索和申请工作。专利信息检索，即有关专利信息的查找。在申请专利之前需要检索专利，以免重复研制，侵犯他人专利权，事先检索也可判断该项技术成果是否有可能获得专利权。因此，企业在申请专利时，要对该行业领域内相关企业申请的专利进行细致的检索和比对，排除冲突，避免专利纠纷。在专利申请过程中，一定要撰写好专利的权利要求书。专利的权利要求书直接涉及申请人的利益，十分重要。

（2）要认真地应对专利无效请求。一般情况下，宣告专利无效的主要理由大多是围绕专利的新颖性、创造性和实用性的，根据我国《专利法》的规定，专利权的保护范围以其权利所要求的内容为准，说明书和附图可以用于解释权利要求。所以专利权人应该认真阅读和理解现有的技术，分析自己的权利要求与现有技术之间的本质区别，然后再确定对方提出的理由是否成立。

如果专利权人发现他人提出的理由不成立，提供的证据不真实、不充分，那么专利权人就可以准备答辩意见陈述书，请求专利局驳回专利无效的请求。

（3）向对方相关专利提起无效请求。通过向对方相关专利提起的无效请求，影响对方的权利稳定性，从而在相互提起无效的策略中，达成制衡或扭转局面。

2. 诉讼决策风险

为了最大限度地降低诉讼过程中的风险，要基于诉讼的决策制定合理的策略。以专利为例，在哪个市场、哪个所在国家发起诉讼，针对哪个技术发起诉讼，针对哪个权利持有主体发起诉讼，如何进行更有利于诉讼的取证等都涉及在专利诉讼过程中的决策，为了降低决策风险，在案件早期进行充分的调研、证据获得、专利权利稳定性分析、对方专利诉讼历史数据分析、对方技术路线和发展情况的分析，都是至关重要的。

【案例 13-4】

2019 年 10 月 29 日，爱立信向国际权威知识产权媒体《知识产权资产管理》（IAM）证实，小米和爱立信已经签署了全球专利许可协议，双方在印度德里高等法院"握手言和"，历时 5 年的专利诉讼得以结束，如图 13-1 所示。

图 13-1 报道截图

据报道，爱立信和小米的专利诉讼可以追溯到 2014 年。

当时小米手机在印度刚上市 5 个月，爱立信于 2014 年 12 月 5 日向印度法院提起诉讼，起诉小米公司侵权，主要涉及 ARM、EDGE、3G 等相关技术共 8 项专利。同年 12 月 8 日，印度德里高等法院裁定，小米侵犯了爱立信的基本标准专利，并发布了预售禁令。

之后，经过斡旋，印度德里法院授予小米"临时许可证"，允许其继续在印度销售基于高通处理器的智能手机红米 1S。前提是小米每台设备预缴 100 印度卢比（当时约合人民币 12.69 元）于法院提存。至于搭载联发科平台的手机产品，则依旧处于禁售状态。

2015 年 12 月，爱立信重申对小米诉讼的强硬态度，称该诉讼仍在进行中，爱立信的立场没有改变。"和其他全球智能手机制造商一样，小米需要我们的授权才能使用我们的专利。"

2018 年 6 月，曾有消息称小米与爱立信的专利纠纷已达成和解。但爱立信中国回应表示，与小米专利官司仍在进行中。直到 2019 年 10 月 15 日，双方在印度德里高等法院"握手言和"，专利纠纷至此结束。

小米凭借其性价比优势，在印度市场广受欢迎。

市场调研机构 Counterpoint Research 发布的《2019 Q3 印度手机市场份额》显示，印度 2019 年第三季度智能手机总出货量为 4900 万台，其中小米以 26% 的市场份额位居第一，三星以 20% 的市场份额排名第二。此外，排在第三~五名的是 Vivo、Realme 和 OPPO。

3. 专利质量风险

专利质量是指专利权的实际法律效力，包括依法享受的保护范围适当，专利权稳定，难以被规避，侵权者难以逃脱法律责任，难以被发现法律保护漏洞、可阻止相同发明构思的其他实例也成为专利等。

目前我国企业对知识产权工作越来越重视，但如果缺乏有效管理，充斥一些价值不高的专利会给企业带来很大的成本风险，也会给高价值专利的申请带来负担，影响企业科技竞争力，也影响企业的专利布局。

2016 年年底，国家知识产权局出台《专利质量提升工程实施方案》，提出以"高水平创造、高质量申请、高效率审查、高效益运用"为目标，对应以"发明创造与专利申请质量提升工程、专利代理质量提升工程、专利审查质量提升工程、严格保护和高效运用促进专利质量提升工程"四大重点工程为抓手。

在专利质量风险的把控方面，要注意专利保护范围与专利权属的稳定性是通常成反比的，过于强调扩大专利保护范围，而忽视专利质量，会使企业的专利陷入权属不稳定性中，要在专利质量与专利权利稳定性之间求得平衡。另外，拥有专利的数量庞大并不意味着专利质量的水平高,我国企业对专利的重视程度越来越高,专利数量有了突飞猛进的增长,很多企业专利数量很高,但是质量确实偏低。企业做好知识产权布局,除了提升企业专利数量,更重要的还是在专利质量上面的提升,这样才能真正拥有领先优势。

【案例13-5】
随着我国家电领域竞争日趋激烈和消费者对产品品质的要求不断提高,该领域竞争也开始从粗放型的价格战向技术型的专利战转变。

仅在2017年,格力、美的、奥克斯相互发起多项专利诉讼,诉讼累计标的达到3亿元,在2017年6月,格力电器起诉美的侵犯其3件专利权并索赔总计6000万元。随后,美的连续在广州、苏州等地对格力发起4起诉讼,累计索赔超5000万元。不仅如此,据知产通统计,仅2017年间,就有超过10余起涉案专利宣告无效的案例。

早在2014年,美的还起诉奥克斯侵犯其10件专利权。据相关平台的数据统计,自2014年至2015年,美的以奥克斯对其空调室内机、柜机、导风板、温度传感器等专利技术侵权为由,向奥克斯提起的专利诉讼多达10起,包括8项实用新型专利和2项外观设计专利。

值得注意的是,在美的起诉奥克斯的专利战中,奥克斯随后提出专利无效请求,并且美的起诉奥克斯的10件专利无效均已经开庭审理,复审机关均作出无效决定,结果表明其中8件专利已经被国家知识产权局复审机关宣告全部无效,仅2件专利仍维持有效,被全部宣告无效比率高达80%。

4. 专利标准化风险

专利标准化是指某些专利中的技术被标准所采纳,成为标准的一部分,其实质是在各类技术被普遍专利化后,在对有关产品或技术制定标准时一种难以避免的现象,是技术标准化和技术专利化结合的产物。企业拥有了标准专利,在市场竞争中可以获得更大的话语权,获得成本与技术上的优势,专利许可会带来巨大收益。进入标准组织后,企业作为行业代表可以参与更多行业政策的制定,与组织内成员建立沟通的信息平台,掌握行业内最新的动态消息,应用于企业技术及产品的管理。

在专利标准化的同时,也会产生相应的专利标准化风险,比如增加了标准制修订的复杂性,并可能会导致出现产业垄断、抑制创新等不良情况的出现,这直接会导致因为专利成为标准的一部分而产生的相关风险。因此在专利标准化制定的同时,如何规避不良影响和相关风险,是所有专利标准化组织应当重点考虑的问题之一;在专利与标准结合的过程中,进行充分的行业性研讨、合作研究,对技术发展路线的分析、对已有的相关标准必要专利的充分获知和研究都是必不可少的,也是降低专利标准化风险的关键点。

在专利标准化的过程中，首先要基于企业的技术研发，对技术进行挖掘并形成专利申请，完成技术专利化的过程。随后，需要将专利申请过程与标准起草制定过程同步进行，并进行紧密配合，从而完成专利标准化的过程。在企业完成技术研发后提出专利申请，同时向标准化组织提交含有专利技术方案的文稿。

在此期间，专利申请经过实质审查，可能会根据专利审查员的审查意见对申请文本进行多次修改，最终获得专利授权。与此同时，标准草案也需要反复地讨论修改，才能形成最终发布的标准。因此，最初专利申请的权利要求保护范围和最后形成的标准之间已经不能完全匹配，需要将最终的专利授权文本的权利要求与最终发布的标准进行权利要求比对分析，自行判断专利是否包括在标准中，尽可能降低专利标准化过程中的风险，避免专利与标准无法匹配的情况发生。

【案例 13-6】

智能手机领域的专利侵权诉讼中，标准相关专利的持有者往往利用这些专利打击竞争对手，要求竞争对手支付高额专利授权费，或是将这类专利当作要挟竞争对手的筹码。

摩托罗拉移动持有与 H.264 视频编解码和 802.11 无线标准有关的专利。谷歌收购摩托罗拉移动后就开始"围魏救赵"，起诉苹果专利侵权，同时向美国联邦贸易委员会提出禁令申请，阻止从苹果进口 iPhone、iPad、iPod Touch 以及"各种苹果电脑"。微软也被起诉，被要求缴纳 2.25% 产品售价的授权费，微软每年需要缴纳 40 亿美元。

2013 年年初，美国联邦贸易委员会以及反垄断调查给谷歌施压，强迫其不得通过标准关键专利收取过高的专利费。美国联邦贸易委员会认为，摩托罗拉移动的这些专利已经成为行业标准的一部分。根据相关规则，摩托罗拉移动必须以"公平、合理、非歧视性价格"将这些专利许可给第三方。而摩托罗拉移动试图对微软等竞争对手收取更高的专利费。在针对谷歌的调查中，美国联邦贸易委员会发现，谷歌及其子公司摩托罗拉移动违背了承诺，没有按照"公平、合理、非歧视性原则"将专利授权给标准组织。谷歌承诺，在全球范围内的某些专利诉讼中，放弃寻求对竞争对手产品的禁售令，当有关各方就专利授权费的争议升级时，谷歌将把问题提交给法庭或仲裁机构仲裁。

对于微软和苹果而言这是一大胜利，尤其对于微软。微软与逾 6 家安卓设备厂商达成专利授权协议，要求专利费合每台设备 5~15 美元。这就大大降低了安卓系统的竞争力，但微软的这些专利并非关键专利，当然也不是标准专利。

第三节 其他知识产权的风险管理

【知识点】

商标的风险管理、著作权的风险管理。

【知识内容】

知识产权种类繁多，除专利外，还包括商标、著作权、商业秘密、地理标志等。每一项都涉及风险控制和管理的相关工作，本章主要以专利的风险管理为主，只选取商标和著作权的风险管理简要介绍。

一、商标的管理风险

商标的风险是指企业在商标权取得、运用及保护过程中，由于对其管控不当而给自己带来的不利影响。商标是企业的重要知识产权资源，做好其管理工作，把控商标活动各环节的风险，对企业发展意义重大。[1] 以下简单介绍三种商标的风险。

1. 商标权取得风险

在商标设计阶段，设计者要结合创业企业的自身特点，避免模仿他人商标或他人享有著作权的作品，设计出具有新颖性、显著性、能突显企业特色的商标，防止侵权行为的发生。在设计过程中，企业要做好保密工作，防止企业员工、竞争对手或商标抢注专业户获取设计信息而抢先注册，在确定企业商标后，要及时注册。利用商标的知名度提高企业竞争优势，同时要防止因他人抢注而丧失注册商标专用权的机会。

2. 商标许可风险

创新创业企业如果需要使用他人商标，必须获得使用许可。在决定进行商标许可之前，被许可人首先要考虑商标的市场认可度及发展前景，应当全面考察商标权的法律状态、主体和许可范围等情况。

3. 侵犯他人商标权的风险防范

商标侵权类型较多，主要包括使用侵权、销售侵权、商标标识侵权、商品名称或包装侵权、故意辅助销售侵权以及假冒侵权等行为。处于创业期的企业最常见的侵权行为有：在新的商品名称或者包装上使用与他人已注册商标相同或者近似的文字、图

---

[1] 郭修申. 企业商标战略［M］. 北京：人民出版社，2006.

形；将他人商标用于自己的商品上，凭借商标的知名度推销自己的商品，使消费者误认为购买的是商标原始产品；销售本身就已侵权的商品。为防止侵权行为的发生，企业在产品生产阶段，要加强管理，确保质量，在同行中以卓越的产品质量取胜；在确定产品名称及包装时要进行检索和风险监控，避免与市场上其他企业的相同；对进货渠道严格把控，防止采购侵权商品。在营销阶段，创业者要精心策划，拓展推广渠道，创建自己的品牌，打造特色，以赢得市场、避免侵权。

二、著作权风险管理概述

著作权是公民、法人或其他组织所创作的文学、艺术和科学作品依法享有的权利。著作权的客体内容繁杂，且大多数都与企业生产经营活动密切相关，如果对著作权处理不当，会给企业的生产经营活动带来不利影响。应构建著作权保护与管理体系，有效应对著作权风险。

（1）企业对于自由著作权的作品，因缺乏管理经验，会使其著作权被侵害时无法寻求法律保护。我国有的企业著作权保护意识不强，往往忽视对自己创作的作品进行著作权登记，作品上无完成时间记录，导致其著作权受到侵害时因无法证明完成时间法律不予支持。

（2）有些企业对著作权的权利归属不甚了解，或者对著作权归属约定不是十分清楚，导致产生著作权纠纷。我国《著作权法》对职务作品、合作作品、委托创作作品的著作权归属及其权利行使都作出了明确规定，企业如果对这些规定不清楚，在使用作品时就可能产生各类著作权纠纷。

（3）企业在生产经营活动中有意或无意侵害他人著作权。侵害他人著作权是企业运营活动中最易产生的著作权风险，大部分是由于企业对著作权管理不重视或管理缺失，或对《著作权法》的相关条款缺乏认真研究。

（4）企业在行使著作权时与他人的在先合法权利产生冲突，从而侵犯他人在先权利。在知识产权领域，由于各知识产权部门法对其保护客体的交叉重叠，存在同一客体受到多项法规约束的情形，导致企业对相应知识产权风险防范难以全面考虑。如某种图形，只要具备新颖性、显著性、独创性，就可能同时申请外观设计专利、注册商标和著作权，企业如果以商业目的使用该图形作品，就可能侵犯他人已有的专利权或注册商标专用权。

（5）企业行使著作权时侵犯他人的著作权。按照我国《著作权法》的规定，基于已有著作权进行再创作将形成新的著作权，即邻接权。例如，小明写了一部小说，小明对该小说享有著作权，小丽将其拍摄成电视剧，小丽对该电视剧也享有著作权，小昭将该电视剧改编成话剧，则小昭对该话剧也享有著作权，如果小昭虽经小丽同意但未经小明同意，则侵犯了小明的著作权。

第十四章
企业知识产权保护及诉讼

CHAPTER 14

第一节　企业知识产权民事保护概述

【知识点】

企业知识产权民事保护、企业著作权民事保护、企业专利权民事保护、企业商标专用权民事保护、企业地理标志专有权民事保护、企业商业秘密民事保护、企业集成电路布图设计专有权民事保护、企业植物新品种权民事保护。

【概念解释】

知识产权民事保护是指企业在其作品、发明、实用新型、外观设计、商标、地理标志、商业秘密、集成电路布图设计、植物新品种及法律规定的其他客体依法享有的知识产权受到剽窃、篡改、假冒等侵害时，通过知识产权司法保护体制机制寻求民事救济，进而实现停止侵害，消除影响，赔偿损失。

【知识内容】

一、企业知识产权民事保护

企业的民事权利及其他合法权益受法律保护是民法的基本精神，兼具有人身和财产性质的知识产权作为企业的基本民事权利之一，任何组织或者个人不得侵犯。自《中华人民共和国民法通则》出台起，我国制定了多部保护知识产权的法律法规。1982年通过《中华人民共和国商标法》，1984年通过《中华人民共和国专利法》，1990年通过《中华人民共和国著作权法》，国务院也颁布实施了《中华人民共和国著作权法实施条例》《中华人民共和国专利法实施细则》《中华人民共和国商标法实施条例》等。《中华人民共和国民法总则》第 123 条规定，知识产权是权利人依法就下列客体享有的专有的权利：①作品；②发明、实用新型、外观设计；③商标；④地理标志；⑤商业秘密；⑥集成电路布图设计；⑦植物新品种；⑧法律规定的其他客体。

本章所述企业知识产权民事保护，是指企业在其作品、发明、实用新型、外观设计、商标、地理标志、商业秘密、集成电路布图设计、植物新品种及法律规定的其他客体依法享有的知识产权受到剽窃、篡改、假冒等侵害时，通过知识产权司法保护体制机制寻求民事救济，进而实现停止侵害，消除影响，赔偿损失。

二、企业著作权民事保护

企业依法就作品享有的专有权利是著作权，我国法律对作品的知识产权保护主要规定在著作权相关法律法规中。《中华人民共和国著作权法》所述的作品，包括以下列形式创作的文学、艺术和自然科学、社会科学、工程技术等作品：①文字作品；②口述作品；③音乐、戏剧、曲艺、舞蹈、杂技艺术作品；④美术、建筑作品；⑤摄影作品；⑥电影作品和以类似摄制电影的方法创作的作品；⑦工程设计图、产品设计图、地图、示意图等图形作品和模型作品；⑧计算机软件；⑨法律、行政法规规定的其他作品。

企业对其作品享有的人身权和财产权包括：发表权、署名权、修改权、保护作品完整权、复制权、发行权、出租权、展览权、表演权、放映权、广播权、信息网络传播权、摄制权、改编权、翻译权、汇编权和应当由企业享有的其他权利。

【案例 14-1】最高人民法院指导性案例 80 号——洪某某、邓某某诉贵州某食品有限公司、贵州某文化研发有限公司著作权侵权纠纷案❶

【基本案情】

原告洪某某从事蜡染艺术设计创作多年，先后被文化部授予"中国 10 大民间艺术家""非物质文化遗产保护工作先进个人"等荣誉称号。2009 年 8 月其创作完成的《和谐共生十二》作品发表在贵州人民出版社出版的《福远蜡染艺术》一书中，该作品借鉴了传统蜡染艺术的自然纹样和几何纹样的特征，色彩以靛蓝为主，描绘了一幅花、鸟共生的和谐图景。但该作品对鸟的外形进行了补充，对鸟的眼睛、嘴巴丰富了线条，使得鸟图形更加传神，对鸟的脖子、羽毛融入了作者个人的独创，使得鸟图形更为生动，对中间的铜鼓纹花也融合了作者自己的构思而有别于传统的蜡染艺术图案。2010 年 8 月 1 日，原告洪某某与原告邓某某签订《作品使用权转让合同》，合同约定洪某某将涉案作品的使用权（蜡染上使用除外）转让给邓某某，由邓某某维护受让权利范围内的著作财产权。

---

❶ 最高人民法院关于发布第 16 批指导性案例的通知（法〔2017〕53 号）。

被告贵州某食品有限公司委托第三人贵州某文化研发有限公司进行产品的品牌市场形象策划设计服务，包括进行产品包装及配套设计、产品手册以及促销宣传品的设计等。根据第三人贵州某文化研发有限公司的设计服务，贵州某食品有限公司在其生产销售的产品贵州辣子鸡、贵州小米渣、贵州猪肉干的外包装礼盒的左上角、右下角使用了蜡染花鸟图案和如意图案边框。洪某某认为贵州某食品有限公司使用了其创作的《和谐共生十二》作品，一方面侵犯了洪某某的署名权，割裂了作者与作品的联系，另一方面侵犯了邓某某的著作财产权。经比对查明，贵州某食品有限公司生产销售的上述三种产品外包装礼盒和产品手册上使用的蜡染花鸟图案与洪某某创作的《和谐共生十二》作品，在鸟与花图形的结构造型、线条的取舍与排列上一致，只是图案的底色和线条的颜色存在差别。

【裁判结果】

贵州省贵阳市中级人民法院于2015年9月18日作出（2015）筑知民初字第17号民事判决❶：①被告贵州某食品有限公司于本判决生效之日起10日赔偿原告邓某某经济损失10万元；②被告贵州某食品有限公司在本判决生效后，立即停止使用涉案《和谐共生十二》作品；③被告贵州某食品有限公司于本判决生效之日起5日内销毁涉案产品贵州辣子鸡、贵州小米渣、贵州猪肉干的包装盒及产品宣传册页；④驳回原告洪某某和邓某某的其余诉讼请求。一审宣判后，各方当事人均未上诉，判决已发生法律效力。

【裁判要点】

民间文学艺术衍生作品的表达系独立完成且有创作性的部分，符合《著作权法》保护的作品特征的，应当认定作者对其独创性部分享有著作权。

【法律依据】

- 《中华人民共和国著作权法（2010修正）》第3条
- 《中华人民共和国著作权法实施条例（2013修订）》第2条
- 《中华人民共和国著作权法实施条例（2013修订）》第4条第1款第（九）项
- 《中华人民共和国著作权法（2010修正）》第48条
- 《最高人民法院关于审理著作权民事纠纷案件适用法律若干问题的解释》第19条
- 《最高人民法院关于审理著作权民事纠纷案件适用法律若干问题的解释》第20条第2款
- 《中华人民共和国著作权法（2010修正）》第47条
- 《最高人民法院关于审理著作权民事纠纷案件适用法律若干问题的解释》第25条第1款

---

❶ 贵州省贵阳市中级人民法院（2015）筑知民初字第17号民事判决书。

- 《最高人民法院关于审理著作权民事纠纷案件适用法律若干问题的解释》第 25 条第 2 款
- 《中华人民共和国著作权法（2010 修正）》第 49 条第 2 款

三、企业专利权民事保护

企业依法就发明、实用新型、外观设计享有的专有权利是专利权，我国法律对发明、实用新型、外观设计的知识产权保护主要规定在专利权相关法律法规中。专利法所称的发明创造是指发明、实用新型和外观设计。发明，是指对产品、方法或者其改进所提出的新的技术方案。实用新型，是指对产品的形状、构造或者其结合所提出的适于实用的新的技术方案。外观设计，是指对产品的形状、图案或者其结合以及色彩与形状、图案的结合所作出的富有美感并适于工业应用的新设计。

《中华人民共和国专利法》第 60 条规定，未经专利权人许可，实施其专利，即侵犯其专利权，引起纠纷的，由当事人协商解决；不愿协商或者协商不成的，专利权人或者利害关系人可以向人民法院起诉，也可以请求管理专利工作的部门处理。

【案例 14-2】最高人民法院指导性案例 55 号——柏某某诉成都某营销服务中心等侵害实用新型专利权纠纷案[1]

【基本案情】

原告柏某某系专利号 200420091540.7、名称为"防电磁污染服"实用新型专利（以下简称涉案专利）的专利权人。涉案专利权利要求 1 的技术特征为：a. 一种防电磁污染服，包括上装和下装；b. 服装的面料里设有起屏蔽作用的金属网或膜；c. 起屏蔽作用的金属网或膜由磁导率高而无剩磁的金属细丝或者金属粉末构成。该专利说明书载明，该专利的目的是提供一种成本低、保护范围宽和效果好的防电磁污染服。其特征在于所述服装在面料里设有由磁导率高而无剩磁的金属细丝或者金属粉末构成的起屏蔽保护作用的金属网或膜。所述金属细丝可用市售 5~8 丝的铜丝等，所述金属粉末可用如软铁粉末等。附图 1、附图 2（本部分未附）表明，防护服是在不改变已有服装样式和面料功能的基础上，通过在面料里织进导电金属细丝或以喷、涂、扩散、浸泡和印染等任一方式的加工方法将导电金属粉末与面料复合，构成带网眼的网状结构即可。

2010 年 5 月 28 日，成都某营销服务中心销售了由上海某有限公司生产的添香牌防辐射服上装，该产品售价 490 元，其技术特征是：a. 一种防电磁污染服上装；b. 服装的面料里设有起屏蔽作用的金属防护网；c. 起屏蔽作用的金属防护网由不锈钢金属纤维构成。7 月 19 日，柏某某以成都某营销服务中心销售上海某

---

[1] 最高人民法院关于发布第 11 批指导性案例的通知（法〔2015〕320 号）。

有限公司生产的添香牌防辐射服上装（以下简称"被诉侵权产品"）侵犯涉案专利权为由，向四川省成都市中级人民法院提起民事诉讼，请求判令成都某营销服务中心立即停止销售被控侵权产品；上海某有限公司停止生产、销售被控侵权产品，并赔偿经济损失100万元。

【裁判结果】

四川省成都市中级人民法院于2011年2月18日作出（2010）成民初字第597号民事判决❶：驳回柏某某的诉讼请求。宣判后，柏某某提起上诉。四川省高级人民法院于2011年10月24日作出（2011）川民终字第391号民事判决❷：驳回柏某某上诉，维持原判。柏某某不服，向最高人民法院申请再审，最高人民法院于2012年12月28日裁定❸：驳回其再审申请。

【裁判要点】

专利权的保护范围应当清楚，如果实用新型专利权的权利要求书的表述存在明显瑕疵，结合涉案专利说明书、附图、本领域的公知常识及相关现有技术等，不能确定权利要求中技术术语的具体含义而导致专利权的保护范围明显不清，则因无法将其与被诉侵权技术方案进行有实质意义的侵权对比，从而不能认定被诉侵权技术方案构成侵权。

【法律依据】

- 《中华人民共和国专利法（2008修正）》第26条第4款
- 《中华人民共和国专利法（2008修正）》第59条第1款

四、企业商标专用权民事保护

企业依法就商标享有的专有权利是商标专用权，我国法律对商标的知识产权保护主要规定在商标权相关法律法规中。《中华人民共和国商标法》第3条第1、2、3款规定，经商标局核准注册的商标为注册商标，包括商品商标、服务商标和集体商标、证明商标等。本法所称集体商标，是指以团体、协会或者其他组织名义注册，供该组织成员在商事活动中使用，以表明使用者在该组织中的成员资格的标志。本法所称证明商标，是指由对某种商品或者服务具有监督能力的组织所控制，而由该组织以外的单位或者个人使用于其商品或者服务，用以证明该商品或者服务的原产地、原料、制造方法、质量或者其他特定品质的标志。

根据《中华人民共和国商标法》第3条的规定，商标注册人享有商标专用权，受法律保护。《中华人民共和国商标法》第57条规定，有下列行为之一的，均属侵犯注

---

❶ 四川省成都市中级人民法院（2010）成民初字第597号民事判决书。
❷ 四川省高级人民法院（2011）川民终字第391号民事判决书。
❸ 中华人民共和国最高人民法院（2012）民申字第1544号民事裁定书。

册商标专用权：①未经商标注册人的许可，在同一种商品上使用与其注册商标相同的商标的；②未经商标注册人的许可，在同一种商品上使用与其注册商标近似的商标，或者在类似商品上使用与其注册商标相同或者近似的商标，容易导致混淆的；③销售侵犯注册商标专用权的商品的；④伪造、擅自制造他人注册商标标识或者销售伪造、擅自制造的注册商标标识的；⑤未经商标注册人同意，更换其注册商标并将该更换商标的商品又投入市场的；⑥故意为侵犯他人商标专用权行为提供便利条件，帮助他人实施侵犯商标专用权行为的；⑦给他人的注册商标专用权造成其他损害的。

【案例14-3】最高人民法院指导性案例82号——王某某诉深圳某服饰股份有限公司、杭州某百货有限公司侵害商标权纠纷案❶

【基本案情】

深圳某服装实业有限公司成立于1999年6月8日。2008年12月18日，该公司通过受让方式取得第1348583号"歌力思"商标，该商标核定使用于第25类的服装等商品之上，核准注册于1999年12月。2009年11月19日，该商标经核准续展注册，有效期自2009年12月28日至2019年12月27日。深圳某服装实业有限公司还是第4225104号"ELLASSAY"的商标注册人。该商标核定使用商品为第18类的（动物）皮、钱包、旅行包、文件夹（皮革制）、皮制带子、裘皮、伞、手杖、手提包、购物袋，注册有效期限自2008年4月14日至2018年4月13日。2011年11月4日，深圳某服装实业有限公司更名为深圳某服饰股份有限公司（即本案一审被告人）。2012年3月1日，上述"歌力思"商标的注册人相应变更为深圳某服饰股份有限公司。

一审原告人王某某于2011年6月申请注册了第7925873号"歌力思"商标，该商标核定使用商品为第18类的钱包、手提包等。王某某还曾于2004年7月7日申请注册第4157840号"歌力思及图"商标。后因北京市高级人民法院于2014年4月2日作出的二审判决认定，该商标损害了深圳某服饰股份有限公司的关联企业某投资管理有限公司的在先字号权，因此不应予以核准注册。

自2011年9月起，王某某先后在杭州、南京、上海、福州等地的"ELLASSAY"专柜，通过公证程序购买了带有"品牌中文名：歌力思，品牌英文名：ELLASSAY"字样吊牌的皮包。2012年3月7日，王某某以深圳某服饰股份有限公司及杭州某百货有限公司（以下简称"杭州某百货有限公司"）生产、销售上述皮包的行为构成对王某某拥有的"歌力思"商标、"歌力思及图"商标权的侵害为由，提起诉讼。

【裁判结果】

杭州市中级人民法院于2013年2月1日作出（2012）浙杭知初字第362号民

---

❶ 最高人民法院关于发布第16批指导性案例的通知（法〔2017〕53号）。

事判决：认为深圳某服饰股份有限公司及杭州某百货有限公司生产、销售被诉侵权商品的行为侵害了王某某的注册商标专用权，判决深圳某服饰股份有限公司、杭州某百货有限公司承担停止侵权行为、赔偿王某某经济损失及合理费用共计 10 万元及消除影响。深圳某服饰股份有限公司不服，提起上诉。浙江省高级人民法院于 2013 年 6 月 7 日作出（2013）浙知终字第 222 号民事判决，驳回上诉、维持原判。深圳某服饰股份有限公司及王某某均不服，向最高人民法院申请再审。最高人民法院裁定提审本案，并于 2014 年 8 月 14 日作出（2014）民提字第 24 号判决❶：撤销一审、二审判决，驳回王某某的全部诉讼请求。

【裁判要点】

当事人违反诚实信用原则，损害他人合法权益，扰乱市场正当竞争秩序，恶意取得、行使商标权并主张他人侵权的，人民法院应当以构成权利滥用为由，判决对其诉讼请求不予支持。

【法律依据】

- 《中华人民共和国民事诉讼法（2012 修正）》第 13 条
- 《中华人民共和国商标法（2013 修正）》第 52 条

五、企业地理标志专有权民事保护

企业依法就地理标志享有专有权。目前我国没有专门的法律法规对权利人依法就地理标志享有的专有权利作出规定，对地理标志享有的专有权利分散规定在《中华人民共和国商标法》《中华人民共和国农业法》《中华人民共和国商标法实施条例》等法律法规中。《中华人民共和国商标法实施条例》第 4 条第 1 款规定，《商标法》第 16 条规定的地理标志，可以依照《商标法》和本条例的规定，作为证明商标或者集体商标申请注册。《中华人民共和国农业法》第 23 条第 3 款规定，符合国家规定标准的优质农产品可以依照法律或者行政法规的规定申请使用有关的标志。符合规定产地及生产规范要求的农产品可以依照有关法律或者行政法规的规定申请使用农产品地理标志。《中华人民共和国农业法》第 49 条第 1 款规定，国家保护植物新品种、农产品地理标志等知识产权，鼓励和引导农业科研、教育单位加强农业科学技术的基础研究和应用研究，传播和普及农业科学技术知识，加速科技成果转化与产业化，促进农业科学技术进步。

就地理标志享有专有权利的权利人有其特殊性。由于地理标志是标识商品产自某地区的特定质量、信誉或者其他特征，商品符合使用该地理标志条件的自然人、法人或者非法人组织都可以使用地理标志。《中华人民共和国商标法实施条例》第 4 条第 2 款规定，以地理标志作为证明商标注册的，其商品符合使用该地理标志条件的自然人、

---

❶ 中华人民共和国最高人民法院（2014）民提字第 24 号民事判决书。

法人或者其他组织可以要求使用该证明商标，控制该证明商标的组织应当允许。以地理标志作为集体商标注册的，其商品符合使用该地理标志条件的自然人、法人或者其他组织，可以要求参加以该地理标志作为集体商标注册的团体、协会或者其他组织，该团体、协会或者其他组织应当依据其章程接纳为会员；不要求参加以该地理标志作为集体商标注册的团体、协会或者其他组织的，也可以正当使用该地理标志，该团体、协会或者其他组织无权禁止。《中华人民共和国商标法》第16条第1款规定，商标中有商品的地理标志，而该商品并非来源于该标志所标示的地区，误导公众的，不予注册并禁止使用；但是，已经善意取得注册的继续有效。

【案例14-4】 2015年上海法院知识产权司法保护10大案例之6——"西湖龙井"地理标志证明商标侵权纠纷案❶

【基本案情】

原告某市某区龙井茶产业协会经某市政府同意，注册了第9129815号"西湖龙井"地理标志证明商标，核定使用商品为第30类：茶叶。原告制定的相关管理规则对使用"西湖龙井"商标的商品的生产地域、品质、工艺等进行规定。原告经公证从被告上海某茶叶有限公司处购买了1礼盒茶叶。经比对，被告销售的被控侵权商品的纸袋、礼盒和茶叶罐上均印有竖列的"西湖龍井"字样，销售名片背面印有"虎牌西湖龙井……"字样。原告向法院诉称，原告经商标局核准注册了"西湖龙井"地理标志证明商标。被告销售的茶叶包装和名片上都显著地使用了"西湖龙井"标记，侵犯原告的商标权。请求判令被告停止侵犯原告"西湖龙井"注册商标专用权的行为并赔偿100000元，在《解放日报》《新民晚报》刊登声明，消除影响。

上海市杨浦区人民法院经审理后认为，原告是"西湖龙井"商标的商标权人。被告将印有"西湖龍井"字样的包装袋、礼盒和茶叶罐使用于其销售的茶叶，属于商标性使用。与涉案商标相比，两者区别仅在于简繁体、字体和横竖排列，且被告不能证明其产品来源于"西湖龙井"的指定生产区域并符合特定品质要求，其行为侵犯原告的商标权。此外，被告在名片上印制"虎牌西湖龙井"，使公众对茶叶的来源产生误认，亦构成侵权。被告应当承担停止侵权、赔偿损失等民事责任。

【裁判结果】

上海市杨浦区人民法院于2014年12月26日作出（2014）杨民三（知）初字第422号❷，判决被告立即停止侵犯原告第9129815号"西湖龙井"注册商标专用权的行为；被告赔偿原告经济损失30000元（其中包含合理费用1720元）。一

---

❶ 2015年上海法院知识产权司法保护10大案例。
❷ 上海市杨浦区人民法院（2014）杨民三（知）初字第422号民事判决书。

审判决后，双方当事人均未提出上诉。

【裁判要点】

证明商标的作用在于让相关公众可以通过商标来辨别特定商品或服务的来源。是否侵害地理标志证明商标的关键在于商品是否符合证明商标所标示的特定品质。对于在产地、品质、原料、制造方法等不符合规定的商品上标注该商标的，证明商标的注册人有权禁止，并依法追究其侵犯证明商标权利的责任。

本案中，"西湖龙井"商标享有极高的声誉与知名度，承载了中国传统文化及独特的茶叶生产工艺。被告冒用该商标销售侵权产品，不仅会给该商标以及使用该商标的商品的声誉造成不良影响，亦会对公众的权益造成损害。

【法律依据】

- 《中华人民共和国商标法（2013修正）》第48条
- 《中华人民共和国商标法（2013修正）》第3条第1款
- 《中华人民共和国商标法（2013修正）》第3条第3款
- 《中华人民共和国商标法（2013修正）》第16条第2款
- 《中华人民共和国商标法（2013修正）》第57条第1款第（二）项
- 《中华人民共和国商标法（2013修正）》第63条第1款
- 《中华人民共和国商标法（2013修正）》第63条第3款
- 《中华人民共和国商标法实施条例（2014修订）》第4条第2款
- 《最高人民法院关于审理商标民事纠纷案件适用法律若干问题的解释》第9条第2款
- 《最高人民法院关于审理商标民事纠纷案件适用法律若干问题的解释》第10条
- 《最高人民法院关于审理商标民事纠纷案件适用法律若干问题的解释》第16条第1款
- 《最高人民法院关于审理商标民事纠纷案件适用法律若干问题的解释》第16条第2款
- 《最高人民法院关于审理商标民事纠纷案件适用法律若干问题的解释》第17条第1款
- 《最高人民法院关于审理商标民事纠纷案件适用法律若干问题的解释》第21条第1款
- 《中华人民共和国民事诉讼法（2012修正）》第253条

六、企业商业秘密民事保护

目前我国没有专门的法律法规对权利人依法就商业秘密享有的专有权利作出规定，对商业秘密专有权利的保护分散规定在《反不正当竞争法》《合同法》等法律法规中。

《反不正当竞争法》第9条规定，经营者不得实施下列侵犯商业秘密的行为：①以盗窃、贿赂、欺诈、胁迫、电子入侵或者其他不正当手段获取权利人的商业秘密；②披露、使用或者允许他人使用以前项手段获取的权利人的商业秘密；③违反保密义务或者违反权利人有关保守商业秘密的要求，披露、使用或者允许他人使用其所掌握的商业秘密；④教唆、引诱、帮助他人违反保密义务或者违反权利人有关保守商业秘密的要求，获取、披露、使用或者允许他人使用权利人的商业秘密。经营者以外的其他自然人、法人和非法人组织实施前款所列违法行为的，视为侵犯商业秘密。第三人明知或者应知商业秘密权利人的员工、前员工或者其他单位、个人实施本条第1款所列违法行为，仍获取、披露、使用或者允许他人使用该商业秘密的，视为侵犯商业秘密。《合同法》第43条规定，当事人在订立合同过程中知悉的商业秘密，无论合同是否成立，不得泄露或者不正当地使用。泄露或者不正当地使用该商业秘密给对方造成损失的，应当承担损害赔偿责任。

【案例14-5】最高人民法院公布2013年中国法院10大知识产权案件之5——某国际集团、上海某化工有限公司与张家港某化工有限公司、徐某侵害商业秘密纠纷上诉案——树脂专利相关信息侵害商业秘密纠纷案[1]

【基本案情】

某国际集团、上海某化工有限公司共同诉称：SP-1068产品的生产流程、工艺、配方等技术信息属于某国际集团的商业秘密，上海某化工有限公司系上述商业秘密在中国的独占许可使用权人。被告徐某原系上海某化工有限公司员工，掌握了两原告的涉案商业秘密。徐某从上海某化工有限公司离职后至被告张家港某化工有限公司工作。徐某在张家港某化工有限公司工作期间将两原告的涉案商业秘密披露给张家港某化工有限公司，张家港某化工有限公司使用了两原告的涉案商业秘密，生产了SL-1801产品，并申请了名称为"烷基酚热塑树脂生产的改进工艺"发明专利。两原告遂诉至法院，请求判令两被告：停止侵权、消除影响、赔偿两原告经济损失200万元。

【裁判结果】

上海市第二中级人民法院经审理后认为，法院委托的技术鉴定结论表明，张家港某化工有限公司生产SL-1801产品使用的技术信息，以及涉案发明专利中的相关技术信息与属于两原告商业秘密的技术信息不相同且实质不同，故两原告在本案中的诉讼主张，没有事实和法律依据，遂判决驳回两原告的诉讼请求。两原告不服，提起上诉。[2] 二审法院经审理认为，一审法院判决认定事实清楚，适用

---

[1] 最高人民法院公布2013年中国法院10大知识产权案件。
[2] 上海市第二中级人民法院（2011）沪二中民五（知）初字第50号。

法律正确，遂判决驳回上诉，维持原判。❶

【裁判要点】

本案系中美两国就同一事实同时审理的侵害商业秘密典型案件。侵害商业秘密案件的审理，不仅要维护权利人主张的商业秘密，同时亦应注重当事人之间的利益平衡，规范当事人之间的公平竞争，维护市场的正当秩序。本案中，在涉及双方技术比对的审查中，一审法院启动了严格、规范的鉴定程序，并由鉴定机构出具了专业的鉴定报告。两原告在得知技术鉴定结论对其不利的情况下，以追加被告、撤回起诉、不参加开庭等方式，意图拖延诉讼。一审法院则根据诚实信用原则，及时驳回两原告的不当请求，并依法对该案进行了缺席判决，避免使被告长期处于涉嫌侵权的不稳定状态。在本案审理过程中，某国际集团向美国ITC提出"337调查"申请，指控张家港某化工有限公司侵犯其在华子公司商业秘密，ITC终裁驳回了某国际集团的主张。

【法律依据】

- 《中华人民共和国反不正当竞争法》第10条第3款
- 《最高人民法院关于审理不正当竞争民事案件应用法律若干问题的解释》第9条
- 《最高人民法院关于审理不正当竞争民事案件应用法律若干问题的解释》第10条
- 《最高人民法院关于审理不正当竞争民事案件应用法律若干问题的解释》第11条
- 《最高人民法院关于审理不正当竞争民事案件应用法律若干问题的解释》第14条
- 《中华人民共和国民事诉讼法（2012修正）》第145条第2款
- 《中华人民共和国民事诉讼法（2012修正）》第170条第1款第（一）项

七、企业集成电路布图设计专有权民事保护

企业依法对集成电路布图设计享有专有权。民法总则出台前，我国民事法律对权利人依法就集成电路布图设计享有的专有权利未作出规定，仅有《科学技术进步法》第20条第1款使用"集成电路布图设计专有权"。对集成电路布图设计专有权利的保护主要由国务院《集成电路布图设计保护条例》规范。《集成电路布图设计保护条例》第7条规定，布图设计权利人享有下列专有权：①对受保护的布图设计的全部或者其中任何具有独创性的部分进行复制；②将受保护的布图设计、含有该布图设计的集成电路或者含有该集成电路的物品投入商业利用。

---

❶ 上海市高级人民法院（2013）沪高民三（知）终字第93号。

【案例 14-6】2014 年上海知识产权 10 大典型案件之 2——上海某科技股份有限公司诉上海某电子零件有限公司、深圳市某科技有限公司侵害集成电路布图设计专有权纠纷案❶

【基本案情】

2008 年 3 月 1 日，上海某科技股份有限公司完成了名为"ATT7021AU"的布图设计创作，同年进行布图设计登记。两被告制造、销售 RN8209、RN8209G 芯片。深圳市某科技有限公司网站显示：2010 年 9 月 RN8209 销售量突破 1000 万片。从深圳市某科技有限公司查封的部分增值税专用发票显示销售 RN8209G 芯片 1120 片，单价在 4.80~5.50 元；销售 RN8209 芯片 6610 片，单价在 4.20~4.80 元。经委托鉴定，鉴定结论为：①RN8209、RN8209G 与原告主张的独创点 5（数字地轨与模拟地轨衔接的布图）相同；②RN8209、RN8209G 与原告主张的独创点 7（模拟数字转换电路的布图）中第二区段独立升压器电路的布图相同；③依据现有证据应认定上述 1、2 点具有独创性，不是常规设计。

【裁判结果】

上海市第一中级人民法院认为❷，被告深圳市某科技有限公司未经原告许可，复制原告 ATT7021AU 芯片中具有独创性的"数字地轨和模拟地轨的衔接布图"和"独立升压器电路布图"用于制造 RN8209、RN8209G 芯片并进行销售，其行为侵犯了原告 ATT7021AU 布图设计专有权，判令其立即停止侵害、赔偿损失 320 万元。上海某科技股份有限公司、深圳市某科技有限公司均不服一审判决，向上海市高级人民法院提起上诉。上海市高级人民法院经审理认为❸，原审判决认定事实清楚，适用法律正确，遂判决驳回上诉，维持原判。

【裁判要点】

由于集成电路布图设计的专业性以及法律规定的原则性，相关司法实践较少。未经许可为了研制新的集成电路以进行商业利用而直接复制他人集成电路布图设计中具有独创性的布图设计，不属于为个人目的或者单纯为评价、分析、研究、教学等目的而复制受保护的布图设计的情形，因此，构成侵权。

【法律依据】

- 《集成电路布图设计保护条例》第 2 条
- 《集成电路布图设计保护条例》第 3 条第 1 款
- 《集成电路布图设计保护条例》第 4 条
- 《集成电路布图设计保护条例》第 7 条
- 《集成电路布图设计保护条例》第 30 条

---

❶ 2014 年上海知识产权 10 大典型案件。
❷ 上海市第一中级人民法院（2010）沪一中民五（知）初字第 51 号民事裁定书。
❸ 上海市高级人民法院（2014）沪高民三（知）终字第 12 号民事判决书。

- 《集成电路布图设计保护条例》第 33 条第 1 款
- 《中华人民共和国民事诉讼法（2012 修正）》第 77 条
- 《司法鉴定程序通则》[已失效] 第 26 条
- 《集成电路布图设计保护条例》第 23 条第 1 款第（二）项
- 《集成电路布图设计保护条例》第 5 条
- 《中华人民共和国民事诉讼法（2012 修正）》第 170 条第 1 款第（一）项

八、企业植物新品种权民事保护

对植物新品种的知识产权保护主要规定在《中华人民共和国种子法》《中华人民共和国农业法》《中华人民共和国植物新品种保护条例》等相关法律法规中。《中华人民共和国种子法》第 25 条规定，国家实行植物新品种保护制度。对国家植物品种保护名录内经过人工选育或者发现的野生植物加以改良，具备新颖性、特异性、一致性、稳定性和适当命名的植物品种，由国务院农业、林业主管部门授予植物新品种权，保护植物新品种权所有人的合法权益。植物新品种权的内容和归属、授予条件、申请和受理、审查与批准，以及期限、终止和无效等依照本法、有关法律和行政法规规定执行。国家鼓励和支持种业科技创新、植物新品种培育及成果转化。取得植物新品种权的品种得到推广应用的，育种者依法获得相应的经济利益。《中华人民共和国农业法》第 49 条第 1 款规定，国家保护植物新品种、农产品地理标志等知识产权，鼓励和引导农业科研、教育单位加强农业科学技术的基础研究和应用研究，传播和普及农业科学技术知识，加速科技成果转化与产业化，促进农业科学技术进步。

权利人对植物新品种依法享有的专有权是植物新品种权。《中华人民共和国种子法》第 28 条规定，完成育种的单位或者个人对其授权品种，享有排他的独占权。任何单位或者个人未经植物新品种权所有人许可，不得生产、繁殖或者销售该授权品种的繁殖材料，不得为商业目的将该授权品种的繁殖材料重复使用于生产另一品种的繁殖材料；但是本法、有关法律、行政法规另有规定的除外。

【案例 14-7】最高人民法院指导性案例 92 号——莱州市某种业有限公司诉张掖市某科技有限责任公司侵犯植物新品种权纠纷案❶

【基本案情】

2003 年 1 月 1 日，经农业部核准，"金海 5 号"被授予中华人民共和国植物新品种权，品种号为：CNA20010074.2，品种权人为莱州市某农作物研究有限公司。2010 年 1 月 8 日，品种权人授权莱州市某种业有限公司独家生产经营玉米杂交种"金海 5 号"，并授权莱州市某种业有限公司对擅自生产销售该品种的侵权

---

❶ 最高人民法院关于发布第 17 批指导性案例的通知（法〔2017〕332 号）。

行为，可以以自己的名义独立提起诉讼。2011年，张掖市某科技有限责任公司在张掖市甘州区沙井镇古城村八社、十一社进行玉米制种。莱州市某种业有限公司以张掖市某科技有限责任公司的制种行为侵害其"金海5号"玉米植物新品种权为由向张掖市中级人民法院（以下简称"张掖中院"）提起诉讼。张掖中院受理后，根据莱州市某种业有限公司的申请，于2011年9月13日对沙井镇古城村八社、十一社种植的被控侵权玉米以活体玉米植株上随机提取玉米果穗、现场封存的方式进行证据保全，并委托北京市农科院玉米种子检测中心对被提取的样品与农业部植物新品种保护办公室植物新品种保藏中心保存的"金海5号"标准样品之间进行对比鉴定。该鉴定中心出具的检测报告结论为"无明显差异"。

张掖中院以构成侵权为由，判令张掖市某科技有限责任公司承担侵权责任。张掖市某科技有限责任公司不服，向甘肃省高级人民法院（以下简称"甘肃高院"）提出上诉，甘肃高院审理后以原审判决认定事实不清，裁定发回张掖中院重审。

案件发回重审后，张掖中院复函北京市农科院玉米种子检测中心，要求对"JA2011-098-006"号结论为"无明显差异"的检测报告给予补充鉴定或说明。该中心答复："待测样品与农业部品种保护的对照样品金海5号比较，在40个位点上，仅有1个差异位点，依据行业标准判定为近似，结论为待测样品与对照样品无明显差异。这一结论应解读为：依据DNA指纹检测标准，将差异至少两个位点作为判定两个样品不同的充分条件，而对差异位点在两个以下的，表明依据该标准判定两个样品不同的条件不充分，因此不能得出待测样品与对照样品不同的结论。"经质证，莱州市某种业有限公司对该检测报告不持异议。张掖市某科技有限责任公司认为检验报告载明差异位点数为"1"，说明被告并未侵权，故该检测报告不能作为本案证据予以采信。

【裁判结果】

张掖市中级人民法院以（2012）张中民初字第28号民事判决，判令驳回莱州市某种业有限公司的诉讼请求。莱州市某种业有限公司不服，提出上诉。甘肃省高级人民法院于2014年9月17日作出（2013）甘民三终字第63号民事判决[1]：①撤销张掖市中级人民法院（2012）张中民初字第28号民事判决；②张掖市某科技有限责任公司立即停止侵犯莱州市某种业有限公司植物新品种权的行为，并赔偿莱州市某种业有限公司经济损失50万元。

【裁判要点】

依据中华人民共和国农业行业标准《玉米品种鉴定DNA指纹方法》NY/T 1432—2007检测及判定标准的规定，品种间差异位点数等于1，判定为近似品种；品种间差异位点数大于或等于2，判定为不同品种。品种间差异位点数等于1，不足以认定不是同一品种。对差异位点数在两个以下的，应当综合其他因

---

[1] 甘肃省高级人民法院（2013）甘民三终字第63号民事判决书。

素判定是否为不同品种,如可采取扩大检测位点进行加测,以及提交审定样品进行测定等,举证责任由被诉侵权一方承担。

【法律依据】
- 《中华人民共和国植物新品种保护条例(2014修订)》第16条
- 《中华人民共和国植物新品种保护条例(2014修订)》第17条
- 《最高人民法院关于审理侵犯植物新品种权纠纷案件具体应用法律问题的若干规定》第2条第1款
- 《最高人民法院关于审理侵犯植物新品种权纠纷案件具体应用法律问题的若干规定》第6条

第二节 企业知识产权刑事保护概述

【知识点】

企业知识产权刑事保护概念、假冒注册商标罪、销售假冒注册商标的商品罪,以及非法制造、销售非法制造的注册商标标识罪、假冒专利罪、侵犯著作权罪、销售侵权复制品罪、侵犯商业秘密罪。

【概念解释】

企业知识产权刑事保护是指企业在其作品、发明、实用新型、外观设计、商标、地理标志、商业秘密、集成电路布图设计、植物新品种及法律规定的其他客体依法享有的知识产权遭受侵害达到轻微犯罪但没有达到危害国家公共利益的严重程度时,在公安机关没有介入前,企业以被害人的身份通过刑事自诉手段(或同时提起附带民事诉讼)寻求刑事救济,要求司法机关追究嫌犯的刑事责任。

【知识内容】

一、企业知识产权刑事保护概念

本章所述知识产权刑事保护,是指企业在其作品、发明、实用新型、外观设计、商标、地理标志、商业秘密、集成电路布图设计、植物新品种及法律规定的其他客体依法享有的知识产权遭受侵害达到轻微犯罪但没有达到危害国家公共利益的严重程度时,在公安机关没有介入前,企业以被害人的身份通过刑事自诉手段(或同时提起附带民事诉讼）寻求刑事救济，要求司法机关追究嫌犯的刑事责任。

根据《中华人民共和国刑法》和《最高人民法院、最高人民检察院关于办理侵犯知识产权刑事案件具体应用法律若干问题的解释》的相关规定，目前侵犯知识产权罪主要存在假冒注册商标罪，销售假冒注册商标的商品罪，非法制造、销售非法制造的注册商标标识罪，假冒专利罪，侵犯著作权罪，销售侵权复制品罪，侵犯商业秘密罪7个罪名。

二、假冒注册商标罪

定义	未经注册商标所有人许可，在同一种商品上使用与其注册商标相同的商标，具有下列情形之一的行为：①非法经营数额在5万元以上或者违法所得数额在3万元以上的；②假冒两种以上注册商标，非法经营数额在3万元以上或者违法所得数额在2万元以上的；③其他情节严重的情形
构成要件	①该罪的犯罪主体为一般主体，即任何企业事业单位或者个人假冒他人注册商标，情节达到犯罪标准的即构成本罪；②该罪侵犯的客体为他人合法的注册商标专用权以及国家商标管理秩序；③该罪主观方面为故意，且以营利为目的，过失不构成本罪；④该罪的客观方面为行为人实施了刑法所禁止的假冒商标行为，且情节严重
假冒注册商标行为	①未经注册人的许可，在同一种商品上使用与注册商标相同的商标；②未经注册人的许可，在同一种商品上使用与其注册商标近似的商标；③未经注册人的许可，在类似商品上使用与其注册商标相同的商标；④未经注册人的许可，在类似商品上使用与其注册商标近似的商标

【案例14-8】最高人民法院指导性案例87号——郭某某、郭某、孙某某假冒注册商标案[1]

【基本案情】

"SAMSUNG"是某电子株式会社在中国注册的商标，该商标有效期至2021年7月27日；中国某投资有限公司是某电子株式会社在中国投资设立，并经某电子株式会社特别授权负责某电子株式会社名下商标、专利、著作权等知识产权管理和法律事务的公司。2013年11月，被告人郭某某通过网络中介购买店主为"汪亮"、账号为play2011-1985的淘宝店铺，并改名为"某数码专柜"，在未经中国某投资有限公司授权许可的情况下，从深圳市华强北远望数码城、深圳福田区通天地手机市场批发假冒的I8552手机裸机及配件进行组装，并通过"某数码专柜"在淘宝网上以"正品行货"进行宣传、销售。被告人郭某负责该网店的客服工作及客服人员的管理，被告人孙某某负责假冒的I8552手机裸机及配件的进货、包装及联系快递公司发货。至2014年6月，该网店共计组装、销售假冒I8552手机

---

[1] 最高人民法院关于发布第16批指导性案例的通知（法〔2017〕53号）。

20000 余部，非法经营额 2000 余万元，非法获利 200 余万元。

【裁判结果】

江苏省宿迁市中级人民法院于 2015 年 9 月 8 日作出（2015）宿中知刑初字第 0004 号刑事判决❶，以被告人郭某某犯假冒注册商标罪，判处有期徒刑 5 年，并处罚金人民币 160 万元；被告人孙某某犯假冒注册商标罪，判处有期徒刑 3 年，缓刑 5 年，并处罚金人民币 20 万元。被告人郭某犯假冒注册商标罪，判处有期徒刑 3 年，缓刑 4 年，并处罚金人民币 20 万元。宣判后，三被告人均没有提出上诉，该判决已经生效。

【裁判要点】

假冒注册商标犯罪的非法经营数额、违法所得数额，应当综合被告人供述、证人证言、被害人陈述、网络销售电子数据、被告人银行账户往来记录、送货单、快递公司电脑系统记录、被告人等所作记账等证据认定。被告人辩解称网络销售记录存在刷信誉的不真实交易，但无证据证实的，对其辩解不予采纳。

【法律依据】

- 《中华人民共和国刑法（2015 修正）》第 213 条

三、销售假冒注册商标的商品罪

定义	销售明知是假冒注册商标的商品，销售金额在 5 万元以上的行为
构成要件	①主体：可以是单位和个人。②客体：他人合法的注册商标专用权和国家商标管理秩序。③主观方面：无论主观上是否有过错，都构成侵权。但是，《中华人民共和国商标法》第 56 条规定："销售不知道是侵犯注册商标专用权的商品，能证明该商品是自己合法取得的并说明提供者的，不承担赔偿责任。"④客观方面必须具有销售假冒注册商标的商品，并且销售金额较大的行为

【案例 14-9】2015 年安徽法院知识产权司法保护典型案例之 10——吴某销售假冒注册商标的商品罪案❷

【基本案情】

第 4581865 号钩图形、第 3921767 号"adidas 及图形"、第 175152 号"NEWBALANCE"、第 175153 号"NB"均为经中华人民共和国国家工商行政管理总局商标局核准注册的商标，且在注册商标有效期内。

自 2013 年 4 月开始，被告人吴某通过电商平台供货商，购买假冒第 4581865 号钩图形、第 3921767 号"adidas 及图形"、第 175152 号"NEWBALANCE"、第 175153 号"NB"注册商标的运动鞋，通过微信和 QQ 向他人销售。其中，向汪某

---

❶ 江苏省宿迁市中级人民法院（2015）宿中知刑初字第 0004 号刑事判决书。
❷ 2015 年安徽法院知识产权司法保护典型案例。

某、刘某某（均另案处理）等9人销售假冒注册商标的运动鞋，销售金额共计325626元。

2014年8月19日，公安机关在合肥市站塘路附近将正在交易的吴某现场抓获，并从其住处和仓库依法扣押假冒耐克钩图形商标的运动鞋669双、假冒"adidas"运动鞋431双、假冒"NEWBALANCE"运动鞋1664双，货值金额共计360650元。

被告人吴某在庭审中称，其销售的商品为"高仿货"，销售的价格明显低于正品，顾客询问时也明确告知所售商品非正品，并不知道假冒他人注册商标也属于犯罪行为。

【裁判结果】

合肥高新区人民法院审理认为，被告人吴某销售明知是假冒注册商标的商品，销售金额325626元，数额巨大，尚未销售的货值金额360650元。其行为已构成销售假冒注册商标的商品罪，依法应当追究刑事责任。被告人吴某能够如实供述自己的罪行，庭审中自愿认罪，本可以对其从轻处罚，但被告人吴某案发以后未交出违法所得，缺乏正确的悔过表现，不宜对其适用缓刑。据此判决❶：①被告人吴某犯销售假冒注册商标的商品罪，判处有期徒刑4年，并处罚金人民币30万元；②被告人吴某销售明知是假冒注册商标的商品犯罪所得325626元予以追缴。后被告人上诉至安徽省合肥市中级人民法院，安徽省合肥市中级人民法院经审理后裁定❷：驳回上诉，维持原判。

【裁判要点】

与传统环境下犯罪行为的后果受到实施范围的局限不同，通过微信、QQ等社交网络平台实施的侵犯商标权的犯罪行为，由于网络环境的开放性，不受行为实施物理范围的限制，犯罪的对象更为广泛，其危害后果也更严重。被告人吴某以营利为目的，未经商标权人许可，销售假冒品牌的运动鞋货值金额共计325626元，未销售的货值金额共计360650元，已构成销售假冒注册商标的商品罪。

【法律依据】

- 《中华人民共和国刑法（2015修正）》第214条
- 《中华人民共和国刑法（2015修正）》第52条
- 《中华人民共和国刑法（2015修正）》第53条
- 《中华人民共和国刑法（2015修正）》第67条
- 《中华人民共和国刑法（2015修正）》第64条
- 《中华人民共和国刑法（2015修正）》第61条
- 《最高人民法院、最高人民检察院关于办理侵犯知识产权刑事案件具体应

---

❶ 合肥高新技术产业开发区人民法院（2015）合高新刑初字第00097号刑事判决。
❷ 安徽省合肥市中级人民法院（2015）合刑终字第00320号刑事裁定书。

用法律若干问题的解释》第 2 条
- 《最高人民法院、最高人民检察院关于办理侵犯知识产权刑事案件具体应用法律若干问题的解释》第 12 条
- 《最高人民法院、最高人民检察院关于办理侵犯知识产权刑事案件具体应用法律若干问题的解释（二）》第 3 条
- 《最高人民法院、最高人民检察院关于办理侵犯知识产权刑事案件具体应用法律若干问题的解释（二）》第 4 条
- 《最高人民法院关于适用〈中华人民共和国刑事诉讼法〉的解释》第 365 条
- 《中华人民共和国刑事诉讼法（2012 修正）》第 225 条第 1 款第（一）项

四、非法制造、销售非法制造的注册商标标识罪

定义	指伪造、擅自制造他人注册商标标识，情节严重的行为。商标标识，是指在商品上或者商品包装上使用附有文字、图形或其组合所构成的商标图案的物质载体。凡假造或者未经许可制造注册商标标识，达到严重程度的，即构成本罪
构成要件	①主体：本罪的主体包括自然人和单位；②主观方面：本罪在主观上出于故意，过失不能构成本罪；③客体：本罪侵犯的客体是国家对注册商标的管理制度和他人的注册商标专用权；④客观方面：行为人伪造、擅自制造他人注册商标标识，或者明知是伪造、擅自制造的注册商标标识而加以销售，情节严重的行为

【案例 14-10】湖北法院服务和保障供给侧结构性改革（破产）和食品药品安全 8 大典型案例（2017 年）之 6——被告人张某、邹某犯假冒注册商标罪及被告人王某某犯销售非法制造的注册商标标识罪案❶

【基本案情】

2012 年以来，被告人张某为了制造假冒的调味品进行牟利，从被告人王某某处购买未经授权非法制造的南德调味料包装袋 10000 套、莲花味精包装袋 25000 套，并向王某某汇款 5250 元。后被告人张某、邹某购买一般品牌的味精、鸡精，进行包装后冒充名牌产品"太太乐"鸡精、"莲花"味精产品进行销售，并自己配方，用食盐、味精、香料等制造调味品，冒充名牌产品"南德"调味料进行销售，销售额达 115565 元。2013 年 8 月 14 日，老河口市公安局对张某、邹某二人租住地方及租用的仓库进行了搜查，发现了大量的制假设备、原料以及假冒的"南德"调味品、"太太乐"鸡精、"莲花"味精包装、商标标识。经鉴定，上述包装和商标标识均系未经授权的伪造产品。

---

❶ 2015 年安徽法院知识产权司法保护典型案例。

河南省某集团有限公司于 1998 年 9 月 28 日受让取得第 1141227 号"南街村及图"商标，该商标核定使用商品为第 30 类，即方便面、调味品等，现该商标在核准的法定有效期限内。2004 年 11 月 12 日，该商标被中华人民共和国国家工商行政管理总局认定为驰名商标。某产品有限公司系第 1506180 号"太太乐"商标的商标注册人，该商标核定使用商品为第 30 类，即佐料、味精、调味品等。上海某食品有限公司经某产品有限公司授权许可使用上述商标，该商标尚在核准的法定有效期限内，同时该商标亦被认定为驰名商标。河南省某股份有限公司于 2000 年 12 月 28 日受让取得第 919410 号"莲花"商标，该商标核定使用商品为第 30 类，即咖啡调味品、味精等，现该商标在核准的有效期限内，且该商标亦为驰名商标。被告人张某、邹某所使用的"南德"调味料、"太太乐"鸡精以及"莲花"味精外包装袋上均印制有与上述商标相同的商标标识。

【裁判结果】

湖北省襄阳市中级人民法院于 2015 年 1 月 19 日作出〔2014〕鄂襄阳中知刑初字第 00002 号刑事判决：①被告人张某犯假冒注册商标罪，判处有期徒刑 2 年，并处罚金人民币 60000 元（限于本判决生效后 1 个月内缴纳）；刑期从判决执行之日起计算。判决执行以前先行羁押的，羁押 1 日折抵刑期 1 日，即自 2013 年 8 月 14 日起至 2015 年 8 月 13 日止。②被告人邹某犯假冒注册商标罪，判处有期徒刑 1 年，并处罚金人民币 50000 元（限于本判决生效后 1 个月内缴纳）；刑期从判决执行之日起计算。判决执行以前先行羁押的，羁押 1 日折抵刑期 1 日，即应扣除 2 个月零 10 天，即自 2015 年 1 月 19 日起至 2015 年 11 月 8 日止。③被告人王某某犯销售非法制造的注册商标标识罪，判处有期徒刑 1 年，并处罚金人民币 10000 元（限于本判决生效后 1 个月内缴纳）；刑期从判决执行之日起计算。判决执行以前先行羁押的，羁押 1 日折抵刑期 1 日，即应扣除 22 天，即自 2015 年 1 月 19 日起至 2015 年 12 月 26 日止。④对被告人邹某的非法所得予以追缴，上缴国库（老河口市公安机关已追缴）。⑤查获的制假设备、原料以及假冒的"南德"调味品、"太太乐"鸡精、"莲花"味精包装、商标标识等予以没收，由老河口市公安机关负责处理。

张某、邹某、王某某均不服一审判决，分别向湖北省高级人民法院提出上诉。

湖北省高级人民法院于 2015 年 6 月 17 日作出（2015）鄂知刑终字第 00001 号刑事裁定[1]：①维持湖北省襄阳市中级人民法院〔2014〕鄂襄阳中知刑初字第 00002 号刑事判决第 1 项、第 2 项、第 4 项、第 5 项。②维持湖北省襄阳市中级人民法院〔2014〕鄂襄阳中知刑初字第 00002 号刑事判决第 3 项对上诉人王某某的定罪和量刑部分，对上诉人王某某的刑期重新计算。③上诉人王某某犯销售非法制造的注册商标标识罪，判处有期徒刑 1 年，并处罚金人民币 10000 元（限于本

---

[1] 湖北省高级人民法院（2015）鄂知刑终字第 00001 号刑事裁定书。

判决生效后 1 个月内缴纳）；刑期从判决执行之日起计算。判决执行以前先行羁押的，羁押 1 日折抵刑期 1 日，即自 2015 年 1 月 19 日起至 2015 年 12 月 16 日止。

【裁判要点】

为他人假冒注册商标提供帮助的行为人，应当区分情况认定其构成假冒注册商标罪的共同犯罪或者是独立构成非法制造、销售非法制造的注册商标标识罪。行为人为他人假冒注册商标提供生产、制造侵权产品的主要原材料、辅助材料、半成品、生产技术、配方等帮助，或者是为其提供不包含注册商标的包装材料、标签标识，应以假冒注册商标罪的从犯论处；行为人为他人假冒注册商标提供的包装材料上印制有注册商标，或其提供的标签标识本身就是注册商标，应当认定为单独构成非法制造、销售非法制造的注册商标标识罪。

【法律依据】

- 《中华人民共和国刑法（2017修正）》第 213 条
- 《中华人民共和国刑法（2017修正）》第 215 条
- 《中华人民共和国刑法（2017修正）》第 25 条第 1 款
- 《最高人民法院、最高人民检察院、公安部印发〈关于办理侵犯知识产权刑事案件适用法律若干问题的意见〉》的通知第 15 条

五、假冒专利罪

定义	假冒专利罪，是指自然人或单位，违反专利管理法规，故意假冒他人专利，情节严重的行为
假冒专利罪行为模式	①未经许可，在其制造或销售的产品、产品包装上标注他人的专利号；②未经许可，在广告或其他宣传材料中使用他人专利号，使人将所涉及的技术误认为是他人的专利技术；③未经许可，在合同中使用他人的专利号，使人将合同涉及的技术误认为是他人的专利技术；④伪造或变造他人的专利证书、专利文件或者专利申请文件
认定情节严重的一般标准	①非法经营额在 20 万元以上或违法所得数额在人民币 10 万元以上的，多次实施侵犯知识产权行为，未经行政处理或者刑事处罚的，违法所得数额累计计算；②给专利权人造成直接经济损失数额在人民币 50 万元以上的；③假冒两项以上他人专利，非法经营额在 10 万元以上或违法所得数额在人民币 5 万元以上的；④虽未达到上述数额标准，但因假冒他人专利，受过行政处罚 2 次以上，又假冒他人专利的；⑤造成恶劣影响的

假冒专利罪案件由犯罪地公安机关立案侦查。必要时，可以由犯罪嫌疑人居住地公安机关立案侦查。假冒专利罪案件的犯罪地，包括侵权产品制造地、储存地、运输地、销售地，权利人受到实际侵害的犯罪结果发生地。对有多个犯罪地的，由最初受理的公安机关或者主要犯罪地公安机关管辖。多个侵犯知识产权犯罪地的公安机关对管辖有争议的，由共同的上级公安机关指定管辖，需要提请批准逮捕、移送审查起诉、提起公诉的，由该公安机关所在地的同级人民检察院、人民法院受理。

对于不同犯罪嫌疑人、犯罪团伙跨地区实施的涉及同一批侵权产品的制造、储存、运输、销售等假冒专利罪犯罪行为，符合并案处理要求的，有关公安机关可以一并立案侦查，需要提请批准逮捕、移送审查起诉、提起公诉的，由该公安机关所在地的同级人民检察院、人民法院受理。

被害人有证据证明的假冒专利罪案件，可以直接自行向法院起诉。

六、侵犯著作权罪与销售侵权复制品罪

侵犯著作权罪与销售侵权复制品罪	①两罪均为目的犯，即必须要"以营利为目的"，其中以刊登收费广告等方式直接或间接收取费用的情形，亦属"以营利为目的"；②出版单位可能构成"侵犯著作权罪"与"销售侵权复制品罪"的共犯；③实施侵犯著作权行为，又销售该侵权复制品，违法所得数额巨大的，只定侵犯著作权罪，不实行数罪并罚；实施侵犯著作权的犯罪行为，又明知是他人的侵权复制品而予以销售，则应当数罪并罚；④《刑法》所规定的"未经著作权人许可"，是指没有得到著作权人授权或者伪造、涂改著作权人授权许可文件或者超出授权许可范围的情形；⑤通过信息网络向公众传播他人文字作品、音乐、电影、电视、录像作品、计算机软件及其他作品的行为，不应当视为《刑法》第217条规定的"复制发行"行为

侵犯著作权罪与销售侵权复制品罪的主观要件只能是故意，疏忽大意的过失或过于自信的过失都不能构成以上罪行。侵犯著作权罪的认定条件包括违法所得数额在3万元以上的；非法经营数额在5万元以上的；未经著作权人许可，复制发行其文字作品、音乐、电影、电视、录像作品、计算机软件及其他作品，复制品数量合计在500张（份）以上的；销售侵权复制品罪的认定条件包括违法所得数额在10万元以上的。

七、侵犯商业秘密罪

定义	有下列侵犯商业秘密行为之一，给商业秘密的权利人造成重大损失的，处3年以下有期徒刑或者拘役，并处或者单处罚金；造成特别严重后果的，处3年以上7年以下有期徒刑，并处罚金：①以盗窃、利诱、胁迫或者其他不正当手段获取权利人的商业秘密的；②披露、使用或者允许他人使用以前项手段获取的权利人的商业秘密的；③违反约定或者违反权利人有关保守商业秘密的要求，披露、使用或者允许他人使用其所掌握的商业秘密的。明知或者应知前款所列行为，获取、使用或者披露他人的商业秘密的，以侵犯商业秘密论。本条所称商业秘密，是指不为公众所知悉，能为权利人带来经济利益，具有实用性并经权利人采取保密措施的技术信息和经营信息。本条所称权利人，是指商业秘密的所有人和经商业秘密所有人许可的商业秘密使用人
构成要件	①主观上具有犯罪故意；②客观上具有非法获取、披露、使用或允许他人使用商业秘密的行为；③侵权行为给权利人造成重大损失（"重大损失"指直接经济损失50万元，或导致权利人公司、企业破产、倒闭或濒临倒闭等严重后果）

续表

认定情节严重的一般标准	①非法经营额在20万元以上或违法所得数额在人民币10万元以上，多次实施侵犯知识产权行为，未经行政处理或者刑事处罚的，违法所得数额累计计算；②给专利权人造成直接经济损失数额在人民币50万元以上的；③假冒两项以上他人专利，非法经营额在10万元以上或违法所得数额在人民币5万元以上的；④虽未达到上述数额标准，但因假冒他人专利，受过行政处罚2次以上，又假冒他人专利的；⑤造成恶劣影响的

侵犯商业秘密罪可以构成单位犯罪，单位犯罪的按照相应个人犯罪的定罪量刑标准的3倍定罪量刑。

依据《最高人民法院、最高人民检察院关于办理知识产权刑事案件具体应用法律若干问题的解释（一）、（二）》，给权利人造成经济损失50万元以上的属于造成重大损失，可以追究刑事责任，并且企业可以直接自诉。对于50万元损失的构成标准，各地法院要求不一，有的法院认可鉴定结论得出的50万元以上损失即可认定构成犯罪；有的地方法院要求发生实际发生的损失才定罪。前者鉴定可以报告成本置换法损失，后者则要求严格。

【案例14-11】人民法院充分发挥审判职能作用保护知识产权和企业家合法权益典型案例（第1批）之6——彭某侵犯商业秘密罪案❶

【基本案情】

贵阳某科技公司在研发、生产、销售反渗透膜过程中形成了相应的商业秘密，并制定保密制度，与员工签订保密协议，明确对商品供销渠道、客户名单、价格等经营秘密及配方、工艺流程、图纸等技术秘密进行保护。公司高管叶某掌握供销渠道、客户名单、价格等经营秘密；赵某作为工艺研究工程师，是技术秘密PS溶液及LP/ULPPVA配制配方、工艺参数及配制作业流程的编制人；宋某任电气工程师，掌握刮膜、覆膜图纸等技术秘密。3人均与公司签有保密协议。被告人彭某为公司的供应商，在得知公司的生产技术在国内处于领先水平，3人与公司签有保密协议的情况下，与3人串通共同成立公司，依靠3人掌握的公司技术、配制配方、工艺参数、配制作业流程及客户渠道等商业秘密生产相关产品，造成贵阳某科技公司375.468万元的经济损失。

【裁判结果】

一审法院认定❷，被告人彭某伙同叶某等3人共同实施了侵犯他人商业秘密的行为，造成商业秘密的权利人重大经济损失，后果特别严重，其行为均已构成侵犯商业秘密罪。依照《中华人民共和国刑法》第219条、《最高人民法院、最高人民检察院关于办理侵犯知识产权刑事案件具体应用法律若干问题的解释》第

---

❶ 人民法院充分发挥审判职能作用保护产权和企业家合法权益典型案例（第1批）之6。
❷ 贵州省贵阳市中级人民法院（2016）黔01刑初105号刑事判决书。

7条第2款等的规定,判决被告人彭某有期徒刑4年,并处罚金人民币2万元。彭某不服上诉,二审法院作出(2016)黔刑终593号裁定❶,驳回上诉,维持原判。

【裁判要点】

商业秘密是企业的重要财产权利,关乎企业的竞争力,对企业的发展至关重要,甚至直接影响企业的生存发展。依法制裁侵犯商业秘密行为,是保护企业知识产权的重要方面,也是维护公平竞争,保障企业投资、创新、创业的重要措施。本案被告人恶意串通,违反保密义务,获取、使用企业的技术信息和经营信息等商业秘密,造成了权利人的重大损失,不仅构成民事侵权应当承担民事责任,而且因造成了严重后果,已经构成《刑法》规定的侵害商业秘密罪。

【法律依据】

- 《中华人民共和国刑法(2017修正)》第219条
- 《最高人民法院、最高人民检察院关于办理侵犯知识产权刑事案件具体应用法律若干问题的解释》第7条第2款

第三节 企业知识产权行政保护概述

【知识点】

企业知识产权行政保护概念、企业专利权行政保护、企业著作权行政保护、企业商标专用权行政保护、企业知识产权海关行政保护。

【概念解释】

企业知识产权行政保护是指企业在其作品、发明、实用新型、外观设计、商标、地理标志、商业秘密、集成电路布图设计、植物新品种及法律规定的其他客体依法享有的知识产权已发生侵权纠纷或以预防侵权纠纷为目的,由知识产权相关权利人或者利害关系人向知识产权行政管理机关请求介入处理或预先备案。

【知识内容】

一、企业知识产权行政保护概念

某些侵犯知识产权的行为不仅损害了私人权益,而且也扰乱了正常的社会秩序,

---

❶ 贵州省高级人民法院(2016)黔刑终593号刑事裁定书。

侵害了国家与社会公众的利益。因此，这种行为已不仅是对私权领域的侵犯，而且也是对国家公权领域的侵犯，即构成违反行政法律规范的行为。在这种情况下，行为人不但要对侵权行为承担民事责任，同时也要对自己违反行政法律义务所造成的后果承担行政责任。行政处罚措施有训诫（或警告）、责令停止制作和发行侵权复制品、没收非法所得、没收侵权复制品和制作侵权品设备、罚款等。

各国一般设有专门的行政管理机关，如版权局、专利局、商标局、工商行政管理局等，或是成立统一的管理知识产权事务的行政部门，如工业产权局、知识产权局等。上述行政管理机关通过相关知识产权审查登记、相关知识产品使用管理、相关知识产品复制品进出境管理等，采取各种行政措施保护当事人的合法权益。

本章所述企业知识产权行政保护，是指企业在其作品、发明、实用新型、外观设计、商标、地理标志、商业秘密、集成电路布图设计、植物新品种及法律规定的其他客体依法享有的知识产权已发生侵权纠纷或以预防侵权纠纷为目的，由知识产权相关权利人或者利害关系人向知识产权行政管理机关请求介入处理或预先备案。

二、企业专利权行政保护

1. 受案机关

对于专利侵权案件，企业可以请求专利主管部门进行处理。专利主管部门在进行处理时，认定侵权行为成立的，可以责令立即停止侵权行为，当事人不服的，可以自收到处理通知之日起15日内提起行政诉讼。但侵权人期满不起诉又不停止侵权行为的，专利主管部门可以申请人民法院强制执行。

对于假冒专利行为，企业或者利害关系人可以向专利主管部门进行投诉，要求专利主管部门进行查处。

2. 案件材料（仅供参考，以实际要求为准）

专利侵权案件	①行政处理请求书；②专利证书；③专利年费缴费证明；④被控侵权产品实物及购买发票；⑤技术分析报告；⑥被控侵权人的营业执照
假冒专利案件	①投诉书；②专利证书；③专利年费缴费证明；④被投诉人假冒专利的相关证据，包括实物产品、合同、产品的宣传材料等
注意事项	①对于专利侵权纠纷案件的处理结果，企业如果对专利主管部门的行政处理不服，可以在法定期间内向法院提起行政诉讼；②从程序上来说，对于专利侵权纠纷，专利主管部门首先进行调解程序，在企业不愿意参加调解或者不能达成调解协议的情况下，专利管理部门才进行处理；③为了保证案件的受理，相关侵权品的购买过程也应当进行公证；④行政管理机关无权处理专利侵权的赔偿纠纷。行政机关在作出侵权认定后，可以应企业的申请就赔偿数额问题进行调解

三、企业著作权行政保护

1. 受案机关

受理著作权行政投诉的机关为各级著作权行政管理部门。企业发现侵权行为后，可以根据情况向侵权行为实施地、侵权结果发生地（包括侵权复制品储藏地、依法查封扣押地、侵权网站服务器所在地、侵权网站主办人住所地或者主要经营场所地）的著作权行政管理部门投诉。在某些情况下，著作权行政管理部门可以依法将投诉移交另一著作权行政管理部门处理。

2. 案件材料（仅供参考，以实际要求为准）

投诉人向著作权行政管理部门投诉时，应当提交下列材料：

1）调查申请书，其中应当写明投诉人、被投诉人的姓名（或者名称）和地址，投诉日期，申请调查所根据的主要事实和理由。

2）投诉人的身份证明（如果投诉人委托代理师进行投诉，应当同时提交委托书和代理师的身份证明）。

3）权利归属的初步证据，如作品原稿，由投诉人署名发表的作品，作品登记证书，取得权利的合同，或者认证机构出具的证明等。

4）侵权证据，包括侵权复制品，涉及侵权行为的账目、合同和加工、制作单据，证明侵权行为的公证书，有关照片等。

3. 注意事项

1）投诉材料可以直接向著作权行政管理部门提交，也可以通过邮寄方式提交。

2）投诉人提交的投诉材料如果文字部分是外文，应当附带相应的中译文。

3）投诉人如果对著作权行政管理部门的处理决定不服，可以依法申请行政复议或者提起行政诉讼。申请行政复议或者提起行政诉讼，应当相应适用《中华人民共和国行政复议法》或者《中华人民共和国行政诉讼法》规定的有关程序。

四、企业商标专用权行政保护

1. 受案机关

当商标权被侵犯时，根据《中华人民共和国商标法》的规定，注册人或利害关系人既可以向县级以上工商行政管理部门投诉，也可以直接向人民法院起诉。工商行政管理部门认定侵权行为成立的，责令立即停止侵权行为，没收、销毁侵权商品和专门用于制造侵权商品、伪造注册商标标识的工具，并可处以罚款。

（1）以下3类案件，一般应投诉至工商的商标执法部门：

1）完全仿冒商标权人的注册商标。

2）将商标权人的注册商标作包含式使用。

3）将商标权人的注册商标恶意注册为企业字号，并突出使用。

（2）以下3类案件，一般应投诉至工商的经济检查部门：

1）使用与注册商标商品近似的名称、包装、装潢，造成和他人的注册商标商品相混淆，使购买者可能产生误解的。

2）擅自使用与注册商标商品的生产企业相同或相近似的企业名称，可能引人误解的。

3）擅自将商标人的注册商标恶意注册为企业字号，可能引起误认的。

2. 申请撤销已注册商标

根据《中华人民共和国商标法》《中华人民共和国商标法实施条例》及其他有关的规定，已经注册的商标违反《中华人民共和国商标法》相关规定的，有关当事人可以请求商标评审委员会裁定撤销该注册商标。

3. 案件材料（仅供参考，以实际要求为准）

投诉书一般应包括以下内容：

第一部分：开头。内容包括：呈交部门，如×××工商行政管理局；投诉人名称、地址、电话、联系人，商标代理机构代理投诉的还应列明代理机构的名称、地址、电话、联系人；被投诉人（生产者或经营者）名称、地址、电话、联系人；被投诉的商品名称、数量、储藏地点等。

第二部分：事实和理由。内容包括：被侵权商标的注册情况、商品产销情况及获奖情况，是否被认定为知名商品、名牌产品、驰名商标等；该知名商品的销售时间、销售区域、销售额和销售对象；侵权事实及法律依据；侵权行为的时间、地点；侵权形式及构成侵权的理由；给被侵权人造成的损失或影响等。

第三部分：请求事项。内容包括：请求依法给予行政处罚；是否要求侵权人给予赔偿；是否请求工商行政管理部门进行调解。

第四部分：落款。内容包括：投诉人签名、盖章，并标明撰写时间。

4. 注意事项

（1）实践中，可以将行政查处与民事赔偿诉讼结合使用。

（2）行政诉讼主要审查的是合法性问题，实践中，企业应当积极配合工商执法部门的执法，切实保证执法程序无瑕疵。

（3）在投诉前必须充分收集侵权证据，从而为行政投诉、行政诉讼及民事赔偿诉讼打好基础。

（4）开展必要的背景调查。

（5）行政复议及诉讼程序适用一般程序处理的案件应当自立案之日起90日内作出处理决定；案情复杂，不能在规定期限内作出处理决定的，经工商行政管理机关负责人批准，可以延长30日；案情特别复杂，经延期仍不能作出处理决定的，应当由工商行政管理机关有关会议集体讨论决定是否继续延期。案件处理过程中听证、公告和鉴定等时间不计入前款所指的案件办理期限。

五、企业知识产权海关行政保护

1. 向海关申请知识产权备案保护的作用

根据1995年颁布的《知识产权海关保护条例》，知识产权备案是知识产权权利人向海关寻求保护的前提条件。2003年12月修订的《知识产权海关保护条例》对此进行了修改，不再要求知识产权权利人在向海关申请保护前必须进行知识产权备案。但是，对某些知识产权权利人而言，如商标专用权权利人，备案与否有很大的差异，主要体现在：

（1）是海关采取主动保护措施的前提条件。根据《知识产权海关保护条例》的规定，知识产权权利人如果事先没有将其知识产权向海关备案，海关发现侵权货物即将进出境，也没有权力主动中止其进出口，也无权对侵权货物进行调查处理。

（2）有助于海关发现侵权货物。尽管根据《知识产权海关保护条例》的规定，知识产权权利人在进行备案后，仍然需要在发现侵权货物即将进出境时向有关海关提出采取保护措施的申请，但是，从实践看，海关能否发现侵权货物，主要依赖于海关对有关货物的查验。由于知识产权权利人在备案时，需要提供有关知识产权的法律状况、权利人的联系方式、合法使用知识产权情况、侵权嫌疑货物情况、有关图片和照片等情况，使海关有可能在日常监管过程中发现侵权嫌疑货物并主动予以扣留。所以，事先进行知识产权备案，可以使权利人的合法权益得到及时的保护。

（3）知识产权权利人的经济负担较轻。根据海关总署有关《知识产权海关保护条例》的实施办法规定，在海关依职权保护模式下，知识产权权利人向海关提供的担保最高不超过人民币10万元，同时还可以向海关总署申请总担保。如果知识产权权利人事先未进行知识产权备案，则不能享受上述待遇，必须提供与其要求扣留的货物等值的担保。

（4）可以对侵权人产生震慑作用。由于海关对进出口侵权货物予以没收并给予进出口企业行政处罚，尽早进行知识产权备案，可以对那些过去毫无顾忌地进出口侵权货物的企业产生警告和震慑作用，促使其自觉地尊重有关知识产权。此外，有些并非恶意出口侵权产品的企业也可能通过查询备案，了解其承揽加工和出口的货物是否可能构成侵权。

2. 向海关申请知识产权备案保护的适格主体

只有知识产权权利人可以作为申请人向海关申请知识产权备案。这里的"知识产权权利人"是指《中华人民共和国商标法》《中华人民共和国专利法》和《中华人民共和国著作权法》中规定的商标注册人、专利权人、著作权人和与著作权有关的权利人。使用知识产权的被许可人不能以自己的名义申请知识产权备案，但是可以接受商标注册人、专利权人、著作权人和与著作权有关的权利人的委托，以其代理师的身份并以权利人的名义提出申请。

非中国大陆地区的权利人必须委托境内的自然人、法人或者其他组织（如境外权利人在境内设立的办事机构）向海关总署申请办理。

3. 可以向海关申请知识产权备案保护的知识产权类型

根据国务院颁布的《知识产权海关保护条例》第 2 条的规定，我国海关保护的知识产权应当是与进出口货物有关并受中华人民共和国法律、行政法规保护的商标专用权、著作权和与著作权有关的权利、专利权。所以，以下知识产权可以向海关申请备案保护：

（1）国家知识产权局核准注册的商标（服务商标除外）。

（2）在世界知识产权组织注册并延伸至我国的国际注册商标（服务商标除外）。

（3）国家知识产权局（包括原中国专利局）授予专利权的发明、外观设计、实用新型专利。

（4）《保护文学和艺术作品的伯尔尼公约》成员方的公民或者组织拥有的著作权和与著作权有关的权利。

第四节　企业知识产权诉讼

【知识点】

全国知识产权法院管辖情况、企业知识产权诉讼的权利与义务、企业知识产权民事诉讼常见问题、企业知识产权行政诉讼注意事项。

【概念解释】

和解：在没有第三方介入的情况下，注册商标权利人与侵权人自行协商解决纠纷的活动。我国法律规定，和解在其适用的场景下，可以在起诉前或者诉讼进程中的任一阶段进行。

调解：经过第三方的排解疏导、说服教育，促使注册商标权利人与侵权人依法自愿达成协议、解决纠纷的活动。与和解不同，调解是在第三方参与的情况下而达成的和解。根据第三方的不同，调解可分为民间调解、法院调解、行政调解以及仲裁调解。

诉讼：由人民法院依据法律对当事人之间的争议事实进行审理，通过司法程序解决争议的活动。

仲裁：当事人事先或事后达成的仲裁协议，自愿将争议提请仲裁委员会进行裁决，并执行该裁决的方式。相比诉讼，仲裁具有极大的灵活性、便利性和极强的保密性。

与知识产权有关的所有刑事、行政、民事纠纷中，几乎只有民事纠纷中涉及仲裁；在与知识产权有关的所有合同纠纷、侵权纠纷、权属纠纷中，几乎只有合同纠纷中涉及仲裁；与知识产权有关的所有合同纠纷中，几乎只有当事人事前约定仲裁的，或者事后一致同意仲裁的这类纠纷，才涉及仲裁。因此，仲裁来源于约定，没有约定，就没有仲裁。鉴于仲裁案件在知识产权法律实务中相对诉讼而言并不常见，本章仅做简单介绍。

【知识内容】

一、全国知识产权法院管辖情况[1]

1. 最高人民法院知识产权法庭

最高人民法院知识产权法庭审理下列案件：

1）不服高级人民法院、知识产权法院、中级人民法院作出的发明专利、实用新型专利、植物新品种、集成电路布图设计、技术秘密、计算机软件、垄断第一审民事案件判决、裁定而提起上诉的案件。

2）不服北京知识产权法院对发明专利、实用新型专利、外观设计专利、植物新品种、集成电路布图设计授权确权作出的第一审行政案件判决、裁定而提起上诉的案件。

3）不服高级人民法院、知识产权法院、中级人民法院对发明专利、实用新型专利、外观设计专利、植物新品种、集成电路布图设计、技术秘密、计算机软件、垄断行政处罚等作出的第一审行政案件判决、裁定而提起上诉的案件。

4）全国范围内重大、复杂的本条第1）、2）、3）项所称第一审民事和行政案件。

5）对本条第1）、2）、3）项所称第一审案件已经发生法律效力的判决、裁定、调解书依法申请再审、抗诉、再审等适用审判监督程序的案件。

6）本条第1）、2）、3）项所称第一审案件管辖权争议，罚款、拘留决定申请复议，报请延长审限等案件。

7）最高人民法院认为应当由知识产权法庭审理的其他案件。

2. 北京知识产权法院

（1）管辖所在市辖区内的下列第一审案件：

1）专利、植物新品种、集成电路布图设计、技术秘密、计算机软件民事和行政案件。

2）对国务院部门或者县级以上地方人民政府所作的涉及著作权、商标、不正当竞争等行政行为提起诉讼的行政案件。

---

[1] 最高人民法院. 最高人民法院关于北京、上海、广州知识产权法院案件管辖的规定［EB/OL］.（2014-11-04）［2019-10-26］. http://shfy.chinacourt.gov.cn/article/detail/2014/11/id/1478799.shtml.

3) 涉及驰名商标认定的民事案件。

(2) 管辖下列第一审行政案件:

1) 不服国务院部门作出的有关专利、商标、植物新品种、集成电路布图设计等知识产权的授权确权裁定或者决定的。

2) 不服国务院部门作出的有关专利、植物新品种、集成电路布图设计的强制许可决定以及强制许可使用费或者报酬的裁决的。

3) 不服国务院部门作出的涉及知识产权授权确权的其他行政行为的。

(3) 管辖下列知识产权民事案件:

1) 诉讼标的额在 2 亿元以下且当事人住所地均在本市的,以及诉讼标的额在 1 亿元以下且当事人一方住所地不在本市或者涉外、涉港澳台的专利、植物新品种、集成电路布图设计、技术秘密、计算机软件、垄断以及涉及驰名商标认定的第一审知识产权民事案件。

2) 诉讼标的额在 1 亿元以上、2 亿元以下且当事人住所地均在本市的,以及诉讼标的额在 5000 万元以上、1 亿元以下且当事人一方住所地不在本市或者涉外、涉港澳台的著作权、商标、技术合同、不正当竞争、特许经营合同等第一审知识产权民事案件。

3) 对各基层人民法院作出的第一审知识产权民事判决、裁定提起上诉的案件。

4) 对各基层人民法院已经发生法律效力的知识产权民事判决、裁定、调解书申请再审的案件,但是当事人依法向各基层人民法院申请再审的除外。

5) 不属于市高级人民法院管辖的,在本市有重大影响的其他第一审知识产权民事案件。

3. 上海知识产权法院

上海知识产权法院的知识产权案件实行民事、行政、刑事"三合一"审判机制。其中,知识产权民事案件包括涉及著作权、商标权、专利权、技术合同、商业秘密、植物新品种和集成电路布图设计等知识产权以及不正当竞争、垄断、特许经营合同等民事纠纷案件;知识产权行政案件包括当事人对行政机关就著作权、商标权、专利权等知识产权、不正当竞争以及生产、销售伪劣商品等所作出的行政行为不服提起的行政纠纷案件;知识产权刑事案件包括《中华人民共和国刑法》分则第 3 章"破坏社会主义市场经济秩序罪"第 1 节"生产、销售伪劣商品罪"规定的刑事犯罪案件和第 7 节"侵犯知识产权罪"规定的刑事犯罪案件。

(1) 管辖下列知识产权行政案件[1]:

1) 专利、植物新品种、集成电路布图设计、技术秘密、计算机软件、垄断等第一

---

[1] 上海市高级人民法院. 上海市高级人民法院关于调整基层法院知识产权案件、行政案件和未成年人刑事案件集中管辖的公告 [EB/OL]. (2018-06-29) [2019-10-26]. http://shfy.chinacourt.gov.cn/article/detail/2016/02/id/1809069.shtml.

审行政案件。

2）对区级以上人民政府所作的涉及知识产权、不正当竞争行政行为提起诉讼的第一审行政案件。

3）对基层人民法院作出的第一审知识产权行政判决、裁定提起上诉的案件。

(2) 管辖下列知识产权民事案件❶：

1）诉讼标的额在1亿元以下且当事人一方住所地不在本市或者涉外、涉港澳台的，以及诉讼标的额在2亿元以下且当事人住所地均在本市的专利、植物新品种、集成电路布图设计、技术秘密、计算机软件、垄断等第一审民事案件，以及涉及驰名商标认定的第一审民事案件。

2）对基层人民法院作出的第一审知识产权民事判决、裁定提起上诉的案件。

3）对基层人民法院已经发生法律效力的知识产权民事判决、裁定、调解书申请再审的案件。

4. 广州知识产权法院

(1) 管辖以下第一审民事和行政案件：

1）广东省内跨区域管辖专利、植物新品种、集成电路布图设计、技术秘密、计算机软件民事和行政案件（不包括授权确权行政案件）。

2）广州市辖区内对县级以上地方人民政府所作的涉及著作权、商标、不正当竞争等行政行为提起诉讼的行政案件（不包括授权确权行政案件）。

3）广东省内跨区域管辖涉及驰名商标认定的民事案件。

(2) 管辖以下第二审民事和行政案件：当事人对广州市基层人民法院作出的第一审著作权、商标、技术合同、不正当竞争等知识产权民事和行政判决、裁定提起的上诉案件。

(3) 广州知识产权法院管辖的一审案件，上诉于广东省高级人民法院。

二、企业知识产权诉讼的权利与义务

1. 企业的知识产权诉讼权利

1）上诉人有向法院提起诉讼和放弃、变更诉讼请求的权利。

2）被上诉人针对上诉人的起诉，有应诉和答辩及提起反诉的权利。

3）有委托诉讼代理师参加诉讼的权利。

4）有使用本民族语言文字进行诉讼的权利。

5）审判人员、书记员、翻译人员、鉴定人、勘验人有下列情形之一的，有申请回

---

❶ 上海市高级人民法院. 上海市高级人民法院关于发布《上海市高级人民法院关于调整本市法院知识产权民事案件管辖的规定》的公告［EB/OL］.（2016-02-19）［2019-10-26］. http://shfy.chinacourt.gov.cn/article/detail/2016/02/id/1809069.shtml.

避的权利：

①是本案当事人或者当事人、诉讼代理师近亲属的。

②与本案有利害关系的。

③与本案当事人、诉讼代理师有其他关系，可能影响对案件公正审理的。

6) 有按规定申请延长举证期限或向法院申请调查、收集证据的权利。

7) 有申请财产保全、证据保全的权利。

8) 有进行辩论，请求调解、自行和解的权利。

9) 有查阅法庭笔录并要求补正的权利。

10) 有申请执行已经发生法律效力的判决、裁定、调解书的权利。

2. 企业的知识产权诉讼义务

1) 遵守诉讼秩序和法庭纪律，依法行使诉讼权利的义务。

2) 按规定交纳诉讼费用的义务。

3) 向法院提供准确的送达地址和联系方式的义务。

4) 按规定期限向法院提供诉讼主张相关证据的义务。

5) 履行已经发生法律效力的判决、裁定、调解书的义务。

三、企业知识产权民事诉讼常见问题

1. 起诉不符合条件

当事人起诉不符合法律规定条件的，法院不会受理，即使受理也会驳回起诉。

当事人起诉不符合管辖规定的，案件将会被移送到有权管辖的法院审理。

2. 诉讼请求不适当

当事人提出的诉讼请求应明确、具体、完整，对未提出的诉讼请求法院不会审理。

当事人提出的诉讼请求要适当，不要随意扩大诉讼请求范围；无根据的诉讼请求，除得不到法院支持外，当事人还要负担相应的诉讼费用。

3. 逾期变更诉讼请求

当事人增加、变更诉讼请求或者提出反诉，超过法院许可或者指定期限的，可能不被审理。

4. 超过诉讼时效

当事人请求法院保护民事权利的期间一般为 3 年（特殊的为 1 年）。原告向法院起诉后，被告提出原告的起诉已超过法律保护期间的，如果原告没有对未超过法律保护期间，存在诉讼时效中断或中止的事实提交证据证明，其诉讼请求不会得到法院的支持。

5. 授权不明

当事人委托诉讼代理师代为承认、放弃、变更诉讼请求，进行和解，提起反诉或

者上诉等事项的,应在授权委托书中特别注明。没有在授权委托书中明确、具体记明特别授权事项的,诉讼代理师就上述特别授权事项发表的意见不具有法律效力。

6. 不按时交纳诉讼费用

当事人起诉或者上诉,不按时预交诉讼费用,或者提出缓交、减交、免交诉讼费用申请未获批准仍不交纳诉讼费用的,法院将会裁定按自动撤回起诉、上诉处理。

当事人提出反诉,不按规定预交相应的案件受理费的,法院将不会审理。

7. 申请财产保全不符合规定

当事人申请财产保全,应当按规定交纳保全费用而没有交纳的,法院不会对申请保全的财产采取保全措施。

当事人提出财产保全申请,未按法院要求提交相应财产担保的,法院将依法驳回其申请。

申请人申请财产保全有错误的,将要赔偿被申请人因财产保全所受到的损失。

8. 不提交或者不充分提交证据

除法律和司法解释规定不需要提交证据证明外,当事人提出诉讼请求或者反驳对方的诉讼请求,应提交证据证明。不能提交相应的证据或者提交的证据证明不了有关事实的,可能面临不利的裁判后果。

9. 超过举证时限提交证据

当事人向法院提交的证据,应当在当事人协商一致并经法院认可或者法院指定的期限内完成。超过上述期限提交的,法院可能视其放弃了举证的权利,但属于法律和司法解释规定的新的证据除外。

10. 不提交原始证据

当事人向法院提交证据,应当提交原件或者原物,特殊情况下也可以提交经法院核对无异的复制件或者复制品。提交的证据不符合上述条件的,可能影响证据的证明力,甚至可能不被采信。

11. 证人不出庭作证

除属于法律和司法解释规定的证人确有困难不能出庭的特殊情况外,当事人提交证人证言的,证人应当出庭作证并接受质询。如果证人不出庭作证,可能影响该证人证言的证据效力,甚至不被采信。

12. 不按规定申请审计、评估、鉴定

当事人申请审计、评估、鉴定,未在法院指定期限内提出申请或者不预交审计、评估、鉴定费用,或者不提交相关材料,致使争议的事实无法通过审计、评估、鉴定结论予以认定的,可能对申请人产生不利的裁判后果。

13. 不按时出庭或者中途退出法庭

原告经传票传唤，无正当理由拒不到庭，或者未经法庭许可中途退出法庭的，法院将按自动撤回起诉处理；被告反诉的，法院将对反诉的内容缺席审判。

被告经传票传唤，无正当理由拒不到庭，或者未经法庭许可中途退出法庭的，法院将缺席判决。

14. 不准确提交送达地址

适用简易程序审理的案件，法院按照当事人自己提交的送达地址送达诉讼文书时，因当事人提交的已方送达地址不准确，或者送达地址变更未及时告知法院，致使法院无法送达，造成诉讼文书被退回的，诉讼文书也视为送达。

15. 超过期限申请强制执行

向法院申请强制执行的期间为2年，申请执行时效的中止、中断，适用法律有关诉讼时效的中止、中断的规定。

超过上述期限申请的，法院不予受理。

16. 无财产或者无足够财产可供执行

被执行人没有财产或者没有足够财产履行生效法律文书确定义务的，法院可能对未履行的部分裁定中止执行，申请执行人的财产权益将可能暂时无法实现或者不能完全实现。

17. 不履行生效法律文书确定义务

被执行人未按生效法律文书指定期间履行给付金钱义务的，将要支付迟延履行期间的双倍债务利息。

被执行人未按生效法律文书指定期间履行其他义务的，将支付迟延履行金。

拒不履行人民法院已经发生法律效力的判决、裁定，构成犯罪的，依法追究刑事责任。

四、企业知识产权行政诉讼注意事项

1. 受案范围

人民法院受理公民、法人或者其他组织提起的下列诉讼：

1）对行政拘留、暂扣或者吊销许可证和执照、责令停产停业、没收违法所得、没收非法财物、罚款、警告等行政处罚不服的。

2）对限制人身自由或者对财产的查封、扣押、冻结等行政强制措施和行政强制执行不服的。

3）申请行政许可，行政机关拒绝或者在法定期限内不予答复，或者对行政机关作出的有关行政许可的其他决定不服的。

4）对行政机关作出的关于确认土地、矿藏、水流、森林、山岭、草原、荒地、滩涂、海域等自然资源的所有权或者使用权的决定不服的。

5）对征收、征用决定及其补偿决定不服的。

6）申请行政机关履行保护人身权、财产权等合法权益的法定职责，行政机关拒绝履行或者不予答复的。

7）认为行政机关侵犯其经营自主权或者农村土地承包经营权、农村土地经营权的。

8）认为行政机关滥用行政权力排除或者限制竞争的。

9）认为行政机关违法集资、摊派费用或者违法要求履行其他义务的。

10）认为行政机关没有依法支付抚恤金、最低生活保障待遇或者社会保险待遇的。

11）认为行政机关不依法履行、未按照约定履行或者违法变更、解除政府特许经营协议、土地房屋征收补偿协议等协议的。

12）认为行政机关侵犯其他人身权、财产权等合法权益的。

除前款规定外，人民法院受理法律、法规规定可以提起诉讼的其他行政案件。

2. 不受案事项

人民法院不受理公民、法人或者其他组织对下列事项提起的诉讼：

1）国防、外交等国家行为。

2）行政法规、规章或者行政机关制定、发布的具有普遍约束力的决定、命令。

3）行政机关对行政机关工作人员的奖惩、任免等决定。

4）法律规定由行政机关最终裁决的行政行为。

3. 提起诉讼应当符合的条件

1）原告是符合《中华人民共和国行政诉讼法》第 25 条规定的公民、法人或者其他组织。

2）有明确的被告。

3）有具体的诉讼请求和事实根据。

4）属于人民法院受案范围和受诉人民法院管辖。

4. 起诉期限

企业向人民法院提起诉讼的，应当自知道或者应当知道作出行政行为之日起 6 个月内提出，法律另有规定的除外。

企业不服复议决定的，可以在收到复议决定书之日起 15 日内向人民法院提起诉讼。复议机关逾期不作决定的，申请人可以在复议期满之日起 15 日内向人民法院提起诉讼。法律另有规定的除外。

企业申请行政机关履行保护其人身权、财产权等合法权益的法定职责，行政机关在接到申请之日起两个月内不履行的，公民、法人或者其他组织可以向人民法院提起诉讼。法律、法规对行政机关履行职责的期限另有规定的，从其规定。

企业在紧急情况下请求行政机关履行保护其人身权、财产权等合法权益的法定职责，行政机关不履行的，提起诉讼不受前款规定期限的限制。

企业因不可抗力或者其他不属于其自身的原因耽误起诉期限的，被耽误的时间不计算在起诉期限内。

企业因前款规定以外的其他特殊情况耽误起诉期限的，在障碍消除后10日内，可以申请延长期限，是否准许由人民法院决定。

5. 上诉

企业不服人民法院第一审裁判的，有权在上诉期内向上一级人民法院提起上诉，其中：

不服第一审判决的，有权在判决书送达之日起15日内提起上诉；

不服第一审裁定的，有权在裁定书送达之日起10日内提起上诉。

逾期不提起上诉的，人民法院的第一审判决或者裁定发生法律效力。

6. 行政案件再审条件

《中华人民共和国行政诉讼法》第91条规定，当事人的申请符合下列情形之一的，人民法院应当再审：

1）不予立案或者驳回起诉确有错误的。
2）有新的证据，足以推翻原判决、裁定的。
3）原判决、裁定认定事实的主要证据不足、未经质证或者系伪造的。
4）原判决、裁定适用法律、法规确有错误的。
5）违反法律规定的诉讼程序，可能影响公正审判的。
6）原判决、裁定遗漏诉讼请求的。
7）据以作出原判决、裁定的法律文书被撤销或者变更的。
8）审判人员在审理该案件时有贪污受贿、徇私舞弊、枉法裁判行为的。

7. 行政案件再审时效

企业申请再审，应当在判决、裁定发生法律效力后6个月内提出再审申请。如果认为有新的证据足以推翻原判决、裁定，或者原判决、裁定认定事实的主要证据是伪造的，或者据以作出原判决、裁定的法律文书被撤销或者变更；或者审判人员审理该案件时有贪污受贿、徇私舞弊、枉法裁判行为的，自知道或者应当知道之日起6个月内提出。

参考文献

[1] 支苏平. 企业知识产权管理实务[M]. 北京：知识产权出版社，2016.

[2] 杨铁军. 专利分析实务手册[M]. 北京：知识产权出版社，2012.

[3] 李建蓉. 专利信息与利用[M]. 北京：知识产权出版社，2011.

[4] 马天旗. 专利分析——方法、图标解读与情报挖掘[M]. 北京：知识产权出版社，2015.

[5] 肖沪卫. 专利地图方法与应用[M]. 上海：上海交通大学出版社，2011.

[6] 国家知识产权局. 专利审查指南2010[M]. 北京：知识产权出版社，2010.

[7] 许艺，陈亮. 论如何提升专利质量[J]. 现代经济信息，2018（11）.

[8] 李慧，宋鸣镝. 专利信息和非专利信息在企业研发不同阶段的应用[J]. 中国发明与专利，2018，15（12）.

[9] 崔德国. 企业研发过程中的知识产权管理[J]. 科技视界，2013（35）：309.

[10] 袁晓东，陈静. 专利信息分析在技术创新合作伙伴选择中的应用[J]. 情报杂志，2011（8）：22-27.

[11] 高金娣. 企业技术创新成果的知识产权保护方式研究[J]. 重庆科技学院学报（社会科学版），2010（10）：57-59.

[12] 叶剑. 科技企业专利申请策略浅谈[J]. 科技创新导报，2018，15（3）：182.

[13] 丁成. 浅议如何确定专利申请类型[J]. 城市建设理论研究（电子版），2013.

[14] 吕申，李巍巍. 高新技术企业专利申请质量提升的方法——以专利技术交底书的撰写为例[J]. 江苏科技信息，2018，35（35）：14-17.

[15] 游闽健. 企业知识产权管理指南[M]. 上海：上海大学出版社，2015.

[16] 郑东升. 浅谈企业文化与企业文化建设[J]. 大众科技，2005（12）：294-295.

[17] 郑胜华，王益宝. 论企业特性对人力资源外包的影响[J]. 经营与管理，2003（8）：11-12.

[18] 张玉敏. 知识产权的概念和法律特征[J]. 现代法学，2001（5）：101-108.

[19] 世界知识产权组织：关于知识产权[EB/OL].（不详）[2019-11-01]. https://www.wipo.int/about-ip/zh/#.

[20] 各个国家及地区的专利名称和专利类型[EB/OL].（2018-06-06）[2019-10-31]. http://www.iprdaily.cn/article_19120.html.

[21] 宋河发. 科研机构知识产权管理 [M]. 北京：知识产权出版社，2015.
[22] 裴圣慧. 知识产权的特征新论 [J]. 湖南医科大学学报（社会科学版），2003（3）：45-47.
[23] 冯晓青. 知识产权管理：企业管理中不可缺少的重要内容 [J]. 长沙理工大学学报（社会科学版），2005（1）：19-24.
[24] 何敏，袁明. 企业知识产权管理战略 [M]. 北京：法律出版社，2006.
[25] 朱雪忠. 知识产权管理 [M]. 北京：高等教育出版社，2010.
[26] 马海群，文丽，周丽霞. 现代知识产权管理 [M]. 北京：科学出版社，2009.
[27] 马静. 基于知识转移的知识产权管理机制研究 [D]. 长春：吉林大学，2010.
[28] 罗国轩. 知识产权管理概论 [M]. 北京：知识产权出版社，2007.
[29] 企业知识产权管理到底在"管理"什么？[EB/OL].（2016-10-22）[2019-10-31]. https://bbs.mysipo.com/article-7740-1.html.
[30] 王琛，赵连勇. 基于价值链的知识产权管理研究 [J]. 现代经济信息，2011（19）：310-311.
[31] 汪琦鹰，杨岩. 企业知识产权管理实务 [M]. 北京：知识产权出版社，2009.
[32] 斯蒂芬·曼顿. 知识资产整合管理：知识资产发掘和保护指南 [M]. 张建宇，任莉，李德升，译. 北京：知识产权出版社，2014.
[33] 老干妈秘方遭窃取 餐饮企业该如何保护商业机密？[EB/OL].（2017-05-09）[2019-10-31]. https://www.sohu.com/a/139345680_630138.
[34] 全国人大常委会法制工作委员会经济法室.《中华人民共和国专利法》释解及实用指南 [M]. 北京：中国民主法制出版社，2009.
[35] 刘鑫. 试析职务发明报告制度的废与立——德国《雇员发明法》与我国《职务发明条例》之比较 [J]. 中国发明与专利，2017（5）：23-27.
[36] 肖华. 加强体制机制改革激起科技创新"一池春皱"——访山东理工大学党委书记吕传毅 [J]. 中国科技产业，2017（5）：74-75.
[37] 金哲. 企业知识产权运作与保护管理研究 [D]. 武汉：华中科技大学，2007.
[38] 李丽娟. 知识产权保护对在华跨国公司知识产权管理的影响 [J]. 科技创业月刊，2005，18（7）：121-122.
[39] 李建国.《中华人民共和国著作权法》条文释义 [M]. 北京：人民法院出版社，2001.
[40] 权大师. 没有商标的埋头创业，走到IPO门口还是得回来！[EB/OL].（2017-09-27）[2019-10-31]. http://www.ctoutiao.com/305726.html.
[41] 顾朝瑞."万燕"的启示 [J]. 农经，1998（1）：47.
[42] 于磊. 技术型知识产权资产评估方法研究 [M]. 北京：经济科学出版社，2012.
[43] 裴学敏，陈金贤. 知识资产对合作创新过程的影响分析 [J]. 科研管理，1999（1）：26-30.
[44] 李学荣，尹永强，刘畅. 企业知识产权管理 [M]. 沈阳：东北大学出版社，2014.

［45］世界知识产权组织. WIPO 管理的条约［EB/OL］.（不详）［2019-11-01］. https://www.wipo.int/treaties/zh/.

［46］深圳市中彩联科技有限公司. 企业知识产权战略制定与规划［M］. 北京：化学工业出版社，2016.

［47］王玉娟. 品牌资产、商标权与商誉辨析［J］. 商场现代化，2005（13）：65-66.

［48］张丽. 基于创新理论的新产品品牌策略［J］. 经济师，2008（3）：52-53.

［49］国家工商行政管理局. 驰名商标认定和管理暂行规定（修正）［Z］. 2018.

［50］马湘临. 品牌塑造与管理［M］. 上海：华东师范大学出版社，2014.

［51］韦桂华. 品牌经理制［J］. 企业管理，2001（5）：53-55.

［52］邓宏光. 商标显著性法律问题研究［D］. 重庆：重庆大学，2006.

［53］崔颖. 商标合理使用研究［D］. 北京：中国政法大学，2015.

［54］陈琳. 论商标侵权行为的认定［D］. 南昌：南昌大学，2012.

［55］张江珊. 论企业商标档案的价值及其管理［J］. 山西档案，2007（1）：44-45.

［56］毕桂花. 商标注册法律风险及防范［J］. 法制与经济，2015，417（21）：111-112.

［57］寿步. 计算机软件著作权保护［M］. 北京：清华大学出版社，1997.

［58］陈静. 计算机程序的软件版权保护与专利保护的比较［C］//2009 中华全国律师协会知识产权专业委员会年会暨中国律师知识产权高层论坛论文集（下）. 2009.

［59］方诗龙. 计算机软件侵权损害赔偿如何计算［J］. 法人，2019，179（1）：70-72.

［60］蒋坡. 企业知识产权工作指南［M］. 北京：知识产权出版社，2017：228-273.

［61］李扬. 著作权法基本原理［M］. 北京：知识产权出版社，2019：92-137.

［62］王迁. 著作权法［M］. 北京：中国人民大学出版社，2015：144-162.

［63］蒋坡. 知识产权管理［M］. 北京：知识产权出版社，2007：313.

［64］吴汉东. 知识产权法［M］. 北京：北京大学出版社，2011：95.

［65］王迁. 版权法保护技术措施的正当性［J］. 法学研究，2011（4）：86-103.

［66］王迁. 知识产权法教程［M］. 4 版. 北京：中国人民大学出版社，2014：185-186.

［67］郑成思. 版权法（修订本）［M］. 北京：中国人民大学出版社，1997.

［68］冯晓青. 企业知识产权管理［M］. 北京：中国政法大学出版社，2013.

［69］于海东. 企业知识产权实务操作［M］. 北京：知识产权出版社，2014.

［70］丛立先. 网络版权侵权行为构成要件讨论［J］. 法学评论，2007（5）：114-119.

［71］李昶. 中国专利运营体系构架［M］. 北京：知识产权出版社，2018.

［72］鲍新中，张羽，等. 知识产权质押融资［M］. 北京：知识产权出版社，2019.

［73］刘海波，吕旭宁，张亚峰. 专利运营论［M］. 北京：知识产权出版社，2017.

［74］王小兵. 企业知识产权管理——操作实务与法律风险防范［M］. 北京：中国法制出版社，2019.

［75］山东省知识产权局，烟台市知识产权局，中规（北京）认证有限公司，等.《企业知识产权管理规范》解析与应用［M］. 北京：知识产权出版社，2016.

[76] 刘旭明，王晋刚. 知识产权风险管理［M］. 北京：知识产权出版社，2014.

[77] 郭修申. 企业商标战略［M］. 北京：人民出版社，2006.

[78] 李德成，杨安进. 著作权：战略　管理　诉讼［M］. 北京：法律出版社，2008.

[79] 肖廷高，范晓波，万小丽，等. 知识产权管理：理论与实践［M］. 北京：科学出版社，2016.

[80] 孙婷婷. 知识产权融资管理：以质押为例的探讨［J］. 企业导报，2015（20）：19-20.

[81] 刘冠德. 知识产权作价入股制度研究［J］. 商业时代，2014（9）：102-103.

[82] 李世保，杨亚栩，姜吉道. 浅析科技成果作价入股及股权奖励模式［J］. 中国高校科技，2017（3）：73-75.

[83] 财政部. 企业会计准则：应用指南［M］. 北京：中国时代经济出版社，2007.

[84] 李聪颖. 知识产权质押估值研究［D］. 大连：东北财经大学，2013.

[85] 中国资产评估协会. 资产评估准则［M］. 北京：经济科学出版社，2010.

[86] 杨尧忠. 论无形资产与知识产权的实质及其相互关系［J］. 生产力研究，1997（5）：11-14.

[87] 郝小元. 会计中的无形资产与知识产权的关系探析［J］. 金田，2016（3）.

[88] 李保伟. 浅议知识产权与无形资产［J］. 事业财会，2003（4）：26-28.

[89] 杨文君，陆正飞. 知识产权资产、研发投入与市场反应［J］. 会计与经济研究，2018（1）：3-20.

[90] 董萍，肖枚，边利频，等. 关于知识产权价值评估的若干思考［J］. 中国职工教育，2013（22）：116.